进一步全面深化改革的
——历史逻辑——

宋月红 等 著

当代中国研究所 编

Contemporary China Publishing House

图书在版编目(CIP)数据

进一步全面深化改革的历史逻辑 / 宋月红等著 ; 当代中国研究所编 . -- 北京 : 当代中国出版社, 2024.9.（2025.8 重印）
ISBN 978-7-5154-1461-4

Ⅰ . D61

中国国家版本馆 CIP 数据核字第 2024YE1131 号

出 版 人	蔡继辉
责任编辑	宋卫云
责任校对	贾云华　康　莹
印刷监制	刘艳平
封面设计	宋　涛
出版发行	当代中国出版社
地　　址	北京市地安门西大街旌勇里 8 号
网　　址	http://www.ddzg.net
邮政编码	100009
编 辑 部	（010）66572264
市 场 部	（010）66572281　66572157
印　　刷	中国电影出版社印刷厂
开　　本	710 毫米 ×1000 毫米　1/16
印　　张	27.5 印张　1 插页　400 千字
版　　次	2024 年 9 月第 1 版
印　　次	2025 年 8 月第 2 次印刷
定　　价	128.00 元

版权所有，翻版必究；如有印装质量问题，请拨打（010）66572159 联系出版部调换。

目　录

前　言 ··· 001

关于进一步全面深化改革

中国改革开放矗立起新的里程碑 ····················· 002

进一步全面深化改革的正确方向 ····················· 008

进一步全面深化改革与中国式现代化的历史逻辑 ········· 012

新时代"关键一招"更加关键
　　——不断深化对改革开放的规律性认识 ············ 018

党的十八届三中全会开创了我国改革开放的全新局面 ····· 025

党的十八大以来改革开放的重要特征 ················· 030

具有里程碑意义的新时代十年 ······················· 047

新时代十年伟大变革的历史性成就与宝贵经验 ········· 059

新时代十年伟大变革的里程碑意义 ··················· 066

全面深化改革："改"与"不改"的辩证统一 ··········· 072

关于改革开放前后两个历史时期的辩证统一关系

从改革开放前后两个时期的历史性质及其相互关系上认识
 中国特色社会主义道路的内涵…………………………………… 080
科学认识和把握改革开放前后两个历史时期的关系……………… 102
改革开放前后两个历史时期的关系研究述评……………………… 106
从辩证统一关系中深化和拓展改革开放史研究…………………… 121
改革开放历史经验研究应注意的几个问题………………………… 128
改革开放全面展开的历史进程
 ——兼论编修改革开放史的若干思考 …………………………… 134

关于改革发展稳定关系

论坚持马克思主义在意识形态领域的指导地位…………………… 144
全面从严治党战略思想的确立与发展……………………………… 155
坚持四项基本原则是推进"四个伟大"的思想政治基础…………… 163
中国共产党改革观的历史进程与逻辑机理………………………… 169
新中国政治体制改革和政治文明建设……………………………… 182
邓小平对党的十一届三中全会实现历史转折所起的关键作用 … 204
新时代社会主义协商民主建设的创新性发展……………………… 213
新中国70年的经济发展与体制改革………………………………… 232
全面实施供给侧结构性改革的中国方案与经验…………………… 247
新中国70年区域经济发展战略变革与新时代系统动态均衡格局… 275
脱贫攻坚中发展壮大农村集体经济略析…………………………… 287
新时代十年"三农"的变革发展……………………………………… 303

中国农村改革发展的成就与经验 …………………………… 308

新时代文化建设的历史性成就与历史性变革 ………………… 320

中国文化体制改革探析 ………………………………………… 339

改革开放以来社会治理的历史变革 …………………………… 361

改革开放以来中国生态文明建设的经验启示与展望 ………… 372

弘扬改革开放精神纵深推进粤港澳大湾区建设 ……………… 388

中国共产党百年国际战略的世界情怀 ………………………… 395

试析中国援外改革发展的历史阶段及其特征 ………………… 404

弘扬伟大改革开放精神　全面推进强国建设民族复兴伟业 ……… 423

前　言

宋月红

　　新中国成立特别是改革开放以来，中国人民当家作主，中华民族从站起来到富起来再到强起来，当代中国在"历史中国的延续和发展"中传承发展中华文明，大踏步赶上时代，建设中华民族现代文明。新时代全面深化改革，统筹推进"五位一体"总体布局、协调推进"四个全面"战略布局，党和国家事业取得历史性成就、发生历史性变革，中华民族伟大复兴进入了不可逆转的历史进程。在此基础上，新时代进一步全面深化改革，以中国式现代化全面推进强国建设、民族复兴伟业。历史雄辩表明、理论和实践深刻揭示，改革开放是决定中国式现代化成败的关键一招，是决定当代中国前途命运的关键一招。

　　历史观是关于历史的总的看法和根本观点，历史逻辑是历史与逻辑的统一，是历史变化发展的社会矛盾运动关系合乎历史与逻辑的必然性和规律性的认识，反映和揭示历史发生、发展、变迁的出发点与落脚点、主体性与本质属性、主动性与目的性、连续性与阶段性、因与果、地位与作用等社会历史各条件各因素之间关系的变化发展。改革开放的历史逻辑，是唯物史观和正确党史观关于改革开放的历史与逻辑的统一。

历史逻辑贯通历史发展，是历史发展的阶段性与连续性的统一。在党史、新中国史、改革开放史和社会主义发展史上，没有共产党，就没有新中国，就没有新中国的繁荣富强。党自诞生起，就始终把马克思主义作为立党立国、兴党兴国的根本指导思想，把为中国人民谋幸福、为中华民族谋复兴作为自己的初心使命，领导人民在新民主主义革命胜利的基础上成立新中国，实现民族独立、人民解放，彻底结束了旧中国半殖民地半封建社会的历史。新中国成立以来，党领导人民不但善于破坏一个旧世界、也善于建设一个新世界，完成社会主义革命和推进社会主义建设，为在新的历史时期开创中国特色社会主义提供了宝贵经验、理论准备、物质基础。党的十一届三中全会是划时代的，开启了改革开放和社会主义现代化建设新时期，实现了新中国成立以来党的历史上具有深远意义的伟大转折。党领导人民进行改革开放和社会主义现代化建设，开创、坚持和发展中国特色社会主义。中国特色社会主义是在改革开放历史新时期开创的，但也是在新中国已经建立起社会主义基本制度并进行了20多年建设的基础上开创的，改革开放前后两个历史时期是辩证统一的，不能用改革开放后的历史时期否定改革开放前的历史时期，也不能用改革开放前的历史时期否定改革开放后的历史时期。

改革开放是党的一次伟大觉醒，是中国人民和中华民族发展史上一次伟大革命，没有改革开放就没有当代中国的发展进步。改革开放是当代中国发展进步的活力之源，是发展中国、发展社会主义、发展马克思主义的强大动力，是当代中国最鲜明的特色。

改革开放的历史逻辑深刻蕴含历史主动精神和改革开放精神，是坚定历史自信、增强历史主动的认识基础与前提。历史主动精神来自历史主人、历史创造者的历史主体地位的发挥、主体性的彰显、思想先导性的树立和实践创造性的践行，认识和把握历史发展方向、进程和大势，引领时代大潮，推动文明发展进步。

党关于为什么实行改革开放、怎样进行改革开放的理论与实践，无不深刻彰显党领导人民走自己的路、坚持和发展中国特色社会主义的自觉性、主动性和创造性。党在十一届三中全会作出实行改革开放的历史性决策，是基于对党和国家前途命运的深刻把握，是基于对社会主义革命和建设实践的深刻总结，是基于对时代潮流的深刻洞察，是基于对人民群众期盼和需要的深刻体悟。中国特色社会主义是科学社会主义理论逻辑和中国社会发展历史逻辑的辩证统一，是根植于中国大地、反映中国人民意愿、适应中国和时代发展进步要求的科学社会主义。中国特色社会主义之所以具有蓬勃生命力，就在于是实行改革开放的社会主义。历史的结论、人民的选择，只有社会主义才能救中国，只有中国特色社会主义才能发展中国。

全面深化改革，关系党和人民事业前途命运，关系党的执政基础和执政地位。党的十八大以来，中国特色社会主义进入新时代，党不断深化对改革开放规律性的认识，领导人民全面深化改革，完善和发展中国特色社会主义制度、推进国家治理体系和治理能力现代化，奋力开拓中国特色社会主义更加广阔的光明前景。

改革开放是有方向、有立场、有原则的，正确方向就是不断推动社会主义制度自我完善和发展。全面深化改革，就是要适应我国社会基本矛盾运动的变化，把准方向、守正创新、真抓实干，不断推进中国式现代化。党的十八届三中全会实现改革由局部探索、破冰突围到系统集成、全面深化的转变，开创了我国改革开放新局面。党的二十届三中全会审议通过《中共中央关于进一步全面深化改革、推进中国式现代化的决定》，是党对新时代新征程举什么旗、走什么路的再宣示，是党的十八届三中全会以来全面深化改革的实践续篇，也是新征程上推进中国式现代化的时代新篇。

推进中国式现代化，必须进一步全面深化改革开放，不断解放和发展社会生产力、解放和增强社会活力。改革开放只有进行时、没有完成时。在整个社会主义现代化进程中,高举改革开放的旗帜,党以自我革命引领伟大社会革命,领导人民不断推进改革开放向广度和深度发展,必将推动中国特色社会主义道路越走越宽广,以守正创新的正气和锐气,谱写更加壮丽的当代华彩乐章,以中国式现代化全面推进中华民族伟大复兴,为人类社会发展进步事业不断作出新的更大贡献。

 关于进一步全面深化改革

中国改革开放矗立起新的里程碑*

党的二十届三中全会是我们党在以中国式现代化全面推进强国建设、民族复兴伟业的关键时期召开的一次具有里程碑意义的重要会议。会议的召开及其审议通过的《中共中央关于进一步全面深化改革、推进中国式现代化的决定》，是党的十八届三中全会以来全面深化改革的实践续篇，也是新征程上推进中国式现代化的时代新篇，彰显了以习近平同志为核心的党中央团结带领全党全军全国各族人民将改革进行到底的坚强决心和强烈使命担当，是党对新时代新征程举什么旗、走什么路的再宣示，对以中国式现代化全面推进强国建设、民族复兴伟业具有重大而深远的意义，中国改革开放矗立起新的里程碑。

一、政治意义

推进中国式现代化是新时代最大的政治。当前和今后一个时期，是以中国式现代化全面推进强国建设、民族复兴伟业的关键时期。以习近平同志为核心的党中央召开二十届三中全会，重点研究进一步全面深化改革、推进中国式现代化问题，紧紧围绕党的中心任务谋划和部署改革，是推动全面深化改革向广度和深度进军的总动员、总部署，充分体现了完善和发展中国特色社会主义制度、推进国家治理体系和治理能力现代化的历史主动。

---

* 本文作者宋月红，发表于《新湘评论》2024年第15期。

为实现新时代新征程党的中心任务凝聚人心、汇聚力量。我国在改革开放和社会主义现代化建设新时期靠改革开放，大踏步赶上了时代，在新时代靠改革开放，取得历史性成就、发生历史性变革。党的二十大确立了全面建成社会主义现代化强国、实现第二个百年奋斗目标，以中国式现代化全面推进中华民族伟大复兴的中心任务，阐述了中国式现代化的中国特色、本质要求、重大原则，对推进中国式现代化作出重大战略部署。历史经验之昭示、时代发展之必然，新时代新征程上，要开创中国式现代化建设新局面，仍然要靠改革开放，根本在于进一步全面深化改革，不断完善各方面体制机制，把党的二十大作出的战略部署落到实处，为推进中国式现代化提供更加坚实、有力的制度保障。

完善和发展中国特色社会主义制度、推进国家治理体系和治理能力现代化，不断把我国制度优势更好转化为国家治理效能。中国特色社会主义制度是当代中国发展进步的根本制度保障。没有坚定的制度自信就不可能有全面深化改革的勇气，离开不断改革，制度自信也就不可能彻底和久远。新时代全面深化改革，突出制度建设这条主线，以改革为动力，创新体制机制，不断完善各方面制度，推动中国特色社会主义制度更加成熟更加定型，国家治理体系和治理能力现代化水平明显提高。然而，完善中国特色社会主义制度是一个动态过程，必然随着实践发展而不断发展，已有制度需要不断健全，新领域新实践需要推进制度创新、填补制度空白。面对新的形势和任务，必须保持政治定力，坚持实干兴邦，始终坚持和发展中国特色社会主义。以习近平同志为核心的党中央召开二十届三中全会，就是要进一步全面深化改革，继续完善各方面制度机制，不断革除体制机制弊端，固根基、扬优势、补短板、强弱项，使中国特色社会主义制度更加完善，进一步显现制度的优越性，让制度更加成熟而持久，不断把我国制度优势更好转化为国家治理效能，不断深化和拓展中国特色社会主义道路，使之越走越宽广。

二、理论意义

实践没有止境，理论创新也没有止境。不断谱写马克思主义中国化时代化新篇章,是当代中国共产党人的庄严历史责任。党的二十届三中全会以习近平新时代中国特色社会主义思想为指导,在高度评价新时代以来全面深化改革的成功实践和伟大成就的基础上,明确进一步全面深化改革的指导思想,确立进一步全面深化改革必须贯彻的重大原则,丰富和发展了中国式现代化的理论体系。

中国式现代化是在改革开放中不断推进的,也必将在改革开放中开辟广阔前景。新时代以来,以习近平同志为核心的党中央以伟大的历史主动、巨大的政治勇气、强烈的责任担当,团结带领人民实现改革由局部探索、破冰突围到系统集成、全面深化的转变,各领域基础性制度框架基本建立,许多领域实现历史性变革、系统性重塑、整体性重构,总体完成党的十八届三中全会确定的改革任务。在此基础上,党的二十届三中全会紧紧围绕推进中国式现代化进一步全面深化改革,全面贯彻习近平新时代中国特色社会主义思想特别是习近平总书记关于全面深化改革的一系列新思想、新观点、新论断,明确进一步全面深化改革的指导思想,强调进一步全面深化改革,完整准确全面贯彻新发展理念,坚持稳中求进工作总基调,坚持解放思想、实事求是、与时俱进、求真务实,进一步解放和发展社会生产力、激发和增强社会活力,统筹国内国际两个大局,统筹推进"五位一体"总体布局,协调推进"四个全面"战略布局,以经济体制改革为牵引,以促进社会公平正义、增进人民福祉为出发点和落脚点,更加注重系统集成,更加注重突出重点,更加注重改革实效,推动生产关系和生产力、上层建筑和经济基础、国家治理和社会发展更好相适应。这一指导思想深刻蕴含了习近平新时代中国特色社会主义思想的世界观和方法论,是党关于全面深化改革的规律性认识。

进一步全面深化改革的重大原则,是以习近平同志为核心的党中央总结改革开放以来特别是新时代全面深化改革实践取得的宝贵经验,是党的二十届三中全会研究进一步全面深化改革、推进中国式现代化问题取得的重大理论创新成果。这就是坚持党的全面领导、坚持以人民为中心、坚持守正创新、坚持以制度建设为主线、坚持全面依法治国、坚持系统观念。一是坚持党的全面领导,就是要坚定维护党中央权威和集中统一领导,发挥党总揽全局、协调各方的领导核心作用，把党的领导贯穿改革各方面全过程，确保改革始终沿着正确政治方向前进。二是坚持以人民为中心，就是要尊重人民主体地位和首创精神，人民有所呼、改革有所应，做到改革为了人民、改革依靠人民、改革成果由人民共享；三是坚持守正创新，就是要坚持中国特色社会主义不动摇，紧跟时代步伐，顺应实践发展，突出问题导向，在新的起点上推进理论创新、实践创新、制度创新、文化创新以及其他各方面创新；四是坚持以制度建设为主线，就是要加强顶层设计、总体谋划，破立并举、先立后破，筑牢根本制度，完善基本制度，创新重要制度；五是坚持全面依法治国，就是要在法治轨道上深化改革、推进中国式现代化，做到改革和法治相统一，重大改革于法有据、及时把改革成果上升为法律制度；六是坚持系统观念，就是要处理好经济和社会、政府和市场、效率和公平、活力和秩序、发展和安全等重大关系，增强改革系统性、整体性、协同性。这些重大原则，是坚持和完善中国特色社会主义制度、推进国家治理体系和治理能力现代化的必然要求，是贯彻新发展理念、更好适应我国社会主要矛盾变化的必然要求，是坚持以人民为中心、让现代化建设成果更多更公平惠及全体人民的必然要求，是应对重大风险挑战、推动党和国家事业行稳致远的必然要求，是推动构建人类命运共同体、在百年变局加速演进中赢得战略主动的必然要求，是深入推进新时代党的建设新的伟大工程、建设更加坚强有力的马克思主义政党的必然要求。

中国式现代化是强国建设、民族复兴的唯一正确道路。党的二十届三中全会对于中国式现代化作出一系列重大判断，指出高水平社会主义市场经济体制是中国式现代化的重要保障；教育、科技、人才是中国式现代化的基础性、战略性支撑；城乡融合发展是中国式现代化的必然要求；开放是中国式现代化的鲜明标识；发展全过程人民民主是中国式现代化的本质要求；法治是中国式现代化的重要保障；在发展中保障和改善民生是中国式现代化的重大任务；国家安全是中国式现代化行稳致远的重要基础；国防和军队现代化是中国式现代化的重要组成部分；党的领导是中国式现代化的根本保证。这一系列重大判断是中国式现代化理论体系的重要组成部分，是进一步全面深化改革、推进中国式现代化的重要遵循，必须倍加珍惜、始终坚持、不断拓展和深化。

三、实践意义

改革开放是党和人民事业大踏步赶上时代的重要法宝。党的十一届三中全会是划时代的，开启了改革开放和社会主义现代化建设新时期。党的十八届三中全会也是划时代的，开启了新时代全面深化改革、系统整体设计推进改革新征程，开创了我国改革开放全新局面。新时代新征程，面对纷繁复杂的国际国内形势，面对新一轮科技革命和产业变革，面对人民群众新期待，党的二十届三中全会指出，全党必须自觉把改革摆在更加突出位置，紧紧围绕推进中国式现代化进一步全面深化改革。

进一步全面深化改革，是推动高质量发展、更好适应我国社会主要矛盾变化的迫切需要。当前，推动高质量发展面临的突出问题依然是发展不平衡不充分。这是我国社会主要矛盾变化的反映，是发展中的问题，必须进一步全面深化改革，从体制机制上推动解决。党的二十届三中全会指出，推进中国式现代化是一项全新的事业，前进道路上必然会遇到各种矛盾和风险挑战。有效应对这些风险挑战，在日趋激烈的国际竞争中赢得战略主动，需要我们进一步全面深化改革，用完善的制度防范化解风险、有效应对挑战，在危机中育新机、于变局中开新局，在应对重大风险挑战中推动党和国家事业行稳致远。

党的二十届三中全会明确进一步全面深化改革的总目标，就是继续完善和发展中国特色社会主义制度，推进国家治理体系和治理能力现代化。到 2035 年，全面建成高水平社会主义市场经济体制，中国特色社会主义制度更加完善，基本实现国家治理体系和治理能力现代化，基本实现社会主义现代化，为到本世纪中叶全面建成社会主义现代化强国奠定坚实基础。为此，党的二十届三中全会作出战略部署，指出进一步全面深化改革，要聚焦构建高水平社会主义市场经济体制，聚焦发展全过程人民民主，聚焦建设社会主义文化强国，聚焦提高人民生活品质，聚焦建设美丽中国，聚焦建设更高水平平安中国，聚焦提高党的领导水平和长期执政能力，继续把改革推向前进。到2029年中华人民共和国成立80周年时，完成本决定提出的改革任务。

改革潮起，击鼓催征。全会《决定》是举旗定向的宣言书，也是攻坚克难的路线图，凝结着我们党对所处时代环境、风险挑战、战略方向的准确判断，凝结着对全面深化改革重大原则、总体目标、主攻方向的深刻把握，凝结着将改革进行到底的深谋远虑和决心勇气。只要全党全军全国各族人民高举改革开放旗帜，凝心聚力、奋发进取，以钉钉子精神抓好改革落实，一张蓝图干到底、一茬接着一茬干，一定能把进一步全面深化改革的战略部署转化为推进中国式现代化的强大力量。

进一步全面深化改革的正确方向*

党的二十届三中全会根据我国社会基本矛盾运动的变化，科学确立进一步全面深化改革的指导思想、总目标、重大原则和战略部署，深刻阐明新时代新征程要紧紧围绕推进中国式现代化，继续完善和发展中国特色社会主义制度，推进国家治理体系和治理能力现代化，为进一步全面深化改革指明了正确方向。

一、坚持正确方向

改革开放是一场深刻革命，是坚持和发展中国特色社会主义的必由之路。习近平总书记指出，我国改革开放之所以能取得巨大成功，关键是我们把党的基本路线作为党和国家的生命线，始终坚持把以经济建设为中心同四项基本原则、改革开放这两个基本点统一于中国特色社会主义伟大实践，既不走封闭僵化的老路，也不走改旗易帜的邪路。旗帜决定方向，道路决定命运。党的二十届三中全会高举改革开放旗帜，重点研究进一步全面深化改革、推进中国式现代化问题，适应新形势和新任务，作出系统性战略部署。进一步全面深化改革、推进中国式现代化，是党的十八届三中全会以来全面深化改革的实践续篇，也是新征程上推进中国式现代化的时代新篇。中国式现代化是在改革开放中不断推进的，也必将在改革开放中开辟广阔前景。

---

* 本文作者宋月红，发表于《重庆日报》2024 年 8 月 19 日。

改革开放是有方向、有立场、有原则的，进一步全面深化改革必须坚持正确方向。党的十一届三中全会是在党和国家面临何去何从的重大历史关头召开的，之所以作出实行改革开放的历史性决策，是基于对党和国家前途命运的深刻把握、对社会主义革命和建设实践的深刻总结、对时代潮流的深刻洞察、对人民群众期盼和需要的深刻体悟。改革开放以来，党领导人民开创、坚持和发展中国特色社会主义。中国特色社会主义是社会主义，那就是不论怎么改革、怎么开放，都始终要坚持中国特色社会主义道路、中国特色社会主义理论体系、中国特色社会主义制度。改革是在中国特色社会主义道路上不断前进的改革，改革的方向只能是不断推动社会主义制度自我完善和发展，而不是对社会主义制度改弦易张。坚持四项基本原则是立国之本，既以四项基本原则保证改革开放的正确方向，又通过改革开放赋予四项基本原则新的时代内涵，排除各种干扰，坚定不移走中国特色社会主义道路。当前和今后一个时期是以中国式现代化全面推进强国建设、民族复兴伟业的关键时期。进一步全面深化改革是坚持和完善中国特色社会主义制度、推进国家治理体系和治理能力现代化的必然要求，为中国式现代化提供强大动力和制度保障。历史发展是有规律的，改革开放是有根本遵循的，进一步全面深化改革，必须高举改革开放旗帜和坚持正确方向。

二、坚持正确道路

中国特色社会主义道路是实现社会主义现代化、创造人民美好生活的必由之路。改革开放的历史发展和实践经验鲜明昭示，不实行改革开放死路一条，搞否定社会主义方向的"改革开放"也是死路一条。党领导人民推进改革开放伟大事业，是为了推动党和人民事业更好发展，拥有志不改、道不变的坚定，把命运牢牢掌握在自己手中，坚持独立自主、自信自立，坚定不移走自己的路。进一步全面深化改革、推进中国式现代化，是新时代新征程上推动全面深化改革向广度和深度进军的总动员、总部署，充分体现了以习近平同志为核心的党中央完善和发展中国特色社会主义制度、推进国家治理体系和治理能力现代化的历史主动。

在新时代全面深化改革的基础上,党的二十届三中全会将进一步全面深化改革的总目标确立为继续完善和发展中国特色社会主义制度,推进国家治理体系和治理能力现代化。进一步全面深化改革的方向问题是带有根本性的问题。这就需要在总目标上把新时代全面深化改革和进一步全面深化改革历史地、发展地联系起来,把继续完善和发展中国特色社会主义制度同推进国家治理体系和治理能力现代化作为一个整体,完整理解和准确把握。在这一总目标中,继续完善和发展中国特色社会主义制度,规定了改革的根本方向,就是坚定不移走中国特色社会主义道路,而不是其他什么道路;推进国家治理体系和治理能力现代化,则规定了在根本方向指引下继续完善和发展中国特色社会主义制度的鲜明指向。把推进中国式现代化作为新时代最大的政治,进一步全面深化改革就要紧紧围绕中国式现代化,遵循中国式现代化的中国特色、本质要求和重大原则,面对纷繁复杂的国际国内形势、新一轮科技革命和产业变革、人民群众新期待,对推进中国式现代化作出系统性战略部署,沿着中国特色社会主义道路,有领导有步骤、广泛而深入地推进改革,继续把改革开放伟大事业推向前进。

三、坚持守正创新

坚持和发展中国特色社会主义,必须不断适应社会生产力发展调整生产关系,不断适应经济基础发展完善上层建筑。习近平总书记在《关于〈中共中央关于进一步全面深化改革、推进中国式现代化的决定〉的说明》中指出,完善中国特色社会主义制度是一个动态过程,必然随着实践发展而不断发展,已有制度需要不断健全,新领域新实践需要推进制度创新、填补制度空白。面对新的形势和任务,必须进一步全面深化改革,继续完善各方面制度机制,固根基、扬优势、补短板、强弱项,不断把我国制度优势更好转化为国家治理效能。进一步全面深化改革的方向问题,具体表现为推进国家治理体系和治理能力"往什么方向走"的问题。我国改革正处于攻坚期和深水区。党的二十届三中全会在进一步全面深化改革的指导思想上指出,坚持马克思列宁主义、毛泽东思想、邓小平理论、"三个代表"重要思想、科学发展观,全面贯彻习近平新时代中国特色社会主义思想，深入学习贯彻习近平总书记关于全面深化改革的一系列新思想、新观点、新论断，完整准确全面贯彻新发展理念，坚持稳中求进工作总基调，坚持解放思想、实事求是、与时俱进、求真务实；在重大原则上，坚持守正创新，坚持中国特色社会主义不动摇，紧跟时代步伐，顺应实践发展，突出问题导向，在新的起点上推进理论创新、实践创新、制度创新、文化创新以及其他各方面创新。改革开放只有进行时、没有完成时。进一步全面深化改革，就是要根据我国社会基本矛盾，适应主要矛盾运动的变化，继续把全面深化改革作为推进中国式现代化的根本动力，作为稳大局、应变局、开新局的重要抓手，把准方向、守正创新、真抓实干，在新时代新征程上谱写改革开放新篇章。

进一步全面深化改革，推动生产关系和生产力、上层建筑和经济基础、国家治理和社会发展更好相适应，必须抓住改革问题的实质，方向一定要准，脚步一定要稳，尤其是不能犯颠覆性错误。这就需要坚持守正创新，正确把握和处理好进一步全面深化改革上的"改"与"不改"的辩证统一关系。习近平总书记指出，有些不能改的，再过多长时间也是不改，不能把这说成是不改革。2024年5月，习近平总书记在主持召开企业和专家座谈会时，就进一步全面深化改革强调，要坚持守正创新，改革无论怎么改，坚持党的全面领导、坚持马克思主义、坚持中国特色社会主义道路、坚持人民民主专政等根本的东西绝对不能动摇，同时要敢于创新，把该改的、能改的改好、改到位，看准了就坚定不移抓。党领导人民进一步全面深化改革，就是从我国国情出发、从经济社会发展实际出发，不断推进改革。在这方面，不能把西方的理论、观点生搬硬套在自己身上。我国国家治理体系需要不断改进和完善，关于怎么改、怎么完善，党的主张和定力集中体现在进一步全面深化改革的原则上，根本方向就是坚持中国共产党领导和中国特色社会主义制度不动摇。中国式现代化是党领导的社会主义现代化，只有时刻保持解决大党独有难题的清醒和坚定，把党建设得更加坚强有力，才能确保中国式现代化劈波斩浪、行稳致远，不断为中国式现代化注入强劲动力、提供有力制度保障。

进一步全面深化改革
与中国式现代化的历史逻辑*

围绕党的中心任务谋划和部署改革，是党领导改革开放的成功经验。党的二十届三中全会重点研究进一步全面深化改革、推进中国式现代化问题，审议通过《中共中央关于进一步全面深化改革、推进中国式现代化的决定》（以下简称《决定》），是党的十八届三中全会以来全面深化改革的实践续篇，也是新征程上推进中国式现代化的时代新篇。全会回顾和总结改革开放以来特别是新时代全面深化改革的宝贵经验，确立进一步全面深化改革必须贯彻的重大原则，深刻揭示和彰显进一步全面深化改革与中国式现代化的鲜明历史逻辑。

一、中国式现代化在改革开放中开辟广阔前景

改革开放是党的一次伟大觉醒，孕育、探索和发展改革开放和社会主义现代化建设的理论与实践，推动中国特色社会主义事业的伟大飞跃。党的十一届三中全会作出把党和国家工作中心转移到经济建设上来、实行改革开放的历史性决策，是基于对党和国家前途命运的深刻把握、对社会主义革命和建设实践的深刻总结、对时代潮流的深刻洞察和对人民群众期盼与需要的深刻体悟。党不断推进马克思主义中国化时代化，深刻揭示社会主义本质，科学确立和一以贯之地坚持社会主义初级阶段基本路线，指导

---

* 本文作者宋月红，发表于《中国社会科学报》2024年8月6日。

并不断推进实践创新、理论创新、制度创新，坚定不移走自己的路。

实践发展永无止境，解放思想永无止境，改革开放只有进行时、没有完成时，改革开放中的矛盾只能用改革开放的办法来解决。新时代以来，我国改革进入攻坚期和深水区，党把改革摆在更加突出位置，在改革开放和社会主义现代化建设新时期取得的成就与经验的基础上，面对纷繁复杂的国际国内形势、新一轮科技革命和产业变革、人民群众新期待，统筹推进"五位一体"总体布局、协调推进"四个全面"战略布局，不断实现理论和实践上的创新突破，成功推进和拓展了中国式现代化。党的十八届三中全会确立全面深化改革的总目标是完善和发展中国特色社会主义制度，推进国家治理体系和治理能力现代化，开启了新时代全面深化改革、系统整体设计推进改革新征程。党领导人民不断解放和发展社会生产力，推动全面深化改革向广度和深度发展，实现改革由局部探索、破冰突围到系统集成、全面深化的转变，各领域基础性制度框架基本建立，许多领域实现历史性变革、系统性重塑、整体性重构，为全面建成小康社会、实现党的第一个百年奋斗目标提供有力制度保障，推动我国迈上全面建设社会主义现代化国家新征程，党和国家事业不断焕发出新的生机与活力。

中国式现代化是党领导的社会主义现代化。党的二十大确立全面建成社会主义现代化强国、实现第二个百年奋斗目标，以中国式现代化全面推进中华民族伟大复兴的中心任务。当前和今后一个时期是以中国式现代化全面推进强国建设、民族复兴伟业的关键时期。新时代新征程，广泛而深入推进中国式现代化，以"两个结合"为根本要求，进一步全面深化改革，不断完善各方面的体制机制，为推进中国式现代化提供制度保障，建设中华民族现代文明。党的二十届三中全会确立进一步全面深化改革的总目标是继续完善和发展中国特色社会主义制度，推进国家治理体系和治理能力现代化。到2035年，全面建成高水平社会主义市场经济体制，中国特色社会主义制度更加完善，基本实现国家治理体系和治理能力现代化，基本实现社会主义现代化，为到本世纪中叶全面建成社会主义现代化强国奠定坚实基础。党的二十届三中全会描绘并展现出中国式现代化的光明前景和繁荣兴盛，党领导人民以中国式现代化全面推进强国建设、民族复兴伟业，谱写当代中国更加壮丽华彩的乐章。

二、坚持和运用全面深化改革的历史经验

改革开放是坚持和发展中国特色社会主义的必由之路，中国式现代化是强国建设、民族复兴的唯一正确道路。党在领导人民推进中国式现代化的进程中，坚持解放思想、实事求是、守正创新，不断总结历史经验，准确把握时代大势，勇于站在人类发展前沿，坚持改革开放正确方向，确定改革开放必须遵循的原则，充分体现了完善和发展中国特色社会主义制度、推进国家治理体系和治理能力现代化的历史主动。拥有马克思主义科学理论指导，是党坚定信仰信念、把握历史主动的根本所在。

党的二十届三中全会把回顾和总结改革开放以来特别是新时代全面深化改革的宝贵经验，与进一步全面深化改革、推进中国式现代化的"六个重大原则"统一起来，深刻阐明这些原则的基本内涵、核心要义和精神实质，以及坚持和运用这些原则的世界观和方法论意义。

坚持党的全面领导。进一步全面深化改革，必须始终坚持党对改革开放的领导权，维护党中央权威和集中统一领导，发挥党总揽全局、协调各方的领导核心作用，把党的领导贯穿改革各方面全过程，确保改革始终沿着正确政治方向前进。历史地看，党领导人民之所以实现伟大历史转折、开启改革开放新时期和中华民族伟大复兴新征程，坚定不移走中国特色社会主义道路，既不走封闭僵化的老路也不走改旗易帜的邪路，并在改革开放中成功应对一系列重大风险挑战、克服无数艰难险阻，根本原因就在于党领导人民坚持改革开放正确方向、沿着正确道路推进，同时不断改善党的领导，让党的领导更加适应实践、时代、人民的要求。

坚持以人民为中心。人民是历史的创造者。尊重人民主体地位和首创精神，人民有所呼、改革有所应，做到改革为了人民、改革依靠人民、改革成果由人民共享。进一步全面深化改革，要始终站在人民立场上、从人民利益出发，把握和处理好涉及改革的重大问题，充分调动人民群众推进改革的积极性、主动性和创造性，把最广大人民的智慧和力量凝聚到改革上来，不断促进人的全面发展、全体人民共同富裕。

坚持守正创新。坚持马克思主义指导地位，坚持中国特色社会主义不动摇，紧跟时代步伐，顺应实践发展，突出问题导向，在新的起点上推进理论创新、实践创新、制度创新、文化创新以及其他各方面创新。守正才能不迷失自我、不迷失方向，创新才能把握时代、引领时代。进一步全面深化改革，要坚持解放思想和实事求是有机统一，坚持理论联系实际，强化问题意识、时代意识、战略意识，及时回答时代之问、人民之问，改什么、怎么改必须以是否符合完善和发展中国特色社会主义制度、推进国家治理体系和治理能力现代化的总目标为根本尺度，坚持把国家和民族发展放在自己力量的基点上，坚持把中国发展进步的命运牢牢掌握在自己手中。

坚持以制度建设为主线。制度是关系党和国家事业发展的根本性、全局性、稳定性和长期性问题。中国特色社会主义制度是当代中国发展进步的根本制度保障。进一步全面深化改革，要以制度建设为主线，加强顶层设计、总体谋划，破立并举、先立后破，筑牢根本制度，完善基本制度，创新重要制度。党的二十届三中全会强调构建高水平社会主义市场经济体制，健全推动经济高质量发展体制机制，构建支持全面创新体制机制，健全宏观经济治理体系，完善城乡融合发展体制机制，完善高水平对外开放体制机制，健全全过程人民民主制度体系，完善中国特色社会主义法治体系，深化文化体制机制改革，健全保障和改善民生制度体系，深化生态文明体制改革，推进国家安全体系和能力现代化，为中国式现代化提供强大动力和制度保障。

坚持全面依法治国。法治是中国式现代化的重要保障。进一步全面深化改革，就要在法治轨道上深化改革、推进中国式现代化，做到改革和法治相统一，重大改革于法有据、及时把改革成果上升为法律制度。全面贯彻实施宪法，维护宪法权威，协同推进立法、执法、司法、守法各环节改革，健全法律面前人人平等保障机制，弘扬社会主义法治精神，维护社会公平正义，全面推进国家各方面工作法治化。

坚持系统观念。万事万物是相互联系、相互依存的，只有用普遍联系的、全面系统的、发展变化的观点观察事物，才能把握事物发展规律。进一步全面深化改革，就要善于从政治上看问题，从系统观念出发，处理好经济和社会、政府和市场、效率和公平、活力和秩序、发展和安全等重大关系，增强改革系统性、整体性、协同性。

党的二十届三中全会进一步深化了党对改革开放规律性的认识和对全面深化改革的准确把握，在进一步全面深化改革的指导思想、重大原则、问题和目标导向、战略安排、系统部署和实践路径上，丰富和发展了推进中国式现代化的鲜明时代内涵与特点。

三、推进中国式现代化，进一步全面深化改革

中国式现代化是党在新中国成立特别是改革开放以来长期探索和实践基础上，经过党的十八大以来在理论和实践上的创新突破，我们成功推进和拓展的社会主义现代化。新时代全面深化改革，推动党和国家事业取得历史性成就、发生历史性变革，特别是消除了绝对贫困问题，全面建成小康社会，为中国式现代化提供了更为完善的制度保证、更为坚实的物质基础、更为主动的精神力量。

历史发展深刻昭示，只有社会主义才能救中国，只有改革开放才能发展中国、发展社会主义、发展马克思主义。新时代新征程，党领导人民广泛而深入推进中国式现代化，面对纷繁复杂的国际国内形势、新一轮科技革命和产业变革、人民群众新期待，必须继续把改革推向前进，紧紧围绕推进中国式现代化进一步全面深化改革。《决定》指出，这是坚持和完善中国特色社会主义制度、推进国家治理体系和治理能力现代化的必然要求，是贯彻新发展理念、更好适应我国社会主要矛盾变化的必然要求，是坚持以人民为中心、让现代化建设成果更多更公平惠及全体人民的必然要求，是应对重大风险挑战、推动党和国家事业行稳致远的必然要求，是推动构建人类命运共同体、在百年变局加速演进中赢得战略主动的必然要求，是深入推进新时代党的建设新的伟大工程、建设更加坚强有力的马克思主义政党的必然要求。进一步全面深化改革，有利于凝聚人心、汇聚力量，完善和发展中国特色社会主义制度、推进国家治理体系和治理能力现代化。完善中国特色社会主义制度是一个动态过程，必然随着实践发展而

不断发展，已有制度需要不断健全，新领域新实践需要推进制度创新、填补制度空白。推进中国式现代化是一项全新的事业，前进道路上必然会遇到各种矛盾和风险挑战。有效应对这些风险挑战，在日趋激烈的国际竞争中赢得战略主动，需要进一步全面深化改革，用完善的制度防范化解风险、有效应对挑战，在危机中育新机、于变局中开新局。

进一步全面深化改革，以经济体制改革为牵引，以促进社会公平正义、增进人民福祉为出发点和落脚点，更加注重系统集成，更加注重突出重点，更加注重改革实效，推动生产关系和生产力、上层建筑和经济基础、国家治理和社会发展更好相适应。高水平社会主义市场经济体制是中国式现代化的重要保障；教育、科技、人才是中国式现代化的基础性、战略性支撑；城乡融合发展是中国式现代化的必然要求；开放是中国式现代化的鲜明标识；发展全过程人民民主是中国式现代化的本质要求；法治是中国式现代化的重要保障；在发展中保障和改善民生是中国式现代化的重大任务；国家安全是中国式现代化行稳致远的重要基础；国防和军队现代化是中国式现代化的重要组成部分。为此，党的二十届三中全会提出的进一步全面深化改革，聚焦于构建高水平社会主义市场经济体制、发展全过程人民民主、建设社会主义文化强国、提高人民生活品质、建设美丽中国、建设更高水平平安中国、提高党的领导水平和长期执政能力，就是要坚持继续完善各方面制度机制，固根基、扬优势、补短板、强弱项，不断把我国制度优势更好转化为国家治理效能。

推进中国式现代化，是新时代最大的政治。党领导人民把改革摆在更加突出位置，紧紧围绕推进中国式现代化进一步全面深化改革，必将继续完善和发展中国特色社会主义制度，推进国家治理体系和治理能力现代化，不断为中国式现代化提供强大动力和制度保障。

新时代"关键一招"更加关键
——不断深化对改革开放的规律性认识*

40多年前,在党和国家面临何去何从的重大历史关头,中国共产党作出实行改革开放的历史性决策。邓小平同志首次把改革称为"中国的第二次革命",指出:"生产力方面的革命也是革命,而且是很重要的革命,从历史的发展来讲是最根本的革命。"中国的改革开放从一开始,就是一场完善和发展社会主义制度的广泛而深刻的社会革命。40多年来,中国共产党带领中国人民在极不平凡的岁月创造了人类发展的奇迹,开创了社会主义现代化新路,推动了中国特色社会主义事业的伟大飞跃。正如习近平总书记指出:"改革开放是决定当代中国命运的关键一招,也是决定实现'两个一百年'奋斗目标、实现中华民族伟大复兴的关键一招。"今天,改革开放已成为当代中国最鲜明的特色,当代中国共产党人最鲜明的品格。

一、"关键一招"使中国实现从赶上时代到引领时代的历史跨越

改革开放是当代中国发展进步的活力之源,是党和人民事业大踏步赶上时代的重要法宝。邓小平同志曾明确指出:"我们要赶上时代,这是改革要达到的目的。"40多年改革开放,极大改变了中国的面貌、中华民族的面貌、中国人民的面貌、中国共产党的面貌,改革开放成为发展中国、发展社会主义、发展马克思主义的强大动力和必然途径,使中国实现了从落后时代到赶上时代再到引领时代的历史跨越。

---

* 本文作者姜辉,发表于《人民论坛》2019年第27期。

改革开放是科学社会主义的本质要求，是社会主义现代化题中应有之义。恩格斯早就指出，社会主义社会"不是一成不变的东西，而应当和其他任何社会制度一样，把它看成是经常变化和改革的社会"。改革开放是社会主义制度的自我完善和发展。世界社会主义发展的经验教训表明，采取教条主义的态度和凝固僵化的思维对待马克思主义、对待社会主义行不通，只有改革开放才能坚持和发展马克思主义、坚持和发展社会主义。习近平总书记指出："我们党靠什么来振奋民心、统一思想、凝聚力量？靠什么来激发全体人民的创造精神和创造活力？靠什么来实现我国经济社会快速发展、在与资本主义竞争中赢得比较优势？靠的就是改革开放。"社会主义要赢得与资本主义相比较的优势，就必须实行改革开放，在坚持科学社会主义基本原则的基础上，改革一切与时代要求和实践发展不相符合的体制机制，吸收和借鉴当今世界各国包括资本主义发达国家在内的一切反映现代社会化生产规律的先进经营方式、管理方法，走出一条社会主义现代化新路。

改革开放带来了思想大解放，使我们对"什么是社会主义、怎样建设社会主义"有了全新的认识。习近平总书记指出："改革开放是我们党的历史上一次伟大觉醒，正是这个伟大觉醒孕育了新时期从理论到实践的伟大创造。"从实行家庭联产承包、乡镇企业异军突起、取消农业税到农村承包地"三权分置"、打赢脱贫攻坚战、实施乡村振兴战略，我们对中国这样一个农村人口占大多数的国家解决"三农"问题有了全新的认识；从兴办深圳等经济特区、沿海沿边沿江沿线和内陆中心城市对外开放到加入世界贸易组织、共建"一带一路"、设立自由贸易试验区、成功举办首届中国国际进口博览会，从"引进来"到"走出去"，我们对中国这样一个发展中的社会主义大国实行对外开放有了全新的认识；从搞好国营大中小企业、发展个体私营经济到深化国资国企改革、发展混合所有制经济，从单一公有制到公有制为主体、多种所有制经济共同发展和坚持"两个毫不动摇"，我们对社会主义初级阶段的基本经济制度有了全新的认识；从传统的计划经济体制到前无古人的社会主义市场经济体制再到使市场在资源配置中起决定性作用、更好发挥政府作用，我们对社会主义与市场经济的关系有了全新的认识；从以经济体制改革为主到全面深化经济、政治、文化、社会、生态文明体制和党的建设制度改革，一系列重大改革扎实推进，各项便民、惠民、利民举措持续实施，我们对改革开放的全面性、系统性、目的性有了全新的认识。

改革开放拓展了走向现代化的途径，为其他国家和民族的现代化之路提供了中国智慧和中国方案。实现现代化是人类社会文明进步的标志，也是世界各国特别是广大发展中国家孜孜以求的目标。新中国成立以来特别是改革开放以来，我们用几十年的时间，走过了西方发达国家上百年甚至数百年的发展历程。中国实现现代化，是人类历史上前所未有的大变革。在迄今为止人类现代化进程中，实现工业化的国家不超过30个、人口不超过10亿。中国这个世界上最大发展中国家在现代化道路上的成功探索，意味着比现在所有发达国家人口总和还要多的中国人民将进入现代化行列，其影响将是世界性的。当中国成为世界上第一个不是走资本主义道路，而是走社会主义道路取得成功的现代化大国时，中国共产党领导中国人民进行的改革开放伟大社会革命将更加充分地展示出其世界意义。中国特色社会主义现代化的顺利实现，以铁一般的事实证明，西方模式不是走向现代化的唯一模式，广大发展中国家终将突破要么陷入发展困境、要么沦为"依附式发展"的两难选择。中国特色社会主义现代化道路，是人类现代化发展的一条全新道路，为世界提供了发展途径和方式的全新选择，为解决人类问题贡献了中国智慧和中国方案。

二、不断深化对改革开放的规律性认识

习近平总书记提出"勇于推进理论和实践创新，不断深化对改革规律的认识"的历史任务，他要求"认真回顾和深入总结改革开放的历程，更加深刻地认识改革开放的历史必然性，更加自觉地把握改革开放的规律性，更加坚定地肩负起深化改革开放的重大责任"。40多年改革开放的丰富实践和丰硕成果，使我们不断深化对改革开放的规律性认识、不断深化对中国特色社会主义规律的认识。

必须坚持党对改革的全面领导。中国特色社会主义最本质的特征是中

国共产党领导,中国特色社会主义制度的最大优势是中国共产党领导,党是最高的政治领导力量。党的全面领导,是共产党执政规律和社会主义建设规律的根本要义,也是战胜全面深化改革中一切困难和风险的"定海神针"。改革开放是党紧紧抓住历史契机主动选择的结果。坚持党对改革的全面领导,是改革这场伟大社会革命胜利推进的根本所在、命脉所在,是全国各族人民享受改革成果的利益所在、幸福所在。必须充分发挥党总揽全局、协调各方的领导核心作用。正如习近平总书记指出的,"最核心的是坚持和改善党的领导、坚持和完善中国特色社会主义制度,偏离了这一条,那就南辕北辙了"。

必须坚持完善和发展社会主义制度的总目标。改革不是改向,变革不是变色。全面深化改革不是要否定社会主义制度,恰恰相反,是要更好地完善和发展社会主义制度。不实行改革开放死路一条,搞否定社会主义方向的"改革开放"也是死路一条。我们要有主张、有定力,改什么、不改什么,先改什么、后改什么,都要在坚持马克思主义基本原理与本国国情相结合的基础上科学决定、稳步推行,决不人云亦云,甚至随着别人的"指挥棒"起舞。改什么、怎么改必须以是否符合完善和发展中国特色社会主义制度、推进国家治理体系和治理能力现代化的总目标为根本尺度,该改的、能改的我们坚决改,不该改的、不能改的坚决不改,决不能在根本问题上出现颠覆性错误。

必须坚持以人民为中心的改革。为人民谋幸福,是中国共产党人的初心。习近平总书记指出:"人民对美好生活的向往,就是我们的奋斗目标。"40多年前,我们党作出改革开放的决策,就是回应人民群众的呼声;40多年来,改革的每一步深入推进,都伴随着人民群众不断增长的诉求;在新时代,全面深化改革必须以促进社会公平正义、增进人民福祉为出发点和落脚点。如果不能给老百姓带来实实在在的利益,不能创造更加公平的社会环境,改革就失去意义,也不可能持续。新时代的社会主要矛盾已经转化为人民群众日益增长的美好生活需要和不平衡不充分的发展之间的矛盾,要把促进社会公平正义、增进人民福祉作为一面镜子,审视我们各方面体制机制和政策规定。人民群众是历史的创造者,共产党人只有依靠人民群众才能创造历史伟业。推动改革最大的依靠力量是人民群众。改革开放不断攻坚克难取得丰硕成果，无不来自亿万人民的实践和智慧。

必须坚持改革的正确方法论。在人类历史上，为解决问题、谋得发展而实行的改革并不鲜见，但却从未有像中国特色社会主义改革这样从深化规律认识的角度，坚持正确的改革方法论。习近平总书记指出："改革开放是前无古人的崭新事业，必须坚持正确的方法论，在不断实践探索中前进。"改革必须注重系统性、整体性、协同性。坚持整体推进，讲求整体效果，防止畸轻畸重、单兵突进、顾此失彼，要坚持"两点论"与"重点论"相统一，既要注重抓方案协同和落实协同，又要注重抓重要领域和关键环节。改革必须坚持加强顶层设计和摸着石头过河相结合。摸着石头过河就是摸规律。既要加强宏观思考和顶层设计，又要继续鼓励大胆实验、大胆突破，不断把改革引向深入。改革要坚持"蹄疾"和"步稳"相结合，符合实际、必须做的，就要大胆地干，同时方向要准、步子要稳，尤其是不能犯颠覆性错误。改革必须坚持把改革的力度、发展的速度和社会可承受程度统一起来，在保持社会稳定中推进改革发展，通过改革发展促进社会稳定。

必须坚持改革与开放相促进。社会主义社会既不是一成不变的社会，也不是封闭孤立的社会，这是社会主义建设和实现现代化的一条重要规律。开放也是改革。一方面，改革开放以来，我们坚持对外开放基本国策，打开国门搞建设，实现了从封闭半封闭到全方位开放的伟大历史转折，这是改革的一个重要方面和重要成果；另一方面，对外开放也要求实行与此相适应的改革，以开放促改革、促发展，是我国发展不断取得新成就的重要法宝。改革不停顿，开放不止步。正如习近平总书记所强调："中国开放的大门不会关闭，只会越开越大！"

三、新时代坚定不移用好改革开放这个"关键一招"

改革开放只有进行时，没有完成时，停顿、倒退没有出路。正如习近平总书记指出的："中国要前进，就要全面深化改革开放。""要继续高举改革旗帜，站在更高起点谋划和推进改革，坚定改革定力，增强改革勇气，总结运用好党的十八大以来形成的改革新经验，再接再厉，久久为功，坚定不移将改革进行到底。"中国现在所处的，是一个船到中流浪更急、人到半山路更陡的时候，是一个愈进愈难、愈进愈险而又不进则退、非进不可的时候。改革开放已走过千山万水，但仍需跋山涉水。改革开放进入新时代，"关键一招"更加关键。

新时代面临着改革进入深水区和攻坚期，硬骨头越来越多，只有加大改革力度才能啃下硬骨头。一个时代有一个时代的问题，一代人有一代人的使命。随着改革进入攻坚期和深水区，遇到的阻力越来越大，面对的暗礁、潜流、旋涡越来越多。发展中的问题和发展后的问题、一般矛盾和深层次矛盾交织叠加、错综复杂。比如，在贯彻以人民为中心的发展思想，落实新发展理念，建设现代化经济体系，深化供给侧结构性改革方面，还有许多困难需要克服；在加快实施创新驱动发展战略、乡村振兴战略、区域协调发展战略方面，还有许多问题需要解决；在推进精准扶贫、精准脱贫方面，最终的完全实现还需时不我待的艰巨努力；在促进社会公平正义，不断增强人民获得感、幸福感、安全感方面，依然任重而道远。改革中的矛盾只能用改革的办法来解决。在新时代，中国人民将继续自强不息、自我革新，坚定不移全面深化改革，逢山开路，遇水架桥，敢于向顽瘴痼疾开刀，勇于突破利益固化藩篱，将改革进行到底。

新时代面临国际上的不稳定不确定因素明显增多，只有以更大力度深度广度开放才能有力应对挑战。当前世界经济深刻调整，保护主义、单边主义抬头，经济全球化遭遇波折，多边主义和自由贸易体制受到冲击，风险挑战加剧。同时更要看到，当今世界，开放融通的潮流滚滚向前，经济全球化的历史大势不可逆转。习近平总书记指出："让世界经济的大海退回到一个一个孤立的小湖泊、小河流，是不可能的，也是不符合历史潮流的。"在新时代，中国经济要继续到世界市场的汪洋大海中去游泳，去经风雨、见世面，主动参与、推动引领经济全球化进程，发展更高层次的开放型经济。中国将继续扩大开放、加强合作，坚定不移走和平发展道路，积极发展全球伙伴关系，坚定支持多边主义，积极参与推动全球治理体系变革，构建新型国际关系，推动构建人类命运共同体。

为人民谋幸福、为民族谋复兴、为世界谋大同,是中国共产党人的初心使命。改革开放是决定当代中国命运的关键一招,也是实现这个初心使命的关键一招。新时代,中国共产党带领中国人民在前进道路上,不忘初心,牢记使命,将改革开放进行到底,不断实现人民对美好生活的向往,不断为人类作出新的更大贡献,创造中华民族新的更大奇迹!

党的十八届三中全会
开创了我国改革开放的全新局面[*]

2013年召开的党的十八届三中全会，是继党的十一届三中全会后又一个划时代的会议。习近平总书记指出："党的十一届三中全会是划时代的，开启了改革开放和社会主义现代化建设历史新时期；党的十八届三中全会也是划时代的，开启了全面深化改革、系统整体设计推进改革的新时代，开创了我国改革开放的新局面。"党的十八届三中全会以来，党和国家紧紧围绕经济、政治、文化、社会、生态文明、国防和军队、党的建设等主题主线，完善和发展中国特色社会主义制度，推进国家治理体系和治理能力现代化，改革开放事业取得前所未有的重大突破和重大成就。

一、制定全面推进改革开放宏伟蓝图

改革开放是当代中国最显著的特征、最壮丽的气象。改革"是由问题倒逼而产生，又在不断解决问题中得以深化"。党的十一届三中全会以来，我国改革由农村到城市、由局部到全局、由增量到存量、由易到难有序展开。党的十八大以后，改革进入攻坚期、深水区，以习近平同志为核心的党中央，面对艰巨任务和复杂局面，顺应实践发展要求和人民群众期望，坚定不移高举改革开放旗帜，明确宣示"改革不停顿，开放不止步"。党的十八届三中全会通过《中共中央关于全面深化改革若干重大问题的决

---

[*] 本文作者李正华，发表于《党建》2024年第4期。

定》，深刻剖析了新时代改革发展稳定面临的重大理论和现实问题，阐明了全面深化改革开放的重大意义和未来走向，提出了全面深化改革开放的指导思想、目标任务、重大原则，确定了全面深化改革开放的总目标、战略重点、优先顺序、主攻方向、工作机制、推进方式和时间表、路线图，对全面深化改革开放进行了总部署、总动员。

根据党的十八届三中全会制定的全面推进改革开放的宏伟蓝图，党团结带领全国各族人民，以前所未有的决心和力度冲破思想观念的束缚，突破利益固化的藩篱，坚决破除各方面体制机制弊端，更加注重改革的系统性、整体性和协同性，推动全面深化改革开放向广度和深度进军，不断向实现全面深化改革总目标迈进，开启了气势如虹、波澜壮阔的全面改革开放进程，展开了全面深化改革开放的壮丽画卷。

在全面深化改革开放取得重大进展的基础上，党的十九大站在更高起点上谋划和推进改革，对全面深化改革开放提出了新要求，部署了一大批力度更大、要求更高、举措更实的改革开放任务。为贯彻落实党的十九大精神，党的十九届三中全会研究和部署了深化党和国家机构改革，加快构建系统完备、科学规范、运行有效的党和国家机构职能体系等事项。党的十九届四中全会通过《中共中央关于坚持和完善中国特色社会主义制度、推进国家治理体系和治理能力现代化若干重大问题的决定》，对全面深化改革总目标进行了专题研究和战略部署，全面回答了在国家制度和国家治理体系上应该"坚持和巩固什么、完善和发展什么"这个重大问题，第一次系统描绘了中国特色社会主义制度的"图谱"，第一次提出了国家治理现代化"三步走"总体目标，进一步深化和拓展了全面深化改革总目标。党的二十大把"改革开放迈出新步伐，国家治理体系和治理能力现代化深入推进"作为未来五年的主要目标任务之一，明确了深化改革开放的任务书和路线图。

二、改革开放取得重大理论创新成果

在全面推进改革开放的伟大实践中，以习近平同志为核心的党中央着力增强对改革开放的规律总结和历史认识，改革开放取得了重大理论创新成果。

一是明确全面深化改革开放的基本定位。我们党对改革开放在推动中国发展中的重要战略意义有了更为深刻的认识，明确指出，"改革开放是党在新的时代条件下带领全国各族人民进行的新的伟大革命，是当代中国最鲜明的特色，是决定当代中国命运的关键抉择，是党和人民事业大踏步赶上时代的重要法宝"。这"四个是"是对全面深化改革开放的基本定位。

二是确定全面深化改革总目标。党的十八届三中全会明确提出全面深化改革总目标是完善和发展中国特色社会主义制度，推进国家治理体系和治理能力现代化；党的十九大将全面深化改革总目标提升为习近平新时代中国特色社会主义思想的"八个明确"之一，将坚持全面深化改革确立为新时代坚持和发展中国特色社会主义的"十四项基本方略"之一。明确规定，国家治理体系和治理能力现代化必须在完善和发展中国特色社会主义制度方向下推进，我国社会主义实践"后半程"的主要历史任务是提供一整套更完备、更稳定、更管用的制度体系。全面深化改革总目标的确定，深化了我们党对改革开放的认识。

三是突出全面深化改革开放的重点。全面深化改革开放，重点在全面，关键在深化，不仅要以经济体制改革为重点，以处理好政府和市场的关系为核心，充分发挥好其牵引作用，而且要从经济体制、政治体制、文化体制、社会体制、生态文明体制、国防和军队改革以及党的建设制度改革等各个领域统筹推进，注重各领域改革的关联性和耦合性。

四是把握全面深化改革开放的方法。"改革开放是前无古人的崭新事业，必须坚持正确的方法论"。推进全面深化改革开放，必须坚持马克思主义方法论，在总体方法上要注重"三性"，即系统性、整体性和协同性；在思想方法上要处理好"五个关系"，即解放思想和实事求是的关系、整体推进和重点突破的关系、顶层设计和摸着石头过河的关系、胆子要大和步子要稳的关系、改革发展稳定的关系；在推进方法上要处理好"五大关系"，即要弄清楚整体政策安排与某一具体政策的关系、系统政策链条与某一政策环节的关系、政策顶层设计与政策分层对接的关系、政策统一性与政策差异性的关系、长期性政策与阶段性政策的关系。

习近平总书记对全面深化改革开放亲自谋划、亲自部署，全面总结改革开放事业所取得的重要历史经验，科学分析新时代面临的新情况新问题新特点，对改革的整体布局、重大问题、关键环节作出一系列重要指示，对改革开放历史地位、前后关系、主要成果、基本经验、重大考验以及全面深化改革开放的指导思想、目标任务、重大原则等问题进行了深刻阐述，创造性地提出了"两个关键一招""两个不能否定""三个重大考验""四大主要成果"和"五个方面基本经验"等重要论断，从理论和实践结合上系统回答了"什么是全面深化改革""为什么要全面深化改革""怎样全面深化改革"这些重大问题，极大地深化了对改革开放规律的认识，极大地丰富和发展了社会主义改革开放理论，成为习近平新时代中国特色社会主义思想的重要组成部分，是新时代全面深化改革和扩大对外开放的理论指南。

三、党和国家事业发生了全方位、开创性、深层次、根本性变革

党的十八届三中全会以来，我们党团结带领全国各族人民，坚持向改革要动力，向开放要活力，坚持在追求效率中突出公平正义，坚持在讲求重点中注重系统建构，坚持在自上而下中强调自下而上，坚持在党的领导下加强党的自身建设，实现了改革开放由局部探索、破冰突围到系统集成、全面深化的历史性转变。

对内，以促进社会公平正义、增进人民福祉为出发点和落脚点，一体推进经济、政治、文化、社会、生态文明、国防和军队、党的建设等各方面改革。从夯基垒台、立柱架梁到全面推进、积厚成势，再到系统集成、协同高效，各领域基础性制度框架逐步确立，许多领域实现历史性变革、系统性重塑、整体性重构。不仅有效应对了复杂国际政治经济形势的风云变幻，而且在相当不利的条件下取得了经济的中高速平稳增长，如期全面建成小康社会，历史性地解决了困扰中华民族几千年的绝对贫困问题。居民人均可支配收入从 2012 年的 1.65 万元增长到 2021 年的 3.51 万元，居民恩格尔系数从 2012 年的 33.0% 下降至 2021 年的 29.8%，居民生活水平进一步提高。

对外，坚持对外开放的基本国策，实行更加积极主动的开放战略。顺应经济全球化的要求，高举和平、发展、合作、共赢旗帜，推进高水平对外开放，形成更大范围、更宽领域、更深层次对外开放格局。依托我国超大规模市场优势，增强国内国际两个市场两种资源联动效应，稳步扩大规则、规制、管理、标准等制度型开放，营造市场化、法治化、国际化一流营商环境。提出并推动共建"一带一路"，构建人类命运共同体，以高水平对外开放打造国际合作和竞争新优势。共建"一带一路"成为深受欢迎的国际公共产品和国际合作平台，截至2023年10月，已经吸引世界上超过四分之三的国家和30多个国际组织参与其中；中国与共建国家进出口总额累计达到19.1万亿美元，年均增长6.4%；中国举办了三届"一带一路"国际合作高峰论坛，共形成1020项合作清单，与合作伙伴在铁路、港口、金融、税收、能源、绿色发展等20多个领域建立了多边对话合作平台。

在错综复杂的国内外环境中，在发展面临的风险挑战空前上升的情况下，中国经济保持住了中高速增长的稳定势头，成为全球经济增长的主要动力。中国特色社会主义制度更加成熟更加定型，国家治理体系和治理能力现代化水平明显提高；国家安全得到全面加强，社会稳定有目共睹；中国综合国力和国际影响力空前提高，开启了从"富国"到"强国"的新征程。

党的十八届三中全会以来，全面深化改革成为当代中国最鲜明的特色，扩大对外开放成为当代中国最鲜明的标识。改革开放的广泛性、深刻性前所未有，改革开放的系统性、整体性、协同性前所未有，改革开放任务的复杂性、艰巨性前所未有，改革开放的决心和勇气前所未有，改革开放取得的重大突破、重大成就前所未有。全面深化改革开放取得的巨大成就，使党和国家事业发生了全方位、开创性、深层次、根本性变革，为全面推进强国建设、民族复兴伟业提供了更为完善的制度保证、更为坚实的物质基础、更为主动的精神力量，实现中华民族伟大复兴进入了不可逆转的历史进程。

党的十八大以来改革开放的重要特征*

1978年召开的党的十一届三中全会，作出了改革开放的伟大战略决策，中国进入历史发展新时期。"以邓小平同志为主要代表的中国共产党人，总结新中国成立以来正反两方面的经验，解放思想，实事求是，实现全党工作中心向经济建设的转移，实行改革开放。"[1] 党的十三届四中全会以后，以江泽民同志为主要代表的中国共产党人，在国内外纷繁复杂形势的严峻考验面前，坚持改革开放不动摇，确立和完善社会主义市场经济体制，引领改革开放的航船驶向21世纪。党的十六大以后，以胡锦涛同志为主要代表的中国共产党人，顺应国内外形势发展变化，抓住重要战略机遇期，把改革创新精神贯彻到治国理政各个环节，在推动社会主义制度自我完善和发展方面迈出新的重大步伐。2012年党的十八大以后，以习近平同志为核心的党中央，顺应实践发展要求和人民群众的期望，坚定不移地高举改革开放旗帜，制定全面推进改革开放事业的宏伟蓝图，显著增强了把方向、谋大局、定政策、促改革的能力和定力，展开了全面深化改革的壮丽画卷。准确把握十八大以来改革开放的重要特征，对于顺利推进新时代中国特色社会主义伟大事业，实现"两个一百年"奋斗目标和中华民族伟大复兴中国梦具有重要意义。

---

* 本文作者李正华，发表于《马克思主义研究》2020年第1期。
[1]《中国共产党章程》，人民出版社2017年版，第3页。

一、坚持以人民为中心的改革立场更加鲜明

把以人民为中心作为改革发展必须坚持的首要原则与根本理念,作为中国特色社会主义的根本价值取向,充分激发全国人民在改革实践中的主人翁意识,最大限度地凝聚全社会推进改革发展、维护社会和谐稳定的共识和力量,是十八大以来我们党进一步推进改革开放的突出特色。

把人民对美好生活的向往作为奋斗目标。党的十八大闭幕后,习近平总书记在与中外记者见面时就明确指出:"人民对美好生活的向往,就是我们的奋斗目标。"① 他在党的十八届一中全会上强调,检验我们一切工作的成效,最终都要看人民是否真正得到了实惠,人民生活是否真正得到了改善。他在接受俄罗斯电视台专访时又指出:"中国共产党坚持执政为民,人民对美好生活的向往就是我们的奋斗目标。我的执政理念,概括起来说就是:为人民服务,担当起该担当的责任。"② 党的十八届三中全会通过的《中共中央关于全面深化改革若干重大问题的决定》(以下简称《决定》),总结了我国改革开放以来积累的宝贵经验,其中很重要的一条就是必须坚持以人为本,尊重人民主体地位,发挥群众首创精神,紧紧依靠人民推动改革。党的十八届五中全会首次提出坚持以人民为中心的发展思想。把人民对美好生活的期待变成党的行动和奋斗目标,把人民的希望变为现实,让人民群众有幸福感、获得感、安全感。坚持以人民为中心的发展思想,成为十八大以来党执政为民、改革发展的一面鲜亮旗帜。

深刻回答改革开放为了谁、依靠谁、服务谁的问题,并赋予新的时代内涵。全心全意为人民服务,是马克思主义的根本立场,是中国共产党的根本宗旨。我们党领导人民进行革命、建设和改革开放的根本目的,就是解放生产力、发展生产力,不断提高人民群众的物质文化生活水平,促进人的全面发展。在中国特色社会主义新时代,党坚持以人民为中心的发展

---

① 《十八大以来重要文献选编》(上),中央文献出版社 2014 年版,第 70 页。
② 《习近平接受俄罗斯电视台专访》,《人民日报》2014 年 2 月 9 日。

思想，强调改革发展为了人民，让人民在各方面拥有获得感，将"发展为了人民"落到实处，多干让人民满意的好事实事，把是否给人民带来利益作为发展成效的检验标准；强调"中国梦归根到底是人民的梦，必须紧紧依靠人民来实现，必须不断为人民造福"；强调"始终把实现好、维护好、发展好最广大人民根本利益作为一切工作的出发点和落脚点，让发展成果更多更公平惠及全体人民"①；强调全党同志要始终把人民放在心中的最高位置，把人民立场作为根本政治立场，把人民利益摆在至高无上的地位，不断把为人民造福事业推向前进。这就深刻回答了改革开放为了谁、依靠谁、服务谁的问题，既与党的根本立场、宗旨一脉相承，又赋予新的时代内涵。

顺应人民群众对美好生活的向往，努力为人民创造更美好、更幸福的生活。习近平总书记强调，以人民为中心的发展思想，不是一个抽象的、玄奥的概念，不能只停留在口头上、止步于思想环节，而要体现在经济社会发展各个环节。党的十八大以来，我们党认真落实以人民为中心的发展思想，坚持发展为了人民、发展依靠人民、发展成果由人民共享的发展理念，坚持人民主体地位，尊重群众的首创精神，积极为全国人民、各类人才创造发挥作用的舞台和环境，全面调动人民群众的积极性、主动性、创造性。不断深化改革，提出创新、协调、绿色、开放、共享五大发展理念，努力提高经济发展质量和效益，不断满足人民日益增长的物质文化需要。更加重视共同富裕，"不断实现好、维护好、发展好最广大人民根本利益，使发展成果更多更公平惠及全体人民，在经济社会不断发展的基础上，朝着共同富裕方向稳步前进"②。坚持社会主义基本经济制度和分配制度，调整收入分配格局，完善以税收、社会保障、转移支付等为主要手段的再分配调节机制，维护社会公平正义，努力解决收入差距问题。根据我国社会生产力水平明显提高、人民生活显著改善、对美好生活的向往更加强烈、人民群众的需要呈现多样化多层次多方面的特点，在经济发展的同

---

① 习近平：《在庆祝中华人民共和国成立65周年招待会上的讲话》，《人民日报》2014年10月1日。
② 习近平：《在第十二届全国人民代表大会第一次会议上的讲话》，《人民日报》2013年3月18日。

时，采取有力措施，着力创造让更多人"共同享有人生出彩的机会，共同享有梦想成真的机会，共同享有同祖国和时代一起成长与进步的机会"①。这一切都进一步激发人民群众积极性和创造性，充分体现了中国特色社会主义的本质要求。

二、改革的广泛性、深刻性前所未有

党的十八大以来的全面深化改革是最广泛、最深刻的一场社会变革。以习近平同志为核心的党中央从体制机制入手，统筹谋划"五位一体"总体布局，协调推进"四个全面"战略布局，坚持长远制度建设同解决突出问题相结合、整体推进同重点突破相结合、试点探路同推动面上改革相结合、改革创新同法律法规立改废释相结合、破除体制机制顽疾同解决新出现的问题相结合，全面深入推进各领域各环节的改革。

全面深化改革的重点是全面。1978年，中国的改革首先从农村启动，随后城市改革、企业改革、价格改革、金融改革等逐步推开，改革多是单项、单兵突进式的。以十一届三中全会以来召开的党的历届三中全会为例，从十二届三中全会到十七届三中全会，先后通过了《中共中央关于经济体制改革的决定》《关于价格、工资改革的初步方案》《中共中央关于建立社会主义市场经济体制若干问题的决定》《中共中央关于农业和农村工作若干重大问题的决定》《中共中央关于完善社会主义市场经济体制若干问题的决定》《中共中央关于推进农村改革发展若干重大问题的决定》六个决定。每次三中全会都以推进改革为主题，但主要是围绕经济领域。2013年11月，党的十八届三中全会作出的《决定》，涉及经济、政治、文化、社会、生态文明、军队国防和党的建设等领域，"既包括经济体制又包括政治体制、文化体制、社会体制、生态体制，既涉及生产力又涉及生产关系，既涉及经济基础又涉及上层建筑，每一项改革都会对其他改革产生重要影响，每一项改革又都需要其他改革协同配合"②。这是十一届三

---

① 《十八大以来重要文献选编》（上），中央文献出版社2014年版，第235页。
② 《习近平关于全面深化改革论述摘编》，中央文献出版社2014年版，第35页。

中全会以来党对改革作出的最全面最系统的一次部署。中央全面深化改革领导小组审议通过了一系列重大改革文件，中央和国家机关有关部门出台了1500多项改革举措，改革涉及范围之广、出台方案之多、触及利益之深、推进力度之大，前所未有。因此，习近平总书记指出，十八大以后，全面深化改革"不是推进一个领域改革，也不是推进几个领域改革，而是推进所有领域改革"①。

全面深化改革的关键是深化。"改革是由问题倒逼而产生，又在不断解决问题中得以深化。"②"既要养血润燥、化瘀行血，又要固本培元、壮筋续骨。"③党的十八届三中全会明确提出全面深化改革的总目标，是完善和发展中国特色社会主义制度、推进国家治理体系和治理能力现代化。《决定》明确指出，要"形成系统完备、科学规范、运行有效的制度体系，使各方面制度更加成熟更加定型"④。制度问题带有根本性、全局性、稳定性、长期性。十八届三中全会确定的全面深化改革总目标，把中国现代化建设提升到制度层面。为了实现这一总目标，中共中央于2013年12月30日成立中央全面深化改革领导小组，至2017年8月29日，共召开38次会议，出台200多个改革文件，内容涉及经济、政治、文化、社会、生态文明、党的建设六大方面，囊括农村集体土地制度改革、司法体制改革、财税体制改革等过去改革当中一直难以解决甚至没有涉及的诸多议题，积极稳妥地从广度和深度上推动了改革的深入发展。把中国特色社会主义制度坚持好、完善好、发展好，使其更加成熟更加定型，是关系党和国家事业发展的根本性、全局性、长期性问题，也是当代中国共产党人必须回答的时代课题。随着改革开放的逐步深化，我们党对制度建设的认识越来越深入。2019年10月，党的十九届四中全会审议通过《中共中央关于坚持和完善中国特色社会主义制度、推进国家治理体系和治理能力现代化若干重大问题的决定》，全面回答了在我国国家制度和国家治理体系上应该坚持

---

① 《习近平关于全面深化改革论述摘编》，中央文献出版社2014年版，第23页。
② 《十八大以来重要文献选编》（上），中央文献出版社2014年版，第497页。
③ 《习近平关于全面深化改革论述摘编》，中央文献出版社2014年版，第32页。
④ 《十八大以来重要文献选编》（上），中央文献出版社2014年版，第514页。

和巩固什么、完善和发展什么等重大政治问题，为坚持和完善中国特色社会主义制度、推进国家治理体系和治理能力现代化制定了行动纲领、作出了政治宣示。

习近平总书记充分肯定作出全面深化改革决定的十八届三中全会的历史地位，强调指出："党的十一届三中全会是划时代的，开启了改革开放和社会主义现代化建设历史新时期。党的十八届三中全会也是划时代的，开启了全面深化改革、系统整体设计推进改革的新时代，开创了我国改革开放的全新局面。"①

三、改革的系统性、整体性、协同性前所未有

随着改革的不断深化，任何一个领域的改革都会影响到其他领域，都需要其他领域改革的配合。只有各方面改革相互促进，产生共振效果，才能放大改革的效应。党的十八大以来，为了确保党和国家的各项事业继续向前发展，改革更加注重超前谋划、顶层设计，更加注重系统性、整体性、协同性。

习近平总书记指出，社会主义现代化建设后半程的改革，"这项工程极为宏大，零敲碎打调整不行，碎片化修补也不行，必须是全面的系统的改革和改进，是各领域改革和改进的联动和集成，在国家治理体系和治理能力现代化上形成总体效应、取得总体效果。""全面深化改革是一个复杂的系统工程，单靠某一个或某几个部门往往力不从心，这就需要建立更高层面的领导机制。"②《决定》明确提出："必须更加注重改革的系统性、整体性、协同性，加快发展社会主义市场经济、民主政治、先进文化、和谐社会、生态文明，让一切劳动、知识、技术、管理、资本的活力竞相迸发，让一切创造社会财富的源泉充分涌流，让发展成果更多更公平惠及全体人民。"③面对艰巨复杂的改革任务，党中央举旗定向、谋篇布局，对全

---

① 《对标重要领域和关键环节改革 继续啃硬骨头确保干一件成一件》，《人民日报》2019年1月24日。
② 《习近平关于全面深化改革论述摘编》，中央文献出版社2014年版，第27、138—139页。
③ 《十八大以来重要文献选编》（上），中央文献出版社2014年版，第512页。

面深化改革作出一系列重大战略部署。为了加强统一领导、协调各方力量，打破利益固化的藩篱和地方壁垒，十八届三中全会系统规划改革的宏伟蓝图，从经济、政治、文化、社会、生态文明、国防和军队、党的建设七个方面提出改革方案，合理布局全面深化改革的战略重点、优先顺序、主攻方向、工作机制和时间表、路线图。《决定》明确要求："正确处理中央和地方、全局和局部、当前和长远的关系，正确对待利益格局调整，充分发扬党内民主，坚决维护中央权威，保证政令畅通，坚定不移实现中央改革决策部署。"① 为了从整体上推动和落实全面深化改革的各项方案，从更高层面协调各方面力量，保障国家的安全稳定，实现改革决策部署，党中央在十八届三中全会后成立全面深化改革领导小组和国家安全委员会。习近平总书记亲任中央全面深化改革领导小组组长，这是改革开放以来从未有过的重大举措。中央全面深化改革领导小组，负责改革总体设计，统筹推进、督促落实党的十八届三中、四中、五中、六中全会提出的改革举措，定期召开深改领导小组会议，议大事、抓大事、谋全局，推动实现改革举措系统集成，提高改革整体效益。

第一，坚持统筹推进与重点突破相统一。党中央加强全国性重大改革的统一部署，统筹推进各领域改革。同时，注重抓主要矛盾和矛盾的主要方面，注重抓重要领域和关键环节，在关键环节用力。比如，十八大以来，党顺应人民群众对美好生活的向往，将中国特色社会主义道路作为"创造人民美好生活的必由之路"，坚定走生产发展、生活富裕、生态良好的文明发展道路。推动低碳循环发展，加大环境治理力度，推动形成绿色发展方式和生活方式，努力推进美丽中国建设。以保障和改善民生为重点，发展各项社会事业，加大收入分配调节力度，开展脱贫攻坚战，努力保证人民平等参与、平等发展权利，带领全体人民，朝着实现共同富裕的目标稳步迈进。

第二，坚持协调各方力量，形成推进改革合力。全面深化改革既注重提高执政党的领导水平和执政能力，更好地发挥党总揽全局、协调各方的

---

① 《破除私心 成全公义——增强推进改革的信心和勇气之四》，《人民日报》2013年12月2日。

核心作用,又注重拓宽协商渠道,更好地发挥各民主党派积极参政议政的优势;既注重充分发挥人民群众的积极性、主动性、创造性,又注重充分发挥工会、共青团、妇联等人民团体的作用,齐心协力推进改革;既毫不动摇地巩固和发展公有制经济,又毫不动摇地支持、鼓励、引导非公有制经济发展,增强社会主义市场经济活力;既努力发挥政府在社会治理中的主导作用,又鼓励社会力量、社会组织、社会资本积极参与改革发展大业。推动改革不断取得新的成就。

第三,坚持顶层设计与基层探索相统一。党中央一方面注意从顶层统筹考虑国家各个层次、各个领域、各个部门之间的关系,设计出符合中国实际、适应时代发展的重大制度安排;另一方面"坚持党的群众路线,建立社会参与机制,充分发挥人民群众积极性、主动性、创造性","鼓励地方、基层和群众大胆探索,加强重大改革试点工作,及时总结经验,宽容改革失误,加强宣传和舆论引导,为全面深化改革营造良好社会环境"[①]。顶层设计是从纵向考虑制度安排,基层探索是为了发挥人民群众的智慧和创造,只有二者的有机结合和良性互动,才能推动改革取得成功。

改革的系统性、整体性、协同性,既是全面深化改革新阶段的主要特征,也是实现改革目标的基本要求。党中央通过精准研判实际,确定正确理念、目标、思路和战略布局,用鲜明的态度、果敢的决心、坚定的举措,推进改革开放更加全面更加深入。

四、改革任务的复杂性、艰巨性前所未有

党的十八大以来,深化改革所面临的问题异常严峻敏感,改革的复杂性、艰巨性前所未有。

从国际方面看,求和平、谋发展、促合作成为不可阻挡的时代潮流;科技革命日新月异、社会信息化持续推进、全球合作和利益汇合点向多层次全方位拓展、新兴市场国家和发展中国家实力增强等因素,为中国改革

[①]《十八大以来重要文献选编》(上),中央文献出版社2014年版,第545页。

发展带来新机遇。与此同时，全球金融危机影响犹存，世界经济复苏乏力、局部冲突和动荡频发，世界经济结构发生明显调整与变化；围绕市场、资源、人才、技术等方面的国际竞争更加激烈；生态环境和气候变化、能源资源安全、粮食安全三大全球性问题更加突出。由于全球经济复苏乏力、地缘政治风险加大等因素，针对中国的各种形式的贸易保护主义与投资保护主义日趋突出，经济全球化进程受到挑战。继2016年6月英国开始推动脱欧后，2017年1月美国新任总统特朗普喊出"美国优先"的口号，加剧了全球经济的不确定性。以美国为首的一些西方国家用冷战思维看待和平崛起的中国，一方面，企图让中国的改革开放尽量符合他们的意愿和利益；另一方面，又不甘心自己的衰退并抵制建立世界政治经济新秩序，不时制造摩擦，围堵中国，遏制中国崛起。我国所面临的国际环境总体有利，但正面和负面因素相互交织。

从国内方面看，促进经济平稳较快发展的基础与条件仍然具备，但经济增长处于速度换挡期、结构调整阵痛期、前期刺激政策消化期"三期叠加"状态，维持经济中高速增长的动力正在变弱，经过连续30多年的高速发展，2012年中国经济增速回落至7.8%，为13年来新低。中国经济由高速发展转向中高速发展并成为常态。中国虽然是经济大国，但还不是经济强国；虽然步入总体小康，但人们的生活还不富裕。中国人均国民生产总值和人均收入仍居世界后列，仍然是世界上最大的发展中国家。生产力不发达的状况没有根本改变，产业结构不合理和经济效益较差的局面没有得到根本扭转，中国发展面临动力转换、方式转变、结构调整的繁重任务。发展中不平衡、不协调、不可持续问题突出，还有相当多的地区仍是不发达和贫困地区，科学技术的水平还不高。中国的社会主义制度还有待进一步完善，社会主义市场经济体制还不成熟，民主法制还不健全，反腐败斗争形势依然严峻。经济、政治、文化、社会、生态文明等方面的改革任务更加艰巨。党的十八大确立了全面建成小康社会的宏伟目标，提出了包括经济持续健康发展、人民民主不断扩大、文化软实力显著增强、人民生活水平全面提高、资源节约型环境友好型社会建设取得重大进展等新要求①。

同时，人们对改革的期待越来越高，公众的利益诉求多元多样，改革进入攻坚阶段。改革说到底是利益关系的调整。改的是体制机制，动的是既得利益，每一项改革措施都可能面临既得利益者的反对。利益既是改革的动力，也是改革的艰难所在。1978 年以来，改革主要是破除传统计划经济体制的束缚，采取的是增量改革，几乎所有人都能从中受益。经过 30 多年的改革，在带有普惠性质的改革基本完成的情况下，"影响改革的许多思想障碍不是来自体制外而是来自体制内，尤其是来自各种既得利益的羁绊"②。出现"改完了""过头了""改不动、改不了"等议论，与改革动力不足、信心不强、既得利益者的阻挠相交织的现象。当年的改革者变为被改革者，推进改革，实际上就是"拿刀割自己的肉"，是一场自我革命。协调各方利益、达成改革共识、形成改革合力的难度日益加大。正如习近平总书记所说的那样，改革"已进入深水区，可以说，容易的、皆大欢喜的改革已经完成了，好吃的肉都吃掉了，剩下的都是难啃的硬骨头"③。全面深化改革不仅有渐进式改革留下的深水区，还有改革发展后出现的新问题。

党的十八大以来，党中央全面审视国内国际两个大局和发展大势，既看到基本国情没有变，又指出我国基本国情的内涵在不断发生变化，我国经济社会发展在新的历史起点上呈现出新特点，今天的中国已经站在新的历史起点上。"这个新起点，就是中国全面深化改革、增加经济社会发展新动力的新起点，就是中国适应经济发展新常态、转变经济发展方式的新起点，就是中国同世界深度互动、向世界深度开放的新起点。"④ 如何有效

---

① 党的十六大报告提出"六个更加"：在 21 世纪头 20 年，集中力量，全面建设惠及十几亿人口的更高水平的小康社会，使经济更加发展、民主更加健全、科教更加进步、文化更加繁荣、社会更加和谐、人民生活更加殷实。党的十七大在十六大确立的全面建设小康社会目标的基础上，提出五个方面的新要求：增强发展协调性，努力实现经济又好又快发展；扩大社会主义民主，更好保障人民权益和社会公平正义；加强文化建设，明显提高全民族文明素质；加快发展社会事业，全面改善人民生活；建设生态文明，基本形成节约能源资源和保护生态环境的产业结构、增长方式、消费模式。

② 解辛平：《到中流击水——又逢甲午论改革》，《解放军报》2014 年 7 月 25 日。

③ 《习近平谈治国理政》第 1 卷，外文出版社 2018 年版，第 101 页。

④ 习近平：《论坚持推动构建人类命运共同体》，中央文献出版社 2018 年版，第 362 页。

破解面临的各种难题,妥善应对来自各方面的风险和挑战,更好发挥中国特色社会主义制度优势,推动经济社会持续健康发展,实现中华民族伟大复兴中国梦,老问题新问题相互交织,需要解决的问题格外复杂,需要攻克的体制机制上的痼疾异常艰巨。全面深化改革,是一场涉险滩、突入重地的攻坚战。

五、深化改革的决心和勇气前所未有

面对更为复杂、更为艰巨、更富有挑战性的形势和任务,党中央带领全国各族人民,以勇于改革创新、不断夺取中国特色社会主义新胜利的坚定信念和巨大勇气,把握时代潮流,立足中国实际,勠力同心、攻坚克难,坚定不移推进改革开放。

第一,明确宣示"改革不停顿、开放不止步"的坚定决心。党的十八大报告和《决定》都特别提醒全党,要敢于啃硬骨头、敢于涉险滩,以更大决心和勇气冲破思想观念的束缚、冲破利益固化的藩篱,用改革的办法解决前进中的问题,推动中国特色社会主义制度自我完善和发展,推进中国特色社会主义事业。2012年12月31日的十八届中央政治局第二次集体学习,主题就是坚定不移推进改革开放。2012年12月7日至11日,习近平就任总书记后到地方考察的第一站,就选在改革开放的前沿广东。2012年12月8日,习近平总书记在深圳莲花山公园,特地向改革开放的总设计师邓小平铜像敬献花篮,并发表讲话。他明确表示,之所以到广东来,就是要到我国改革开放得风气之先的地方,现场回顾我国改革开放的历史进程,宣示将改革开放继续推向前进的坚定决心。

第二,坚定改革信心,以更大的政治勇气和智慧、更有力的措施和办法推进改革。习近平总书记强调:"改革开放只有进行时没有完成时。"[1] "要敢于啃硬骨头,敢于涉险滩,敢于向积存多年的顽疾开刀。"[2] "要有明知

---

[1] 《习近平谈治国理政》第1卷,外文出版社2018年版,第69页。
[2] 习近平:《论坚持推动构建人类命运共同体》,中央文献出版社2018年版,第176页。

山有虎、偏向虎山行的劲头,积极寻找克服困难的具体对策。"[1] "要认识到改革有阵痛、但不改革就是长痛的道理。对各种矛盾要做到心中有数,增强改革定力,抓住改革时间窗口,只要看准了的改革,就要一抓到底,务求必胜。"[2] 在整个社会主义现代化建设进程中,都要高举改革开放的旗帜,决不能有丝毫动摇。"实现中华民族伟大复兴,必须合乎时代潮流、顺应人民意愿,勇于改革开放,让党和人民事业始终充满奋勇前进的强大动力。"[3] 在经济发展新常态下,党领导全国人民,以壮士断腕的勇气、凤凰涅槃的决心,向积存多年的顽瘴痼疾开刀,努力转变发展方式,调整经济结构,更新发展理念,扎实推进供给侧结构性改革。从人民最关心最直接最现实的利益问题出发,出台数以千计的改革措施,坚定不移将改革开放向前推进。坚持一分部署、九分落实,把抓落实作为改革的重点,以钉钉子精神狠抓改革落实。中央全面深化改革领导小组始终一手抓改革方案出台,一手抓改革举措落地,明确各项改革抓落实的主体责任。建立健全督察工作机制,开展督察"回头看",确保各项改革措施相继落地、渐次开花,推动各领域改革取得重大进展和积极成效。

第三,坚持和加强党对全面深化改革的集中统一领导,以自我革命的政治勇气推进全面从严治党,为全面深化改革提供政治保障。中共中央成立全面深化改革领导小组,充分发挥党总揽全局、协调各方的领导核心作用。以宁可得罪千百人、绝不辜负十三亿的使命担当,把巩固党的执政基础、实现党的长期执政摆上重要位置,对全面从严治党作出新部署,深入推进党的建设新的伟大工程。牢牢把握加强党的执政能力建设、先进性和纯洁性建设这条主线,从"八项规定"切入,从中央政治局做起,以作风建设为突破口,全面推进政治、思想、组织、制度和反腐倡廉等各项建设,以前所未有的力度重典治乱、强力反腐。党的十八届六中全会审议通过《关于新形势下党内政治生活的若干准则》和《中国共产党党内监督条

---

[1] 《做焦裕禄式的县委书记 心中有党心中有民心中有责心中有戒》,《人民日报》2015年1月13日。
[2] 《坚定改革信心 注重精准施策 提高改革效应 放大制度优势》,《人民日报》2016年5月21日。
[3] 《中国共产党第十九次全国代表大会文件汇编》,人民出版社2017年版,第12页。

例》，作出全面从严治党的新部署，开辟了党的建设新境界，为全面深化改革、实现中华民族伟大复兴中国梦提供了有力的政治保障。

六、改革取得的重大突破、重大成就前所未有

党的十八大以来，中国改革开放紧紧围绕经济、政治、文化、社会、生态文明、党的建设六大主线，完善和发展中国特色社会主义制度，推进国家治理体系和治理能力现代化，奋力开拓，不仅有效应对了复杂国际政治经济形势的风云变幻，而且在相当不利的条件下取得了经济的中高速平稳增长，推出各领域标志性、支柱性改革，取得了重要领域和关键环节改革的突破。

改革理论取得重大创新成果。十八大以来，习近平总书记认真总结改革开放事业所取得的重要历史经验，科学分析新时期面临的新情况新问题新特点，对改革的整体布局、重大问题、关键环节作出一系列重要指示，深化了对改革开放规律的认识，深化了对共产党执政规律、社会主义建设规律、人类社会发展规律的认识，从理论和实践的结合上系统回答了新时代坚持和发展什么样的中国特色社会主义、怎样坚持和发展中国特色社会主义这一重大时代课题，创立了习近平新时代中国特色社会主义思想。习近平新时代中国特色社会主义思想是改革理论的重大创新成果，是马克思主义中国化的最新成果。

经济体制改革整体推进、重点突破。为适应和引领经济发展新常态，中央作出推进供给侧结构性改革的重大决策，"三去一降一补"取得阶段性成效。制定国有企业改革系列文件，有序进行国有企业改革，放开电力、石油、天然气、盐业等行业竞争性环节和公用基础设施、公共服务市场准入，公有制为主体、多种所有制经济共同发展的社会主义初级阶段基本经济制度不断完善。开展市场准入负面清单试点，建立公平竞争审查制度，制定完善产权保护制度的意见，推动建立公开透明平等的市场规则。全面推开"营改增"试点，实施资源税改革、税收征管体制改革。稳步推进利率汇率市场化、人民币国际化，实施存款保险制度。深化科技体制改革，实施创新驱动发展战略。推动新型城镇化体制创新、户籍制度改革、

农村土地制度改革等，促进城乡、区域间要素自由流动和优化配置。

党的领导、人民当家作主、依法治国有机统一的制度建设全面加强。党的十八大明确政治体制改革的七项主要任务①，十八届三中全会确定全面深化改革的总目标，开辟了中国特色社会主义政治发展新境界。坚持在法治基础上推进改革与在改革中完善法治相统一，2014年10月，十八届四中全会作出《中共中央关于全面推进依法治国若干重大问题的决定》，明确了全面依法治国的总目标和总蓝图、路线图、施工图，标志着中国共产党对法治建设的理论探索和实践推进都达到新的高度。坚定不移全面推进依法治国，不断完善以宪法为核心的中国特色社会主义法律体系，修改立法法，推进经济、民生、环境保护、司法、国家安全等重点领域立法，健全宪法实施和监督制度，推动立法质量不断提高。注重运用法治思维和法治方式推进改革，实现立法和改革决策相衔接，立法主动适应改革，成为全面深化改革的鲜明特色。推进人民代表大会制度的理论和实践创新，建立健全人大工作机制，完善人大监督制度。制定关于社会主义协商民主建设的意见，有序推进政党协商、政协协商、基层协商等多种协商民主渠道。开展深化国家监察体制改革试点，探索建立对行使公权力的公职人员全面覆盖的国家监察体系。推动以司法责任制为核心的司法权力运行机制改革、以审判为中心的刑事诉讼制度改革。

着力培育和弘扬社会主义核心价值观、建设社会主义文化强国，文化体制改革向纵深推进。推动国有经营性文化单位转企改制，深化公益性文化事业单位内部改革，坚持把社会效益放在首位、推动社会效益和经济效益两个效益相统一的体制机制不断健全。提升文化管理效能，巩固壮大宣传思想文化阵地。保障人民群众基本文化权益，推进公共文化设施向社会免费或优惠开放。增强国家文化软实力，加强国际传播能力建设，统筹推进中华文化走出去的工作格局基本形成。文化体制改革主体框架基本确立，文化创新创造活力进一步激发，文化事业和文化产业发展繁荣，人民

---

① 即：支持和保证人民通过全国人民代表大会行使国家权力，健全社会主义协商民主制度，完善基层民主制度，全面推进依法治国，深化行政体制改革，健全权力运行制约和监督体系，巩固和发展最广泛的爱国统一战线。

群众的文化获得感和幸福感进一步增强。

坚持以人民为中心的发展思想，围绕更好保障和改善民生、促进社会公平正义深化社会体制改革。改革收入分配制度，促进共同富裕，推进社会领域制度创新和基本公共服务均等化，加快形成科学有效的社会治理体制，努力使改革发展成果更多更公平惠及全体人民。围绕实现脱贫攻坚目标，推进精准扶贫、精准脱贫机制创新，全面建立健全脱贫攻坚领导责任制。6000多万贫困人口稳定脱贫，贫困发生率从10.2%降到4%以下。[①]统筹推进县域内城乡义务教育一体化改革发展，中西部和农村教育明显加强。城镇新增就业年均1300万人以上。城乡居民收入增速超过经济增速，中等收入群体持续扩大。统筹推进社会保障领域制度改革，实施机关事业单位养老保险制度改革，推进社会保障城乡统筹、有序衔接，覆盖城乡居民的社会保障体系基本建立。按照"房子是用来住的，不是用来炒的"定位，多主体供给、租购并举、政府保障基本需求的住房制度正在加快形成。全面推开公立医院综合改革，全部取消药品价格加成，群众就医负担持续减轻。实施全面两孩政策，加强儿童医疗卫生服务改革。社会治理体系更加完善，社会大局保持稳定，国家安全全面加强。

生态文明建设体制改革加快推进，生态环境保护制度框架基本形成。制定出台生态文明体制改革总体方案，以八项基本制度[②]为支撑统筹推进相关改革，初步建立起源头严防、过程严管、后果严惩的基础性制度框架。制定环保督察制度，中央环境保护督察组连续实施四批环境保护督察，覆盖全国所有省（区、市）。全面推行河长制，系统推进河湖保护和生态环境整体治理。

国防和军队改革取得历史性突破。中共中央、中央军委坚持以新形势下的强军目标为引领，全面实施改革强军战略，着力实现强军目标、建设

---

① 《中国共产党第十九次全国代表大会文件汇编》，人民出版社2017年版，第4页。
② 2015年9月，国务院印发《生态文明体制改革总体方案》中提出建立健全八项制度：健全自然资源资产产权制度、建立国土空间开发保护制度、建立空间规划体系、完善资源总量管理和全面节约制度、健全资源有偿使用和生态补偿制度、建立健全环境治理体系、健全环境治理和生态保护市场体系、完善生态文明绩效评价考核和责任追究制度。

世界一流军队，国防和军队改革推进力度之大、触及利益之深、影响范围之广，前所未有。运行60多年的军委总部和军种、大军区领导指挥体制，改为"军委管总、战区主战、军种主建"的新格局基本确立，军队体制结构、组织架构、力量体系、部队面貌焕然一新，人民军队实现了政治生态重塑、组织形态重塑、力量体系重塑、作风形象重塑。军民融合发展上升为国家战略，为强军事业注入强大动力，为国防和军队现代化奠定了坚实基础。

党的建设制度改革协调推进，管党治党朝着实现制度化规范化方向发展。推动党的组织制度改革，制定落实新形势下党内政治生活若干准则，修订党员领导干部民主生活会若干规定。推动干部人事制度改革，构建科学有效的选人用人机制。推动基层组织建设制度改革，出台国有企业、社会组织、民办学校等领域党的建设制度。推动人才发展体制机制改革，制定实施深化人才发展体制机制改革意见。统筹推动中央和地方群团改革，发挥群团组织密切联系和服务群众作用。

党的十八大以后，中国共产党团结带领全国各族人民，重整行装再出发，把改革开放作为实现"两个一百年"奋斗目标、实现中华民族伟大复兴中国梦的关键一招，以完善和发展中国特色社会主义制度、推进国家治理体系和治理能力现代化为全面深化改革的总目标，奋力开拓，社会主义市场经济体制不断完善，社会主义民主法治不断健全，文化领域体制机制逐步完善，民生领域制度建设不断推进，生态环境保护制度框架基本形成，全面从严治党逐步实现制度化、规范化，国防和军队改革实现历史性突破。"解决了许多长期想解决而没有解决的难题，办成了许多过去想办而没有办成的大事，推动党和国家事业发生历史性变革"[1]，取得了改革开放和社会主义现代化建设全方位、开创性的历史性成就，中华民族迎来了从站起来、富起来到强起来的伟大飞跃。这些历史性成就中最大的成就，就是形成了习近平新时代中国特色社会主义思想；这些历史性变革中最深刻的变革，就是"我国社会主要矛盾已经转化为人民日益增长的美好生活

---

[1] 《中国共产党第十九次全国代表大会文件汇编》，人民出版社2017年版，第7页。

需要和不平衡不充分的发展之间的矛盾"①。

改革开放是当代中国最鲜明的特色,是中国共产党在新的历史时期最鲜明的旗帜。但40多年来,中国改革开放又呈现不同的阶段性特征。党的十八大以来,中国改革开放重整行装再出发,以人民为中心的改革立场更加鲜明,改革的广泛性、深刻性前所未有,改革的系统性、整体性、协同性前所未有,改革任务的复杂性、艰巨性前所未有,改革的决心和勇气前所未有,改革取得的重大突破、重大成就前所未有。十八大是我们党领导全国各族人民全面深化改革的新起点,开启了中国特色社会主义新时代。

---

① 《中国共产党第十九次全国代表大会文件汇编》,人民出版社2017年版,第9页。

具有里程碑意义的新时代十年*

党的二十大报告基于大历史观，对新时代做出了全新的定位。报告指出："新时代十年的伟大变革，在党史、新中国史、改革开放史、社会主义发展史、中华民族发展史上具有里程碑意义。"[①]深刻认识、准确把握新时代十年伟大变革的里程碑意义，既有助于深化新中国史研究，更有助于我们坚定历史自信，增强历史主动，全面建设社会主义现代化强国、实现中华民族伟大复兴。

一、马克思主义中国化时代化实现了新的飞跃，中国共产党在革命性锻造中更加坚强

新时代十年的伟大变革，是中国共产党继取得新民主主义革命、社会主义革命和建设、改革开放历史性胜利之后取得的又一次历史性胜利，在党的历史上树立起的又一座里程碑。

取得了"两个确立"这一重大政治成果。党的十八大以来，在具有许多新的历史特点的伟大斗争实践中，形成了以习近平同志为核心的党中央，创立了习近平新时代中国特色社会主义思想，实现了马克思主义中国化时代化新的飞跃。党的十九大、二十大把确立习近平同志党中央的核心、全党的核心地位，确立习近平新时代中国特色社会主义思想的指导地

---

* 本文作者李正华，发表于《当代中国史研究》2022年第6期。

① 习近平：《高举中国特色社会主义伟大旗帜　为全面建设社会主义现代化国家而团结奋斗——在中国共产党第二十次全国代表大会上的报告》，人民出版社2022年版，第15页。

位写入党章。正是由于有习近平总书记掌舵领航,有习近平新时代中国特色社会主义思想科学指引,新时代党的面貌、国家的面貌、人民的面貌、军队的面貌、中华民族的面貌才发生了前所未有的变化。"两个确立"是新时代最大的政治成果、最重要的历史经验、最客观的实践结论,"反映了全党全军全国各族人民共同心愿,对新时代党和国家事业发展、对推进中华民族伟大复兴历史进程具有决定性意义"[①]。

如期实现第一个百年奋斗目标。改革开放之初,邓小平明确提出到20世纪末"在中国建立一个小康社会"的奋斗目标。[②] 经过全党全国各族人民共同努力,20世纪末人民生活总体上达到小康水平。在此基础上,党的十六大提出在21世纪头20年全面建设惠及十几亿人口的更高水平的小康社会的目标;党的十七大提出全面建设小康社会的新要求;党的十八大进一步提出,在中国共产党成立一百年时全面建成小康社会,在新中国成立一百年时建成富强民主文明和谐的社会主义现代化国家;党的十九大又对"两个一百年"奋斗目标进行了充实和完善。为了实现这个奋斗目标,党的十八大以来,中国共产党科学把握中国发展新的历史方位,做出中国特色社会主义进入新时代的重大政治判断,全面贯彻党的基本理论、基本路线、基本方略,把脱贫攻坚摆在治国理政的突出位置,举全国之力组织实施了人类历史上规模最大、力度最强的脱贫攻坚战,近1亿农村贫困人口实现脱贫,如期全面建成小康社会,实现了第一个百年奋斗目标和中华民族的千年梦想,为实现第二个百年奋斗目标、实现中华民族伟大复兴奠定了更为坚实的基础。

中国共产党在革命性锻造中更加坚强。中国共产党顺应时代发展要求,坚持以伟大自我革命引领伟大社会革命、以伟大社会革命促进伟大自我革命,深入推进新时代党的建设新的伟大工程,提出和落实新时代党的建设总要求。全面推进党的政治建设、思想建设、组织建设、作风建设、纪律建设,把制度建设贯穿其中,以党的政治建设统领党的建设各项工

---

① 《中共中央关于党的百年奋斗重大成就和历史经验的决议》,《人民日报》2021年11月17日。
② 《邓小平文选》第3卷,人民出版社1993年版,第54页。

作：把保证全党服从中央、维护党中央权威和集中统一领导作为党的政治建设的首要任务，采取了一系列重大战略举措，严明党的政治纪律和政治规矩，确保党的领导更加坚强有力。坚持思想建党和制度治党同向发力，先后开展党的群众路线教育实践活动、"三严三实"专题教育、"两学一做"学习教育、"不忘初心、牢记使命"主题教育、党史学习教育等，教育引导广大党员干部树牢理想信念、补足精神之钙。把全面从严治党纳入"四个全面"战略布局，制定和落实中央八项规定，以钉钉子精神纠治"四风"，十年间共查处违反中央八项规定精神问题76.1万多件，全国纪检监察机关共立案464.8万余件。① 刹住了一些过去被认为不可能刹住的歪风，纠治了一些多年未除的顽瘴痼疾，党风政风和社会风气为之一新。把腐败看作党长期执政的最大威胁，坚持把权力关进制度的笼子里，不断完善党和国家监督体系，开展史无前例的反腐败斗争，以"得罪千百人、不负十四亿"的使命担当祛疴治乱，坚定不移"打虎""拍蝇""猎狐"，一体推进不敢腐、不能腐、不想腐，消除了党、国家、军队内部存在的严重隐患，反腐败斗争取得压倒性胜利并全面巩固，从根本上扭转了管党治党宽松软状况。中国共产党找到了自我革命这一跳出治乱兴衰历史周期率的第二个答案，在革命性锻造中更加坚强有力，党的政治领导力、思想引领力、群众组织力、社会号召力显著增强，拥有9600多万名党员的马克思主义政党更加团结统一，显示出强大的生命力。

二、中国综合国力实现历史性跃升，开启了从"富国"到"强国"的新征程

新时代十年是中国发展迈上新的大台阶伟大变革的十年，综合国力和国际影响力空前提高，开启了从"富国"到"强国"的新征程，"中国人民的前进动力更加强大、奋斗精神更加昂扬、必胜信念更加坚定"。

综合国力实现历史性跃升。新时代十年，党和国家事业取得历史性成就、发生历史性变革，中国"经济实力实现历史性跃升"，经济发展平衡

---

① 《党在革命性锻造中更加坚强有力》，《人民日报》2022年10月18日。

性、协调性、可持续性明显增强，国家经济实力、科技实力、综合国力跃上新台阶：国内生产总值由 54 万亿元上升到 114 万亿元，经济总量占世界经济的比重达 18.5%，提高 7.2 个百分点，稳居世界第二位；人均国内生产总值从 3.98 万元增长到 8.1 万元。谷物总产量稳居世界首位，14 亿多人的粮食安全、能源安全得到有效保障。制造业规模、外汇储备稳居世界第一。建成世界最大的高速铁路网、高速公路网，机场港口、水利、能源、信息等基础设施建设取得重大成就。基础研究和原始创新不断加强，一些关键核心技术实现突破，战略性新兴产业发展壮大，载人航天、探月探火、深海深地探测、超级计算机、卫星导航、量子信息、核电技术、新能源技术、大飞机制造、生物医药等取得重大成果，进入创新型国家行列。国家安全得到全面加强，有效应对了外部势力在台湾、香港、新疆、西藏、南海等方向的挑衅破坏。推动构建人类命运共同体，积极参与全球治理体系改革和建设，国际影响力、感召力、塑造力显著提升。

人民群众的生活水平得到极大提高。新时代十年，中国共产党贯彻以人民为中心的发展思想，攻克一系列难题，战胜一系列挑战，既极大地解放了生产力，又努力实现社会公平正义，人民生活得到全方位改善，生活品质不断提高：把脱贫攻坚作为全面建成小康社会的底线任务，历史性地解决了困扰中华民族几千年的绝对贫困问题。居民人均可支配收入从 1.65 万元增长到 3.51 万元。城镇化率提高 11.6 个百分点，达到 64.7%，中等收入群体比重明显提高。城镇新增就业年均 1300 万人以上。建成了世界上规模最大的教育体系、社会保障体系、医疗卫生体系，教育普及水平实现历史性跨越，基本养老保险覆盖 10.4 亿人，基本医疗保险参保率稳定在 95%。人均预期寿命增长到 78.2 岁。面对突如其来的新冠肺炎疫情，坚持人民至上、生命至上，最大程度保护了人民生命安全和身体健康，最大限度减少了疫情对经济社会发展的影响，统筹经济发展和疫情防控取得世界上最好的成果，广大人民获得感、幸福感、安全感不断增强，日益增长的美好生活需要不断得到满足。

掀开了中国特色社会主义现代化建设历程新的一页。新中国成立后，中国共产党领导人民在旧中国一穷二白的基础上建立起独立的比较完整的工业体系和国民经济体系，社会主义现代化建设迈出坚实步伐。改革开放后，邓小平构思中国整个现代化的蓝图，明确提出"中国式的现代化"概念，把实现"小康社会"作为阶段性目标，阐述了我国现代化建设"三步走"发展战略。[①]在人民生活总体上达到小康水平之后，中国共产党对实现第三步战略目标做了进一步规划，提出"新三步走"发展目标。[②]在新中国成立后特别是改革开放以来的长期探索和实践基础上，党的十八大以来，中国共产党对建设社会主义现代化国家在认识上更加深入、在战略上更加成熟、在实践上更加丰富，做出分两步走[③]全面建设社会主义现代化强国的战略部署，深化拓展建设社会主义现代化强国的科学内涵，明确实现这一目标的战略安排、路径选择、重要原则，"成功推进和拓展了中国式现代化"[④]。中国式现代化理论和实践上实现新突破，推动我国迈上全面建设社会主义现代化国家新征程，掀开了中国特色社会主义现代化建设史新的一页。

三、改革开放全面深化，实现历史性变革、系统性重塑、整体性重构

新时代的十年是变革图强的十年。十年来，中国共产党以巨大的政治勇气全面深化改革，许多领域都实现了历史性变革、系统性重塑、整体性

---

① 1987年4月，邓小平在会见西班牙工人社会党副总书记、政府副首相格拉时阐述了我国现代化建设分"三步走"的发展战略：第一步是"在八十年代翻一番。以一九八〇年为基数，当时国民生产总值人均只有二百五十美元，翻一番，达到五百美元"；第二步是"到本世纪末，再翻一番，人均达到一千美元。实现这个目标意味着我们进入小康社会，把贫困的中国变成小康的中国"；第三步是"在下世纪用三十年到五十年再翻两番，大体上达到人均四千美元。做到这一步，中国就达到中等发达的水平"。参见《邓小平文选》第3卷，人民出版社1993年版，第226页。

② 1997年9月，党的十五大明确的"新三步走"发展目标包括："第一个十年实现国民生产总值比二〇〇〇年翻一番，使人民的小康生活更加宽裕，形成比较完善的社会主义市场经济体制；再经过十年的努力，到建党一百年时，使国民经济更加发展，各项制度更加完善；到世纪中叶建国一百年时，基本实现现代化，建成富强民主文明的社会主义国家。"参见《十五大以来重要文献选编》（上），中央文献出版社2000年版，第4页。

③ 即从2020年到2035年基本实现社会主义现代化，从2035年到21世纪中叶把我国建成社会主义现代化强国。参见《中共中央关于党的百年奋斗重大成就和历史经验的决议》，《人民日报》2021年11月17日。

④ 《高举中国特色社会主义伟大旗帜 奋力谱写全面建设社会主义现代化国家崭新篇章》，《人民日报》2022年7月28日。

重构，中国特色社会主义制度也更加成熟更加定型，国家治理体系和治理能力现代化水平明显提高。

改革开放不断深化。面对改革进入攻坚期和深水区带来的深刻变化，中国共产党着力增强对改革开放的规律总结和历史认识，明确提出全面深化改革的总目标是完善和发展中国特色社会主义制度、推进国家治理体系和治理能力现代化。中国共产党坚持改革正确方向，以前所未有的决心和力度冲破思想观念的束缚，突破利益固化的藩篱，坚决破除各方面体制机制弊端，开启了气势如虹、波澜壮阔的改革进程：对内，以促进社会公平正义、增进人民福祉为出发点和落脚点，推动改革全面发力、多点突破、蹄疾步稳、纵深推进，从夯基垒台、立柱架梁到全面推进、积厚成势，再到系统集成、协同高效，各领域基础性制度框架基本确立，许多领域实现历史性变革、系统性重塑、整体性重构；对外，顺应经济全球化的要求，依托国内超大市场规模优势，高举和平、发展、合作、共赢的旗帜，实行更加积极主动的开放战略，提出并推动共建"一带一路"，使之成为深受欢迎的国际公共产品和国际合作平台，构建互利共赢、多元平衡、安全高效的开放型经济体系，中国成为140多个国家和地区的主要贸易伙伴，货物贸易总额居世界第一，吸引外资和对外投资居世界前列，形成了更大范围、更宽领域、更深层次对外开放格局。改革的前进方向更加明确、价值取向更加鲜明、方法路径更加成熟、胸怀视野更加开阔，历史主动精神进一步提升，实现了由局部探索、破冰突围到系统集成、全面深化的历史性转变。

国家治理体系和治理能力现代化水平显著提高。新中国成立后，中国共产党积极运用新民主主义革命时期制度建设的成功经验，大力推进新中国的制度建设。改革开放后，我国的国家制度和国家治理体系建设不断迈出新步伐、取得新进展。1992年10月，党的十四大提出："到建党一百周年的时候，我们将在各方面形成一整套更加成熟更加定型的制度"。[①] 此后，党的十五大、十六大、十七大都对制度建设提出明确要求。党的十八大后，党中央把制度建设摆到更加突出的位置，强调"坚决破除一切妨碍科

---

① 《十四大以来重要文献选编》（上），人民出版社1996年版，第47页。

学发展的思想观念和体制机制弊端,构建系统完备、科学规范、运行有效的制度体系,使各方面制度更加成熟更加定型"[1]。党的十八届三中全会把"完善和发展中国特色社会主义制度,推进国家治理体系和治理能力现代化"[2]确定为全面深化改革的总目标,加快了制度建设和治理能力建设的步伐。围绕全面深化改革的总目标,党的十九届四中全会专门通过《中共中央关于坚持和完善中国特色社会主义制度、推进国家治理体系和治理能力现代化若干重大问题的决定》,全面回答了在我国国家制度和国家治理体系上应该坚持和巩固什么、完善和发展什么这个重大政治问题,[3]第一次系统描绘了中国特色社会主义制度的"图谱"。中国共产党着力筑牢根本制度、完善基本制度、创新重要制度,不断推进国家治理体系和治理能力现代化的探索,构筑起以"党的领导制度"为根本领导制度的包括根本制度、基本制度、重要制度在内的全方位、多层次制度体系,把"治"与"制"结合起来,进一步发挥制度优势,不断把制度优势转化为治理效能,中国特色社会主义制度更加成熟更加定型。全面深化改革开放进一步打牢了中国特色社会主义大厦的制度根基,极大地激发了党和国家各项事业的生机活力,为政治稳定、经济发展、文化繁荣、民族团结、社会安宁、国家统一提供了有力保障。

  书写了经济快速发展、社会长期稳定新篇章。新时代十年,在错综复杂的国内外环境中,在发展面临风险挑战空前上升的情况下,中国经济保持住了中高速增长的稳定势头,成为全球经济增长的主要动力:经济平均增长率为6.6%,居世界主要经济体前列;对世界经济增长的平均贡献率达到38.6%;稳居世界第二大经济体和第一大贸易国。[4]中国共产党敏锐洞察和科学把握国内外形势发展变化的新特点新趋势,统筹发展和安全,稳经济、促发展、战贫困、建小康、控疫情、应变局,攻克了一个个看似不可攻克的难关险阻、创造了一个个令人刮目相看的人间奇迹:重点产业和

---

[1] 《十八大以来重要文献选编》(上),中央文献出版社2014年版,第493页。
[2] 《十八大以来重要文献选编》(上),中央文献出版社2014年版,第512页。
[3] 《十九大以来重要文献选编》(中),中央文献出版社2021年版,第299页。
[4] 《在高质量发展的道路上不断书写新篇章》,《人民日报》2022年10月10日。

关键领域保持平稳运行,大宗商品、原材料保供稳价有力有序,关键核心技术攻关不断取得突破,产业链供应链自主可控能力不断增强,国家安全得到全面加强,社会稳定有目共睹。全面深化改革取得历史性伟大成就,书写了经济快速发展和社会长期稳定两大奇迹新篇章。

四、中国特色社会主义不断成功,科学社会主义在中国焕发出新的蓬勃生机

新时代十年是科学社会主义在中国焕发新的蓬勃生机的十年。十年的伟大变革,迎来了世界社会主义发展的伟大历史契机,是世界社会主义运动从低谷逐步走向振兴的里程碑。

形成了 21 世纪马克思主义的科学理论形态。习近平总书记明确指出:"中国共产党为什么能,中国特色社会主义为什么好,归根到底是马克思主义行,是中国化时代化的马克思主义行。拥有马克思主义科学理论指导是我们党坚定信仰信念、把握历史主动的根本所在。"党的十八大以来,中国共产党勇于进行理论探索和创新,以全新的视野深化对共产党执政规律、社会主义建设规律、人类社会发展规律的认识,取得重大理论创新成果,集中体现为习近平新时代中国特色社会主义思想。习近平新时代中国特色社会主义思想深刻回答了新时代坚持和发展什么样的中国特色社会主义、怎样坚持和发展中国特色社会主义,建设什么样的社会主义现代化强国、怎样建设社会主义现代化强国,建设什么样的长期执政的马克思主义政党、怎样建设长期执政的马克思主义政党等重大时代课题。这一科学思想不仅坚持马克思主义基本原理,着眼于解决新时代改革开放和社会主义现代化建设的实际问题,而且从中华 5000 多年文明的积淀中汲取哲学思想、人文精神、道德价值、历史智慧,开辟了马克思主义中国化时代化新境界。这一科学思想坚守党和人民在艰辛探索中走出的中国特色社会主义道路,深刻揭示了中国特色社会主义发展的理论逻辑、历史逻辑、实践逻辑,把中国特色社会主义和实现社会主义现代化、实现中华民族伟大复兴有机贯通起来,彰显了高度自信和强大定力,彰显了新时代中国特色社会主义的蓬勃生机和活力,推动中国特色社会主义成为 21 世纪科学社会主

义发展的旗帜。这一科学思想深化了社会主义本质理论，发展了社会主义发展阶段理论，提升了社会主义发展动力理论，完善了社会主义全面发展理论，是21世纪马克思主义、当代中国的马克思主义，为世界社会主义的理论发展做出了创新性贡献。

赋予科学社会主义崭新的时代内涵。科学社会主义是人类历史上的伟大创造，也是人类自我解放的伟大觉醒。世界社会主义500多年的历史表明，科学社会主义的科学性，在于其始终从人类社会发展实际出发；科学社会主义的生命力，在于其始终随着时代和实践发展而发展，并在新的实践基础上实现开拓和创新。中国特色社会主义是党和人民历经千辛万苦、付出各种代价取得的宝贵成果，"是科学社会主义理论逻辑和中国社会发展历史逻辑的辩证统一，是根植于中国大地、反映中国人民意愿、适应中国和时代发展进步要求的科学社会主义"[1]。党的十八大以来，中国共产党坚持把科学社会主义基本原则同中国具体实际、历史文化传统、时代要求相结合，在建党学说、国家学说、人民观、世界历史理论、世界观和方法论等方面都赋予了科学社会主义崭新的时代内涵，对科学社会主义做出一系列重大原创性贡献。这些重大贡献，创造了新时代中国特色社会主义的伟大成就，极大地增强了社会主义制度的感召力和影响力，使社会主义在中国的实践中不断彰显中国特色、中国风格、中国气派。

成为推动世界社会主义发展的中流砥柱。世界社会主义发展经历了从空想到科学、从理论到实践、从一国实践到多国发展的过程，苏联解体、东欧剧变后，世界社会主义发展陷入低谷。党的十八大以来，中国共产党坚定不移走中国特色社会主义道路，既不走封闭僵化的老路，也不走改旗易帜的邪路，对中国特色社会主义进行科学擘画和战略安排，明确提出坚持和发展中国特色社会主义的总任务，提出中国特色社会主义事业"五位一体"总体布局和"四个全面"战略布局，引领中国特色社会主义道路越走越宽广，中国特色社会主义理论体系不断创新发展，中国特色社会主义制度越来越完善，中国特色社会主义文化更加繁荣兴盛，在社会主义发展

---

[1] 《十八大以来重要文献选编》（上），中央文献出版社2014年版，第118页。

史上书写了坚持和发展中国特色社会主义新的篇章。中国特色社会主义彰显强大生机活力，不仅稳住了世界社会主义的基本格局，还为世界社会主义的复苏奠定了基础、积蓄了能量，使世界范围内社会主义和资本主义两种意识形态、两种社会制度的历史演进及其较量，发生了有利于社会主义的重大转变，成为推动世界社会主义发展的中流砥柱。正如习近平总书记所指出的那样：中国特色社会主义进入新时代，"意味着科学社会主义在二十一世纪的中国焕发出强大生机活力，在世界上高高举起了中国特色社会主义伟大旗帜；意味着中国特色社会主义道路、理论、制度、文化不断发展，拓展了发展中国家走向现代化的途径，给世界上那些既希望加快发展又希望保持自身独立性的国家和民族提供了全新选择，为解决人类问题贡献了中国智慧和中国方案"①。

五、中华民族迎来了从站起来、富起来到强起来的伟大飞跃，中华民族伟大复兴进入不可逆转的历史进程

新时代十年是中华民族伟大复兴加速推进的十年。十年的伟大变革，为实现中华民族伟大复兴提供了更为完善的制度保证、更为坚实的物质基础、更为主动的精神力量，中华民族伟大复兴进入了不可逆转的历史进程。

中华民族复兴伟业提升到一个全新高度。实现中华民族伟大复兴是近代以来中国人民的历史夙愿和伟大梦想。为拯救民族危亡应运而生的中国共产党，将为中国人民谋幸福、为中华民族谋复兴作为自己的初心使命，带领中国人民接续奋斗，建立了人民当家作主的新中国，确立了社会主义制度，为当代中国一切发展进步创造了根本政治前提和制度基础；进行了社会主义建设和改革开放伟大事业，用几十年时间使一个曾经四分五裂、战乱频仍的国家，从饥饿、混乱、贫弱，走向了独立、自由、民主、统一和富强，取得了旧中国几百年、几千年所没有取得过的进步，彻底扭转了近代以来中华民族的历史进程。党的十八大以来，中国共产党顺应全体中

---

① 《十九大以来重要文献选编》（上），中央文献出版社2019年版，第7—8页。

华儿女期盼，实现了第一个百年奋斗目标，在中华大地上全面建成了小康社会，将自古以来人民遥不可及的奢望变成现实。党和国家各项事业取得了历史性成就、发生了历史性变革，开创了中华民族前所未有的经济社会全面进步、全体人民共同受惠的好时代。中华民族迎来了从站起来、富起来到强起来的伟大飞跃，比历史上任何时期都更接近民族复兴的目标，更有信心和能力实现这个目标。

凝聚起全体中华儿女团结奋进的磅礴力量。党的十八大以来，中国共产党带领全国各族人民"经历了对党和人民事业具有重大现实意义和深远历史意义的三件大事：一是迎来中国共产党成立一百周年，二是中国特色社会主义进入新时代，三是完成脱贫攻坚、全面建成小康社会的历史任务，实现第一个百年奋斗目标"。全国各族人民在脱贫奔小康的奋斗征程中，在抗击新冠肺炎疫情取得的重大战略成果中，在隆重庆祝中国共产党成立100周年的亲身体验中，切身感受到党和国家的面貌、中华民族的面貌发生前所未有的变化，党心军心民心空前凝聚振奋，各族人民对伟大祖国、中华民族、中华文化、中国共产党、中国特色社会主义的认同达到了前所未有的高度。全党全国人民的历史主动精神不断增强，精神力量不断增强，民族自豪感、全社会凝聚力和向心力极大提升，汇聚成实现中华民族伟大复兴的磅礴力量。

创造了人类文明新形态。中国共产党科学统筹世界百年未有之大变局和中华民族伟大复兴战略全局，既为中国人民谋幸福、为中华民族谋复兴，也为人类谋进步、为世界谋大同，坚持以中国式现代化推进中华民族伟大复兴。中国共产党领导人民成功走出中国式现代化道路，打破了"现代化等于西方化"的思维定式，创造了人类文明新形态。这一文明新形态新就新在，它以世界眼光关注人类前途命运，从人类发展大潮流、世界变化大格局、中国发展大历史中正确认识和处理同外部世界的关系；它以中国共产党的领导为根本保证，以社会主义为根本方向，是一条不同于西方主要资本主义国家走的那种把本国的富裕建立在别国贫困基础上的崛起之路；它将自身发展进步的命运牢牢掌握在自己手中，拓展了发展中国家走向现代化的途径，为解决世界现代化难题贡献了中国方案。中国式现代化，是对中国现代化建设长期探索和实践的科学总结，是对世界现代化理论的重大丰富和发展，是实现中华民族伟大复兴的光明大道。

新时代十年的伟大变革，是中国共产党团结带领全国各族人民坚定信心、迎难而上，战胜接踵而至的风险挑战取得的。十年的伟大变革深刻表明："坚持党的全面领导是坚持和发展中国特色社会主义的必由之路，中国特色社会主义是实现中华民族伟大复兴的必由之路，团结奋斗是中国人民创造历史伟业的必由之路，贯彻新发展理念是新时代我国发展壮大的必由之路，全面从严治党是党永葆生机活力、走好新的赶考之路的必由之路。这是我们在长期实践中得出的至关紧要的规律性认识，必须倍加珍惜、始终坚持。"十年的伟大变革给予了中国人民为实现中华民族伟大复兴无比宝贵的智慧和力量、无比坚定的底气和自信。

新时代十年伟大变革的历史性成就与宝贵经验*

习近平总书记在党的二十大报告中科学总结新时代十年的伟大变革，指出十年来我们经历了"三件大事"，即迎来中国共产党成立一百周年，中国特色社会主义进入新时代，完成脱贫攻坚、全面建成小康社会的历史任务，实现第一个百年奋斗目标，强调党在革命性锻造中更加坚强有力，中国人民焕发出更为强烈的历史自觉和主动精神，实现中华民族伟大复兴进入了不可逆转的历史进程，科学社会主义在 21 世纪的中国焕发出新的蓬勃生机。新时代十年的伟大变革，在党史、新中国史、改革开放史、社会主义发展史、中华民族发展史上具有里程碑意义，推动我国迈上全面建设社会主义现代化国家新征程。

一、影响深远的历史性成就

党的十八大以来，以习近平同志为核心的党中央团结带领人民，高举中国特色社会主义伟大旗帜，坚定不移推进中华民族伟大复兴历史进程，党和国家事业取得历史性成就、发生历史性变革，开创了中国特色社会主义新时代。

创立了习近平新时代中国特色社会主义思想，为新时代党和国家事业发展提供了根本遵循。坚持把马克思主义基本原理同中国具体实际相结

---

* 本文作者宋月红，发表于《新湘评论》2022 年第 11 期。

合、同中华优秀传统文化相结合,以全新的视野深化对共产党执政规律、社会主义建设规律、人类社会发展规律的认识,创立了习近平新时代中国特色社会主义思想,实现了马克思主义中国化时代化新的飞跃。

全面加强党的领导,党的政治领导力、思想引领力、群众组织力、社会号召力显著增强。加强党的全面领导和党中央集中统一领导,系统完善党的领导制度体系,充分发挥党总揽全局、协调各方的领导核心作用。党在革命性锻造中更加坚强有力,思想上更加统一、政治上更加团结、行动上更加一致。

以中国式现代化推进中华民族伟大复兴,不断丰富和发展人类文明新形态。紧紧围绕我国社会主要矛盾,对新时代党和国家事业发展作出科学完整的战略部署,统揽伟大斗争、伟大工程、伟大事业、伟大梦想,统筹推进"五位一体"总体布局,协调推进"四个全面"战略布局,统筹发展和安全,推动物质文明、政治文明、精神文明、社会文明和生态文明协调发展,成功推进和拓展了中国式现代化。

打赢人类历史上规模最大的脱贫攻坚战,历史性地解决了绝对贫困问题。坚持精准扶贫、尽锐出战,组织实施人类历史上规模最大、力度最强的脱贫攻坚战。全国832个贫困县全部摘帽,12.8万个贫困村全部出列,近1亿农村贫困人口实现脱贫,提前十年实现联合国2030年可持续发展议程减贫目标,创造了人类减贫史上的奇迹,实现了小康这个中华民族的千年梦想。

我国经济实力实现历史性跃升,进入创新型国家行列。提出并贯彻新发展理念,着力推进高质量发展,推动构建新发展格局,实施供给侧结构性改革,制定一系列具有全局性意义的区域重大战略。我国经济总量稳居世界第二位,谷物总产量稳居世界首位,粮食安全、能源安全得到有效保障,城镇化率提高。加快推进科技自立自强,基础研究和原始创新不断加强,一些关键核心技术实现突破,战略性新兴产业发展壮大。

全面深化改革,国家治理体系和治理能力现代化水平明显提高。推动改革全面发力、多点突破、蹄疾步稳、纵深推进,实现改革由局部探索、破冰突围到系统集成、全面深化的转变,各领域基础性制度框架基本确立，许多领域实现历史性变革、系统性重塑、整体性重构。

实行更加积极主动的开放战略，形成更大范围、更宽领域、更深层次对外开放格局。推动规则、规制、管理、标准等制度型开放，构建互利共赢、多元平衡、安全高效的开放型经济体系，不断增强我国国际经济合作和竞争新优势，开创了我国改革开放新局面。

全面发展全过程人民民主，人民当家作主更为扎实。坚持走中国特色社会主义政治发展道路，全面推进社会主义民主政治制度化、规范化、程序化，社会主义协商民主广泛开展。坚持依法治国、依法执政、依法行政共同推进，坚持法治国家、法治政府、法治社会一体建设，社会主义法治国家建设深入推进，全面依法治国总体格局基本形成，中国特色社会主义法治体系不断健全，法治中国建设开创新局面。

确立和坚持马克思主义在意识形态领域指导地位的根本制度，意识形态领域形势发生全局性、根本性转变。建设具有强大凝聚力和引领力的社会主义意识形态，建设社会主义文化强国。着力解决意识形态领域党的领导弱化问题，立破并举、激浊扬清，就意识形态领域许多方向性、战略性问题作出部署，牢牢掌握意识形态工作领导权，全党全国各族人民文化自信明显增强、精神面貌更加奋发昂扬。

深入贯彻以人民为中心的发展思想，人民生活全方位改善。以保障和改善民生为重点加强社会建设，尽力而为、量力而行，在幼有所育、学有所教、劳有所得、病有所医、老有所养、住有所居、弱有所扶上持续用力。坚守底线、突出重点、完善制度、引导预期，注重加强普惠性、基础性、兜底性民生建设，推进基本公共服务均等化。建成世界上规模最大的教育体系、社会保障体系、医疗卫生体系。社会治理社会化、法治化、智能化、专业化水平大幅度提升，发展了人民安居乐业、社会安定有序的良好局面。人民群众获得感、幸福感、安全感更加充实、更有保障、更可持续，共同富裕取得新成效，书写了社会长期稳定奇迹。

坚持绿水青山就是金山银山的理念，生态环境保护发生历史性、转折性、全局性变化。坚持走生产发展、生活富裕、生态良好的文明发展道路。推进山水林田湖草沙一体化保护和系统治理，建立健全自然资源资产产权制度、国土空间开发保护制度、生态文明建设目标评价考核制度和责任追究制度、生态补偿制度、河湖长制、林长制、环境保护"党政同责"和"一岗双责"等制度，生态文明制度体系更加健全。全方位、全地域、全过程加强生态环境保护，美丽中国建设迈出重大步伐。

贯彻总体国家安全观，国家安全领导体制和法治体系、战略体系、政策体系不断完善。维护国家主权、安全、发展利益，完善集中统一、高效权威的国家安全领导体制，建立国家安全工作协调机制和应急管理机制，国家安全得到全面加强。共建共治共享的社会治理制度进一步健全，经受住了来自政治、经济、意识形态、自然界等方面的风险挑战考验，平安中国建设迈向更高水平，为党和国家兴旺发达、长治久安提供了有力保证。

贯彻新时代党的强军思想，人民军队现代化水平和实战能力显著提升。坚持党对人民军队的绝对领导，确立党在新时代的强军目标，贯彻新时代军事战略方针，推进政治建军、改革强军、科技强军、人才强军、依法治军。深化国防和军队改革，重构人民军队领导指挥体制、现代军事力量体系、军事政策制度，加快国防和军队现代化建设，统筹加强各方向各领域军事斗争，人民军队体制一新、结构一新、格局一新、面貌一新，中国特色强军之路越走越宽广。

全面准确推进"一国两制"实践，牢牢把握两岸关系主导权和主动权。坚持和完善"一国两制"制度体系，维护宪法和基本法确定的特别行政区宪制秩序，落实中央对特别行政区全面管治权，坚定落实"爱国者治港""爱国者治澳"，推动香港进入由乱到治走向由治及兴的新阶段，香港、澳门保持长期稳定发展良好态势。提出新时代解决台湾问题的总体方略，促进两岸交流合作，坚决反对"台独"分裂行径，坚决反对外部势力干涉，推动两岸关系朝着正确方向发展。

全面推进中国特色大国外交，我国国际影响力、感召力、塑造力显著提升。统筹国内国际两个大局，完善外交总体布局，对中国特色大国外交作出战略谋划，推动建设新型国际关系，推动构建人类命运共同体，弘扬和平、发展、公平、正义、民主、自由的全人类共同价值。积极参与全球治理体系改革和建设，坚定维护国际公平正义，旗帜鲜明反对一切霸权主义和强权政治,毫不动摇反对任何单边主义、保护主义、霸凌行径。中国特色大国外交全面推进,构建人类命运共同体成为引领时代潮流和人类前进方向的鲜明旗帜。

深入推进全面从严治党,找到了自我革命这一跳出治乱兴衰历史周期率的第二个答案。办好中国的事情,关键在党,关键在全面从严治党。党提出和落实新时代党的建设总要求,以党的政治建设统领党的建设各项工作,坚持思想建党和制度治党同向发力,形成比较完善的党内法规体系。持之以恒正风肃纪,开展了史无前例的反腐败斗争,不敢腐、不能腐、不想腐一体推进,反腐败斗争取得压倒性胜利并全面巩固。以伟大自我革命引领伟大社会革命,党的自我净化、自我完善、自我革新、自我提高能力显著增强。

二、厚重宝贵的历史经验

新时代十年伟大变革的历史性成就,是党领导人民团结奋斗出来的,根本在于习近平总书记掌舵领航,在于习近平新时代中国特色社会主义思想科学指引。党确立习近平同志党中央的核心、全党的核心地位,确立习近平新时代中国特色社会主义思想的指导地位,反映了全党全军全国各族人民共同心愿,对新时代党和国家事业发展、对推进中华民族伟大复兴历史进程具有决定性意义。

坚持和加强党的全面领导。党的领导是中国特色社会主义最本质的特征和中国特色社会主义制度的最大优势。新时代新征程上,最紧要的是深刻领悟"两个确立"的决定性意义,增强"四个意识"、坚定"四个自信"、做到"两个维护",自觉在思想上政治上行动上同以习近平同志为核心的党中央保持高度一致。坚决维护党中央权威和集中统一领导,把党的领导落实到党和国家事业各领域各方面各环节,使党始终成为人民最可靠的主心骨,确保我国社会主义现代化建设正确方向。

全面深入贯彻习近平新时代中国特色社会主义思想。习近平新时代中国特色社会主义思想是当代中国马克思主义、二十一世纪马克思主义,是中华文化和中国精神的时代精华。坚持对马克思主义的坚定信仰、对中国特色社会主义的坚定信念，坚定道路自信、理论自信、制度自信、文化自信，就必须把握好习近平新时代中国特色社会主义思想的世界观和方法论，坚持好、运用好贯穿其中的立场观点方法，坚持人民至上，坚持自信自立，坚持守正创新，坚持问题导向，坚持系统观念，坚持胸怀天下，开辟马克思主义中国化时代化新境界。

坚持中国特色社会主义道路。中国特色社会主义，既坚持了科学社会主义基本原则，又根据时代条件赋予其鲜明的中国特色。坚持中国特色社会主义道路，必须坚持以经济建设为中心，坚持四项基本原则，坚持改革开放，坚持独立自主、自力更生，坚持道不变、志不改，既不走封闭僵化的老路，也不走改旗易帜的邪路，坚持把国家和民族发展放在自己力量的基点上，坚持把中国发展进步的命运牢牢掌握在自己手中。

坚持以人民为中心的发展思想。人民是党执政兴国的最大底气。始终坚持全心全意为人民服务的根本宗旨，维护人民根本利益，增进民生福祉，不断实现发展为了人民、发展依靠人民、发展成果由人民共享。坚定不移走全体人民共同富裕道路，让现代化建设成果更多更公平惠及全体人民。

坚持深化改革开放。深入推进改革创新，坚定不移扩大开放。加强改革顶层设计，冲破思想观念束缚，突破利益固化藩篱，着力破解深层次体制机制障碍，不断彰显中国特色社会主义制度优势，不断增强社会主义现代化建设的动力和活力，把我国制度优势更好转化为国家治理效能。

坚持发扬斗争精神。务必敢于斗争、善于斗争，不断增强全党全国各族人民的志气、骨气、底气，不信邪、不怕鬼、不怕压，知难而进、迎难而上。统筹发展和安全，把维护国家安全贯穿党和国家工作各方面全过程，健全国家安全体系，确保国家安全和社会稳定，依靠顽强斗争打开事业发展新天地。

坚持全面从严治党。全面建设社会主义现代化国家、全面推进中华民族伟大复兴，关键在党。坚持全面从严治党永远在路上、自我革命永远在路上，确保党永远不变质、不变色、不变味，确保党在世界形势深刻变化的历史进程中始终走在时代前列，在应对国内外各种风险和考验的历史进程中始终成为全国人民的主心骨，在坚持和发展中国特色社会主义的历史进程中始终成为坚强领导核心。

总之，坚持党的全面领导是坚持和发展中国特色社会主义的必由之路，中国特色社会主义是实现中华民族伟大复兴的必由之路，团结奋斗是中国人民创造历史伟业的必由之路，贯彻新发展理念是新时代我国发展壮大的必由之路，全面从严治党是党永葆生机活力、走好新的赶考之路的必由之路。这五条必由之路是我们党在长期实践中得出的至关紧要的规律性认识，全党必须做到矢志不渝、笃行不怠，方能不负时代、不负人民，引领和保障中国特色社会主义巍巍巨轮乘风破浪、行稳致远。

新时代十年伟大变革的里程碑意义*

习近平总书记在省部级主要领导干部专题研讨班上发表重要讲话强调："新时代 10 年的伟大变革，在党史、新中国史、改革开放史、社会主义发展史、中华民族发展史上具有里程碑意义。"新时代孕育新思想，新思想引领新征程。党的十八大以来，以习近平同志为核心的党中央统筹把握中华民族伟大复兴战略全局和世界百年未有之大变局，自信自强、守正创新，深入推进马克思主义中国化时代化，全面建成小康社会，以中国式现代化推进中华民族伟大复兴，以伟大自我革命引领伟大社会革命，开创了伟大的中国特色社会主义新时代。我们要树立大历史观，站在世界百年未有之大变局和中华民族五千多年文明发展的高度，深刻认识和准确把握新时代十年伟大变革的重大意义。

一、创立了习近平新时代中国特色社会主义思想，实现了马克思主义中国化新的飞跃

马克思主义科学揭示了人类社会发展规律。中国共产党从诞生之日起，就把马克思主义写在自己的光辉旗帜上，确立为立党立国、兴党强国的根本指导思想，在指导和推动中国革命、建设和改革中，不断推进马克思主义中国化时代化。

党的十八大以来，中国特色社会主义进入新时代。以习近平同志为主

---

* 本文作者宋月红，发表于《新湘评论》2022 年第 17 期。

要代表的中国共产党人，坚持把马克思主义基本原理同中国具体实际相结合、同中华优秀传统文化相结合，坚持毛泽东思想、邓小平理论、"三个代表"重要思想、科学发展观，深刻总结并充分运用党成立以来的历史经验，从新的实际出发，创立了习近平新时代中国特色社会主义思想。这一科学理论体系就新时代坚持和发展什么样的中国特色社会主义、怎样坚持和发展中国特色社会主义，建设什么样的社会主义现代化强国、怎样建设社会主义现代化强国，建设什么样的长期执政的马克思主义政党、怎样建设长期执政的马克思主义政党等重大时代课题，提出一系列原创性的治国理政新理念新思想新战略，是党对中国特色社会主义建设规律认识深化和理论创新的重大成果，是当代中国马克思主义、二十一世纪马克思主义，是中华文化和中国精神的时代精华，实现了马克思主义中国化新的飞跃。

在推进新时代伟大变革中，党确立习近平同志党中央的核心、全党的核心地位，确立习近平新时代中国特色社会主义思想的指导地位，反映了全党全军全国各族人民共同心愿，对新时代党和国家事业发展、对推进中华民族伟大复兴历史进程具有决定性意义。习近平新时代中国特色社会主义思想是新时代坚持和发展中国特色社会主义的世界观和方法论，坚持好、运用好贯穿其中的立场观点方法，用马克思主义观察时代、把握时代、引领时代，必将在新时代伟大实践中不断开辟马克思主义中国化时代化新境界。

二、党和国家事业取得历史性成就、发生历史性变革，实现中华民族伟大复兴进入了不可逆转的历史进程

实现中华民族伟大复兴是中华民族近代以来最伟大的梦想。历史发展雄辩地证明，没有中国共产党，就没有新中国，就没有中华民族伟大复兴。党矢志践行为中国人民谋幸福、为中华民族谋复兴的初心使命，团结带领人民为争取民族独立、人民解放和实现国家富强、人民幸福而不懈奋斗。新中国成立，中华民族发展进步从此开启新纪元；改革开放，中国由此大踏步赶上了时代。开创中国特色社会主义新时代，以习近平同志为核心的党中央团结带领人民，在社会主义革命和建设、改革开放和社会主

现代化建设伟大成就的基础上，承前启后、继往开来，进行具有许多新的历史特点的伟大斗争，创造了新时代中国特色社会主义的伟大成就，为实现中华民族伟大复兴提供了更为完善的制度保证、更为坚实的物质基础、更为主动的精神力量。中华民族迎来了从站起来、富起来到强起来的伟大飞跃，在新的历史条件下深化和拓展了实现中华民族伟大复兴的正确道路。

新时代十年的伟大变革，实现了第一个百年奋斗目标，乘势而上开启全面建设社会主义现代化国家新征程、向第二个百年奋斗目标迈进，推动我国进入了一个新发展阶段。新发展阶段是社会主义初级阶段中的一个阶段，同时是其中经过几十年积累、站到了新的起点上的一个阶段。把握新发展阶段、贯彻新发展理念、构建新发展格局、推动高质量发展，党团结带领人民踔厉奋发、勇毅前行、团结奋斗，在新发展阶段奋力推进全面建设社会主义现代化国家新征程。

三、成功推进和拓展了中国式现代化，创造了人类文明新形态

党领导的社会主义现代化建设，立足中国国情，坚持把国家和民族发展放在自己力量的基点上、把中国发展进步的命运牢牢掌握在自己手中，走自己的路。在推进新时代伟大变革中，党在新中国成立特别是改革开放以来的长期探索和实践基础上，经过党的十八大以来在理论和实践上的创新突破，团结带领人民推动物质文明、政治文明、精神文明、社会文明、生态文明协调发展，续写了经济快速发展和社会长期稳定的奇迹，成功走出了中国式现代化道路，创造了人类文明新形态。这是前无古人的伟大创举。

共同富裕是社会主义的本质要求，是中国式现代化的重要特征。共同富裕坚持以人民为中心的发展思想，是全体人民共同富裕，是人民群众物质生活和精神生活都富裕。党的十八大以来，以习近平同志为核心的党中央把促进全体人民共同富裕作为为人民谋幸福的着力点，把逐步实现全体人民共同富裕摆在更加重要的位置上，适应我国社会主要矛盾的变化，全面贯彻新发展理念，坚持在发展中保障和改善民生，协同推进人民富裕、

国家强盛、中国美丽，扎实推动共同富裕。

中国式现代化既发展中国，又造福世界。在人类社会发展中，各国历史、文化、制度、发展水平不尽相同，现代化道路并没有固定模式，适合自己的才是最好的。中国式现代化把和平、发展、公平、正义、民主、自由的全人类共同价值，具体地、现实地体现到实现中国人民利益的实践中去，摒弃了西方以资本为中心、两极分化、物质主义膨胀、对外扩张掠夺的现代化老路，拓展了发展中国家走向现代化的途径，破解了人类社会发展的诸多难题，为人类对更好社会制度的探索提供了中国方案、中国智慧。

四、全面深化改革开放，推进国家治理体系和治理能力现代化

在推进新时代伟大变革中，以习近平同志为核心的党中央就怎样治理社会主义社会这样全新的社会进行深邃思考，将坚持和完善中国特色社会主义制度、推进国家治理体系和治理能力现代化确定为全面深化改革总目标，加快发展社会主义市场经济、民主政治、先进文化、和谐社会、生态文明，更好地解放和发展社会生产力，更好地发挥中国特色社会主义制度的优越性。

推动中国特色社会主义制度不断自我完善和发展、永葆生机活力。全面深化改革，既保持中国特色社会主义制度和国家治理体系的稳定性和延续性，又创新性地制定国家治理体系和治理能力现代化急需的制度、满足人民对美好生活新期待必备的制度。坚持和完善党的领导制度体系、人民当家作主制度体系、中国特色社会主义法治体系、中国特色社会主义行政体制，加强中国特色社会主义民主法治建设；坚持和完善社会主义基本经济制度，推动经济高质量发展；坚持和完善繁荣发展社会主义先进文化的制度，巩固全体人民团结奋斗的共同思想基础；坚持和完善统筹城乡的民生保障制度，满足人民日益增长的美好生活需要；坚持和完善共建共治共享的社会治理制度，保持社会稳定、维护国家安全；坚持和完善生态文明制度体系，促进人与自然和谐共生；坚持和完善党对人民军队的绝对领导制度，确保人民军队忠实履行新时代使命任务；坚持和完善"一国两制"制度体系，推进祖国和平统一；坚持和完善独立自主的和平外交政策，推动构建人类命运共同体；坚持和完善党和国家监督体系，强化对权力运行的制约和监督。在推进新时代伟大变革中，中国特色社会主义制度更加巩固、优越性充分展现，为政治稳定、经济发展、文化繁荣、民族团结、人民幸福、社会安宁、国家统一提供了更加坚定有力保障。

五、历史性地解决了绝对贫困问题，走出了一条中国特色减贫道路

新时代是决胜全面建成小康社会、进而全面建设社会主义现代化强国的时代。全面建成小康社会最艰巨最繁重的任务在农村特别是在贫困地区，没有农村的小康特别是没有贫困地区的小康，就没有全面建成小康社会。以习近平同志为核心的党中央把脱贫攻坚作为全面建成小康社会的底线任务摆在治国理政的突出位置，组织开展了脱贫攻坚人民战争。

脱贫攻坚取得重大历史性成就。以习近平同志为核心的党中央从我国国情出发，把握减贫规律，出台一系列超常规政策举措，构建了一整套行之有效的政策体系、工作体系和制度体系，通过发展生产、易地搬迁、生态补偿、发展教育、社会保障兜底，聚力攻克深度贫困堡垒，决战决胜脱贫攻坚。党的十八大以来，全国平均每年1000多万人脱贫，相当于一个中等国家的人口脱贫。我国现行标准下9899万农村贫困人口全部脱贫，832个贫困县全部摘帽，12.8万个贫困村全部出列。全国28个人口较少民族全部整族脱贫，一些新中国成立后"一步跨千年"进入社会主义社会的"直过民族"，则实现了从贫穷落后到全面小康的第二次历史性跨越。由此，我国人民生活由温饱不足到全面小康，整体上彻底摆脱了绝对贫困，成为世界上中等收入人口最多的国家。脱贫攻坚，走出了一条中国特色减贫道路，形成了中国特色反贫困理论，在解决困扰中华民族几千年的绝对贫困问题上取得了伟大历史性成就，创造了人类减贫史上的奇迹。

六、探索出依靠党的自我革命跳出历史周期率的成功路径，以伟大自我革命引领伟大社会革命

全面从严治党是党永葆生机活力、走好新的赶考之路的必由之路。在推进新时代伟大变革中，党坚持从严管党治党，把全面从严治党纳入"四个全面"战略布局，深入推进新时代党的建设新的伟大工程。大力弘扬伟大建党精神，勇于自我革命，坚持真理、修正错误，刀刃向内、刮骨疗毒，不断清除一切损害党的先进性和纯洁性的有害因素，不断清除一切侵蚀党的健康肌体的病原体。

全面从严治党是新时代党的自我革命的伟大实践，开辟了党自我革命的新境界。在推进新时代伟大变革中，党的自我革命坚持以党的政治建设为统领，把思想建设作为党的基础性建设，坚决落实中央八项规定精神、以严明纪律整饬作风，以雷霆之势反腐惩恶，不断增强党组织政治功能和组织力凝聚力，自觉构建自我净化、自我完善、自我革新、自我提高的制度规范体系，为推进伟大自我革命提供政治、思想、组织、作风、纪律、制度基础和保障。

自我革命，是我们党区别于其他政党的显著标志，是党跳出治乱兴衰历史周期率、经过百年奋斗特别是党的十八大以来新的实践而更加充满活力的成功秘诀。党以伟大自我革命引领伟大社会革命，赢得了保持同人民群众的血肉联系、人民衷心拥护的历史主动，赢得了全党高度团结统一、走在时代前列、带领人民实现中华民族伟大复兴的历史主动，永葆党的先进性、纯洁性，不断发展壮大。全面从严治党永远在路上，党的自我革命永远在路上。

新时代十年的伟大变革，波澜壮阔、非凡壮丽，鲜明昭示坚持党的全面领导是坚持和发展中国特色社会主义的必由之路，中国特色社会主义是实现中华民族伟大复兴的必由之路，团结奋斗是中国人民创造历史伟业的必由之路，贯彻新发展理念是新时代我国发展壮大的必由之路，全面从严治党是党永葆生机活力、走好新的赶考之路的必由之路。新征程上，高举中国特色社会主义伟大旗帜，坚定不移推进中华民族伟大复兴历史进程，必将谱写全面建设社会主义现代化国家更加辉煌的篇章。

全面深化改革:"改"与"不改"的辩证统一[*]

今年7月,习近平总书记在中央全面深化改革领导小组第三十七次会议的重要讲话中指出,要"建立健全改革容错纠错机制,形成允许改革有失误、但不允许不改革的鲜明导向"。与此同时,习近平总书记一再强调:"问题的实质是改什么、不改什么,有些不能改的,再过多长时间也是不改。""不实行改革开放死路一条,搞否定社会主义方向的'改革开放'也是死路一条。"这些论述深刻阐明了全面深化改革"改"与"不改"的辩证统一关系,是推进全面深化改革必须始终要牢牢把握住的基准线和方向标。"改"与"不改"的辩证统一主要体现在以下两大方面:

一、统一于坚持社会主义方向

改革开放是一场深刻革命,必须坚持正确方向。这就是社会主义方向。习近平总书记指出:"在方向问题上,我们头脑必须十分清醒。我们的方向就是不断推动社会主义制度自我完善和发展,而不是对社会主义制度改弦易张。"中国特色社会主义在改革开放中形成并不断发展壮大,并在与资本主义的竞争中赢得比较优势。实践证明,只有改革开放才能发展中国、发展社会主义、发展马克思主义;同时,不论怎么改革开放,都始终要坚持中国特色社会主义道路、中国特色社会主义理论体系、中国特色社会主义制度。全面深化改革,不是因为中国特色社会主义制度不好,而

---

[*] 本文作者宋月红,发表于《红旗文稿》2017年第15期。

是要使它更好。改革开放偏离或改变这一方向，就会南辕北辙，更不可能取得成功。改革开放是动力和手段，更是必由之路；坚持和发展中国特色社会主义是出发点和落脚点，也是前提和基础。

毋庸讳言，在坚持社会主义方向问题上长期存在两种"自由化"的谬误：一是将"全面"的具体内涵抽象而泛化，认为所谓"全面"就是什么都可以"改"或应该"改"；二是将"深化"引向"往西方政治制度的方向改"，否则就认为是不改革。这些错误认识完全背离了我们党对改革的指导与设计，侵蚀着全面深化改革的共同思想基础，是历史虚无主义、"新自由主义"和西方宪政民主等错误思潮在改革开放问题上的集中投射。其目的可以归结为一条，就是改变改革开放的社会主义性质和方向。对此，必须高度警惕，始终保持在改革开放上的政治坚定性。

全面深化改革，首先必须明确什么是中国特色社会主义。搞不清楚这个问题，或在这个问题上存在摇摆或模糊认识，就有迷失方向、陷入歧途的危险。习近平总书记鲜明地指出，中国特色社会主义是科学社会主义理论逻辑和中国社会发展历史逻辑的辩证统一；中国特色社会主义是社会主义而不是其他什么主义，科学社会主义基本原则不能丢，丢了就不是社会主义。他还从历史发展的阶段性与连续性相统一的意义上强调，中国特色社会主义是在改革开放历史新时期开创的，也是在新中国已经建立起社会主义基本制度、并进行了近30年建设的基础上开创的。针对把改革开放前后两个历史时期割裂、对立起来而相互否定的错误观点，习近平总书记指出，这是两个相互联系又有重大区别的时期，但本质上都是我们党领导人民进行社会主义建设的实践探索。这一重要论述科学阐释了改革开放前后两个历史时期的辩证统一关系，科学揭示了当代中国一切发展进步的根本政治前提和制度基础。习近平总书记指出，不能用改革开放后的历史时期否定改革开放前的历史时期，也不能用改革开放前的历史时期否定改革开放后的历史时期。这是因为，改革开放前历史时期奠定了社会主义基本制度并进行了建设社会主义的理论与实践探索，改革开放是在这一基础之上对社会主义制度的完善和发展。因此，否定了任何一个历史时期，就会否定中国特色社会主义的历史必然性，当然也就不可能正确认识中国特色社会主义。

全面深化改革，要始终准确、完整地把握完善和发展中国特色社会主义制度、推进国家治理体系和治理能力现代化这一总目标。推进国家治理体系和治理能力现代化，必须回答"往什么方向走"这一带根本性的问题。习近平总书记指出，"这里面有一个前一句和后一句的关系问题"。前一句，规定了根本方向，就是中国特色社会主义道路，而不是其他什么道路。后一句，规定了在根本方向指引下完善和发展中国特色社会主义制度的鲜明指向。他强调，两句话都讲，才是完整的。只讲第二句，不讲第一句，那是不完整、不全面的。也就是说，推进国家治理体系和治理能力现代化，必须以完善和发展中国特色社会主义道路为根本前提。

社会主义方向是全面深化改革的正确方向，这是任何时候都不能改的，我们要改的只是不适应解放和发展生产力的各种体制机制，目的在于不断赋予中国特色社会主义新的生机活力。全面深化改革，应该改、又能够改的要坚决改，不应改的要坚决守住。改是为了坚持和完善不应改、不能改的部分，怎么改、改什么，都要坚持社会主义方向这一政治原则和底线；不改是为了正确的改，而改的是否正确，则以是否符合社会主义方向为根本标准。

二、统一于坚持和贯彻社会主义初级阶段基本路线

"一个中心、两个基本点"的社会主义初级阶段基本路线，是在发展当代中国马克思主义的历史进程中，在新中国确立社会主义基本制度的基础上，特别是在改革开放的伟大实践中形成和确立的，并规定了中国特色社会主义道路。全面深化改革，必须牢牢把握社会主义初级阶段这个最大国情，牢牢立足社会主义初级阶段这个最大实际，更准确地把握我国社会主义初级阶段不断变化的特点，坚持党的基本路线，在继续推动经济发展的同时，更好解决我国社会出现的各种问题，更好实现各项事业全面发展，更好发展中国特色社会主义事业，更好推动人的全面发展、社会全面进步。

党的十一届三中全会重新确立马克思主义思想路线、政治路线和组织

路线，深刻总结我国社会主义建设正反两方面经验，并借鉴世界社会主义历史经验，作出了把党和国家工作中心转移到经济建设上来、实行改革开放的历史性决策。经济建设是新中国成立以来党领导和执政的一个根本点，改革开放就是要不断解放和发展社会生产力。历史发展表明，没有改革开放，就没有后来的社会主义初级阶段基本路线。改革开放是前无古人的崭新事业，必须回答的一个根本问题是，实行什么样的改革开放和怎样进行改革开放。1979年3月30日，邓小平在理论工作务虚会上明确提出，实现四个现代化必须在思想政治上坚持四项基本原则。他说："这四项基本原则并不是新的东西，是我们党长期以来所一贯坚持的。""如果动摇了这四项基本原则中的任何一项，那就动摇了整个社会主义事业，整个现代化建设事业。"没有四项基本原则，同样没有后来的社会主义初级阶段基本路线。正是在这样的理论与实践的基础上，党的十三大作出了我国正处于并将长期处于社会主义初级阶段的国情判断，从而确立了"一个中心、两个基本点"的社会主义初级阶段基本路线。习近平总书记指出，我国改革开放之所以能取得巨大成功，关键是我们把党的基本路线作为党和国家的生命线，始终坚持把以经济建设为中心同四项基本原则、改革开放这两个基本点统一于中国特色社会主义伟大实践。

社会主义初级阶段基本路线从当代中国的实际出发，以辩证唯物主义和历史唯物主义为哲学基础，坚持科学社会主义基本原则和马克思主义政治经济学，在指导改革开放伟大实践中开创和发展了中国特色社会主义。其中，以经济建设为中心是兴国之要，坚持四项基本原则是立国之本，坚持改革开放是强国之路，三者相互贯通、相互依存，须臾不可分离和偏废，形成改革开放事业发展的历史方位和立体坐标体系。2012年11月，习近平总书记在十八届中央政治局第一次集体学习时指出，我们在实践中要始终坚持"一个中心、两个基本点"不动摇，既不偏离"一个中心"，也不偏废"两个基本点"。2016年12月，他在中央政治局民主生活会上进一步指出，要以党的基本路线为根本遵循，认真领会和正确把握党的理论和路线方针政策，多从人类发展大潮流、世界变化大格局、中国发展大历史来认识和把握党的基本路线，深刻领会为什么基本路线要长期坚持。

社会主义初级阶段基本路线是国家生命线和人民幸福线，是由人类社会基本矛盾和当代中国社会主要矛盾决定的。有人认为，我国社会生产力水平已极大提高，并即将于建党一百周年时全面建成小康社会，社会生产已不再落后，社会主要矛盾已发生变化；也人认为，既然是协调推进"五位一体"总体布局，而且经济建设与生态文明建设存在一定的矛盾，再强调以经济建设为中心已不合时宜。这些认识是对社会主义初级阶段基本路线的怀疑和动摇，是错误和有害的。

坚持和贯彻社会主义初级阶段基本路线，当前必须仍然坚持以经济建设为中心。习近平总书记强调，我国仍处于并将长期处于社会主义初级阶段的基本国情没有变，人民日益增长的物质文化需要同落后的社会生产之间的矛盾这一社会主要矛盾没有变，我国是世界最大发展中国家的国际地位没有变。这就决定了经济建设仍然是全党的中心工作。在继续推进全面深化改革中，要坚持以经济体制改革为主轴，以此牵引和带动其他领域改革，推动改革向纵深发展。

坚持和贯彻社会主义初级阶段基本路线，以坚持四项基本原则保证改革开放的正确方向，同时通过改革开放赋予四项基本原则新的时代内涵。改革进入攻坚期和深水区，发展中的问题和发展后的问题、一般矛盾和深层矛盾愈加错综复杂。我们党要带领全国人民实现全面建成小康社会、加快推进社会主义现代化、实现中华民族伟大复兴；要坚持和发展中国特色社会主义，不断推进中国特色社会主义制度自我完善和发展，进一步解放和发展社会生产力、继续充分释放全社会创造活力；要解决我国发展面临的一系列突出矛盾和问题，实现经济社会持续健康发展，不断改善人民生活，就必须坚定不移地推进全面深化改革。全面深化改革是改革开放历史发展的必然。改革开放是大势所趋、人心所向，停顿和倒退没有出路，而且改革开放到了一个新的重要关头，在改革开放上决不能有丝毫动摇。但是，改革开放又是有方向、有立场、有原则的，这些集中概括为坚持四项基本原则。坚持四项基本原则，最核心的是坚持和改善党的领导、坚持和完善中国特色社会主义制度。这也表明，在全面深化改革中，"改"以"不应改""不能改"为指向和保证，"不改"又是在坚持中巩固和发展的。

全面深化改革，要始终坚持以我为主，也就是从我国国情出发。不能把不能改的、过多长时间也是不改，说成是不改革。五年来，在全面深化改革进程中，我们党始终坚持从我国国情出发、从经济社会发展实际出发，有领导有步骤推进改革，不求轰动效应，不做表面文章，保持了改革开放的正确方向。习近平总书记多次强调，怎么改、怎么完善，要有主张、有定力。不断推进改革，不是为了迎合某些人的"掌声"，不能把西方的理论、观点生搬硬套在自己身上。如果不顾国情照抄照搬别人的制度模式，就会画虎不成反类犬，不仅不能解决任何实际问题，而且还会因水土不服造成严重后果。在全面深化改革问题上，不仅要防止落入"中等收入陷阱"，也要防止落入"西化分化陷阱"。

总之，全面深化改革战略思想，以全面改革、加快改革和深化改革为主基调，注重改革的系统性、整体性和协同性，同时充满了"改"与"不改"的辩证统一。因此，继续推进全面深化改革，要有政治的坚定性、方向的根本性和基本路线的不可动摇性，处理好解放思想和实事求是的关系、整体推进和重点突破的关系、顶层设计和摸着石头过河的关系、胆子要大和步子要稳的关系、改革发展稳定的关系。这是全面深化改革的时代内涵和鲜明特点，唯有坚持社会主义方向、遵循社会主义初级阶段基本路线，才能准确地把握全面深化改革的内在规律，协调推进"五位一体"总体布局和"四个全面"战略布局，把中国特色社会主义现代化事业不断推向前进。

 关于改革开放前后两个历史时期的辩证统一关系

从改革开放前后两个时期的历史性质及其相互关系上认识中国特色社会主义道路的内涵*

坚定不移地高举中国特色社会主义伟大旗帜,是党的十七大报告的灵魂,也是十七大的主题。高举中国特色社会主义伟大旗帜,最根本的是要坚持中国特色社会主义道路和中国特色社会主义理论体系。什么是中国特色社会主义道路,十七大报告是这样概括的:"中国特色社会主义道路,就是在中国共产党领导下,立足基本国情,以经济建设为中心,坚持四项基本原则,坚持改革开放,解放和发展社会生产力,巩固和完善社会主义制度,建设社会主义市场经济、社会主义民主政治、社会主义先进文化、社会主义和谐社会,建设富强民主文明和谐的社会主义现代化国家。"对于这个概括,可以从理论上认识,也可以从历史上认识。从历史上认识,最重要的就是要弄清楚改革开放前后两个时期的历史及其相互关系。

十七大报告在阐述改革开放历史进程时,讲了三个"永远铭记",大意是改革开放的伟大事业是在以毛泽东同志为核心的党的第一代中央领导集体创立毛泽东思想,带领全党全国各族人民建立新中国、取得社会主义革命和建设伟大成就以及艰辛探索社会主义建设规律取得宝贵经验的基础上进行的;是在以邓小平同志为核心的党的第二代、第三代中央领导集体、以江泽民同志为核心的党中央带领全党全国各族人民开创、继承、发

---

* 本文作者朱佳木,发表于《当代中国史研究》2008年第1期。

展并成功推向 21 世纪的。这一论述站在历史的高度，运用历史唯物主义的基本观点，科学分析了改革开放与中央领导集体之间的关系，为我们正确认识改革开放前后两个时期的历史及其相互关系，从而准确把握中国特色社会主义道路的内涵，提供了十分重要的指导思想。

新中国成立至今已 58 年，如果以 1978 年底召开的党的十一届三中全会作为改革开放开始的标志，这 58 年刚好可以分为前后两个 29 年。对于这两个时期的历史，1981 年党的十一届六中全会通过的《关于建国以来党的若干历史问题的决议》以下简称《历史决议》，以及此后历次党的代表大会的报告，都有充分、明确的结论。但一段时间以来，学术界、理论界，乃至社会上和境内外各种媒体，对这两个时期的历史评价问题议论颇多，分歧不少。其中有的属于学术上的不同观点、思想上的不同认识，有的则反映了政治立场上的尖锐对立。少数人用夸大事实、以偏概全、偷换背景、任意编造等手法，或把改革开放前的 29 年描写成一连串错误的集合，攻击其为专制主义的历史；或把改革开放后的 29 年解释成脱离科学社会主义的原则，歪曲其为民主社会主义或社会民主主义的历史；或把改革开放前后两个时期的历史一概否定；或把改革开放前后两个时期的历史加以割裂和对立。因此，要正确认识中国特色社会主义道路的内涵，当前尤其需要根据十七大报告的精神，着重从历史上来考察这两个 29 年的性质及其相互关系。而这样做，关键在于弄清楚以下三个问题。

一、如何看待改革开放之前 29 年的失误和错误

从新中国成立到 1978 年实行改革开放前，以毛泽东同志为核心的党的第一代中央领导集体在探索社会主义建设规律的过程中有过不少失误和错误，有的错误甚至是全局性、长时期的，给党、国家和人民造成了严重挫折和损失。对这些失误和错误，我们不应忽视，更不应掩盖，否则不可能从中吸取教训；但同时必须客观、全面而不是孤立、片面地看待它们，否则同样不可能正确总结经验，相反还会一叶障目，把改革开放前的历史看得一无是处、一团漆黑，导致对那段历史和社会主义制度的否定。

怎样才能客观、全面地看待改革开放前的种种失误和错误呢？我认为

要做到这一点，必须树立以下四个观点。

（一）要把失误和错误与那段历史取得的成就放在一起比较，分清主流与支流

对于改革开放之前29年的历史性成就，党中央在改革开放后的不同时期，作过一系列评价，观点是明确的和始终一贯的。

例如，1979年邓小平在理论务虚会上的讲话中指出："社会主义革命已经使我国大大缩短了同发达资本主义国家在经济发展方面的差距。我们尽管犯过一些错误，但我们还是在三十年间取得了旧中国几百年、几千年所没有取得过的进步。我们的经济建设曾经有过较快的发展速度。"①

1981年党中央通过的《历史决议》指出："中国共产党在中华人民共和国成立以后的历史，总的说来，是我们党在马克思列宁主义、毛泽东思想指导下，领导全国各族人民进行社会主义革命和社会主义建设并取得巨大成就的历史。社会主义制度的建立，是我国历史上最深刻最伟大的社会变革，是我国今后一切进步和发展的基础。""三十二年来我们取得的成就还是主要的，忽视或否认我们的成就，忽视或否认取得这些成就的成功经验，同样是严重的错误。"②

1989年江泽民同志在庆祝中华人民共和国成立40周年大会上的讲话中指出："中华人民共和国成立以来的四十年，是中国历史发生翻天覆地变化的四十年，是经历艰难曲折、战胜种种困难、不断发展进步的四十年，是中华民族扬眉吐气、独立自主、在国际事务中日益发挥重要作用的四十年。"③

2006年胡锦涛总书记在庆祝中国共产党成立85周年暨党员先进性教育总结大会上的讲话中指出：我们党领导中国人民经过新民主主义革命时期28年的艰苦斗争，建立了人民当家作主的新中国。"在社会主义革命和建设时期，我们确立了社会主义基本制度，在一穷二白的基础上建立了独立的比较完整的工业体系和国民经济体系，使古老的中国以崭新的姿态屹

---

① 《邓小平文选》第2卷，人民出版社1994年版，第167页。
② 《三中全会以来重要文献选编》（下），人民出版社1982年版，第794、798页。
③ 《十三大以来重要文献选编》（中），人民出版社1991年版，第611页。

立在世界的东方。"①

上述评价如实反映和高度概括了改革开放前29年的主要成就，我们只要把那29年的失误、错误，包括"大跃进"和"文化大革命"那种严重错误同这些历史性成就放在一起比较，孰重孰轻、什么是主流什么是支流就会一目了然。

（二）要对失误和错误进行具体分析，不能因为有些事情中有失误、错误，就对那些事情全盘否定

首先，要分析失误和错误是普遍的、全局的现象，还是个别的、局部的现象。

例如，前29年中发动过一系列政治运动。在这些运动中，有的错误是带有普遍性、全局性的。像"大跃进"中的高指标、瞎指挥、浮夸风、"共产风"，"文化大革命"中的"打倒一切、全面内战"，等等，都属于这种性质的错误。对这类运动，就要基本否定或彻底否定。但有些运动，错误只是个别的、局部的现象。像新解放区土改运动和"三反""五反"运动，虽然也存在侵犯中农利益、冲击富农经济、对地主体罚的现象，存在打"老虎"凑人数、对"五毒"界限不清等扩大化的现象，但这些并非普遍存在，而且一经发现便及时纠正。因此，这类运动从总体上看是健康的，对社会进步、经济发展、政权稳固都起到了至关重要的作用。如果不这样看问题，而是看到哪个运动中有缺点有错误就予以全盘否定，甚至攻其一点，不及其余，那势必会得出改革开放之前29年的历史是一连串错误集合的结论。

其次，要分析在失误和错误中是否也有正确的合理的成分，并且要看这些成分对以后工作是否也起到了一定的积极作用。

例如，新中国成立初期，我们在思想文化领域进行了几场比较大的批判运动。那几场批判存在把思想性、学术性问题简单化、政治化的倾向，有的甚至混淆了敌我、敌友的界限，显然是十分错误的。但也应当看到，

---

① 胡锦涛：《在庆祝中国共产党成立85周年暨总结保持共产党员先进性教育活动大会上的讲话》，《人民日报》2006年7月1日。

正是那些大张旗鼓的批判，加上与此同时进行的知识分子思想改造运动，使文艺界、学术界、教育界存在的封建主义的和资产阶级唯心主义、民主个人主义、自由主义的思想受到强烈冲击和迅速清理，使辩证唯物主义、历史唯物主义、为人民服务和人人平等等无产阶级思想很快为大多数旧社会过来的知识分子所接受，使封建主义和资产阶级思想很快从学校讲坛和报刊、出版物、舞台中被驱逐出去，使马克思主义迅速占据了意识形态领域的指导地位，使我们国家的上层建筑得以在较短时间内实现了同社会主义经济基础的协调一致，适应了当时社会主义改造和社会主义建设的需要。如果不加具体分析，而是像列宁批评的那样，"在倒洗澡水时把孩子也倒掉"，把那几场批判运动中犯的错误连同其中合理的正确的成分一概否定，那就难以解释，为什么过去在革命根据地、解放区占主导地位的马克思主义，能在短短几年内成为全国特别是城市中的主流意识形态。只要看看今天非马克思主义、反马克思主义思潮涌动的状况，就不难想象当年要做到这一点是多么不容易。

最后，要把犯错误和犯错误的时期加以区别，不能因为某个时期犯了错误，就把那个时期的工作统统否定。

例如，"文化大革命"是我们党在新中国成立后犯的最为严重的错误。但"文化大革命"是一个持续了十年的运动，在那十年里，我们党除了开展"文化大革命"运动，还做了许多其他工作。《历史决议》说：在"文化大革命"期间，"我们党没有被摧毁并且还能维持统一，国务院和人民解放军还能进行许多必要的工作"。"第四届全国人民代表大会还能召开并且确定了以周恩来、邓小平同志为领导核心的国务院人选"。"党、人民政权、人民军队和整个社会的性质都没有改变。""我国社会主义制度的根基仍然保存着，社会主义经济建设还在进行，我们的国家仍然保持统一并且在国际上发挥重要影响。""国民经济虽然遭到巨大损失，仍然取得了进展。粮食生产保持了比较稳定的增长。工业交通、基本建设和科学技术方面取得了一批重要成就，其中包括一些新铁路和南京长江大桥的建成，一些技术先进的大型企业的投产，氢弹试验和人造卫星发射回收的成功，籼型杂交水稻的育成和推广，等等。在国家动乱的情况下，人民解放军仍然英勇地保卫着祖国的安全。对外工作也打开了新的局面。当然，这一切决不是'文化大革命'的成果，如果没有'文化大革命'，我们的事业会取得大得多的成就。"①这些反映了客观实际的评价，说明不能把"文化大革命"与"文化大革命"时期简单画等号，不能因为要彻底否定"文化大革命"，就否定"文化大革命"时期党和政府所做的必要工作和建设事业取得的重大成就，更不能因此而否定那一时期党和国家、社会的原有性质。

（三）要把失误和错误放在当时特定的历史条件下分析，把在当时可以避免的和由于客观条件限制难以避免的错误区分开来

所谓客观条件限制有两种。一种是实践不够，缺少经验。比如，我国历史上是农业国，近代以来有的一点工业也十分落后，而且主要集中在沿海；商品经济很不发达，广大农村还是半自给的自然经济。究竟如何进行大规模工业化建设，如何搞商品经济，不仅基层干部和广大群众缺少经验，党的高级干部经验也不多，都需要有一个探索的过程。改革开放前，我们在处理农、轻、重，国家、集体、个人，计划与市场等等关系问题上，走了不少弯路，大多数源于这种情况。

另一种是物质不够，缺少条件。例如，改革开放前，我们在很长时间内积累率过高，对消费品生产的资金、原材料安排不足，给人民生活造成许多困难；尤其是对农业、农民索取过多，给予过少，造成农村大部分地区面貌长期变化不大。这有我们对积累与消费比重安排不当，对农业与农民照顾不够的一面，也有受到当时物质条件限制的一面。新中国成立后，我们要尽快增强国力、巩固国防、不再受帝国主义欺负，只有通过优先发展重工业的办法尽快实现工业化。而重工业建设需要进行大规模基本建设，需要进口设备、增加城市人口，需要农林牧副渔业为工业和城市人口提供大量原材料和商品粮。这就要求实行集中统一的计划经济，以便把全国有限的财力、物力，最大限度地用于钢铁、机械、煤炭、电力、铁路等基本建设，从而不得不对粮食、棉花、油料作物、木材等主要农副产品实行统购统销，不得不暂时抑制人民的消费，不得不相对牺牲一些农民的

---

① 《三中全会以来重要文献选编》（下），人民出版社1982年版，第815—817页。

利益。

凡事有利必有弊。毛泽东在 1953 年中央人民政府委员会会议上讲："我们施仁政的重点应当放在建设重工业上。要建设，就要资金。所以，人民的生活虽然要改善，但一时又不能改善很多。"①周恩来在 1954 年一届全国人大一次会议上也讲："重工业需要的资金比较多，建设时间比较长，赢利比较慢，产品大部分不能直接供给人民的消费，因此在国家集中力量发展重工业的期间，虽然轻工业和农业也将有相应的发展，人民还是不能不暂时忍受生活上的某些困难和不便。但是我们究竟是忍受某些暂时的困难和不便，换取长远的繁荣幸福好呢，还是贪图眼前的小利，结果永远不能摆脱落后和贫困好呢？我们相信，大家一定会认为第一个主意好，第二个主意不好。"②可见，改革开放前人民生活提高不快除了有工作安排不当的原因外，确实有为工业化建设付出必要代价的原因。只不过后来的"大跃进"、反右倾，特别是"文化大革命"运动，加重了困难的程度，延长了困难的时间罢了。

列宁指出："在分析任何一个社会问题时，马克思主义理论的绝对要求，就是要把问题提到一定的历史范围之内。"③我们今天看待改革开放前那段历史，同样要放到当时的条件下。否则，既不可能弄清历史真相，更不可能找出历史的经验和教训。

（四）要分析造成失误和错误的主观原因，同时也要把好心办坏事与个人专断、个人专断与专制制度加以区别

我们党在改革开放前 29 年出现的失误和错误，有客观原因，也有主观原因；在主观原因中，除了经验不足等难以避免的因素外，也有思想方法、工作方法、工作作风不够端正等可以避免的问题；在可以避免的问题中，有个人专断性质的，也有急于求成性质的。对这些都应具体分析，不能一说主观原因，就都看成是个人专断问题，更不能混淆个人专断与专制制度的本质区别。

---

① 《毛泽东著作专题摘编》（上），中央文献出版社 2003 年版，第 988—989 页。
② 《周恩来选集》（下），人民出版社 1984 年版，第 133—134 页。
③ 《列宁选集》第 2 卷，人民出版社 1995 年版，第 375 页。

毛泽东以及当年中央和地方许多领导同志犯错误，普遍与急于求成有关。急于求成当然是不对的，因为它夸大了主观意志的作用，忽视了客观规律和可能性，但它的动机往往是好的，是希望建设的步伐再快些，用的时间再短些。邓小平曾说过："我们都是搞革命的，搞革命的人最容易犯急性病。我们的用心是好的，想早一点进入共产主义。这往往使我们不能冷静地分析主客观方面的情况，从而违反客观世界发展的规律。中国过去就是犯了性急的错误。"[①]另外应看到，急于求成的毛病往往也与人民群众要求尽快改变落后状况的急迫心情有关，是上下互动的结果。否则，当年为什么一下子就能搞起"大跃进"运动呢？

然而，个人专断的问题就不同了。正如《历史决议》所指出的，这种问题的根源在于骄傲，在于脱离实际和脱离群众；其表现是把个人凌驾于组织之上，后果是使党和国家政治生活中的集体领导原则和民主集中制原则受到削弱以至破坏；其社会原因是党内民主和国家政治生活的民主缺少制度化、法律化，党的权力过分集中于个人；其历史原因是长期封建社会造成的封建专制主义思想的影响。但是，受封建专制主义思想的影响与封建专制制度毕竟是本质完全不同的两码事。前者是思想作风问题，而后者是社会性质问题。众所周知，在中国近代历史上，是中国共产党而不是别的什么政治力量，领导人民进行了长期艰苦卓绝的、最坚决彻底的反封建斗争，并且取得了推翻帝国主义、封建主义和官僚资本主义统治的最后胜利，使中国由半殖民地半封建社会进入到社会主义社会，使中国人民由被奴役被侮辱的地位翻身做了国家的主人。因此，社会主义制度从本质上讲是与个人专断之类封建专制主义思想的表现相互对立、格格不入的。正因为如此，我们党才能在社会主义制度下提出并着手纠正这种现象。也正因为如此，我们党在指出这一问题时，并没有把它仅仅归咎于某个人或某些人，着重于追究他们个人的责任，而是注重于总结经验，弄清错误的历史原因、社会原因和体制原因，使全党从中得到深刻教训，并在党和国家的领导制度、干部制度等政治体制上进行改革，以免后人重犯类似错误。

[①] 《邓小平文选》第3卷，人民出版社1993年版，第139—140页。

《历史决议》在分析毛泽东在"文化大革命"中的错误时，一方面指出他负有主要责任，指出这一错误与个人专断作风、与封建专制主义思想影响的关系；另一方面也指出，毛泽东的错误"终究是一个伟大的无产阶级革命家所犯的错误"，个人专断的现象"是逐渐形成的，党中央对此也应负一定的责任"，这种现象"是一定历史条件的产物，如果仅仅归咎于某个人或若干人，就不能使全党得到深刻教训，并找出切实有效的改革步骤"。[1] 这充分体现了我们党在处理历史问题时，不过多追究个人责任而着重汲取教训的一贯态度。在党的十七大报告中，胡锦涛同志讲到严格执行民主集中制时又强调，要"健全集体领导与个人分工负责相结合的制度，反对和防止个人或少数人专断"。这再次说明，封建专制主义思想影响是有深厚历史根源的，不会只在某个人或若干人身上起作用，也不会仅在短时间内就被清除干净。不能因为存在个人或少数人专断的现象，就妄言我们的制度是什么封建专制主义的。20多年的实践证明，我们党在上世纪80年代初对个人专断问题所做的分析完全正确，经得起历史检验。

二、如何看待改革开放前 29 年的历史对改革开放的意义

我们要认识改革开放前 29 年的历史，除了要正确看待改革开放前的失误和错误外，还有必要弄清楚这段历史对于改革开放有没有意义，有什么意义。党的十七大报告指出："改革开放和社会主义现代化建设，是新中国成立以后我国社会主义建设伟大事业的继承和发展"。我们只有弄清楚了改革开放前 29 年对于改革开放的意义，才能切实明白中国特色社会主义道路与改革开放前社会主义建设事业之间这种继承、发展与被继承、被发展的关系，才能使我们更全面地认识改革开放前 29 年在当代中国历史上的积极作用。

改革开放前 29 年的历史对改革开放的意义，我认为大体可以归纳为以下五点。

---

[1] 《三中全会以来重要文献选编》（下），人民出版社 1982 年版，第 815、819 页。

（一）为改革开放提供了政治前提

我国自鸦片战争后，逐渐沦为半殖民地半封建社会。一切有爱国心的仁人志士曾想尽各种办法，但都未能解决问题。是中国共产党领导人民通过新民主主义革命，推翻了帝国主义、封建主义和官僚资本主义这三座大山，没收了它们的财产，建立了人民民主专政的政权，实现了除台、港、澳之外的国家统一，取得了民族独立和主权、领土的完整；铲除了帝国主义、封建势力的社会基础，巩固了新生政权；取得了抗美援朝等自卫战争的胜利，提高了中国的国际威望，消除了外国侵略的威胁；实行了各民族一律平等的政策，实现了中华民族的空前大团结进行了对农业、手工业和资本主义工商业的社会主义改造，奠定了社会主义的经济基础，使中国从此步入社会主义社会。尤其是在经济极端困难的情况下，研制并成功爆炸了原子弹和氢弹，发射并回收了人造卫星，打破了超级大国的核垄断和核讹诈，使中国不失时机地进入国际"核俱乐部"；在国际局势极端复杂的情况下，打开了中美关系的僵局，恢复了中国在联合国的合法席位，使中国取得了举足轻重的国际地位。所有这些，都使改革开放得以在政权稳固、社会安定、国际环境相对有利的条件下展开。如果没有这个前提，中国特色社会主义道路就会成为无源之水、无本之木，改革开放就不可能那么顺利地进行。

（二）为改革开放奠定了制度基础

新中国成立后，我们建立了从政治到经济、从中央到地方的一整套制度，其中最为重要的是以人民代表大会制度、中国共产党领导的多党合作和政治协商制度、民族区域自治制度为核心的社会主义基本政治制度，以及以生产资料全民所有和集体所有为基础的基本经济制度。尽管历史新时期在一些具体的政治制度上有过不少改革，包括多次进行机构改革，并对人民代表大会制度、中国共产党领导的多党合作和政治协商制度、民族区域自治制度进行了不断充实和完善，但上述基本的政治制度经过实践反复检验，证明完全适合中国国情，因而至今仍在坚持。基本经济制度虽然根据生产力发展水平有较大改变，但仍然是以公有制和按劳分配的制度为主体，国有经济仍然控制着国民经济的主要领域和关键部门，仍然在经济中起主导作用。正是这些制度，为我们进行改革开放和社会主义民主政治建设、市场经济建设提供了稳定的政治环境、有力的组织保障和广阔的活动平台。

（三）为改革开放奠定了物质技术基础

改革开放前29年建立的计划经济体制，在改革开放中虽然已被改为社会主义市场经济体制，但那个时期通过没收官僚买办资产阶级的资产、改造资本主义工商业的企业和连续五个五年计划的建设而积累起来的全民所有制和集体所有制的巨大财富，却在历史新时期发挥了重要作用；那个时期建立的计划体系，也为计划经济向社会主义市场经济体制的平稳过渡提供了必要的工作机构和干部队伍，为市场经济条件下的宏观调控提供了必要的经验。

经过29年的奋斗，我们在旧中国遗留下来的"一穷二白"的基础上，改变了旧中国的工业集中于沿海地区的不合理布局，建立了独立的比较完整的工业体系和国民经济体系，发展了县办和社办工业，进行了大规模农田和水利基本建设，极大改善了农业生产条件。所有这些，都为改革开放后制造业和高科技产业的迅猛发展、粮食总产量的大幅度提高、乡镇企业的"异军突起"、人民生活由温饱不足发展到总体小康，以及经济总量跃居世界前列等等人间奇迹，提供了雄厚的物质基础。

旧中国人口80%是文盲，儿童入学率仅为20%，在1912—1948年的36年里，国内高等学校毕业生只有18.5万人，其中工科毕业生只有3万人。新中国成立时，全国科技人员不到5万人，高级科研人员不足1000人；地质队伍仅800名职工，技术人员只有200人。经过29年的努力，高校毕业生累计295万人，中专毕业生累计520万人。到1996年，科研机构已达1600个，其中科技人员434.5万人。地质队伍在1957年已增至28万人，其中技术人员4万人；到20世纪80年代初更增至110万人，其中技术人员巧15万，是新中国成立之初的700多倍。这些都为改革开放后的经济、科技大发展，准备了必要的人才条件。

正因为如此，《历史决议》在评价改革开放前特别是"文化大革命"前十年在经济技术方面的贡献时指出："我们现在赖以进行现代化建设的物质技术基础,很大一部分是这个期间建设起来的;全国经济文化建设等方面的骨干力量和他们的工作经验,大部分也是在这个期间培养和积累起来的。"①

(四)为改革开放提供了一定的思想保证

十七大报告科学地总结了我们党在改革开放时期的全部理论创新成果,并把它们概括为中国特色社会主义理论体系,其中包括邓小平理论、"三个代表"重要思想以及科学发展观等重大战略思想。报告指出,在当代中国,要真正坚持马克思主义,就必须用中国特色社会主义理论体系武装全党、教育人民。但这并不意味着我们党在改革开放前探索社会主义建设道路过程中所形成的那些符合客观规律的思想,对改革开放就没有指导和保证的作用了。

首先,正如十七大报告所指出的,中国特色社会主义理论体系是坚持和发展马克思列宁主义、毛泽东思想的产物,是几代中国共产党人带领人民不懈探索实践的智慧和心血的凝结,是同马克思列宁主义、毛泽东思想既一脉相承又与时俱进的科学理论。因此,毛泽东思想依然是我们党的指导思想的重要组成部分。邓小平曾讲过:"有些同志说,我们只拥护'正确的毛泽东思想',而不拥护'错误的毛泽东思想'。这种说法也是错误的。我们坚持的和要当作行动指南的是马列主义、毛泽东思想的基本原理,或者说是由这些基本原理构成的科学体系。至于个别的论断,那末,无论马克思、列宁和毛泽东同志,都不免有这样那样的失误。但是这些都不属于马列主义、毛泽东思想的基本原理所构成的科学体系。"②事实告诉我们,毛泽东思想中关于实事求是、群众路线、独立自主自力更生的思想,关于全心全意为人民服务的思想,关于要把我国建设成现代化社会主义强国、对人类做出较大贡献的思想,关于不要机械搬用外国经验的思想,关于社会主义时期仍然存在矛盾和要严格区分正确处理两类不同性质矛盾的思想,关于要调动一切积极因素、化消极因素为积极因素的思想,

---

① 《三中全会以来重要文献选编》(下),人民出版社1982年版,第804页。
② 《邓小平文选》第2卷,人民出版社1994年版,第171页。

关于思想政治工作是经济工作和其他一切工作生命线的思想，关于百花齐放、百家争鸣、古为今用、洋为中用的思想，等等，不仅没有过时，而且在改革开放的各项工作中发挥了和继续发挥着重要的指导作用。

其次，改革开放前党内开展过的一系列政治运动，无论是正确的还是错误的、成功的还是不成功的，基本上贯穿着一个主题，就是防止党脱离人民群众、腐败变质，防止国家改变颜色、政权得而复失。虽然那些运动有时往往搞得过火，伤人过多，但这个主题却深入人心。改革开放以来，我们党尽管换了一茬又一茬干部，尽管也出了不少腐败分子，但时至今日，大多数人的思想中都还有这根弦，这不能不说与这些运动的影响有一定关系。邓小平反复提醒：如果我们党不严重注意惩治和预防腐败问题，"不坚决刹住这股风，那末，我们的党和国家确实要发生会不会'改变面貌'的问题。"① "不惩治腐败，特别是党内的高层的腐败现象，确实有失败的危险。"② 江泽民同志也反复说："不解决好反腐倡廉的问题，改革发展稳定就没有坚强的政治保证，党和政府就会严重脱离群众，就有亡党亡国的危险。"③ 胡锦涛同志在十七大报告中再次告诫："坚决惩治和有效预防腐败，关系人心向背和党的生死存亡"；"全党同志特别是领导干部都要讲党性、重品行、作表率"。改革开放以来，我们党虽然不再重复过去那种运动式的整风，但在20多年里仍然进行了1980年整党、1980年党员重新登记、1999年"三讲"教育和2004年"党员先进性教育"等四次整风教育活动。这些反复的提醒、告诫和不断的整风，在其他国家曾经执政过的共产党中是很少见的。而这恰恰是我们党在改革开放、市场经济、长期执政的环境下，能够经受各种考验而岿然不动的一个重要原因。

（五）为改革开放提供了正反两方面经验

我们党在改革开放前29年积累的经验中，有正面的也有反面的。但无论哪种经验，都是我们的宝贵财富，都对改革开放起了借鉴作用。说正面经验对改革开放有意义比较好理解，为什么说反面经验对改革开放也有

---

① 《邓小平文选》第2卷，人民出版社1994年版，第403页。
② 《邓小平文选》第3卷，人民出版社1993年版，第313页。
③ 《江泽民文选》第3卷，人民出版社2006年版，第175页。

意义呢？对此，邓小平评论"文化大革命"时说过一段话，很可以使我们从中受到启发。他说："没有'文化大革命'的教训，就不可能制定十一届三中全会以来的思想、政治、组织路线和一系列政策。三中全会确定将工作重点由以阶级斗争为纲转到以发展生产力、建设四个现代化为中心，受到了全党和全国人民的拥护。为什么呢？就是因为有'文化大革命'作比较，'文化大革命'变成了我们的财富。"[1]可见，我们之所以能实行改革开放的政策，之所以能在改革开放中走出一条中国特色社会主义道路，与改革开放前正反两方面的经验都是分不开的。

有了改革开放前29年打下的基础，又有了改革开放的正确决策和一系列路线、方针、政策，新的历史时期才会使亿万人民的积极性得到极大调动，使中华大地焕发出勃勃生机，使中华民族大踏步赶上时代前进的潮流、迎来伟大复兴的光明前景。与改革开放相比，前29年的建设成就和人民生活变化远没有那么显著，但这并不表明前29年没有成绩，或成绩不重要。如同盖楼一样，打地基时的成绩，不容易看出来，但楼房盖得快盖得高，反过来说明地基打得牢。从这个意义上也可以说，改革开放前29年的成就在客观上为实行改革开放政策做了充分的准备。

三、如何看待改革开放前后两个29年的不同之处和相同之处

我们要认识改革开放前后的历史及其相互关系，除了弄清楚改革开放前的29年对于改革开放的意义，还需要把它们放在一起进行比较。马克思讲过："要了解一个限定的历史时期，必须跳出它的局限，把它与其他历史时期相比较。"[2]因为只有这样，才能清楚地看出它们的不同之处和相同之处，从而认识它们之间的关系。怎样进行比较呢？我认为主要应当从以下几个方面看。

（一）从党的指导思想上看

改革开放前，党的指导思想存在"左"的偏差，对社会主义时期的长

---

[1] 《邓小平文选》第3卷，人民出版社1993年版，第272页。
[2] 《马克思恩格斯全集》第44卷，人民出版社1982年版，第287页。

期性缺乏足够认识，并把阶级斗争当成整个社会主义时期的主要矛盾。尤其是到了"文化大革命"期间，更把坚持无产阶级与资产阶级两个阶级、社会主义与资本主义两条道路的斗争，当成社会主义历史阶段的基本路线。在粉碎"四人帮"后的一段时间里，虽然宣布了"文化大革命"结束，却又提出"两个凡是"的方针。另外，改革开放前虽然也提出过必须把马列主义普遍真理同中国社会主义建设的具体实际结合起来、社会主义分为不发达和发达两个阶段等正确思想，但认识的深度、贯彻的力度、坚持的韧性，都远不如改革开放时期。

改革开放后，我们党虽然指出并纠正了毛泽东的晚年错误，恢复了党的实事求是的马克思主义的思想路线、政治路线、组织路线，确立了党在社会主义初级阶段"一个中心、两个基本点"的基本路线，又先后形成邓小平理论、"三个代表"重要思想以及科学发展观等重大战略思想，强调用发展着的马克思主义指导客观世界和主观世界的改造；但同时科学地评价了毛泽东，把毛泽东的晚年错误与毛泽东思想加以区别，确立毛泽东和毛泽东思想的历史地位，始终捍卫和高举毛泽东思想的伟大旗帜。

改革开放后，我们党虽然彻底否定了"以阶级斗争为纲"的错误理论，认为在社会主义时期里阶级斗争已经不是主要矛盾，但仍然坚持马克思主义关于阶级和阶级斗争的理论，认为在社会主义现阶段，"由于国内的因素和国际的影响，阶级斗争还在一定范围内长期存在，在某种条件下还有可能激化"[①]；虽然把经济建设和改革开放作为社会主义初级阶段的中心任务和总政策，看作兴国之要和强国之路，但仍然坚持四项基本原则，并把它看作立国之本，是我们党、我们国家生存发展的政治基石。在十七大报告中，胡锦涛同志反复强调坚持四项基本原则，明确指出要"把以经济建设为中心同四项基本原则、改革开放这两个基本点统一于发展中国特色社会主义的伟大实践，任何时候都决不能动摇"；要求党员做共产主义远大理想和中国特色社会主义共同理想的坚定信仰者，始终保持对马克思主义、对中国特色社会主义的坚定信念；强调"高度警惕和坚决防范各种分

---

① 《中国共产党第十七次全国代表大会文件汇编》，人民出版社 2007 年版，第 60 页。

裂、渗透、颠覆活动，切实维护国家安全"。

对于改革开放前后我们党在指导思想方面的这一相同之处，邓小平曾在会见香港特别行政区基本法起草委员时作过一个说明。他说：有的人"忽略了中国的政策基本上是两个方面，说不变不是一个方面不变，而是两个方面不变。人们忽略的一个方面，就是坚持四项基本原则，坚持社会主义制度，坚持共产党领导。人们只是说中国的开放政策是不是变了，但从来不提社会主义制度是不是变了，这也是不变的嘛！"①

（二）从经济制度、体制、发展战略和对外联系上看

改革开放前，全民所有制和集体所有制在经济部门占90%以上，除公私合营企业的资本家拿定息、居民储蓄存款有很少利息外，工矿企业一律按八级工资制拿工资，农村则根据出工情况拿工分，收入差距不大，"铁饭碗""大锅饭"现象普遍存在。改革开放后，打破了公有制和按劳分配一统天下的局面，实行公有制为主体，个体、私营、中外合资、国外独资等多种所有制共同发展、各种所有制平等竞争，并把公司制、股份制作为国有企业改革的主要形式；实行按劳分配为主体，资本、技术、管理等生产要素按贡献大小参与分配的多种分配方式并存的制度，允许和鼓励一部分地区和一部分人先富起来。但与此同时，仍然坚持公有制和按劳分配为主体。经过多次修正后，宪法第六条仍然规定："社会主义经济制度的基础是生产资料的社会主义公有制，即全民所有制和劳动群众集体所有制"；第七条仍然规定："国有经济，即社会主义全民所有制经济，是国民经济中的主导力量。国家保障国有经济的巩固和发展"。党的十六大报告也指出："国有企业是我国国民经济的支柱"。十七大报告则进一步指出："增强国有经济活力、控制力、影响力"，"完善各类国有资产管理体制和制度"，"发展多种形式的集体经济、合作经济"。

改革开放前实行高度集中的计划经济体制。改革开放后，先实行了一段计划经济与市场调节相结合的体制，从党的十四大起，改为实行社会主义市场经济体制。但从一开始就明确，这种市场经济与资本主义国家的市

---

① 《邓小平文选》第3卷，人民出版社1993年版，第217页。

场经济是不同的,是同社会主义基本制度结合在一起的,国家计划是宏观调控的主要依据。邓小平指出:"社会主义市场经济优越性在哪里?就在四个坚持。"[1]江泽民同志指出:"我们搞的是社会主义市场经济,'社会主义'这几个字是不能没有的,这并非多余,并非画蛇添足,而恰恰相反,这是画龙点睛。"要"把市场经济和计划经济的长处有机结合起来,充分发挥各自的优势作用"。[2]胡锦涛同志在十七大报告中强调:要"形成有利于科学发展的宏观调控体系","发挥国家发展规划、计划、产业政策在宏观调控中的导向作用"。

改革开放前,先是经过土改、互助合作到实行合作化,以后在1958年"大跃进"高潮中实行政社合一的人民公社体制,核算单位以生产队为基础,生产采用集中管理、集体劳动、统一分配的方式。改革开放后,解散了人民公社,恢复乡镇政权建制,在村一级实行家庭承包经营制。但这种经营制并没有改变土地所有制,不同于农业合作化以前的小私有经济;并没有否定合作化以来集体经济的优越性,而是有统有分、统分结合,既发挥集体经济的优越性,又发挥农民家庭经营的积极性。邓小平1992年还说过:"农业的改革和发展会有两个飞跃,第一个飞跃是废除人民公社,实行家庭联产承包为主的责任制,第二个飞跃就是发展集体经济。社会主义经济以公有制为主体,农业也一样,最终要以公有制为主体。"[3]十七大报告强调,要"探索集体经济有效实现形式,发展农民专业合作组织,支持农业产业化经营和龙头企业发展"。

改革开放前,先是实行优先发展重工业的快速工业化战略,后来又提出"四个现代化"战略目标。改革开放后,在坚持"四个现代化"目标的基础上,先后提出和实施了"三步走"战略、优先发展高新技术产业和提高第三产业比重的战略、西部大开发战略、以信息化带动工业化的新型工业化战略、可持续发展战略等等。但始终没有放弃工业化战略目标,并把基本实现工业化作为本世纪头20年经济建设和改革的主要任务之一。

---

① 《邓小平年谱(1975—1997)》(下),中央文献出版社2004年版,第1363页。
② 江泽民:《论社会主义市场经济》,中央文献出版社2006年版,第203、6页。
③ 《邓小平年谱(1975—1997)》(下),中央文献出版社2004年版,第1349页。

十七大报告重申,"坚持走中国特色新型工业化道路",并指出到2020年全面建设小康社会目标实现之时,我国"将成为工业化基本实现、综合国力显著增强、国内市场总体规模位居世界前列的国家"。

改革开放前,除新中国成立初期接受苏联和东欧社会主义国家经济援助外,基本处于封闭和半封闭状态。这一方面是西方国家经济封锁禁运的结果,另一方面与改革开放前29年后期"左"的错误思想干扰有关。改革开放后,从引进设备、技术到引进资金,从办经济技术开发区到办经济特区,从沿海开放到沿江、沿边开放,从扩大开放的领域到优化开放结构、提高开放质量,从多边贸易到加入世贸组织,从"引进来"到"走出去",逐步实现了全方位整体开放,并不断拓展开放的广度和深度。但同时仍然坚持自力更生的方针,把着眼点放在发展壮大自己力量的基点上。十七大报告强调,"坚持走中国特色自主创新道路,把增强自主创新能力贯彻到现代化建设各个方面";要"发挥利用外资在推动自主创新、产业升级、区域协调发展等方面的积极作用","注重防范国际经济风险"。

(三)从政治体制上看

改革开放前,实行的是党的一元化领导,一切权力集中于党委,党委权力又往往集中于几个书记,特别是第一书记。除婚姻法等少数几部法律外,基本无法可依。特别是在"文化大革命"时期,宪法规定的很多公民权利得不到保障。改革开放后,不断扩大人民民主,加强法制建设,改进党的领导,实行法律面前人人平等的原则和依法治国的方略,深化政治体制改革,发展社会主义政治文明,推进民主政治的制度化、规范化、程序化,并不断完善基层民主制度,切实保障公民的民主权利。但同时强调深化政治体制改革必须坚持正确的政治方向,绝不照搬西方政治制度的模式。十七大报告在论述要坚持中国特色社会主义民主政治发展道路时重申,必须"坚持党的领导、人民当家作主、依法治国的有机统一",坚持"党总揽全局、协调各方的领导核心作用";在论述发展基层民主时强调,基层群众自治机制要在基层党组织的领导之下,要全心全意依靠工人阶级,要支持职工参与管理。

(四)从文化和社会事业上看

改革开放前,受"左"的思想影响,文艺创作和学术研究设有许多不必要的框框和禁区;加之物质条件所限,人们的衣食住行、业余文化生活和社会组织形式等等都比较简单。尤其"文化大革命"中,教育事业受到摧残,文化领域更是萧条。改革开放后,贯彻落实了"二为"方向和"双百"方针,文艺、学术空前繁荣,精神生活极其丰富,社会组织形式深刻变化,人们思想活动、社会活动的独立性、选择性、多变性、差异性都明显增强。近年来,随着社会经济成分、组织形式、就业方式、利益关系和分配方式不断多样化,与境外经济文化交往不断扩大和深化,信息传播技术和传播渠道不断发展,以及文艺创作和学术研究自由度的不断提高,又进一步提出在意识形态工作中要尊重差异、包容多样。但与此同时,马克思主义仍然是我们党和国家的指导思想。十七大报告在提出建设社会主义核心价值体系时指出:"要巩固马克思主义指导地位,坚持不懈地用马克思主义中国化最新成果武装全党、教育人民,用中国特色社会主义共同理想凝聚力量,用以爱国主义为核心的民族精神和以改革创新为核心的时代精神鼓舞斗志,用社会主义荣辱观引领风尚";在指出"尊重差异、包容多样"时强调:要"有力抵制各种错误和腐朽思想的影响";要求在文化工作中要坚持为人民服务、为社会主义服务的方向,贴近实际、贴近生活、贴近群众,始终把社会效益放在首位。

(五)从国际关系上看

改革开放前,我们党根据当时的国际形势,认为时代的主要问题是战争与革命。在国家关系上,先是与苏联结盟;中苏关系破裂后,又进行了反对美苏两霸的斗争。改革开放以来,随着国际形势的变化,我们党认为时代的主题是和平与发展,并在中美关系已经缓和的基础上进一步建立了两国外交关系,以后又恢复了同苏联关系的正常化,加强同发达国家的战略对话及同周边国家的睦邻友好和务实合作,积极参与多边事务,开展全方位外交,推动国际秩序朝着公正合理的方向发展。这些并没有改变早在新中国成立之初就提出的和平共处"五项原则",相反,正是这一原则在新形势下的展开和运用。十七大报告重申,要"坚持在和平共处五项原则的基础上同所有国家发展友好合作"。

改革开放作为一场新的伟大革命，不可能一帆风顺、一蹴而就。在改革开放给我国带来巨大进步的同时，也带来了这样或那样一些前进中的矛盾和问题。例如，经济增长中付出的资源环境代价过大，城乡、区域、经济社会发展不够平衡，就业、社会保障、医疗、教育、住房、安全生产、社会治安等方面关系群众切身利益的问题比较突出，收入分配差距过大，社会风气问题较多，消极腐败现象严重，等等。针对这些问题，以胡锦涛同志为总书记的党中央自党的十六大以来，提出并贯彻以人为本、全面协调可持续发展的科学发展观，推动社会主义的经济建设、政治建设、文化建设和社会建设四位一体、协调发展，并相应部署构建社会主义和谐社会的任务，要求在分配领域把公平放在更加突出的位置，着力解决人民最关心、最直接、最现实的利益问题，推进社会主义新农村建设，强调教育和公共医疗卫生的公益性质，加快完善社会保障体系，加强党的执政能力建设，实施马克思主义理论研究和建设工程，建设社会主义核心价值体系，开展保持共产党员先进性教育活动，等等。尤其是在分配原则上，很长时间以来一直提"效率优先、兼顾公平"，后来改为"初次分配注重效率，再分配注重公平"。十七大报告进一步提出，"初次分配和再分配都要处理好效率和公平的关系，再分配更加注重公平"，"提高劳动报酬在初次分配中的比重"，"着力提高低收入者收入"，"逐步扭转收入分配差距扩大趋势"，大大深化和完善了对效率与公平关系的认识。所有这一切，都把改革开放推向了一个新的历史起点，使中国特色社会主义中的社会主义原则得到了更加鲜明的体现。

以上列举了改革开放前后一些明显的不同之处和相同之处。正是这些不同之处，凸显出改革开放后29年的特点和它相对于改革开放前29年的重大发展。看不到这些不同之处，或者有意无意地混淆它们的区别，就不可能看清楚中国特色社会主义道路究竟"特"在哪里，就会妨碍我们对这条道路的正确认识和准确把握。而看不到二者的相同之处，或者有意无意地抹杀它们的共性，就不可能看到改革开放前后的连续性，不可能懂得中国特色社会主义道路为什么是"社会主义"而不是别的什么主义的，同样会妨碍我们对这条道路的正确认识和准确把握。当然，由于改革开放前后所处的国内国际环境差别很大，即使是二者的相同之处，也会有这样那样的一些不同。但无论怎样，正是这些相同之处，把改革开放前后两个历史时期有机地联系在了一起。

十七大报告在阐述改革开放的目的时强调，改革开放"就是要推动我国社会主义制度自我完善和发展"；在总结改革开放的历史经验时提到，改革开放是把坚持马克思主义基本原理同推进马克思主义中国化结合起来，把坚持四项基本原则同坚持改革开放结合起来，把坚持社会主义基本制度同发展市场经济结合起来，把坚持独立自主同参与经济全球化结合起来，把推进中国特色社会主义伟大事业同推进党的建设新的伟大工程结合起来；在回答中国特色社会主义道路之所以完全正确、之所以能够引领中国发展进步的问题时指出："关键在于我们既坚持了科学社会主义的基本原则，又根据我国实际和时代特征赋予其鲜明的中国特色"。这些都再清楚不过地说明，改革开放前后两个历史时期的区别并不在于对科学社会主义的基本原则是否坚持上，而在于如何坚持上。这两段历史都是中国共产党领导的人民当家作主的社会主义历史，实行的都是社会主义制度，都内在地统一于对科学社会主义基本原则的坚持和对社会主义社会的建设，因而都是区别于近代中国历史的现代中国或当代中国的历史。那些把改革开放前说成是专制主义的，把改革开放后说成是民主社会主义或社会民主主义的，或者把改革开放前后两个时期说成是两种不同性质的社会和时代的观点，都是毫无根据和极其荒谬的。

对以上三个问题有了正确认识，我们就可以清楚地看出，改革开放前虽然有很多失误和错误，但成就是主要的，为改革开放提供了必要的物质条件和经验，奠定了根本政治前提和制度基础；改革开放前后的两个时期虽然有很大区别，但二者并非相互割裂，更不是相互对立的，而是相互统一的。前一个时期是后一个时期的基础，没有前一个时期的探索，就不可能有后一个时期对中国特色社会主义的开创和全面发展；后一个时期是对前一个时期的继承、扬弃和完善，没有后一个时期的改革开放，前一个时期也难以为继。明白了这层关系，也就明白了为什么说中国特色社会主义道路就是在中国共产党领导下、立足本国国情、坚持"一个中心、两个基本点"的基本路线的道路，就是解放和发展生产力、巩固和完善社会主义制度的道路，就是建设富强民主文明和谐的社会主义现代化国家的道路；就能真正理解"在当代中国，坚持中国特色社会主义道路，就是真正坚持社会主义"这句话的深刻含义，就能更加坚定沿着中国特色社会主义道路不断前进的决心和信心。

一个民族忘记自己的历史不行，歪曲丑化自己的历史更不行。对历史的解释和认识，特别是对国家历史的解释和认识，从来是意识形态的组成部分，也是意识形态领域斗争的重要内容。各个阶级各种政治力量，无论是为维护一个政权还是为推翻一个政权，都高度重视对国家历史的解释和认识。古人早就说过："灭人之国，必先去其史。"毛泽东也讲过："历史上不管中国外国，凡是不应该否定一切的而否定一切，凡是这么做了的，结果统统毁灭了他们自己。"[①] 这些道理已为古今中外许多事实所验证，其中最新的例子是苏联由于否定社会主义的历史而导致共产党下台、国家解体。我们要牢牢记取这一教训，绝不能割断和糟蹋自己的历史，重蹈苏联亡党亡国的覆辙。我们更要永远铭记党的三代中央领导集体带领全国各族人民共同奋斗而建立的丰功伟绩，倍加珍惜他们历经艰辛而最终开创出的中国特色社会主义道路，在以胡锦涛同志为总书记的党中央领导下，继续沿着这条道路不断开拓前进，夺取中华民族伟大复兴事业的新胜利。

---

① 本报编辑部：《毛泽东、周恩来、刘少奇、朱德、邓小平、陈云、江泽民、胡锦涛关于学习和总结历史的论语》，《党的文献》2007年第5期。

科学认识和把握改革开放前后
两个历史时期的关系[*]

在中国革命、建设和改革的各个历史时期，中国共产党将马克思主义基本原理与中国的具体实际相结合，运用唯物史观的基本立场、观点和方法，具体、历史和系统地分析中国社会发展及其规律，在认识世界和改造世界特别是建设社会主义的历史进程中不断把握规律、积极运用规律。习近平总书记在关于要重视学习和正确认识党史国史的重要论述中，把唯物史观用于考察和研究人类社会发展史、马克思主义发展史和社会主义建设史，深刻揭示人类社会发展规律、共产党执政规律和社会主义建设规律。其中，认识和把握改革开放前后的社会主义实践探索的关系，在学习和研究党史国史中具有重要意义。这不只是一个历史问题，更主要的是一个政治问题。习近平总书记指出，改革开放前后两个历史时期，是两个相互联系又有重大区别的时期，但本质上都是我们党领导人民进行社会主义建设的实践探索。历史发展表明，这既是新中国历史发展的阶段性与连续性的统一，又是改革开放历史新时期推进马克思主义中国化、坚持和发展中国特色社会主义所始终遵循的重要历史逻辑。

一、认识和把握两个历史时期的本质特征

人类社会历史发展到近代以来，社会主义由空想到科学、由理想变为

---

* 本文作者宋月红，发表于《毛泽东研究》2016 年第 1 期。

现实。这一历史发展，既是社会制度的伟大变革，又蕴涵着人类社会历史观、世界观和发展观的伟大变革。正是在人类社会历史变革、思想激荡中，马克思主义经典作家研究人类社会历史，发现人类社会历史发展规律，创立了"唯一科学的历史观"，即唯物史观，成为迄今为止人类认识世界和改造世界的最高思想境界，为人类社会不断向更高级阶段发展奠定科学理论基础。

然而，20世纪90年代，东欧剧变、苏联解体和苏共垮台，世界社会主义运动转入低潮。基于此，人类历史终结于资本主义的论调甚嚣尘上，欲意否定党的领导和社会主义制度的历史虚无主义思潮也死灰复燃。在这种背景下，能否认清人类社会发展的总趋势，至关社会主义在中国的前途命运。习近平总书记根据历史唯物主义所揭示的人类社会基本矛盾运动及其规律，指出马克思、恩格斯关于资本主义社会基本矛盾的分析没有过时，关于资本主义必然消亡、社会主义必然胜利的历史唯物主义观点也没有过时。他强调，资本主义最终消亡、社会主义最终胜利，是社会历史发展不可逆转的总趋势，但道路是曲折的。

我们党之所以能够不断推进改革开放和社会主义现代化建设事业，一个重要的思想基础和精神动力就在于，中国共产党人始终对人类社会发展总趋势和社会主义制度优越性充满坚定的道路自信、理论自信和制度自信。

新中国成立特别是改革开放以来，党在社会主义实践探索中，开辟并不断拓展中国特色社会主义道路。这条道路是来之不易的，特别是在改革开放前经历了较为严重的曲折、失误乃至错误，而改革开放又是一项前无古人的事业，面对的矛盾问题尖锐复杂，肩负的历史任务艰巨繁重。习近平总书记将对中国特色社会主义道路的认识，从改革开放30多年的伟大实践追溯到中华人民共和国成立60多年的持续探索，以及近代以来170多年中华民族发展历程、中华民族5000多年悠久文明的传承，指出这条道路具有深厚的历史渊源和广泛的现实基础。针对将改革开放前后两个历史时期彼此割裂和根本对立的思想逆流，习近平总书记根据科学社会主义的发展史，并结合当代中国历史发展，将这两个历史时期统一于党领导人民进行社会主义建设的实践探索，深刻揭示了这两个历史时期的共同本质。

社会主义在改革开放前后的理论和实践探索，是党领导人民开创和发展的，是中国人民对人类社会历史发展的伟大贡献，更是实现中华民族伟大复兴的历史、时代内涵和根本基础。这两个历史时期历史发展的主体无不是党领导人民，主题和主线则统一于建设社会主义，并由此决定其主流，不论是中国特色社会主义道路、制度还是理论体系，无论是物质文明、政治文明还是精神文明，总体上都是推动当代中国历史发展进步的，取得的成就也是辉煌的。其中，改革开放前的社会主义实践探索为改革开放后的社会主义实践探索积累了条件，改革开放后的社会主义实践探索是对前一个时期的坚持、改革、发展。

二、正确处理两个历史时期关系需要解决三个基本认识问题

新中国成立特别是改革开放以来的历史发展表明，改革开放是决定当代中国命运的关键抉择，是发展中国特色社会主义、实现中华民族伟大复兴的必由之路。认识和把握改革开放前后两个历史时期的关系，并将二者统一于党领导人民进行社会主义建设的实践探索，需要解决如下三个基本认识问题。

其一，对待历史的基本态度问题，特别是如何对待历史上的曲折和发生曲折的历史。在这一问题上，习近平总书记在关于要重视学习和正确认识党史国史的重要论述中作了三个具有逻辑递进关系的阐明。一是历史是客观存在的。他说，历史就是历史，历史不能任意选择，一个民族的历史是一个民族安身立命的基础。二是历史是相互联系的。他强调，从昨天走到今天再走向明天，历史的联系是不可能割断的，人们总是在继承前人的基础上向前发展的。一切向前走，都不能忘记走过的路；走得再远、走到再光辉的未来，也不能忘记走过的过去。三是历史是人民创造的。他联系中国历史特别是党史国史，指出不论发生过什么波折和曲折，不论出现过什么苦难和困难，中华民族5000多年的文明史，中国人民近代以来170多年的斗争史，中国共产党90多年的奋斗史，中华人民共和国60多年的

发展史，都是人民书写的历史。这些论述对于科学认识和把握改革开放前后两个历史时期关系提供了重要思想基础和认识前提。

其二，关于改革开放前历史时期的历史地位与意义问题。认识这一问题，关键在于分清改革开放前历史时期的主流与支流。习近平总书记指出，要坚持实事求是的思想路线，分清主流和支流，坚持真理，修正错误，发扬经验，吸取教训，在这个基础上把党和人民事业继续推向前进。他说，改革开放前的社会主义实践探索，是党和人民在历史新时期把握现实、创造未来的出发阵地，没有它提供的正反两方面的历史经验，没有它积累的思想成果、物质成果、制度成果，改革开放也难以顺利推进。

其三，如何评价毛泽东的历史地位问题。这一问题关系到什么是毛泽东思想和怎样对待毛泽东思想，也关系到改革开放举什么旗、走什么路。这一问题是贯通并贯彻于改革开放前后两个历史时期的一个基本理论问题和政治问题。我们党通过《关于建国以来党的若干历史问题的决议》（即第二个历史决议），实现了指导思想上的拨乱反正，首要的就是根据我们党和国家的全部历史，正确评价毛泽东的历史地位，坚持和发展毛泽东思想。我们党也正由此从改革开放历史时期之初，就奠定了科学认识和把握改革开放前后两个历史时期关系的思想基础。习近平总书记在纪念毛泽东同志诞辰 120 周年座谈会上发表讲话指出，对历史人物的评价，应该放在其所处时代和社会的历史条件下去分析，不能离开对历史条件、历史过程的全面认识和对历史规律的科学把握，不能忽略历史必然性和历史偶然性的关系。对于毛泽东晚年的错误，他强调，这有其主观因素和个人责任，还在于复杂的国内国际的社会历史原因，应该全面、历史、辩证地看待和分析。

总之，在改革开放前后两个历史时期的关系问题上，没有改革开放，就没有中国特色社会主义，不是继承和发展地对待和处理改革开放前的社会主义实践探索，也就不可能坚持改革开放的正确方向。坚持唯物史观研究历史特别是党史国史，科学认识改革开放前后两个历史时期的关系，一个基本结论正如习近平总书记所指出的，新民主主义革命的胜利成果决不能丢失，社会主义革命和建设的成就决不能否定，改革开放和社会主义现代化建设的方向决不能动摇。

改革开放前后两个历史时期的关系研究述评*

党的十一届三中全会决策实行改革开放，实现了党史、国史上具有深远意义的伟大转折，由此，新中国的历史进程形成改革开放前后两个历史时期，即社会主义革命和建设时期、改革开放历史新时期。改革开放以来，党正确认识和处理这两个历史时期的关系，为马克思主义中国化与时俱进发展、改革开放坚持正确的道路与发展方向提供了重要历史依据和思想认识基础。改革开放前后两个历史时期的关系问题，集中反映了新中国的社会性质和发展阶段，体现了新中国历史发展的主题与主线、主流与本质，是党史、国史研究中需要正确认识和把握的重要历史理论问题。但这一问题的研究尚处于起步阶段，现阶段有必要加强新中国历史进程和改革开放史的基本问题与前沿问题的研究，同时从中国特色社会主义道路、理论体系和制度的形成与发展，深入探讨这两个历史时期的历史地位与作用及其相互关系。

一、改革开放前后两个历史时期关系问题的产生与提出

自改革开放伊始，这一关系问题就出现了，并随着改革开放的不断推进而逐步显现。

改革开放前后两个历史时期，以改革开放为标志而产生和形成，因此改革开放前后两个历史时期的关系问题首先源于党的十一届三中全会。

---

* 本文作者宋月红，发表于《当代中国史研究》2013 年第 6 期。

十一届三中全会重新确立了马克思主义的思想路线、政治路线和组织路线，结束粉碎"四人帮"以来党的工作在徘徊中前进的局面，停止使用"以阶级斗争为纲"口号，高度评价关于真理标准问题的讨论，确定了解放思想、开动脑筋、实事求是、团结一致向前看的指导方针，把党的工作中心转移到社会主义现代化建设上来。[①] 改革开放的开启，一方面存在如何认识改革开放前历史时期的问题，另一方面则面临如何进行改革开放的问题。科学对待前者，是正确把握后者的重要政治前提和思想认识基础。

如何认识改革开放前的历史时期，集中表现为如何评价毛泽东的历史地位和怎样对待毛泽东思想。毛泽东思想是马克思列宁主义在中国的运用和发展，是被实践证明了的关于中国革命的正确的理论原则和经验总结。[②] 毛泽东思想形成于新民主主义革命时期，并在新中国成立后继续丰富和发展。在这一历史时期，以毛泽东同志为核心的党的第一代中央领导集体带领全党全国各族人民完成新民主主义革命、建立新中国和完成社会主义改造，确立了社会主义基本制度，把半殖民地半封建的旧中国建设成为独立的人民当家作主的社会主义新中国，为当代中国一切发展进步奠定根本政治前提和制度基础。改革开放前的历史时期，社会主义革命和建设的成就是主要的，但是，由于对什么是社会主义和怎样建设社会主义处在初步探索阶段，缺乏经验，理论准备不充分，发生了如"大跃进"和"文化大革命"等严重曲折与错误。由此，在党的十一届三中全会前后，一些人把毛泽东思想同毛泽东晚年的错误相混淆，对党的领导和社会主义制度产生怀疑甚至否定，社会上也出现了一股"非毛化"思潮。如何评价毛泽东的历史地位和怎样对待毛泽东思想的科学体系，成为新阶段必须解决的重大问题。在这一问题上，若继续坚持"两个凡是"则不可能结束徘徊不前的局面，甚或延续历史的错误；如果否定毛泽东的历史地位、放弃毛泽东思想的指导地位，则将失去前进的科学理论基础和正确方向。

改革开放坚持什么样的指导思想、道路与方向，关系改革开放的前途

---

① 《三中全会以来重要文献选编》（下），人民出版社 1982 年版，第 821 页。
② 《三中全会以来重要文献选编》（下），人民出版社 1982 年版，第 826 页。

命运。在党的十一届三中全会前后，邓小平阐述了毛泽东思想在党和社会主义事业中的指导地位和精神实质。针对"两个凡是"，他指出：毛泽东思想是个体系，是发展了的马克思主义[①]，"必须世世代代地用准确的完整的毛泽东思想"[②]指导党和社会主义事业。他在十一届三中全会召开前的中央工作会议上指出，只有思想解放了，我们才能正确地以马列主义、毛泽东思想为指导，解决过去遗留的问题，解决新出现的一系列问题，正确地改革同生产力迅速发展不相适应的生产关系和上层建筑，根据我国的实际情况，确定实现四个现代化的具体道路、方针、方法和措施。[③]党的十一届三中全会在公报中指出，毛泽东的伟大功勋不可磨灭。如果没有毛泽东的卓越领导，没有毛泽东思想，"中国革命有极大的可能到现在还没有胜利"。党在理论战线上的崇高任务，就是领导、教育全党和全国人民历史地、科学地认识毛泽东的伟大功绩，完整地、准确地掌握毛泽东思想的科学体系，把马列主义、毛泽东思想的普遍原理同社会主义现代化建设的具体实践结合起来，并在新的历史条件下加以发展。[④]这些重要思想落实在《关于建国以来党的若干历史问题的决议》（以下简称"第二个历史决议"）中，在改革开放历史新时期进一步确立和巩固了毛泽东思想的指导地位，并初步阐述了适合中国国情的社会主义现代化建设道路的基本内涵，为改革开放奠定了思想理论基础和基本发展道路。

如何进行改革开放的问题，则集中表现为改革开放与坚持四项基本原则的关系问题。改革开放之初，党内和社会上出现了资产阶级自由化思潮，散布所谓社会主义不如资本主义的言论者有之，要求削弱甚至取消党的领导和人民民主专政者有之，公然反对马列主义基本原理者也有之。这些言论否定坚持四项基本原则的历史必然性，严重干扰改革开放选择什么样的道路与方向。为此，邓小平在1979年党的理论工作务虚会上指出，

---

① 《邓小平文选》第2卷，人民出版社1994年版，第43页。
② 《邓小平思想年编（1975—1997）》，中央文献出版社2011年版，第48页。
③ 《邓小平文选》第2卷，人民出版社1994年版，第141页。
④ 《中国共产党第十一届中央委员会第三次全体会议公报》，《人民日报》1978年12月24日。

在中国实现四个现代化，必须在思想政治上坚持四项基本原则，[①]这四项基本原则，是在新中国成立以来的历史发展中形成和确立的，也是党长期以来所一贯坚持的。改革开放是实现社会主义现代化建设事业的必由之路，坚持四项基本原则是实现四个现代化、实行改革开放的根本前提。

改革开放前后两个历史时期的关系问题已经产生和提出，以邓小平同志为核心的党的第二代中央领导集体从正确评价毛泽东的历史地位、坚持和发展毛泽东思想、坚持四项基本原则等根本问题上给予了回答，把新中国成立以来历史发展的连续性与阶段性辩证地统一起来，并在此基础上统一了全党思想认识，实施和推进改革开放。

二、党关于改革开放前后两个历史时期关系的论述及其发展

中国共产党高度重视历史经验研究，在对历史的深入思考中探索中国革命、建设和改革的规律，在对历史发展的正确把握中走向未来。改革开放以来，党正确评价毛泽东的历史地位，科学揭示毛泽东思想的完整体系和活的灵魂，推进马克思主义中国化，开辟和拓展中国特色社会主义道路，创立和发展中国特色社会主义理论体系，确立和完善中国特色社会主义制度。在这一历史进程中，改革开放前后两个历史时期的关系问题始终是一个具有基础性的理论与实践问题。党在改革开放以来的各个历史阶段不断深化对这一问题的认识，形成和发展了关于改革开放前后两个历史时期关系的一系列论述，奠定了正确认识改革开放前后两个历史时期及其相互关系的思想理论基础。

（一）马克思主义中国化"两次历史性飞跃"

从党的思想理论发展史来说，马克思主义中国化是新中国成立以来继新民主主义革命时期历史发展的一条主线。这条主线在改革开放历史新时期以正确评价毛泽东的历史地位和科学揭示毛泽东思想为认识基础发展起来，第二个历史决议比较完整地、系统地奠定了这一认识基础。邓小平在指导这个决议起草的过程中确定了三条基本原则，其核心就是确立毛泽东

[①]《邓小平思想年编（1975—1997）》，中央文献出版社2011年版，第229页。

的历史地位，坚持和发展毛泽东思想。他指出，毛泽东思想这个旗帜丢不得。丢掉了这个旗帜，实际上就否定了我们党的光辉历史。要写毛泽东思想的历史，毛泽东思想形成的过程。要把毛泽东思想的主要内容，特别是今后还要继续贯彻执行的内容用比较概括的语言写出来。他说："如果不写或写不好这个部分，整个决议都不如不做。"[1] 党的第二个历史决议对过去"左"倾错误和毛泽东晚年的错误作了科学分析，维护了党在长期斗争中形成的优良传统、毛泽东思想的科学真理和毛泽东的历史地位，指出党在新中国成立以后的历史，总的说来，是党在马克思列宁主义、毛泽东思想指导下，领导全国各族人民进行社会主义革命和社会主义建设并取得巨大成就的历史。尽管在第二个历史决议通过时，改革开放从决策到实施还不到三年时间，还处于开创阶段，但这个决议的精神实质在于坚持和发展毛泽东思想，因而在党的指导思想上把改革开放前后两个历史时期贯穿起来。

随着改革开放的推进，党在探索和回答什么是社会主义和怎样建设社会主义的基础上，逐步形成"邓小平建设有中国特色社会主义理论"。党的十三大指出马克思主义与中国实践的结合有两次历史性飞跃[2]。这就是发生在新民主主义革命时期的第一次飞跃和发生在党的十一届三中全会以后的第二次飞跃。党在实现马克思主义中国化的两次飞跃中，先后在总结历史经验的基础上找到了有中国特色的革命道路和开始找到一条建设有中国特色的社会主义道路，开辟了社会主义建设的新阶段。这些论述把改革开放前后两个历史时期统一于马克思主义与中国具体实际的有机结合，以及党对中国革命与建设道路的探索与开辟的历史进程之中，同时阐明了改革开放前后两个历史时期在社会主义建设中的连续性与阶段性的特征。

（二）从两次"伟大革命"到"三次历史性的巨大变化"

改革的性质与特征问题，是认识改革开放前后两个历史时期关系的重要基础与依据。随着改革由农村转入城市而全面展开，邓小平指出，改革

---

[1] 《邓小平文选》第 2 卷，人民出版社 1994 年版，第 299 页。
[2] 《十三大以来重要文献选编》（上），人民出版社 1991 年版，第 56 页。

是"一场解放生产力的革命"①，同时，他强调，改革是社会主义制度的自我完善。②党的十四大就中国近代以来的历史发展提出了两次"伟大革命"。其主要内容是，以毛泽东同志为核心的党的第一代中央领导集体把半殖民地半封建的旧中国变成独立的人民当家作主的社会主义新中国，是中国有史以来最伟大的革命，开辟了中国历史的新纪元。以邓小平同志为核心的党的第二代中央领导集体把中国由不发达的社会主义国家变成富强民主文明的社会主义现代化国家，是又一次伟大革命。这场新的革命，是在过去革命取得成功和社会主义建设取得巨大成就的基础上进行的，是在党领导下有秩序有步骤地进行的。它不是要改变社会主义制度的性质，而是社会主义制度的自我完善和发展。它也不是原有经济体制的细枝末节的修补，而是经济体制的根本性变革。③

改革是一场革命，实行改革必然引起中国社会和中国历史发展的深刻变化。党的十五大就20世纪中国的历史提出了"三次历史性的巨大变化"。这三次历史性的巨大变化是：辛亥革命开创了完全意义上的近代民族民主革命；中华人民共和国的成立和社会主义制度的建立；改革开放为实现社会主义现代化而奋斗。其中，第二次历史性的巨大变化是中国共产党成立后，在以毛泽东同志为核心的党的第一代中央领导集体的领导下完成的。中国人民从此站起来了，并且从新民主主义走上社会主义道路，取得建设社会主义的巨大成就。第三次历史性的巨大变化则是在以邓小平同志为核心的党的第二代中央领导集体的领导下开始的新的革命。在新中国成立以来革命和建设成就的基础上，党总结历史经验和教训，成功地走出了一条建设有中国特色社会主义的新道路。④这些论述把改革开放前后两个历史时期与中国近代以来的历史相联系，阐明了这两个历史时期在历史发展上的继承与发展、区别与联系。

---

① 《邓小平思想年谱（1975—1997）》，中央文献出版社1998年版，第304页。
② 《邓小平文选》第3卷，人民出版社1993年版，第142页。
③ 《十四大以来重要文献选编》（上），人民出版社1996年版，第2—3页。
④ 《十五大以来重要文献选编》（上），人民出版社2000年版，第2—3页。

（三）从"三个永远铭记"、改革开放"十个结合"的历史经验到"三件大事"、中国特色社会主义"三位一体"

人类社会进入新世纪，党的十六大从中华民族伟大复兴的历史进程，阐述了党在新民主主义革命时期、新中国成立以来和党的十一届三中全会以来的历史发展，把改革开放前后两个历史时期统一于中华民族伟大复兴的历史进程之中。党在新民主主义革命时期团结和带领全国各族人民完成民族独立和人民解放的历史任务，为实现中华民族伟大复兴创造了前提。新中国成立后，创造性地完成由新民主主义到社会主义的过渡，实现中国历史上最伟大最深刻的社会变革，开始了在社会主义道路上实现中华民族伟大复兴的历史征程。党的十一届三中全会以来，党找到建设中国特色社会主义的正确道路，赋予民族复兴新的强大生机。①

党的十七大召开正值改革开放前后两个历史时期各29年，并即将迎来改革开放30周年。十七大提出了"三个永远铭记"，指出改革开放伟大事业，是在以毛泽东同志为核心的党的第一代中央领导集体创立毛泽东思想，带领全党全国各族人民建立新中国、取得社会主义革命和建设伟大成就以及艰辛探索社会主义建设规律取得宝贵经验的基础上进行的；是以邓小平同志为核心的党的第二代中央领导集体科学评价毛泽东和毛泽东思想，彻底否定"以阶级斗争为纲"的错误理论和实践，做出把党和国家工作中心转移到经济建设上来、实行改革开放的历史性决策，确立社会主义初级阶段基本路线，创立邓小平理论，带领全党全国各族人民开创的；是以江泽民同志为核心的党的第三代中央领导集体捍卫中国特色社会主义，创建社会主义市场经济新体制，开创全面开放新局面，推进党的建设新的伟大工程，创立"三个代表"重要思想，带领全党全国各族人民继承、发展并成功推向21世纪的。②"三个永远铭记"全面阐述了中国共产党三代中央领导集体在中国革命、建设和改革中的历史地位，特别是在改革开放伟大事业上的历史关系。

---

① 《十六大以来重要文献选编》（上），中央文献出版社2005年版，第43页。
② 《十七大以来重要文献选编》（上），中央文献出版社2009年版，第6—7页。

党的十七大总结改革开放的历史经验，提出了"十个结合"：在改革开放的历史进程中，把坚持马克思主义基本原理同推进马克思主义中国化结合起来，把坚持四项基本原则同坚持改革开放结合起来，把尊重人民首创精神同加强和改善党的领导结合起来，把坚持社会主义基本制度同发展市场经济结合起来，把推动经济基础变革同推动上层建筑改革结合起来，把发展社会生产力同提高全民族文明素质结合起来，把提高效率同促进社会公平结合起来，把坚持独立自主同参与经济全球化结合起来，把促进改革发展同保持社会稳定结合起来，把推进中国特色社会主义伟大事业同推进党的建设新的伟大工程结合起来。①胡锦涛在纪念十一届三中全会召开30周年大会上的讲话中系统阐述了"十个结合"的基本内涵，指出改革开放30年来，党的全部理论和全部实践，归结起来就是创造性地探索和回答了什么是马克思主义、怎样对待马克思主义，什么是社会主义、怎样建设社会主义，建设什么样的党、怎样建设党，实现什么样的发展、怎样发展等重大理论和实际问题。30年的历史经验归结到一点，就是把马克思主义基本原理同中国具体实际相结合，走自己的路，建设中国特色社会主义。②

胡锦涛在庆祝中国共产党成立90周年大会上指出，党完成和推进了"三件大事"。第一件大事是完成了新民主主义革命，实现了民族独立、人民解放，建立了中华人民共和国，开启中华民族发展进步新的历史纪元。第二件大事是完成了社会主义革命，确立了社会主义基本制度。第三件大事是进行了改革开放新的伟大革命，开创、坚持、发展了中国特色社会主义。这三件大事，从根本上改变了中国人民和中华民族的前途命运，不可逆转地结束了近代以后中国内忧外患、积贫积弱的悲惨命运，不可逆转地开启了中华民族不断发展壮大、走向伟大复兴的历史进军。党经过90年的奋斗、创造和积累，开辟了中国特色社会主义道路，形成了中国特色社会主义理论体系，确立了中国特色社会主义制度。③这一重要论述把党史与

---

① 《十七大以来重要文献选编》（上），中央文献出版社2009年版，第8页。
② 《十七大以来重要文献选编》（上），中央文献出版社2009年版，第808—809页。
③ 胡锦涛：《在庆祝中国共产党成立90周年大会上的讲话》，《人民日报》2011年7月2日。

近代以来中华民族发展史结合起来,把党领导的革命、建设和改革的历史进程相互统一起来,同时把党的十七大提出的改革开放以来发展进步的根本原因即开辟了中国特色社会主义道路和形成了中国特色社会主义理论体系,丰富发展为开辟了中国特色社会主义道路,形成了中国特色社会主义理论体系,确立了中国特色社会主义制度,比较完整地揭示了中国特色社会主义"三位一体"的基本内涵。

(四)从当代中国发展进步的根本政治前提和制度基础到"两个不能否定"

党的十八大系统阐述了中国特色社会主义开创、坚持和发展的理论与实践,进一步科学揭示了改革开放前后两个历史时期的内在联系,强调了党的十七大所提出的社会主义革命和建设时期新民主主义革命的胜利、社会主义基本制度的建立,为当代中国一切发展进步奠定了根本政治前提和制度基础,虽然经历了严重曲折,但党在社会主义建设中取得的独创性理论成果和巨大成就,为新的历史时期开创中国特色社会主义提供了宝贵经验、理论准备和物质基础。改革开放历史新时期确立了社会主义初级阶段基本路线、社会主义市场经济体制的改革目标和基本框架、社会主义初级阶段的基本经济制度和分配制度,坚持以人为本、全面协调可持续发展,开创中国特色社会主义,并不断在新的历史起点上坚持和发展中国特色社会主义。①

坚持和发展中国特色社会主义,是党的十八大的精神实质。十八大以来,以习近平同志为核心的党中央就改革开放前后两个历史时期的关系问题提出了"两个不能否定"。习近平总书记在新进中央委员会的委员、候补委员学习贯彻十八大精神研讨班开班式上的讲话中,从六个时间段分析了社会主义思想从提出到现在的历史过程,即空想社会主义产生和发展,马克思、恩格斯创立科学社会主义理论体系,列宁领导十月革命胜利并实践社会主义,苏联模式逐步形成,新中国成立后党对社会主义的探索和实践,做出进行改革开放的历史性决策、开创和发展中国特色社会主义。他

---

① 《中国共产党第十八次全国代表大会文件汇编》,人民出版社2012年版,第10—11页。

指出，中国特色社会主义，是科学社会主义理论逻辑和中国社会发展历史逻辑的辩证统一，是根植于中国大地、反映中国人民意愿、适应中国和时代发展进步要求的科学社会主义。我们党领导人民进行社会主义建设，有改革开放前和改革开放后两个历史时期，这是两个相互联系又有重大区别的时期。（1）中国特色社会主义是在改革开放历史新时期开创的，但也是在新中国已经建立起社会主义基本制度、并进行了20多年建设的基础上开创的。（2）这两个历史时期在进行社会主义建设的思想指导、方针政策、实际工作上有很大差别。（3）改革开放前后两个历史时期决不是彼此割裂的，更不是根本对立的，本质上都是我们党领导人民进行社会主义建设的实践探索。他强调，不能用改革开放后的历史时期否定改革开放前的历史时期，也不能用改革开放前的历史时期否定改革开放后的历史时期。要坚持实事求是的思想路线，分清主流和支流，坚持真理，修正错误，发扬经验，吸取教训，在这个基础上把党和人民事业继续推向前进。[①]这一重要论述科学阐明了改革开放前后两个历史时期的辩证统一关系和社会主义建设的实践探索这一共同本质。

在推进马克思主义中国化的历史进程中，中国共产党关于改革开放前后两个历史时期关系的论述，必将随着改革开放的历史进程不断丰富和发展，并作为思想理论基础，指导党史、国史特别是改革开放前后两个历史时期关系问题的研究。

三、关于改革开放前后两个历史时期关系问题的研究现状与趋势

关于改革开放前后两个历史时期关系问题的研究，以党的十八大的召开和2013年1月5日习近平总书记在新进中央委员会的委员、候补委员学习贯彻党的十八大精神研讨班上发表讲话为标志，可以划分为前后两个阶段。在前一个阶段，改革开放30年和新中国60年的历史进程与经验，

---

① 《毫不动摇坚持和发展中国特色社会主义 在实践中不断有所发现有所创造有所前进》，《人民日报》2013年1月6日。

中国特色社会主义道路、理论体系和制度，以及改革开放的历史必然性及其在新中国历史上的地位与作用，成为党史、国史研究的重要内容。这些研究不可避免地联系到新中国成立至改革开放前的历史，进而从新中国历史的整体性与阶段性上提出了改革开放前后两个历史时期的关系问题。对于这一问题的认识，大体形成两种基本相反的观点，一是"非统一说"，二是"统一说"。其中，"统一说"居于主流地位。"非统一说"认为，中国在改革开放前后两个历史时期处于两种不同性质的社会和时代，具体表现为"彼此割裂说"或"相互否定说"，如把改革开放前说成是专制主义的，把改革开放后说成是民主社会主义或社会民主主义的；如以毛泽东的晚年错误否定毛泽东的历史地位，把毛泽东思想与中国特色社会主义理论体系分割开来；如以社会主义市场经济体制否定计划经济体制的历史地位、作用与贡献；再如把中国特色社会主义看成是"新民主主义的回归"，等等。与此相反，"统一说"则认为，改革开放前后两个历史时期是新中国成立以来历史发展的阶段性与连续性的统一。持此说中比较有代表性的是围绕中国特色社会主义道路的内涵与实质，研究改革开放前后两个历史时期的性质及其相互关系；从马克思主义中国化的历史发展认识改革开放前后两个历史时期的思想理论基础[1]；从方法论上探讨如何正确评价改革开放前后两个历史时期。[2]

在"统一说"中，朱佳木从概念上提出了改革开放前后两个历史时期的关系问题，并做出了具有代表性的研究成果。他从正反两方面分析了改革开放前后两个时期的历史发展及其成就，以及根据改革开放前的社会历史条件探讨了这一时期失误和错误的根源、性质与特点，认为改革开放前后两个时期，虽然存在很大差别，但都是党领导的人民当家作主的历史和建设社会主义国家的历史。前一个历史时期是后一个历史时期的基础，后一个历史时期是前一个历史时期的继承和发展。没有前一个历史时期，就不可能有后一个历史时期；而没有后一个历史时期，前一个历史时期也难

---

[1] 张浒：《从〈论十大关系〉和"科学发展观"的比较中看新中国两个三十年》，《新西部》2011年第4期。

[2] 梅宏：《如何正确看待新中国成立后的两个30年》，《中国井冈山干部学院学报》2012年第4期。

以为继。两个历史时期都统一于对科学社会主义基本原则的坚持和对社会主义社会的建设。①他还从三个方面对改革开放前后两个时期的关系作了探讨。一是如何看待改革开放前的失误和错误,认为要把失误和错误与那段历史取得的成就放在一起比较,分清主流与支流;对失误和错误进行具体分析,不能因为有些事情中有失误、错误,就对那些事情全盘否定;把失误和错误放在当时特定的历史条件下分析,把在当时可以避免的和由于客观条件限制难以避免的错误区分开来;分析造成失误和错误的主观原因,同时也要把好心办坏事与个人专断、个人专断与专制制度加以区别。二是如何看待改革开放前的历史对改革开放的意义,认为改革开放前为改革开放提供了政权稳固、社会安定、国际环境相对有利的政治前提;奠定了以人民代表大会制度、中国共产党领导的多党合作和政治协商制度、民族区域自治制度为核心的社会主义基本政治制度,以及以生产资料全民所有和集体所有为基础的基本经济制度的基础;奠定了物质技术基础、必要的工作机构、干部队伍和经验;提供了一定的思想保证;提供了正反两方面经验。三是如何看待改革开放前后两个时期的异同,认为主要表现在党的指导思想,经济制度、体制、发展战略和对外联系,政治体制,文化和社会事业,国际关系等方面。②改革开放两个历史时期的差异突显出改革开放历史新时期的特点和它相对于改革开放前的重大发展,其中的共性则把改革开放前后两个历史时期有机地联系在了一起。

正确认识和把握改革开放前后两个历史时期的关系,需要深化研究改革开放史。张星星认为,深化改革开放史研究,一是要大力宣传改革开放以来取得的伟大成就,这是改革开放历史的主流;二是集中围绕中国特色社会主义这一时代主题,深入总结改革开放以来创造的宝贵经验;三是科学分析改革开放以来探索中遇到的新问题;四是正确看待改革开放进程中

---

① 朱佳木:《正确看待改革开放前后两个时期的历史及其联系,深刻认识和准确把握中国特色社会主义道路的实质》,《中共党史研究》2008年第1期。
② 朱佳木:《从改革开放前后两个时期的历史性质及其相互关系上认识中国特色社会主义道路的内涵》,《当代中国史研究》2008年第1期。

出现的不同认识。①这一研究成果对于全面而深入地开展改革开放史研究，以便正确地认识和把握改革开放前后两个历史时期的关系问题，具有方法论意义。

在后一个阶段，中共十八大和习近平关于改革开放前后两个历史时期关系的论述，把改革开放前后两个历史时期关系问题的研究引向深入。这一阶段在前一个阶段研究的基础上，集中阐释了改革开放前后两个历史时期是"两个相互联系又有重大区别的时期"、"本质上都是我们党领导人民进行社会主义建设的实践探索"的内涵与意义，进一步深化了对如何正确认识改革开放前后两个历史时期关系问题的方法论研究。在这一阶段，比较有代表性的成果主要是：第一，中国社会主义建设的上、下篇。唐洲雁把改革开放前后两个历史时期的探索分别作为中国社会主义建设的"上篇"和"下篇"，认为这是两个既相联系、又相区别的历史时期，前者为后者奠定了基础，后者是对前者的飞跃。②第二，改革开放前后两个历史时期是新中国历史发展的连续性与阶段性的统一。2013年1月26日，党史、国史学界召开了主题为"改革开放前后两个历史时期的关系"理论座谈会，与会专家学者阐释了改革开放前后两个历史时期在物质、理论、制度、道路等方面的历史与逻辑关系，认为改革开放前后两个历史时期是新中国历史发展的连续性与阶段性的统一，是吸取历史经验教训与新的历史条件下实践探索的有机结合，是历史的否定之否定的辩证发展。不能因改革开放的必然性和转折性而否定新中国历史发展的整体性和统一性，也不能因改革开放前历史发生曲折与错误而掩盖其历史成就与经验，也不能因改革开放以来成就辉煌、国力增强而忽视存在的问题与教训。第三，对"什么是社会主义"的认识差异是改革开放前后两个历史时期的重大区别。张启华认为，两个历史时期的重大区别在于对"什么是社会主义"的认识存在差异，前30年的探索出现失误，没能成功找到一条正确的建设社会主义道路，但就"致力于探索"而言，两个历史时期一脉相承，改革开放

---

① 张星星：《积极推进和深化改革开放史研究》，《北京党史》2012年第5期。
② 唐洲雁：《全面认识中国特色社会主义的探索实践》，《光明日报》2013年1月11日。

前的探索为改革开放新时期的探索提供了包括经验与教训的有益借鉴。①第四,"两个不能否定"论是坚持和发展中国特色社会主义的必然要求。齐彪认为,"两个不能否定"论直接关系到中国特色社会主义的两个关键性的问题,即在中国要不要坚持社会主义、要不要搞改革开放的问题。这是坚持和发展中国特色社会主义的根本问题。否定了改革开放前后两个历史时期中的任何一个时期,就没有中国特色社会主义,就否定了中国特色社会主义。"两个不能否定"是进一步统一对党的历史的认知,把全党全国人民凝聚在中国特色社会主义伟大旗帜下、走向未来的重要思想基础。②第五,坚持和发展中国特色社会主义是继往和开来的统一、历史和现实的结合。齐卫平认为,改革开放后进行的中国特色社会主义建设不是零起点,不是抛开前面的历史另起炉灶,而是在很多方面体现了对改革开放前的历史时期的继承。坚持和发展中国特色社会主义,是继往和开来的统一,是历史和现实的结合。③第六,站在人民的立场上研究历史。李慎明认为,审视历史,不能简单地站在个人得失立场,必须跳出个人局限,站在人民和历史乃至站在全人类文明进步的角度去观察问题,方可能得到事物的真谛与本质。④

改革开放前后两个历史时期及其相互关系,蕴涵着科学社会主义理论逻辑和中国社会发展历史逻辑的辩证统一,体现了新中国历史发展的连续性与阶段性的辩证统一。正确认识和把握这两个历史时期及其相互关系,有利于深刻揭示新中国历史发展的主题与主线、主流与本质,深入认识坚持和发展中国特色社会主义的历史必然性和规律性,并在此基础上逐步形成关于改革开放前后两个历史时期关系的历史理论。

改革开放前后两个历史时期贯穿整个新中国成立以来的历史。现阶段,深化研究改革开放前后两个历史时期的关系问题,除不断丰富研究素材、扩大研究范围和创新研究方法外,还需要围绕基本问题和前沿问题进

---

① 张启华:《正确看待改革开放前后历史的辩证关系》,《当代中国史研究》2013年第2期。
② 齐彪:《"两个不能否定"的重大政治意义》,《光明日报》2013年5月7日。
③ 齐卫平:《如何正确对待改革开放前后两个历史时期》,《人民日报》2013年6月25日。
④ 李慎明:《正确评价改革开放前后两个历史时期》,《红旗文稿》2013年第9期。

行系统性和综合性的研究，着力探讨改革开放前后两个历史时期关系的理论与方法论。其中，关于改革开放前后两个历史时期关系的基本问题主要是：新中国成立以来马克思主义中国化继承与发展的历史进程与经验；新中国成立以来政治、经济、文化、社会和外交等的理论与实践；当代中国发展进步的根本政治前提与制度基础的奠基、巩固与发展；改革开放的社会历史条件、发展进程与基本经验；中国特色社会主义的开创、坚持和发展。目前有关这些问题，专题史、领域史研究有了一定基础，制度史、政策史研究较强，但战略性、宏观性和系统性研究比较薄弱。为此，需要加强国史的通史性研究，并通过改革开放前后两个历史时期的比较研究，揭示这两个历史时期之间的连续性、阶段性与转折性。

改革开放前后两个历史时期的关系随着改革开放的深入实践而发展，是动态的而非静止的，是开放的而非封闭的，必将产生新的情况和问题。为此，需要跟踪前沿问题进行研究。对于前沿问题的研究，有利于把握改革开放前后两个历史时期关系的新发展和新内涵，并带动相关问题和领域的研究，其前沿问题主要有：第一，新中国成立以来的社会形态和社会矛盾运动，即社会主义革命、建设和改革的历史进程、规律与特点，包括新民主主义向社会主义社会过渡，社会主义基本制度的确立、发展与完善，社会主义全面建设和中国特色社会主义。第二，改革开放理论，包括什么是改革开放和怎样改革开放，特别是改革开放的基本内涵、道路与方向，以及改革开放的历史经验、改革开放史的认识论与方法论等。第三，"中国道路""中国经验"及其国际比较。第四，新中国成立以来党关于国史的论述，以及国史研究的理论与方法等，包括国史的主题与主线、主流与本质，如何正确评价毛泽东的历史地位和揭示毛泽东思想的科学体系，如何对待国史中的曲折与错误，以及国史的分期标准和阶段划分等。通过对这些问题的研究，可以进一步揭示新民主主义向社会主义社会过渡的历史必然性，回答改革开放是社会主义制度的自我完善和发展、中国特色社会主义是社会主义而非其他什么主义，并以改革开放前后两个历史时期关系的理论丰富、发展国史和国史研究的理论与方法。

从辩证统一关系中
深化和拓展改革开放史研究[*]

在具体地、历史地认识和把握改革开放前后两个历史时期关系的基础上，党史国史研究越来越突出改革开放以来历史的研究。这是改革开放和中国特色社会主义现代化建设事业发展对理论研究和建设的需要，也是党史国史的当代性和时代性所规定的。当代历史和人类社会发展到哪一步，历史研究就应跟进到哪一步，在历史与现实的结合上，用发展的观点研究发展着的历史，及时总结历史经验，丰富和发展对历史规律性的认识。

对于改革开放以来的党史国史，目前从概念上大致有如下三种表述：一是从历史发展的主题上，谓之"开创和发展中国特色社会主义时间段历史"；二是从历史发展的阶段性与连续性的统一上，称为"改革开放历史新时期"历史；三是从历史发展的推动力上，则为"改革开放历史"。这三种表述虽然各有侧重，但在历史时限上是一致的，在历史内涵上内在地统一或归因于改革开放，研究对象则集中表现为改革开放历史。研究改革开放以来的党史国史，突出和跟进"改革开放历史"，合乎历史发展实际，是认识逻辑与历史逻辑的统一。推进改革开放历史研究，当然需要阶段性、专题性和细节性的研究，更需要从贯穿于改革开放的辩证统一关系问题入手，进行通史性、整体性和系统化的研究。只有这样，才能够通过改革开放历史研究，深入推进开创和发展中国特色社会主义时间段历史、改

---

[*] 本文发作者宋月红，发表于《中共党史研究》2017年第6期。

革开放新时期历史的研究，深刻揭示改革开放历史发展的主题与主线、主流与本质。

一、从改革开放的理论与实践的结合上研究中国特色社会主义开创和发展史，深刻阐明改革开放是社会主义的改革开放

改革开放历史是党把马克思主义基本原理与中国具体实际相结合，在新的历史条件下不断推进马克思主义中国化，开创和发展中国特色社会主义的历史。这一历史是理论与实践相结合的，其中"什么是改革开放、怎样进行改革开放"的理论与实践探索的根本前提是探索回答"什么是社会主义、怎样建设社会主义"。为此，深化改革开放历史研究，需要突出研究如下三个基本问题。

（一）关于改革开放的发生问题

这是研究改革开放历史的重要基础和认识前提。改革开放前无古人，也非偶然。它合乎历史发展潮流和时代发展趋势，是党在推进马克思主义中国化的历史进程中领导人民进行的伟大创造和自觉选择。讲不清楚改革开放之所以发生、之所以这样而非他样发生的问题，改革开放历史将成为无源之水、无本之木，对于改革开放历史的认识也将处于模糊或混沌状态，如此则难以通达改革开放历史，也无从建立"历史自信"。改革开放的理论和实践是不断丰富和发展的，改革开放的发生当然不能代替改革开放的全部和整体，但其蕴涵着改革开放的内在机理，是改革开放发展的历史基础与源泉。研究改革开放历史，需要把这一历史放在当代中国史和世界社会主义发展史中去认识和考察，特别是要讲清楚改革开放的历史缘起和逻辑起点。它包括改革开放是在什么历史条件下发生的，改革开放的历史性决策是如何作出的，改革开放实践又是如何开启的。它不仅要回答改革开放与之前的当代中国历史是一种什么样的关系，阐述改革开放的历史源头、思想来源和制度基础，而且要论述改革开放的性质、内涵与方向。历史地看，改革开放的发生，一是在历史基础上，继承和发展改革开放前党在社会主义建设中取得的独创性理论成果和物质基础；二是在历史经验上，总结中国社会主义建设正反两方面经验和借鉴世界社会主义历史经

验；三是在道路的开辟上，走自己的路，建设中国特色社会主义。没有改革开放，就没有中国特色社会主义。

（二）关于改革开放历史新时期社会主要矛盾问题

这是研究改革开放历史的核心内容和根本点。改革开放围绕认识和处理社会主要矛盾而展开，确立和发展了社会主义初级阶段基本路线，使得中国社会从生产力到生产关系、从经济基础到上层建筑都发生了意义深远的重大变化，世情、国情、党情也发生了深刻变化。但是，中国仍处于并将长期处于社会主义初级阶段这个最大的基本国情没有变，人民日益增长的物质文化需要同落后的社会生产之间的矛盾这一社会主要矛盾没有变。这里的"变"与"没有变"是改革开放历史的辩证发展和总体态势，是改革开放在国情上的集中体现。研究改革开放历史应与改革开放历史发展的这一大逻辑相统一，也就是从国情实际、从改革开放的实际出发。否则，研究改革开放历史，将偏离或失去研究的重心和基本依据。

（三）关于改革开放的历史地位和社会性质问题

改革开放在党史国史上具有重要转折意义和开创意义。这是改革开放的历史发展所赋予的，是研究改革开放历史的重要着力点和落脚点。改革开放从一开始就是围绕"什么是社会主义、怎样建设社会主义"这一根本问题展开的，其转折意义主要表现在它把中国建设社会主义的实践探索划分为改革开放之前和之后两个既相互联系又有重大区别的历史时期，其开创意义则集中表现在中国特色社会主义道路的开辟和拓展、中国特色社会主义理论体系的确立和发展、中国特色社会主义制度的完善和发展。研究改革开放历史，既要研究改革开放的思想理论史、政策发展史，更要研究改革开放的伟大实践，并把理论与实践结合起来，深刻认识中国特色社会主义是如何开创和发展的，科学揭示党的执政规律、社会主义建设规律和人类社会发展规律。改革开放的历史发展表明，改革开放是社会主义的改革开放，社会主义是改革开放的社会主义。撇开"什么是社会主义、怎样建设社会主义"的理论与实践，或不以此作为贯穿改革开放历史发展的一条主线，研究改革开放历史就会缺少思想灵魂或迷失科学方向。研究改革开放历史，也需要针对历史虚无主义思潮和对改革开放之社会主义性质的质疑和否定，深刻阐明中国特色社会主义是实行改革开放的社会主义，是科学社会主义理论逻辑与中国社会发展历史逻辑的有机统一，坚持和发展中国特色社会主义是实现中华民族伟大复兴的必由之路。

二、从政治体制改革与经济体制改革的关系上突出改革开放历史本体论研究，深刻把握改革开放的具体历史进程

从目的意义上说，改革开放具有彼此相互联系的三个方面的基本内涵：一是进行经济体制改革，解放和发展社会生产力，实现国家现代化；二是进行政治体制改革，推动社会主义制度自我完善和发展，赋予社会主义新的生机活力；三是推进党的建设新的伟大工程，保持和发展党的先进性。社会基本矛盾决定政治体制改革需要与经济体制改革相适应，以促进生产关系更好地适应生产力发展的要求。改革开放是党在新的历史条件下领导人民进行的新的伟大革命，坚持和改善党对改革开放的领导，必须以加强党的建设为前提基础。改革是全面的改革，包括经济体制改革、政治体制改革和相应的其他各个领域的改革。政治体制改革与经济体制改革的应然逻辑关系，正如邓小平所指出的那样："政治体制改革同经济体制改革应该相互依赖，相互配合。只搞经济体制改革，不搞政治体制改革，经济体制改革也搞不通，因为首先遇到人的障碍"，"从这个角度来讲，我们所有的改革最终能不能成功，还是决定于政治体制的改革"。[①] 在改革开放的历史发展进程中，政治体制改革与经济体制改革的实然逻辑关系同样如此，并经历了一个艰辛探索和发展的过程。然而，国内外长期以来存在着对这种关系的片面认识甚或偏见，一方面不从中国国情出发，而以西方民主为标准，认为改革开放没有进行政治体制改革；另一方面则撇开历史条件，认为政治体制改革严重滞后于经济体制改革。这些都是不符合改革开放的历史发展实际的。政治体制改革是社会主义制度的自我完善和发展，是经济社会和经济体制改革发展到一定阶段的产物，是"积极稳妥"地推进的。改革开放之所以能够成功推进和深入发展，经济体制之所以能够由

---

① 《邓小平文选》第3卷，人民出版社1993年版，第164页。

高度集中的计划经济体制发展到充满活力的社会主义市场经济体制，是政治体制同经济体制改革相适应地进行改革所分不开的。在这个意义上说，改革开放史就是一部政治体制改革与经济体制改革相适应、相协调发展的历史。

改革开放历史的本体在于政治体制改革和经济体制改革及其历史逻辑关系的发展。政治体制改革和经济体制改革是改革开放的两大鲜明主题和历史性课题，它们之间的相互关系贯穿于改革开放的历史进程、各个领域和环节，其他方面的改革都是与之相适应、相配套或由其派生出来的。改革开放的历史性决策是在彻底否定"以阶级斗争为纲"的错误理论和实践的基础上作出的。党的十七大阐明了改革开放"十个结合"的历史经验，其中之一就是"把推动经济基础变革同推动上层建筑改革结合起来"。改革开放既积极推进经济体制改革，又积极推进政治体制改革，不断推动社会主义上层建筑与经济基础相适应。同时，改革开放的实践是以马克思主义政治经济学为指导的。党的十二届三中全会通过《关于经济体制改革的决定》，邓小平评价说，《决定》"写出了一个政治经济学的初稿，是马克思主义基本原理和中国社会主义实践相结合的政治经济学"[1]。《决定》指导并推动了以城市为重点的经济体制改革全面展开。研究改革开放历史，围绕政治体制改革和经济体制改革及其历史逻辑关系的发展，才能抓住改革开放历史的"纲"，从而展现改革开放历史这一波澜壮阔的宏大历史画卷。

三、从中央和地方"两个积极性"的关系上加强改革开放地方史和区域史研究，彰显改革开放的全国统一性和地方特点

从中央与地方的关系上看，改革开放是在发挥中央与地方的"两个积极性"及其互动中不断推进的，是上下、纵横、点面结合的，经历了从农村到城市，从东部到中西部，从试点到推广，从条条块块到统筹协调，从市场分散到市场统一，从"摸着石头过河"到顶层设计，从一部分地方、一部分人先富裕起来到实现共同富裕，等等。比如在经济领域，由于各地

---

[1] 《邓小平文选》第3卷，人民出版社1993年版，第83页。

经济发展不平衡，为缩小差距，党和国家的方针政策既立足于发挥经济发达地区的积极性，充分利用其有利条件、基础和优势，使经济更快发展，并带动和促进经济不发达地区发展，也立足于发挥经济不发达地区的积极性，并对中西部经济不发达地区积极扶持。再比如，根据发展社会主义市场经济的要求，实行分税制，合理划分了中央和地方的事权，合理确定了中央和地方的收支比例；实行政策性金融与商业性金融分开，以及汇率并轨等等。这些改革既为了理顺经济关系，又调整了中央和地方的利益关系。在改革开放中，发挥中央和地方的两个积极性，关键是处理好中央与地方、集中与分散、整体利益与局部利益的关系。

民主集中制是党和国家机构的组织原则和领导制度，在决策实行改革开放和怎样进行改革开放中同样体现了这一原则和制度。各个地方进行改革开放，是在国家政策法规的统一指导下，从本地实际出发创造性地开展的。在此意义上说，改革开放历史既包括国家层面的整体史，又包括地方层面的地方史和区域史。其中，前者是改革开放历史的主体部分，后者是有机构成，二者也是相互交织在一起的。研究改革开放历史，既要通过整体史把握改革开放的大局、全局和全国统一性，又要通过地方史和区域史反映改革开放实践的多样性和地方、区域的特点。从中央与地方的关系上研究改革开放历史，具有基础性和结构性的研究对象和认识维度。

改革开放作为新的伟大革命，使人与人、人与自然的关系更加紧密而复杂，新情况和新问题不断涌现，有时矛盾还十分尖锐。改革开放历史把人类社会发展史、思维史与自然界的历史更加紧密地融合在一起。加强改革开放地方史和区域史研究，除了从多学科深化改革开放的地方和区域特点外，还需要发展改革开放的历史地理研究，具体而实地地反映改革开放实践活动的空间状态，以及改革开放对行政区划、经济地理和人文地理的影响，如城乡交流，人口流动，经济特区的设置，沿海、沿江、沿边、内陆地区的开放，以及水利、能源、交通、通信方面的基础设施建设，等等。发展改革开放历史地理研究，有利于把这一历史从"历史文献学"记忆状态"走入"人类生活的空间，使之实物、实地化，既看得见也摸得着，彰显历史的鲜活性。

改革开放史研究已经成为党史国史研究中最具现实性和时代性的专门史，是理论与实践、历史与现实相联系、基础性与应用性研究相结合的综合性研究课题。深化和推进这一历史研究，需要在历史研究学科的基础上，构建合乎改革开放史发展逻辑的学科体系和学术创新体系，进一步形成改革开放史研究的理论与方法。

改革开放历史经验研究应注意的几个问题*

今年是改革开放 40 周年,改革开放历史经验研究已成为当前理论界的一个热点课题,在舆论界也成为一个热点话题。总结好改革开放历史经验,对于人们更好理解这一基本国策的历史地位,对于在新时代在更高的历史阶段上进一步推进改革开放,具有重大意义。总体来看,当前做好改革开放历史经验研究应着重注意如下几个问题。

一、把改革开放历史经验研究和做好意识形态工作结合起来

在改革开放研究上,历史虚无主义等错误思潮通过歪曲、否定改革开放而质疑、否定社会主义制度和党的领导,对当前意识形态工作构成严重挑战和考验。当前做好意识形态工作的一个重要方面就是要旗帜鲜明反对历史虚无主义,通过正确总结改革开放历史经验,深刻揭示改革开放规律、中国特色社会主义建设和发展规律。因此,必须注意把改革开放历史经验研究跟做好意识形态工作结合起来。

意识形态对社会实践具有能动的反作用,这是人类社会基本矛盾运动规律的具体体现。苏东剧变就是一个典型例证。我们党历来高度重视意识形态工作,因为它直接关系社会主义事业的成败。在意识形态领域,西方长期推行"西化""分化"中国战略,是对我国社会主义制度和党的领导的严重挑战与威胁。从一定意义上说,有什么样的意识形态,就会有什么

---

* 本文作者宋月红,发表于《红旗文稿》2018 年第 6 期。

样的社会实践，意识形态或引导或反制人类社会生产生活，掌握了一定社会的意识形态领导权，既能巩固相应的上层建筑，也能破坏、摧毁与之相逆的上层建筑。改革开放研究政治性很强，必须注意其意识形态特性，及时反对各种错误思潮对研究方向的扰乱和误导。

历史经验是意识形态建设的一个基本立足点。党的十八大以来，习近平总书记系统总结改革开放的历史经验，准确把握全面深化改革的内在规律，坚定不移推进全面深化改革，深入探索实现中华民族伟大复兴中国梦的现实途径，作出了许多重要论述。习近平总书记指出："改革开放是当代中国最鲜明的特色，也是我们党最鲜明的旗帜。"在意识形态领域，我们也必须高扬改革开放旗帜，坚决反对在改革开放上搞虚无主义那一套。

党管意识形态是做好意识形态工作的一条基本经验与根本原则，这也是改革开放以来党的意识形态工作的根本遵循。党管意识形态是坚持党的领导的重要内容。为此，要牢固树立"四个意识"，坚决维护以习近平同志为核心的党中央权威和集中统一领导。加强理论武装，推动习近平新时代中国特色社会主义思想深入人心。坚定"四个自信"，用党的理论创新成果指导意识形态工作，坚持以人民为中心，把握正确政治方向、价值取向、舆论导向。落实意识形态工作责任制，加强阵地建设和管理，守土有责、守土负责、守土尽责。加强党的建设，加强对宣传思想领域重大问题的分析研判和重大战略性任务的统筹指导，注意区分政治原则问题、思想认识问题、学术观点问题，旗帜鲜明反对和抵制各种错误观点，管好导向、管好阵地、管好队伍，提升主流意识形态传播力、引导力、影响力、公信力，不断增强意识形态领域的领导权、主导权和话语权。这些都是在改革开放历史经验研究中应该切实遵循的基本原则。

二、在改革开放历史经验研究中始终围绕鲜明主题

改革开放的历史经验是十分丰富并不断发展的。总结改革开放40年历史经验，需要把着力点放在科学揭示改革开放历史发展的主题上，深刻揭示实行改革开放的历史必然性和规律性、坚持和发展中国特色社会主义的历史必然性和规律性、中国特色社会主义进入新时代的历史必然性和规

律性。把改革开放和中国特色社会主义事业发展史,同中国历史、中华民族发展史结合起来,同世界社会主义运动史、人类社会发展史结合起来,深入探索党领导改革开放的规律、改革开放规律和中国特色社会主义建设规律。

中国特色社会主义是改革开放以来党的全部理论和实践的主题。围绕这一主题,可以从三个方面来把握改革开放历史经验。

(一)从改革开放坚持什么样的发展道路看,改革开放必须始终从我国仍处于并将长期处于社会主义初级阶段这一基本国情出发,与坚持以经济建设为中心和坚持四项基本原则有机结合起来,统一于社会主义现代化建设实践

正确认识我国社会所处的历史阶段,是建设中国特色社会主义的首要问题,是我们党制定和执行正确的路线和政策的根本依据。在改革开放的历史进程中,党作出我国仍处于并将长期处于社会主义初级阶段的科学论断,形成了党在社会主义初级阶段的基本路线。这一基本路线蕴涵着改革开放的两条基本规律,一是坚持以经济建设为中心。这是党和国家兴旺发达、长治久安的根本要求。能否坚持以经济建设为中心,关系到中国特色社会主义现代化建设事业的前途和命运。如果经济建设这个中心发生动摇,整个基本路线就会失去压舱石。坚持以经济建设为中心,各项工作都要服从和服务于这个中心。二是坚持四项基本原则。能否正确认识和处理坚持四项基本原则与坚持改革开放的关系,事关改革开放的成败。坚持四项基本原则是立国之本,是坚持改革开放的根本政治前提,核心在于坚持党的领导、坚持社会主义制度。面向新时代新征程,习近平总书记强调,要牢牢把握社会主义初级阶段这个基本国情,牢牢立足社会主义初级阶段这个最大实际,牢牢坚持党的基本路线这个党和国家的生命线、人民的幸福线。这是改革开放的一条基本经验。

(二)从改革开放的领导力量和政治基础看,改革开放必须始终坚持党的领导,加强党的先进性、纯洁性和执政能力建设,确保党始终走在时代前列

办好中国的事情,关键在党,核心在坚持党的领导。改革开放是党领

导人民开辟的社会主义建设道路，是党领导人民创造并贡献于人类社会的伟大事业。改革开放前无古人，前进中的每一步，无不面临各种矛盾问题，历经艰辛探索；改革开放越深入，形势越严峻，风险越大，步履也就越艰难。在改革开放历史进程中，党把推进中国特色社会主义伟大事业同推进党的建设新的伟大工程结合起来，不断加强党的先进性、纯洁性和执政能力建设，改革和完善党的领导方式和执政方式，确保党在世界形势深刻变化的历史进程中始终走在时代前列，在应对国内外各种风险考验的历史进程中始终成为全国各族人民的主心骨，始终发挥党的领导核心作用，为改革开放和社会主义现代化建设提供了根本政治保证。

（三）从改革开放的依靠力量和群众基础、社会基础看，改革开放必须始终尊重人民的主体地位，把维护和发展人民的利益作为改革开放的根本出发点和落脚点，实现共同富裕

人民在改革开放中始终处于主体地位。改革开放是人民的事业，是为人民所推动的。改革开放始终坚持尊重社会发展规律与尊重人民历史主体地位的一致性，紧紧依靠人民，最广泛地调动人民群众的积极性、主动性、创造性。改革开放着眼于我国社会主要矛盾，并围绕这一社会主要矛盾而展开，其根本目的就是要解放和发展社会生产力，实现社会主义现代化，让中国人民富裕起来，实现中华民族伟大复兴。改革开放必须以满足人民对美好生活的向往和实现共同富裕为价值取向和目标追求，把人民群众的愿望和要求作为决策的根本依据，使改革开放的每一步骤、每一项政策措施，都以人民群众拥护不拥护、赞成不赞成、高兴不高兴、答应不答应作为衡量和判断其正确与否、适当与否的基本准则，把实现好、维护好、发展好最广大人民的根本利益作为一切工作的出发点和落脚点，做到改革发展为了人民、改革发展依靠人民、改革发展成果由人民共享。

三、把改革开放历史经验研究和推进新时代改革开放伟大实践结合起来

改革开放史是中国特色社会主义产生并不断发展壮大的光辉历史，是当前党史国史研究的重要前沿领域。改革开放好、社会主义好，是改革开

放史研究的主旋律和主流意识形态,是巩固并进一步增强全面深化改革的思想政治基础。庆祝改革开放40周年,需要根据改革开放40周年的理论与实践,加强理论研究、经验总结,探索和揭示改革开放历史发展的基本规律;同时,面对纷繁复杂的社会意识和思想状况,加强社会舆论引导,凝聚人心和社会共识,不断增强改革开放的政治定力和将改革开放进行到底的坚定意志。

当前,改革开放史研究还不适应改革开放事业发展的需要,如关于党对改革开放领导的研究不够深入,关于社会主义初级阶段基本路线的整体性研究不足,关于改革开放前后两个历史时期关系的研究尚不充分,依然有个别研究者存在用改革开放前否定改革开放后或用改革开放后否定改革开放前的错误倾向。改革开放史研究中存在的这些问题,属于政治问题的,必须加以批驳和抵制;属于认识问题的,则需要加以引导和纠正。认识和解决这些问题,都需要通过深入地认识和把握改革开放史,将历史与现实、理论与实践结合起来,进一步加强改革开放理论研究和建设,深入开展关于改革开放史的宣传教育、关于开创和发展中国特色社会主义的历史进程与成就的宣传教育,从中汲取改革开放的丰富历史经验和全面深化改革的强大精神动力。

1.全面研究阐释改革开放在中华人民共和国历史上的伟大意义,国家建设和发展在改革开放中取得的历史性变革和成就,中国改革开放对世界的意义和贡献。聚焦中国特色社会主义道路、理论、制度和文化,充分展现中国特色社会主义道路的历史必然性、理论体系的科学真理性、制度的优越性、文化的优良传统及其时代内涵,充分展现中国道路、中国精神、中国价值和中国智慧。从大历史观和世界文明发展史的视角,加强中国改革开放与苏联东欧国家的改革、中国特色社会主义与当代资本主义的比较研究,深入把握中国改革开放的社会主义性质、方向、原则和道路,科学阐释中国特色社会主义道路、理论、制度和文化的丰富内涵与精神实质。

2.深入总结改革开放历史经验,深刻把握改革开放的历史方位和发展前景。历史和现实表明,改革开放在认识和实践上的每一次突破和发展,改革开放中每一个新生事物的产生和发展,改革开放每一个方面经验的创造和积累，都给党和国家的发展进步注入了生机与活力。坚持改革开放、不断深化改革开放，贯穿于中国特色社会主义现代化建设的整个历史进程。改革开放中的矛盾只能用改革开放的办法来解决。为此，需要深入研究改革开放的历史经验，继承和发展改革开放的历史经验，并结合现实情况，回答和解决改革开放事业发展中所面临的各种矛盾问题，为协调推进"四个全面"战略布局提供历史依据和智力支持。

3.开展生动活泼的改革开放40年主题宣传教育活动，使庆祝改革开放40年更好地贴近群众、贴近基层、贴近生活，巩固和厚植全社会自觉拥护改革开放、积极参与改革开放的广泛社会基础和群众基础。把改革开放历史经验研究同进一步推进改革开放结合起来，从解决人民群众关心的事情和问题入手，促进改革开放的"红利"不断释放，普惠社会和民众。既要阐释、宣传好改革开放好、社会主义好的主流意识形态，又要着力推进发展成果由人民共享、逐步走向共同富裕的改革开放新的伟大实践，为新时代全面深化改革提供强大精神动力，营造昂扬向上、奋发有为的舆论氛围，把庆祝改革开放40年塑造成新时代改革开放再出发的新的历史起点。

改革开放全面展开的历史进程
——兼论编修改革开放史的若干思考*

党的十一届三中全会开启改革开放，在党史国史上具有重要转折意义。由此，改革开放从农村到城市逐步展开和深入推进。在改革开放历史发展进程中，1984年党的十二届三中全会通过《关于经济体制改革的决定》，标志改革开放的重点由农村转向城市；1991年底治理经济环境、整顿经济秩序的完成，则为进一步深化改革开放奠定更加坚实的经济社会基础和条件。由前者发端的改革开放全面展开的进程，是改革开放史上具有重要地位和深远意义的历史阶段。在这一历史阶段，国际上发生苏东剧变，世界社会主义运动转入低谷。然而，在当代中国，以邓小平同志为核心的党的第二代中央领导集体，带领全党全国各族人民深刻总结我国社会主义建设正反两方面经验，借鉴世界社会主义历史经验，深刻揭示社会主义本质，确立社会主义初级阶段基本路线，初步回答了建设中国特色社会主义的一系列理论和实践问题，成功开创了中国特色社会主义。

一、历史发展进程与主要内容

改革开放是中国共产党在新的历史条件下领导人民进行的新的伟大革命。党是中国特色社会主义事业的坚强领导核心，在改革开放历史新时期治国理政的鲜明主题就是不断推进改革开放和中国特色社会主义现代化建设事业。

---

* 本文作者宋月红，发表于《北京党史》2017年第2期。

从党的十二届三中全会通过《关于经济体制改革的决定》至1991年底治理经济环境、整顿经济秩序的完成，其间召开党的十三大，创立社会主义初级阶段理论，确立党在社会主义初级阶段的基本路线，推动改革开放进入一个新的发展阶段，具有中国特色的社会主义建设的理论与实践发展到一个新高度新境界。然而，历史发展总不是笔直、一帆风顺的。因在当时国际大气候和国内小气候的背景下发生1989年政治风波，改革开放遭遇严重干扰、面临严峻考验。经过平息政治风波、打破西方国家制裁、治理整顿，改革开放迎来新局面。因此，根据党的十三大的历史地位和平息政治风波的历史意义，可以将这段历史大致分为三个具体阶段：（1）1984年10月党的十二届三中全会召开至党的十三大召开前；（2）党的十三大召开至1989年政治风波发生前；（3）1989年政治风波发生、平息至治理整顿完成。

党的十二届三中全会后至党的十三大召开前，以《关于经济体制改革的决定》通过为发端，经济体制改革从农村到城市推进。然而，随着改革开放的发展，社会上和党内出现了新情况新问题，特别是新的不正之风，严重影响着社会风气好转和党对改革开放的领导。党领导改革开放，首先应该把党建设好，深入开展全面整党工作。全面整党是改革开放历史发展的一种必然，而整党又加强和改善了党对改革开放工作的领导，促进和保证改革开放事业的发展。在政治建设上，社会主义民主法制建设深入发展，以转变政府职能为主的机构改革试点推进，农村基层政权体制改革全部完成，国家行政监察体制恢复重建；在经济建设上，超额完成"六五"计划，稳步实施"七五"计划，推动经济社会加快发展；确立社会主义精神文明建设指导方针，开展反对资产阶级自由化正面教育；对外开放进一步扩大，沿海开放格局初步形成，国际经济技术合作积极推进。这一阶段的主要历史特点是：改革开放开始全面展开，经济体制改革突破性推进，政治体制改革提上日程，科技体制、教育体制改革配套进行；经济社会建设与党的建设相结合，物质文明与精神文明建设"一起抓"，坚持四项基本原则同资产阶级自由化的斗争尖锐复杂，至关改革开放的社会主义方向。

从党的十三大召开至 1989 年政治风波发生前,中心任务是加快和深化改革。十三大作出我国仍处于并将长期处于社会主义初级阶段的科学论断,形成党在社会主义初级阶段的基本路线,确立"建设有中国特色的社会主义理论的轮廓"①。社会主义现代化建设确立"三步走"战略:第一步,实现国民生产总值比 1980 年翻一番,解决人民的温饱问题;第二步,到 20 世纪末,使国民生产总值再增长 1 倍,人民生活达到小康水平;第三步,到 21 世纪中叶,人均国民生产总值达到中等发达国家水平,人民生活比较富裕,基本实现现代化。不仅如此,祖国和平统一大业、民族团结进步事业、独立自主的和平外交工作取得新的进展。然而,实行价格"双轨制",在搞活经济的同时,也给"官倒"等腐败行为的发生提供了空间,但价格改革又遭遇挫折,使得经济发展进入治理整顿状态。这一阶段的鲜明特征是:以社会主义初级阶段理论和党的基本路线的确立为标志,党对"什么是社会主义、怎样建设社会主义"的探索达到新境界。这是马克思主义中国化的新的理论成果,奠定了中国特色社会主义建设和发展的社会发展阶段理论及其政治路线。

从政治风波发生、平息至治理整顿完成,改革开放经受住严峻考验。平息政治风波、打破西方国家制裁、保持政治稳定和继续推进改革开放,成为这一时期党和政府的主要工作。党召开十三届四中全会,进一步稳定全国局势,继续搞好治理整顿,加强思想政治工作,切实反对资产阶级自由化,加强党的建设、民主和法制建设,实现中央领导集体的政治交接;在经济建设上,完成"七五"计划,制定实施"八五"计划;外交工作则积极应对急剧变化的国际格局,全面开展睦邻外交。这一阶段的历史发展表明,正确处理改革发展稳定的关系,是改革开放的一条重要历史经验;治理整顿与改革开放互为基础与条件,即在治理整顿中坚持改革开放,通过改革开放深入推进治理整顿。

---

① 《十三大以来重要文献选编》(上),人民出版社 1991 年版,第 57 页。

二、历史发展的主题和主线、主流和本质

改革开放是前无古人的伟大事业,党领导和推进改革开放的历史,既是党关于改革开放的理论与实践相结合的双重探索史,又是党在改革开放中加强自身建设和治国理政的发展史。当代中国历史发展的主题和主线、主流和本质,深深蕴含在新中国成立特别是改革开放以来的全部历史中,也具体地、历史地体现在党的十二届三中全会通过《关于经济体制改革的决定》至1991年底治理整顿完成这一历史阶段中。

(一)在改革开放历史新时期推进马克思主义中国化,既是改革开放的思想理论来源和精神动力,又是改革开放理论发展的根本主题和历史发展的一条主线

在推进马克思主义中国化上,这段历史确立"建设有中国特色的社会主义理论的轮廓",其主要内容包括:解放思想,实事求是,以实践作为检验真理的唯一标准;建设社会主义必须根据本国国情,走自己的路;在经济文化落后的条件下,建设社会主义必须有一个很长的初级阶段;社会主义社会的根本任务是发展生产力,集中力量实现现代化;社会主义经济是有计划商品经济;改革是社会主义社会发展的重要动力,对外开放是实现社会主义现代化的必要条件;社会主义民主政治和社会主义精神文明是社会主义重要特征;坚持四项基本原则同坚持改革开放的总方针这两个基本点相互结合、缺一不可;用"一个国家,两种制度"来实现国家统一;执政党的党风关系到党的生死存亡;按照独立自主、完全平等、互相尊重、互不干涉内部事务的原则,发展同国外共产党和其他政党的关系;和平与发展是当代世界的主题。其中核心问题是,必须破除离开生产力来抽象谈论社会主义的历史唯心主义观念,从根本上划清科学社会主义同种种空想的界限。上述12个方面的思想理论成果,成为随后召开的党的十四大确立建设有中国特色社会主义理论和十五大确立邓小平理论的基本内容。历史主要是指人类社会的活动史,包括认识世界和改造世界。改革开放史同样是改革开放理论与实践的双重探索进程,也就是马克思主义中国化及其指导下的改革开放伟大实践进程。它历史地表明,改革开放是社会

主义的改革开放,改革开放史的实质是适合中国国情、具有中国特色的社会主义建设和发展史。那种否定改革开放的社会主义性质的谬论,在历史事实和历史发展面前都已宣告破产。

(二)改革开放是坚持和发展中国特色社会主义的推动力,也形成为十一届三中全会以来党史国史的鲜明主题

这一时期,改革开放从农村到城市、从东部到中西部全面展开,政治体制改革也从酝酿、探索到正式提上日程,并与经济体制改革协同推进。改革开放主要是指经济体制改革和政治体制改革,以及其他体制机制的配套改革。在改革开放思想史上,邓小平在1980年8月中央政治局扩大会议上所作的《党和国家领导制度的改革》讲话中,就已提出政治体制改革。1986年6月10日,他在听取经济情况汇报时发表谈话指出:"不搞政治体制改革不能适应形势。改革,应该包括政治体制的改革,而且应该把它作为改革向前推进的一个标志。"[1]不久,他在中央政治局常委会上强调,"政治体制改革同经济体制改革应该相互依赖,相互配合。只搞经济体制改革,不搞政治体制改革,经济体制改革也搞不通"[2]。在筹备召开党的十三大时,党中央认为把政治体制改革提上全党工作日程的时机已经成熟。十三大提出"关于政治体制改革"的整体方案,并指导了其后的简政放权、政府机构改革、公务员制度建立,以及民主法制建设等。尽管发生了政治风波,但推进政治体制改革并没有因此而动摇。1989年5月31日,邓小平在同两位中央负责同志谈话时说:"改革开放政策不变,几十年不变,一直要讲到底。……要继续贯彻执行十一届三中全会以来的路线、方针、政策,连语言都不变。十三大政治报告是经过党的代表大会通过的,一个字都不能动。"[3]关于政治体制改革的思想史和实践史都表明,那种关于改革开放只有经济体制改革而没有政治体制改革的评论,是不符合改革开放历史发展实际的,因此也是站不住脚的。

---

[1] 《邓小平文选》第3卷,人民出版社1993年版,第160页。
[2] 《邓小平文选》第3卷,人民出版社1993年版,第164页。
[3] 《邓小平文选》第3卷,人民出版社1993年版,第296页。

三、编修改革开放史的若干思考

关于党的十二届三中全会通过《关于经济体制改革的决定》至 1991 年底治理整顿完成这段历史的研究和编纂,在 20 世纪 80 年代中期逐步展开。以庆祝中华人民共和国成立 40 周年为契机,一批综合性的国史著作出版问世,并且相当一部分著述以中共党史、中国当代史的面貌出现,其中具有代表性的著作是胡绳主编的《中国共产党的七十年》(中共党史出版社 1991 年版)。20 世纪 90 年代以来,国史研究深入发展,对这段历史的研究也不断拓展和深化,如何沁的《中华人民共和国史》(高等教育出版社 1999 年版)、陈明显的《中华人民共和国史教程》(中国人民大学出版社 1993 年、2009 年版)、有林主编的《中华人民共和国国史通鉴》(红旗出版社 1993 年版)等,《当代中国》丛书各卷对这段历史也以专题史或地方史的形式作了阐述。同时,关于这段历史的文献整理与研究,特别是《十二大以来重要文献选编》(人民出版社 1986 年版)、《十三大以来重要文献选编》(人民出版社 1993 年版),以及《邓小平文选》《陈云文选》《江泽民文选》等,不仅奠定第一手的史料基础,而且蕴含着党的创新理论成果,对于研究和编纂这段历史具有重要指导意义。

这一历史阶段,改革开放任务尖锐复杂、艰巨繁重,改革开放实践艰辛探索、砥砺前行,改革开放历史进程波澜壮阔、成就巨大。然而,已有研究成果大多是把这段历史作为其中的一部分进行表述,而且反映的也只是这段历史的基本脉络与主干。当代中国研究所在《中华人民共和国史稿》(多卷本)(人民出版社、当代中国出版社 2012 年版)的基础上接续研究和编纂改革开放史,并将党的十二届三中全会以来至 1992 年 10 月党的十四大之前的历史设为一卷,就是要把这段历史相对独立出来,并作为专门史或阶段史进行全面而深入的研究和编纂。

编修这段历史,应注重从本体论上认识和把握其发展进程、主要成就和历史经验,并在此基础上比较全面地反映改革开放的面貌,以及在改革开放中中国人民的面貌、社会主义中国的面貌和中国共产党的面貌所发生的历史性变化。通过这一时期的改革发展,人民温饱问题基本解决,向着小康迈进。国家经济建设、人民生活和综合国力都迈上一个大台阶，安定团结的政治局面不断巩固，中国特色社会主义制度显示出强大生命力。

这段历史尽管很短，但由于改革开放全面展开，需要处理和解决的基本矛盾问题已经暴露出来。在这种情况下，改革开放经受住了严峻挑战和考验，积累了重要的历史经验。

第一，坚持改革开放的社会主义方向，推动物质文明和精神文明协调发展。社会主义是改革开放的社会主义，改革开放是社会主义的改革开放。改革开放不是要改变社会主义制度的性质，而是要实现社会主义制度的自我完善和发展。改革开放是解放和发展社会生产力，不仅要大力发展社会主义物质文明，而且要加强社会主义精神文明建设，坚持"两手抓，两手都要硬"。

第二，不断推进党的建设新的伟大工程，在改革开放中加强党的建设，同时加强党对改革开放的领导。党之所以是中国特色社会主义的坚强领导核心，根本在于党的先进性。办好中国的事情，关键在党，一定要把党建设好，对于改革开放也是如此。但党的先进性不是一劳永逸的，这就需要不断推进党的建设新的伟大工程，全面加强党的建设，从严管党治党。党永葆先进性，才能坚持改革开放的正确方向，并领导改革开放不断深入发展。

第三，坚持全面改革和扩大对外开放。协调推进政治体制改革与经济体制改革，以及文化体制、社会体制、科技体制和教育体制等配套改革。不进行政治体制改革，经济体制改革不可能最终取得成功。但改革开放初期，"摸着石头过河"是一突出特点，需要正确处理好改革发展稳定的关系。改革是动力，发展是目的，稳定是改革和发展的前提和基础。改革是包括开放的，开放也是改革。中国要发展起来，需要和平的国际环境，需要发展对外经济技术交流和合作。对外开放是对世界所有国家开放，对各种类型的国家开放。

编修这段历史，应着力围绕党在改革开放历史进程中如何创造性地探索和回答什么是马克思主义、怎样对待马克思主义，什么是社会主义、怎样建设社会主义，建设什么样的党、怎样建设党，实现什么样的发展、怎样发展等重大理论和实践问题，记述中国特色社会主义理论体系的确立和发展，深刻揭示马克思主义中国化、时代化和大众化；同时，围绕党和国家领导制度、体制机制的改革，记述我国根本政治制度、基本政治制度、法律体系、基本经济制度，以及建立在这些制度基础上的经济体制、政治体制、文化体制、社会体制等各项具体制度的建设和发展，深刻揭示中国特色社会主义制度的完善和发展。

遵循历史发展与认识逻辑的统一。将历史发展的阶段性与连续性统一起来，将思想理论的形成与发展放在一定的社会历史条件下和历史发展之中去考察，并以各个阶段的形势、主要任务和重点工作为主题，将经济、政治、文化、社会、生态、国防和军队、外交建设，以及党的建设，从整体上统筹研究，融会贯通，深刻反映各领域之间的内在关系和发展逻辑。

融入"大历史"观念。把这段历史放在新中国成立特别是改革开放以来党史国史中认识和把握，放在中国革命、建设和改革的整个历史进程中正确认识改革开放前和后两个历史时期的辩证统一关系。同时，把党史国史与世界史相联系，注重从世界史角度反映改革开放历史新时期党史国史发展的时代背景、国际因素和世界意义；把党史国史与地方史结合起来，注重从地方史的角度深化和拓展改革开放历史的内涵。

 关于改革发展稳定关系

论坚持马克思主义
在意识形态领域的指导地位*

意识形态工作是党的一项极端重要的工作，事关党的前途命运、国家长治久安和中华民族的凝聚力与向心力。① 中共十九届四中全会通过的《决定》，首次把"坚持马克思主义在意识形态领域指导地位"明确为一项根本制度。② 这一根本制度根源于马克思主义科学揭示人类社会发展规律，集中反映了党在中国革命、建设和改革中发展社会主义先进文化的前进方向、发展道路与基本经验，是建设具有强大凝聚力和引领力的社会主义意识形态、巩固党和人民共同思想基础的根本政治前提、制度基础与保障。

一、党的意识形态工作的极端重要性

马克思主义根据社会基本矛盾科学揭示人类社会发展规律，是我们立党立国的根本指导思想。在社会基本矛盾关系中，生产力和生产关系、经济基础和上层建筑相互作用、相互制约，支配着整个社会发展进程。马克思在《〈政治经济学批判〉序言》中指出："人们在自己生活的社会生产中发生一定的、必然的、不以他们的意志为转移的关系，即同他们的物质生产力的一定发展阶段相适合的生产关系。这些生产关系的总和构成社会

---

* 本文作者宋月红，发表于《当代中国史研究》2020年第1期。
① 《十八大以来重要文献选编》（上），中央文献出版社2014年版，第464页。
② 《中共中央关于坚持和完善中国特色社会主义制度 推进国家治理体系和治理能力现代化若干重大问题的决定》，《人民日报》2019年11月6日。

的经济结构,即有法律的和政治的上层建筑竖立其上并有一定的社会意识形式与之相适应的现实基础。"① 其中,上层建筑包括政治的和思想的上层建筑。意识形态是思想的、观念的上层建筑,在人类社会基本矛盾关系中是内生的、具体的、现实的并指向未来的,是不可或缺的。为此,认识和处理社会基本矛盾,就要认识和把握意识形态。同时,人类社会的意识形态又是多元复杂的,各种社会形态和国家之间存在着意识形态差异甚或对立,彼此相比较而存在甚或斗争。然而,正如列宁所指出的:"任何思想体系都是受历史条件制约的,可是,任何科学的思想体系(例如不同于宗教的思想体系)都和客观真理、绝对自然相符合,这是无条件的。"② 因此,先进的意识形态总是在相应历史时期推动和引领人类社会向前发展的,这是人类文明发展进步的思想基础与精神动力之所在。

马克思主义将社会主义由空想变成科学、由理想变成现实,并指导社会主义意识形态建设和发展。社会主义意识形态,坚持以马克思主义为指导,科学揭示人类社会发展方向、前途命运和规律,系统回答关于什么是社会主义、怎样建设社会主义等一系列重大理论和实践问题,繁荣发展社会主义先进文化和精神文明,巩固和增强社会主义的思想政治基础。中国特色社会主义是科学社会主义理论逻辑和中国社会发展历史逻辑的辩证统一。恩格斯指出:"历史从哪里开始,思想进程也应当从哪里开始,而思想进程的进一步发展不过是历史过程在抽象的、理论上前后一贯的形式上的反映。"③ 开创、坚持和发展中国特色社会主义,使我国社会主义制度和治理体系不断巩固、成熟和完善,道路越走越宽广,前景更加光明。建立在这一基础之上的社会主义意识形态,是建设具有强大生命力和创造力的社会主义物质文明、政治文明、精神文明、社会文明和生态文明的思想政治基础,是理想信念、价值理念、道德观念的有机统一。

意识形态关乎旗帜、道路和国家政治安全。马克思指出:"如果从观

---

① 《马克思恩格斯全集》第31卷,人民出版社1998年版,第412页。
② 《列宁全集》第18卷,人民出版社1988年版,第137页。
③ 《马克思恩格斯文集》第2卷,人民出版社2009年版,第603页。

念上来考察，那么一定的意识形式的解体足以使整个时代覆灭。"① 习近平总书记也指出："一个政权的瓦解往往是从思想领域开始的，政治动荡、政权更迭可能在一夜之间发生，但思想演化是个长期过程，思想防线被攻破了，其他防线就很难守住。"② 苏东剧变就是前车之鉴。社会主义意识形态工作是为国家立心、为民族立魂的。我国处于并将长期处于社会主义初级阶段，立足这个最大的国情实际，我们要牢牢坚持党的基本路线这个党和国家的生命线、人民的幸福线，在坚持以经济建设为中心、集中精力进行经济建设的同时，一刻也不能放松和削弱意识形态工作。

二、新中国国家制度和治理体系与社会主义意识形态建设的历史逻辑

党在领导人民进行革命、建设和改革的伟大历史进程中，围绕自我革命和推进社会革命，开辟和拓展了新民主主义革命道路、社会主义革命道路、社会主义建设道路和中国特色社会主义道路。党把马克思主义国家学说与新中国建设和发展的具体实际相结合，艰辛探索建设一个什么样的新中国、怎样建设新中国，从理论与实践的结合上系统回答了什么是马克思主义、怎样对待马克思主义，什么是社会主义、怎样建设社会主义，建设一个什么样的党、怎样建设党，实现什么样的发展、怎样发展，新时代坚持和发展什么样的中国特色社会主义、怎样坚持和发展中国特色社会主义，科学揭示党的领导与新中国创立、建设和发展的历史逻辑、政治逻辑、理论逻辑和实践逻辑及其辩证统一，新中国的基本国情、发展道路和进步方向，新中国从哪里来、到哪里去，新中国的国体、政体和基本制度，新中国的建设和发展及其经验，以及新中国与世界的关系，特别是新中国在世界社会主义运动和人类社会发展中的地位、贡献与作用，形成、丰富和发展社会主义意识形态。

---

① 《马克思恩格斯文集》第 8 卷，人民出版社 2009 年版，第 170 页。
② 《十八大以来重要文献选编》（上），中央文献出版社 2014 年版，第 465 页。

（一）把科学社会主义理论与新民主主义革命道路结合起来，创建并确立新中国的国体，奠定新中国的根本前提和发展方向

《共产党宣言》科学揭示了资本主义必然灭亡、社会主义必然胜利的历史发展大势与客观规律以及阶级、政党与国家之间的关系，特别是马克思主义政党的先进品格、政治立场和崇高理想，为世界社会主义指明了前进方向。《共产党宣言》指出："共产党人为工人阶级的最近的目的和利益而斗争，但是他们在当前的运动中同时代表运动的未来。"① 马克思、恩格斯科学预见了"中国社会主义"的出现，并以"中华共和国"为他们心中的新中国命名。② 中国共产党领导人民进行新民主主义革命并取得胜利，彻底结束了旧中国半殖民地半封建社会的悲惨历史，建立了新中国，开辟了中华民族伟大复兴的历史新纪元。

历史地看，新中国实行什么样的国体，源自中国共产党在新民主主义革命中推进马克思主义中国化，形成和确立毛泽东思想，开辟和拓展新民主主义革命道路，特别是中国共产党根据中国社会各阶级的分析、中国革命的具体实际，面向建立一个什么样的新中国、新社会和实现社会主义而不断探索和发展。在新中国成立前夕，毛泽东总结新民主主义革命历程和经验，于1949年6月30日发表《论人民民主专政》，指出：总结"中国人民已经取得的主要的和基本的经验"，"集中到一点，就是工人阶级（经过共产党）领导的以工农联盟为础的人民民主专政"。③ 具有新中国临时宪法性质的《中国人民政治协商会议共同纲领》（以下简称《共同纲领》）规定："中华人民共和国为新民主主义即人民民主主义的国家，实行工人阶级领导的，以工农联盟为基础的、团结各民主阶级和国内各民族的人民民主专政。"④ 以《论人民民主专政》为标志，中国共产党创建并确立了新中国人民民主专政的国体，奠定了新中国的立国之本和制度之基。

---

① 《共产党宣言》，人民出版社2014年版，第64页。
② 《马克思恩格斯全集》第10卷，人民出版社1998年版，第277—278页。
③ 《毛泽东选集》第4卷，人民出版社1991年版，第1472、1480页。
④ 《建国以来重要文献选编》第1册，中央文献出版社1992年版，第2页。

(二)根据新民主主义向社会主义过渡的历史必然性，创造性地开辟出一条适合中国特点的社会主义改造的道路，将新中国建设成为一个实行社会主义制度、走社会主义道路的国家

新民主主义相对于社会主义是"一个过渡性质的阶段"，必然是要走向社会主义的。即使在新中国成立时，《共同纲领》规定"以新民主主义即人民民主主义为中华人民共和国建国的政治基础"，但这并不是要否定新中国"向更高级的社会主义和共产主义阶段发展"，而是要"更加郑重地看待它"，"应该经过解释、宣传特别是实践来证明给全国人民看"，"只有全国人民在自己的实践中认识到这是唯一的最好的前途，才会真正承认它，并愿意全心全意为它而奋斗"。而且，《共同纲领》中"经济的部分里面，已经规定要在实际上保证向这个前途走去"。[1]新中国成立时，一方面要继续完成新民主主义革命的历史遗留任务，打破旧的国家机器，建立并巩固新中国的国家机器；另一方面则是要从根本和长远意义上实现社会主义革命、建立社会主义社会。党根据新中国成立之初社会主要矛盾的转化，从国家独立和富强迫切需要发展社会主义工业化的实际出发，在迅速恢复国民经济的基础上提出了"一化三改"过渡时期总路线。[2]这一过渡时期总路线，是新中国从新民主主义发展到社会主义的指导原则与方向；由新民主主义向社会主义过渡，则是新中国走社会主义道路的历史必然和必经阶段；实现这一过渡的过程，不仅是社会主义改造的过程，而且是新中国确立社会主义基本制度、开始探索社会主义建设的过程，使得新中国发生了自成立以来最广泛最深刻的社会变革，把新中国从一个落后的东方大国建设成为社会主义国家，开始全面探索适合本国国情的社会主义建设道路，并开启了以"四个现代化"为战略目标的社会主义现代化国家建设的历史进程。

---

[1] 《建国以来重要文献选编》第1册，中央文献出版社1992年版，第1—2、16—17页。
[2] 《建国以来重要文献选编》第4册，中央文献出版社1993年版，第618页。

（三）不断推进马克思主义中国化，进行改革开放和社会主义现代化建设，探索和回答什么是社会主义、怎样建设社会主义，确立社会主义初级阶段基本路线，创立和发展中国特色社会主义理论体系，推进国家治理体系和治理能力现代化

在人类社会发展史上，社会主义具有制度的先进性和优越性，是历史发展的必然，前途光明，但道路是曲折复杂的。党领导人民进行社会主义建设，波澜壮阔、艰辛探索，既有宝贵经验，也有深刻教训。改革开放以来，党围绕社会主义的本质问题，探索和回答什么是社会主义、怎样建设社会主义，推进改革开放和社会主义现代化建设事业向前发展。邓小平指出："社会主义的本质，是解放生产力，发展生产力，消灭剥削，消除两极分化，最终达到共同富裕。"[①] 党正确认识我国社会所处的历史发展阶段，指出我国正处在社会主义的初级阶段，这"既不是马克思主义创始人设想的在资本主义高度发展的基础上建设社会主义，也不完全相同于其他社会主义国家。照搬书本不行，照搬外国也不行，必须从国情出发，把马克思主义基本原理同中国实际结合起来，在实践中开辟有中国特色的社会主义道路"[②]。在这一日益广泛而深刻的社会实践中，党坚持马克思主义的思想路线、政治路线和组织路线，不断推进马克思主义中国化，确立、坚持和完善社会主义初级阶段基本路线，并在继承与发展中赋予新中国国家理论新的时代内涵。它深刻蕴涵在中国特色社会主义发展道路、理论体系和基本制度之中，鲜明而集中地彰显在改革开放和社会主义现代化建设实践之中，具体而生动地表现为以马克思主义基本原理、马克思主义中国化理论成果为指导思想，加强和改善党的领导，同时立足于社会主义初级阶段，根据社会主要矛盾及其发展变化，坚持党的基本路线不动摇，为把新中国建设成为社会主义现代化国家而奋斗。

改革开放以来，新中国建设和发展的鲜明特征是改革开放，中国特色社会主义在改革开放中开创、发展。在改革开放问题上，党探索和回答

[①] 《邓小平文选》第3卷，人民出版社1993年版，第373页。
[②] 《十三大以来重要文献选编》（上），人民出版社1991年版，第11页。

了为什么要改革开放、怎样改革开放，改革开放的方向、目的和任务是什么，指出"社会主义要消灭贫穷。贫穷不是社会主义，更不是共产主义"[①]，中国特色社会主义是改革开放的社会主义，改革开放是中国特色社会主义的改革开放。党关于新中国的国家理论，在推进马克思主义中国化中继承、丰富和发展，并在党情、国情和世情的深刻变化中与时俱进、不断创新发展。

坚持和发展中国特色社会主义，是当代中国一切发展进步的根本方向。党的十八大以来，中国特色社会主义进入新时代，我国社会主要矛盾已经转化为人民日益增长的美好生活需要和不平衡不充分的发展之间的矛盾。立足新时代，认识和解决这一社会主要矛盾，党形成和确立了习近平新时代中国特色社会主义思想。这是坚持和发展中国特色社会主义的根本遵循，是党治国理政必须长期坚持的指导思想。为中国人民谋幸福，为中华民族谋复兴，是中国共产党人的初心和使命，也是党领导新中国从哪里来、到哪里去的鲜明写照，是建设一个什么样的新中国、怎样建设新中国的时代主题与本质特征。

（四）把马克思主义关于世界历史的思想坚持和运用到构建人类命运共同体之中，全面深化改革，不断扩大对外开放，积极参与全球治理，为解决人类社会发展问题提供中国方案和中国智慧

在马克思主义关于世界历史思想的指导下，党坚持马克思主义国家学说和科学社会主义基本理论，深化和拓展中国与世界、中华文明与人类文明、中华民族精神与人类发展进步、中华民族伟大复兴与人类命运共同体、和平与发展的理论与实践，以及总体国家安全观与国际秩序和国际关系准则等的深刻内涵，对于世界社会主义发展、人类社会发展具有深远意义。

中国的发展离不开世界，世界的发展也越来越需要中国。社会主义新中国的建设和发展，是世界社会主义的重要组成部分，是党对共产党执政规律、社会主义建设规律和人类社会发展规律的坚持、运用和发展。在党

[①] 《改革开放三十年重要文献选编》（上），中央文献出版社 2008 年版，第 335 页。

关于新中国的国家理论中，党的建设的经验与规律，不仅是党自身思想理论的基础，而且是党领导国家建设和发展的思想理论源泉，是党关于新中国国家理论的核心内涵与精神实质，而这一理论的丰富和发展，离不开党科学总结世界社会主义运动，深入研究马克思主义政党建设的基本规律和世界各国政党治国理政的有益经验。关于当代中国坚持和发展中国特色社会主义，党关于新中国的国家理论指出，中国特色社会主义是植根于中国大地、反映中国人民意愿、适应中国和时代发展进步要求的科学社会主义。世界各国发展道路不同，党关于新中国国家理论启示：道路决定命运，但世界上没有一个国家、民族能够照搬别国道路实现发展，也没有一种一成不变的道路可以引导所有国家、民族实现发展，一个国家、民族的发展必须走符合本国国情的道路，才有可能走向成功。

社会主义新中国的建设和发展，是党站在世界历史和人类社会和平发展进步事业的高度，在领导人民进行新中国建设和发展中，继承和发展中华文明、中华民族精神，吸收和借鉴世界各国优秀文明成果，为世界做出越来越多的贡献。党始终坚持独立自主的和平外交政策，坚定维护国家主权和领土完整，倡导和推动中华文明与世界各国文明交流互鉴，坚持互利共赢，不断拓展同世界各国的合作。习近平总书记指出：只有在整个人类发展的历史长河中，才能透视出历史运动的本质和时代发展的方向。中国特色社会主义进入新时代，鲜明昭示中国特色社会主义伟大旗帜"在世界上高高举起"，而且"拓展了发展中国家走向现代化的途径，给世界上那些既希望加快发展又希望保持自身独立性的国家和民族提供了全新选择"。① 新中国的建设和发展，为解决人类社会发展问题提供了中国方案和中国智慧，推进了中华文明与世界文明的交流和发展。

三、党的十八大以来意识形态工作的基本经验

党的十八大以来，在习近平新时代中国特色社会主义思想指导下，以

---

① 习近平：《决胜全面建成小康社会 夺取新时代中国特色社会主义伟大胜利——在中国共产党第十九次全国代表大会上的讲话》，《人民日报》2017年10月28日。

政治建设为统领，全面加强党的建设、改善党的领导，坚持以人民为中心的发展思想，统筹推进"五位一体"总体布局，协调推进"四个全面"战略布局，增强"四个意识"，坚定"四个自信"，做到"两个维护"，完善和发展中国特色社会主义制度，推进国家治理体系和治理能力现代化。[①] 高举中国特色社会主义伟大旗帜，巩固马克思主义在意识形态领域的指导地位，巩固全党全国人民团结奋斗的共同思想基础，建设具有强大凝聚力和引领力的社会主义意识形态，建设具有强大生命力和创造力的社会主义精神文明，建设具有强大感召力和影响力的中华文化软实力，党的意识形态工作积累了十分宝贵的历史经验。

深入学习贯彻习近平新时代中国特色社会主义思想，高举中国特色社会主义伟大旗帜，不断推进马克思主义中国化时代化大众化，以政治建设为统领，不断加强理论武装，在思想、政治和行动上坚持党的全面领导。坚持学懂弄通做实，推动党的创新理论学习往深里走、往实里走、往心里走。推进理论与实践相结合，加强理论建设和研究，深化研究重大理论问题、重大现实问题和重大实践经验，坚持和完善中国特色社会主义制度，推进国家治理体系和治理能力现代化，科学探索共产党执政规律、社会主义建设规律和人类社会发展规律。

坚持思想工作"两个巩固"的根本任务，着力巩固马克思主义在意识形态领域的指导地位，着力巩固全党全国人民团结奋斗的共同思想基础。坚持以人民为中心，弘扬民族精神和时代精神，推动社会主义文化繁荣兴盛，建设社会主义文化强国。开展"不忘初心、牢记使命"主题教育，推动理想信念教育常态化、制度化。培育和践行社会主义核心价值观，构筑中国精神、中国价值、中国力量，为人民提供精神指引，丰富人民精神世界，增强人民精神力量，满足人民精神需求。

坚持党管意识形态，加强对意识形态工作的统一领导。坚持党对意识形态工作的领导权、主导权和话语权，把思想建党和制度治党结合起来，

[①] 习近平：《决胜全面建成小康社会 夺取新时代中国特色社会主义伟大胜利——在中国共产党第十九次全国代表大会上的讲话》，《人民日报》2017年10月28日。

把做好意识形态工作、宣传思想工作摆在全局工作的重要位置,正确认识和把握意识形态领域的方向性、根本性和全局性问题,充分发挥制度体制优势,坚定维护以政权安全、制度安全为核心的国家政治安全。坚持把解决思想问题同解决实际问题结合起来,不断增强社会主义意识形态的凝聚力和引领力。坚持把社会效益放在首位,深化文化体制改革,推动文化产业高质量发展。

坚持党管宣传、党管媒体,巩固和发展主流意识形态。把握正确思想舆论导向,坚持以立为本、立破并举,掌握意识形态形势和动态,唱响主旋律,壮大正能量,做大做强主流思想舆论,推动宣传思想工作不断强起来。坚持马克思主义新闻观,坚持党的新闻舆论工作的正确政治方向,推动融媒体发展、媒体差异化发展,提高新闻舆论传播力、引导力、影响力和公信力。全面落实"两个所有",即"所有从事新闻信息服务、具有媒体属性和舆论动员的传播平台都要纳入管理范围,所有新闻信息服务和相关业务从业人员都要实行准入管理"[1],切实维护意识形态安全和文化安全。

坚持马克思主义在哲学社会科学领域的指导地位。习近平总书记指出:"坚持以马克思主义为指导,是当代中国哲学社会科学区别于其他哲学社会科学的根本标志。""马克思主义关于世界的物质性及其发展规律、人类社会及其发展规律、认识的本质及其发展规律等原理,为我们研究把握哲学社会科学各个学科各个领域提供了基本的世界观、方法论。"[2]坚持用中国理论阐释中国实践,用中国实践升华中国理论。加快构建中国特色哲学社会科学,推动党的理论创新成果的学理化、哲学社会科学话语体系大众化和中国话语国际化,积极推进中国特色哲学社会科学学科体系、学术体系和话语体系建设,加强中国特色新型智库建设。

营造风清气正的网络空间,建设良好网络生态。把网上舆论工作作为宣传思想工作的重中之重,加强互联网内容建设和网络综合治理体系建设,自主创新推进网络强国建设。坚持积极利用、科学发展、依法管理、

---

[1] 《党的十九大报告辅导读本》,人民出版社 2017 年版,第 319 页。
[2] 习近平:《在哲学社会科学工作座谈会上的讲话》,人民出版社 2016 年版,第 8、11 页。

确保安全的方针，完善互联网管理领导体制，依法加强网络社会管理和网络新技术新应用的管理，引导互联网行业自律。加强内容监管，建立健全舆情收集反馈机制，教育引导网民遵守互联网秩序，依法上网、文明上网。

落实意识形态工作责任制。把意识形态工作作为党的建设和政权建设的重要内容，纳入重要议事日程，纳入党建工作责任制，纳入领导班子、领导干部目标管理，按照属地管理、分级负责和谁主管谁负责的原则，各级党委（党组）对意识形态工作负总责，党组织书记是第一责任人，分管领导是直接责任人，其他班子成员"一岗双责"，不断提高政治站位，把握好正确舆论导向，强化责任担当，切实担负起政治责任和领导责任，巩固意识形态阵地。

坚持讲好中国故事、传播好中国声音。讲好中国故事，注重塑造我国的国家形象，重点展示文明大国形象、东方大国形象、负责任大国形象和社会主义大国形象，引导国际社会客观认识真实立体全面的中国。构建对外话语体系，加强国际传播能力建设，增强国际话语权和对外话语的创造力、感召力、公信力，鲜明展现中国思想、响亮提出中国主张，推动文明交流互鉴。

注意区分政治原则问题、思想认识问题、学术观点问题，旗帜鲜明反对和抵制各种错误观点，牢牢掌握意识形态工作主动权。坚持实事求是，具体问题具体分析，不把政治原则问题、思想认识问题、学术观点问题混淆起来；是什么问题就解决什么问题，既不能把小事说大、搞"泛政治化"，也不能把大事说小，搞"去意识形态化"。明辨真假、是非，反对和抵制各种错误思潮、观点的干扰和破坏，敢于并善于举旗亮剑，正确引领社会思潮，积极营造健康思想舆论环境。

坚持和发展中国特色社会主义，是当代中国一切发展进步的根本方向，也是社会主义意识形态建设的根本实践基础。坚持和完善中国特色社会主义制度，推进国家治理体系和治理能力现代化，必将不断推进社会主义意识形态建设，不断巩固和增强党和人民团结奋斗的共同思想基础，为实现中华民族伟大复兴提供强大思想保证和不竭精神动力。

全面从严治党战略思想的确立与发展[*]

党的十八届六中全会是在全面建成小康社会决胜阶段召开的一次十分重要的会议。全会专题研究全面从严治党问题，确立习近平同志为党中央的核心、全党的核心，审议通过《党内政治生活准则》和《党内监督条例》，进一步从制度上加强和规范了新形势下党内政治生活和党内监督，丰富和发展了全面从严治党战略思想。全面从严治党是推进党的建设新的伟大工程的必然要求，是党在新形势下进行具有许多新的历史特点的伟大斗争的根本保证，是党的十八大以来党的建设的鲜明主题。

一、党的十八大关于党的建设的基本精神，巩固和增强了从严治党的思想理论基础

党的十八大精神，概括起来就是坚持和发展中国特色社会主义。中国共产党是中国特色社会主义事业的领导核心。坚持和发展中国特色社会主义，必须始终坚持党的领导、加强和改善党的领导。在党的建设上，党的十八大指出要以改革创新精神全面推进党的建设新的伟大工程，全面提高党的建设科学化水平。

党的十八大坚持从严治党的党的建设的根本方针，总结从严治党的实践经验，根据党情、国情的深刻变化和世情的深刻变革，提出要"建设学习型、服务型、创新型的马克思主义执政党"。为此，党的十八大强调，

---

* 本文作者宋月红，发表于《当代中国史研究》2017年第1期。

要牢牢把握加强党的执政能力建设、先进性和纯洁性建设的主线，既要坚持解放思想、改革创新，又要坚持党要管党、从严治党，全面加强党的思想建设、组织建设、作风建设、反腐倡廉建设、制度建设，增强自我净化、自我完善、自我革新、自我提高能力。这是马克思主义政治路线、思想路线、组织路线和群众路线在党的建设中的基本遵循和实践要求，深刻揭示了党的建设规律和党的执政规律的有机统一。一方面，始终保持党的先进性和纯洁性，增强党的创造力、凝聚力和战斗力，不断提高党的领导水平和科学执政、民主执政、依法执政的水平；另一方面，不断提高拒腐防变和抵御风险的能力，居安思危、勇于进取，使党始终走在时代前列。

治国必先治党，治党务必从严。管党治党既是党的建设的基础与前提，又是党的建设的重要组成部分，只有从严治党才能建设好党。全面加强党的思想建设、组织建设、作风建设、反腐倡廉建设、制度建设，也就蕴涵着要从这些方面加强管党治党。党的十八大就新时期党的建设提出了八个方面的经验与原则，概括起来主要是：坚定对马克思主义的信仰、对社会主义和共产主义的信念；坚持以人为本、执政为民，任何时候都要把人民利益放在第一位，始终保持党同人民群众的血肉联系；坚持民主集中制，积极发展党内民主；坚持党管干部原则，深化干部人事制度改革，建设高素质执政骨干队伍；坚持党管人才原则，把各方面优秀人才集聚到党和国家事业中来；创新基层党建工作，夯实党执政的组织基础；坚定不移反对腐败，永葆共产党人清正廉洁的政治本色；严明党的纪律，自觉维护党的集中统一。

党的十八大通过《中国共产党章程（修正案）》，将十八大关于党的建设的基本精神写入党章，规定："加强党的执政能力建设、先进性和纯洁性建设"，"整体推进党的思想建设、组织建设、作风建设、反腐倡廉建设、制度建设，全面提高党的建设科学化水平"，"建设学习型、服务型、创新型的马克思主义执政党"，"全党要用邓小平理论、'三个代表'重要思想、科学发展观和党的基本路线统一思想，统一行动"。党章丰富和发展党的思想路线，把"求真务实"同解放思想、实事求是、与时俱进相并列，并在坚持民主集中制中增写了尊重党员主体地位、加强对主要领导干部监督的内容。党章对党的建设的基本要求的充实，深化了党对马克思主义执政党建设规律的认识，以党内根本大法的形式巩固和增强了从严治党的思想理论基础。

二、"全面从严治党"的提出及其在"四个全面"战略布局中的地位与作用

以习近平同志为核心的党中央全面贯彻落实党的十八大精神，把"全面推进党的建设新的伟大工程"作为要突出抓好的六个方面的工作之一。习近平总书记指出："新形势下，我们党的自身建设面临一系列新情况新问题新挑战，落实党要管党、从严治党的任务比以往任何时候都更为繁重、更为紧迫。我们必须以更大的决心和勇气抓好党的自身建设，确保党在世界形势深刻变化的历史进程中始终走在时代前列，在应对国内外各种风险和考验的历史进程中始终成为全国人民的主心骨，在发展中国特色社会主义的历史进程中始终成为坚强的领导核心。"[①] 这一重要论述深刻回答了党要管党、从严治党与党的建设的内在联系，指明党的建设的根本目标与方向。他还强调，党要管党，才能管好党；从严治党，才能治好党。2013年6月至2014年10月，全党自上而下分两批开展了以"为民、务实、清廉"为主要内容的党的群众路线教育实践活动，为进行具有许多新的历史特点的伟大斗争作了思想上、组织上、作风上的重要准备，对于探索新形势下从严治党的特点和规律发挥了重要作用。习近平总书记在总结大会上指出：从严是我们做好一切工作的重要保障。我们共产党人最讲认真，讲认真就是要严字当头，做事不能应付，做人不能对付，而是要把讲认真贯彻到一切工作中去，作风建设如此，党的建设如此，党和国家一切工作都如此。他说，从严治党必须具体地而不是抽象地、认真地而不是敷衍地落实到位。他还就新形势下坚持从严治党强调，落实从严治党责任，坚持思想建党和制度治党紧密结合，从严治党必须从党内政治生活严起，从严治党重在从严管理干部，持续深入改进作风，严明党的纪律，发挥人

---

① 习近平：《全面贯彻落实党的十八大精神　要突出抓好六个方面工作》，《求是》2013年第1期。

民监督作用，深入把握从严治党规律。在总结党的群众路线教育实践活动及其成果的基础上，习近平总书记丰富和发展了从严治党的思想，并形成具有时代特点的系统化、规律性的思想认识成果。他强调，要增强从严治党的系统性、预见性、创造性和实效性，使从严治党的一切努力都集中到增强党自我净化、自我完善、自我革新、自我提高能力上来，集中到提高党的领导能力和执政能力、保持和发展党的先进性和纯洁性上来。

全面从严治党作为从严治党的新要求、新发展、新境界，是习近平总书记2014年12月13日至14日在江苏调研时提出的，并与全面建成小康社会、全面深化改革、全面依法治国相结合而形成"四个全面"战略布局。他指出：协调推进全面建成小康社会、全面深化改革、全面依法治国、全面从严治党，推动改革开放和社会主义现代化建设迈上新台阶。他还强调，全面从严治党是推进党的建设新的伟大工程的必然要求。从严治党的重点在于从严管理干部，要做到管理全面、标准严格、环节衔接、措施配套、责任分明。2014年12月31日，全国政协召开新年茶话会，习近平总书记在会上发表讲话，进一步强调了"四个全面"。由此，"四个全面"战略布局首次载入党的文献。

党的十八大以来，从坚持和发展中国特色社会主义全局出发，提出并形成"四个全面"战略布局。2015年1月23日，习近平总书记在主持十八届中央政治局第二十次集体学习时指出："四个全面"是当前党和国家事业发展中必须解决好的主要矛盾。为学习贯彻党的十八届四中全会精神，中央就全面推进依法治国举办省部级主要领导干部专题研讨班。习近平总书记在开班式上发表讲话指出："四个全面"战略布局，既有战略目标，也有战略举措，每一个"全面"都具有重大战略意义。全面建成小康社会是战略目标，全面深化改革、全面依法治国、全面从严治党是三大战略举措，对实现全面建成小康社会战略目标来说一个都不能缺。不全面深化改革，发展就缺少动力，社会就没有活力。不全面依法治国，国家生活和社会生活就不能有序运行，就难以实现社会和谐稳定。不全面从严治党，党就做不到"打铁还需自身硬",也就难以发挥好领导核心作用。①"四个全面"战略布局是相辅相成、相互促进、相得益彰的。

从思想史的角度看,其一,"从严治党"思想是"全面从严治党"思想的核心内容和精神实质,是"全面从严治党"思想提出的历史基础;"全面从严治党"思想是"从严治党"思想合乎逻辑的发展,是马克思主义政党理论与中国共产党进行具有许多新的历史特点的伟大斗争、推进党的建设新的伟大工程的有机结合和高度统一。其二,思考和回答如何将从严治党落到实处,以及什么是全面的从严治党的任务,是"全面从严治党"思想形成的重要基础。习近平总书记在2014年11月2日指出:从严治党不能只当口号喊,必须体现到党组织和党员、干部一切工作和活动中。他说,改进作风是从严治党的重要内容,但不是全部内容。如果认为改进了作风就等于完成了从严治党任务,那是不全面的。其三,全面的和相互联系的辩证思维方法,是"从严治党"思想发展到"全面从严治党"思想的方法论基础。

习近平总书记对全面从严治党战略思想作了系统论述。2016年1月12日,他在十八届中央纪律检查委员会第六次全体会议上的讲话中指出:全面从严治党,核心是加强党的领导,基础在全面,关键在严,要害在治。他进一步阐明,"全面"就是管全党、治全党,覆盖党的建设各个领域、各个方面和各个部门,重点是抓住"关键少数"。"严"就是真管真严、敢管敢严、长管长严。"治"就是从党中央到省市县党委,从中央部委、国家机关部门党组(党委)到基层党支部,都要肩负起主体责任,各级纪委要担负起监督责任。

三、全面从严治党,首先要从党内政治生活严起

党内政治生活的性质、在党的建设中的重要地位与作用,决定了全面从严治党首先要从党内政治生活严起。习近平总书记指出:一个班子强不强、有没有战斗力,同有没有严格的党内生活密切相关。一个领导干部强不强、威信高不高,也同是否经受过严格的党内生活锻炼密切相关,因为

---

① 《习近平关于协调推进"四个全面"战略布局论述摘编》,中央文献出版社2015年版,第17页。

党性是立身、立业、立言、立德的基石,必须在严格的党内生活锻炼中不断增强。坚定理想信念,坚持求真务实,坚持清正严明,需要广大党员和干部从自身做起、从现在做起,也需要严格的党内政治生活来规制和引导。2014年8月27日,他在听取兰考县和河南省党的群众路线教育实践活动情况汇报时指出:严格党内政治生活是党增强自我净化、自我完善、自我革新、自我提高能力的重要途径。抓住了严格党内政治生活这个关键点,也就抓住了解决党内矛盾和问题的钥匙。他在党的群众路线教育实践活动总结大会上的讲话中明确指出,从严治党必须从党内政治生活严起。从严治党,最根本的就是要使全党各级组织和全体党员、干部都按照党内政治生活准则和党的各项规定办事。严肃党内政治生活贵在经常、重在认真、要在细节。2016年6月28日,习近平总书记在十八届中央政治局第三十三次集体学习时强调,严肃党内政治生活、净化党内政治生态,是党的建设中带有根本性、基础性的问题,关乎党的团结统一,关乎党的生死存亡。他在党的十八届六中全会上进一步指出:严肃党内政治生活是全面从严治党的基础。党要管党,首先要从党内政治生活管起;从严治党,首先要从党内政治生活严起。

党的十八届六中全会总结党开展党内政治生活的历史经验,分析全面从严治党面临的形势和任务,认为办好中国的事情,关键在党,关键在党要管党、从严治党。习近平总书记在全会第一次全体会议上指出:党和人民事业发展到什么阶段,全面从严治党就要跟进到什么阶段,坚持严字当头,把严的要求贯穿管党治党全过程,以自我革命的政治勇气着力解决党内存在的突出问题,做到管党有方、治党有力、建党有效。

从党内政治生活严起,一方面要进一步提高对党内政治生活的政治性、原则性、战斗性的认识,反对党内政治生活庸俗化、随意性、平淡化倾向和自由主义、好人主义;另一方面要把纪律规矩立起来、严起来,让党内政治生活有规可依、有章可循。也就是说,从党内政治生活严起,同样要把思想建党和制度治党统一起来。党的十八届六中全会的重要理论贡献在于,一是对党内政治生活做出系统论述。这体现在如下十二个方面:坚定理想信念是开展党内政治生活的首要任务;党在社会主义初级阶段的基本路线是党内政治生活正常开展的根本保证；坚决维护党中央权威、保证全党令行禁止，是加强和规范党内政治生活的重要目的；纪律严明是党内政治生活的重要内容；必须把坚持全心全意为人民服务的根本宗旨、保持党同人民群众的血肉联系作为加强和规范党内政治生活的根本要求；民主集中制是党内政治生活正常开展的重要制度保障；党内民主是党内政治生活积极健康的重要基础；坚持正确选人用人导向，是严肃党内政治生活的组织保证；党的组织生活是党内政治生活的重要内容和载体；批评和自我批评是加强和规范党内政治生活的重要手段；监督是加强和规范党内政治生活的重要举措；建设廉洁政治，坚决反对腐败，是加强和规范党内政治生活的重要任务。二是丰富和发展了对党内监督的认识。全会认为，党内监督要围绕统筹推进"五位一体"总体布局和协调推进"四个全面"战略布局，尊崇党章，依规治党，坚持党内监督和人民群众监督相结合，增强党在长期执政条件下自我净化、自我完善、自我革新、自我提高能力；党内监督没有禁区、没有例外；各级党组织应把信任激励同严格监督结合起来，促使党的领导干部做到有权必有责、有责要担当，用权受监督、失责必追究；党内监督要贯彻民主集中制，依规依纪进行，强化自上而下的组织监督，改进自下而上的民主监督，发挥同级相互监督作用；党内监督的任务是确保党章党规党纪在全党有效执行，维护党的团结统一，重点解决党的领导弱化、党的建设缺失、全面从严治党不力，党的观念淡漠、组织涣散、纪律松弛，管党治党宽、松、软问题，保证党的组织充分履行职能、发挥核心作用，保证全体党员发挥先锋模范作用，保证党的领导干部忠诚干净担当；党内监督的主要内容是遵守党章党规和国家宪法法律，维护党中央集中统一领导，坚持民主集中制，落实全面从严治党责任，落实中央八项规定精神，坚持党的干部标准，廉洁自律、秉公用权，完成党中央和上级党组织部署的任务等情况；党内监督的重点对象是党的领导机关和领导干部特别是主要领导干部；要建立健全党中央统一领导，党委（党组）全面监督，纪律检查机关专责监督，党的工作部门职能监督，党的基层组织日常监督，党员民主监督的党内监督体系。

党的十八届六中全会深化对全面从严治党规律的认识，深入贯彻习近平总书记系列重要讲话精神和党中央治国理政新理念新思想新战略，坚定推进全面从严治党，坚持思想建党和制度治党紧密结合，把继承传统和改革创新相结合，把总结自身经验和借鉴世界其他政党经验相结合，通过《党内政治生活准则》和《党内监督条例》，加强和规范党内政治生活和党内监督，推动党内政治生活和党内监督的制度化、规范化和程序化，增强了全面从严治党的系统性、创造性和预见性，有利于党永葆马克思主义政党的先进性和纯洁性、不断加强党的执政能力建设和风清气正的党内政治生态建设，确保党始终成为中国特色社会主义事业的坚强领导核心。

坚持四项基本原则是推进"四个伟大"的思想政治基础*

习近平总书记在党的十九大报告中深刻阐述了新时代中国共产党所肩负的实现中华民族伟大复兴的历史使命，鲜明指出实现伟大梦想，必须进行具有许多新的历史特点的伟大斗争、推进党的建设新的伟大工程、推进中国特色社会主义伟大事业。作为我国的立国之本，坚持四项基本原则，是新时代中国共产党实现中华民族伟大复兴的历史使命的根本政治基础，是推进全面建设社会主义现代化新征程的政治前提和根本保证。坚持四项基本原则是"四个伟大"的本质要求，"四个伟大"的基本内涵、精神实质及其相互关系，赋予坚持四项基本原则新的时代内涵。

一、开创和发展中国特色社会主义道路必须坚持四项基本原则

在中国革命、建设和改革的伟大历史进程中，党领导人民开创和发展中国特色社会主义道路，从根本上改变了中国人民和中华民族的前途命运。中国特色社会主义道路，就是在中国共产党领导下，立足基本国情，以经济建设为中心，坚持四项基本原则，坚持改革开放，解放和发展社会生产力，建设社会主义市场经济、社会主义民主政治、社会主义先进文化、社会主义和谐社会、社会主义生态文明，促进人的全面发展，逐步实现全体人民共同富裕，建设富强民主文明和谐美丽的社会主义现代化强

---

* 本文作者宋月红，发表于《红旗文稿》2018年第6期。

国。这条道路由党的领导、社会主义基本制度、社会主义初级阶段基本路线和建设中国特色社会主义的总体布局、战略布局与总任务所构成和规定,在思想政治上集中表现为坚持四项基本原则。坚持四项基本原则,是坚持和发展中国特色社会主义道路的思想政治前提和制度基础。

坚持四项基本原则,是党的历史和新中国的历史发展的必然。邓小平把坚持四项基本原则作为实现四个现代化的根本前提,指出在中国实现四个现代化,必须在思想政治上坚持四项基本原则。他还强调,四项基本原则并不是新的东西,我们党十一届三中全会以来实行的一系列方针政策,一直是坚持这四项基本原则的。可以说,坚持四项基本原则,是党对历史经验的科学总结。坚持四项基本原则,来自于党成立特别是新中国成立以来的历史发展,来自于马克思主义中国化的理论逻辑和建设中国特色社会主义的历史逻辑的有机统一,经过中国革命、建设和改革广泛而深刻的实践检验,并将继续指导这一实践广泛而深入地发展。

坚持四项基本原则,贯彻于党在指导思想上完成拨乱反正的任务和解放思想之中。党的十一届三中全会重新恢复了马克思主义的思想路线、政治路线和组织路线,开启改革开放的历史进程。改革开放的思想源泉和精神动力是解放思想,解放思想必须坚持正确的政治方向。党的十一届六中全会通过的《关于建国以来党的若干历史问题的决议》指出,总结新中国成立以来历史经验的根本目的,就是要在坚持四项基本原则的基础上,把全党、全军和全国各族人民的意志和力量进一步集中到建设社会主义现代化强国这个伟大目标上来。《决议》初步概括了后来称之为中国特色社会主义道路的基本内容。《决议》正确评价毛泽东的历史地位,完整、准确地揭示毛泽东思想的科学理论体系和活的灵魂,标志着党在指导思想上完成了拨乱反正的任务。这是党既解放思想又坚持四项基本原则所取得的科学理论成果。解放思想和坚持四项基本原则是相辅相成、辩证统一的。

坚持四项基本原则,在党作出我国正处于并将长期处于社会主义初级阶段这一科学判断的基础上,被确立为党在社会主义初级阶段基本路线的一个基本点。深入推进马克思主义中国化,党对建设社会主义道路的认识不断深化和成熟。1982年12月4日,五届全国人大五次会议将坚持四项基本原则载入宪法。党的十三大指出我国正处于并将长期处于社会主义初级阶段，并把坚持四项基本原则同坚持改革开放并列作为两个基本点，与以经济建设为中心一道，共同成为党在社会主义初级阶段的基本路线的重要内容。这一基本路线是党和国家的生命线、人民的幸福线，是建设中国特色社会主义的根本遵循。

中国特色社会主义进入新时代，我国社会主要矛盾发生转化，但我国仍处于并将长期处于社会主义初级阶段的基本国情没有变，我国是世界最大发展中国家的国际地位没有变。习近平总书记在党的十九大报告中指出，全党要牢牢把握社会主义初级阶段这个基本国情，牢牢立足社会主义初级阶段这个最大实际，牢牢坚持党的基本路线这个党和国家的生命线、人民的幸福线，领导和团结全国各族人民，以经济建设为中心，坚持四项基本原则，坚持改革开放，自力更生，艰苦创业，为把我国建设成为富强民主文明和谐美丽的社会主义现代化强国而奋斗。

二、实现伟大梦想必须坚持社会主义制度和推进改革开放

实现中华民族伟大复兴，是与建设一个什么样的国家和怎样建设这个国家、建设什么样的社会制度和怎样建设这一社会制度紧密联系在一起的。坚持四项基本原则涵盖了我们党举什么旗、走什么路和以什么样的思想为指导，也包括新中国实行什么样的国体、坚持什么样的制度。坚持四项基本原则对于新中国的建设和发展来说，是立锥之基，犹如水之源、木之本。

社会主义制度是实现中华民族伟大复兴的根本制度基础。道路关乎国家的前途命运。实现中华民族伟大复兴，必须建立符合我国实际的先进社会制度。正由于此，党肩负起实现中华民族伟大复兴的历史使命，领导人民进行新民主主义革命，为建立一个新中国而奋斗，在反帝反封建的斗争中选择了社会主义道路和前进方向。新中国成立后，为建设工业化国家，党领导人民创造性地对农业、手工业和资本主义工商业进行社会主义改造，确立了社会主义基本制度，奠定了当代中国一切发展进步的根本政治前提和制度基础，也开辟了实现中华民族伟大复兴的必由之路，确立了实

现中华民族伟大复兴的根本制度基础。

改革开放是坚持和发展中国特色社会主义的正确道路。中国特色社会主义是改革开放的社会主义，改革开放是社会主义的改革开放。为什么要改革开放和怎样进行改革开放，都是由改革开放以来我国社会的基本矛盾和主要矛盾所决定的，改革开放在各阶段各领域面临的各类矛盾问题也是由社会基本矛盾和主要矛盾所派生出来的。而且，改革开放中的矛盾只能用改革开放的办法来解决。改革开放在认识和实践上的每一次突破和发展，改革开放中每一个新生事物的产生和发展，改革开放每一方面经验的创造和积累，都给党和国家的发展进步注入了生机与活力。坚持改革开放、不断深化改革开放，贯穿于中国特色社会主义现代化建设的整个历史进程。历史昭示，只有社会主义才能救中国，只有改革开放才能发展中国、发展社会主义、发展马克思主义。

坚持四项基本原则与改革开放是内在联系、相互作用和紧密结合的。坚持四项基本原则，与以经济建设为中心和坚持改革开放统一于中国特色社会主义伟大实践。以经济建设为中心是兴国之要，坚持改革开放是强国之路，坚持四项基本原则是立国之本。离开经济建设这个中心，社会主义社会的一切发展和进步就会失去物质基础；离开四项基本原则和改革开放，经济建设就会迷失方向和丧失动力。党探索和回答什么是社会主义、怎样建设社会主义，在改革开放中开辟和拓展中国特色社会主义道路，丰富和发展中国特色社会主义理论体系，完善和发展中国特色社会主义制度，迎来中华民族从站起来到富起来再到强起来的历史性飞跃。习近平总书记针对质疑和否定改革开放的社会主义性质等的错误思潮和谬论，鲜明地指出，中国特色社会主义，既坚持了科学社会主义基本原则，又根据时代条件赋予其鲜明的中国特色，是社会主义，而不是别的什么主义。坚持四项基本原则，保证改革开放的社会主义方向，同时通过改革开放赋予四项基本原则新的时代内涵。

三、坚持四项基本原则是"四个伟大"的本质要求

"四个伟大"紧密联系、相互贯通、相互作用。坚持四项基本原则是

"四个伟大"的本质要求、贯穿于"四个伟大"之中，也就是说，"四个伟大"在思想政治上集中统一于坚持四项基本原则。

进行伟大斗争，是由人类社会矛盾运动决定的，并由党情、国情的深刻变革和世情的深刻变化所推动的。矛盾普遍存在，有矛盾就会有斗争，矛盾越复杂，斗争也就越尖锐。正确的实践总是在正确的思想理论指导下进行的，错误的思想理论必然导致错误的实践。然而，正确的思想理论也总是与错误的思想理论相比较而存在、相斗争而发展的。经过长期努力，中国特色社会主义进入了新时代，这是我国发展新的历史方位，我国社会主要矛盾已经转化为人民日益增长的美好生活需要和不平衡不充分的发展之间的矛盾。在新的历史起点上坚持和发展中国特色社会主义，我们党面临着四大考验和四大危险。为此，习近平总书记在思想政治上提出"五个更加自觉"的要求，其中首要的就是要更加自觉地坚持党的领导和我国社会主义制度，坚决反对一切削弱、歪曲、否定党的领导和我国社会主义制度的言行。坚持党的领导和我国社会主义制度，则是坚持四项基本原则的根本点。

坚持党的领导，首先必须加强党的建设，发挥伟大工程在"四个伟大"中的决定性作用。中国共产党是社会主义现代化建设事业的坚强领导核心。党的领导核心地位，是历史形成、人民选择的，是党的先进性所赋予的。坚持党的领导，是中国特色社会主义制度的最大政治优势。坚持四项基本原则，根本的就是坚持党的领导。坚持党的领导，首先必须加强党的自身建设。在新时代党的建设总要求中，十九大报告强调坚持和加强党的全面领导，坚持党要管党、全面从严治党，把党建设成为始终走在时代前列、人民衷心拥护、勇于自我革命、经得起各种风浪考验、朝气蓬勃的马克思主义执政党。新时代推动全面从严治党向纵深发展，必须深入贯彻新时代党的建设总要求，确保党在世界形势深刻变化的历史进程中始终走在时代前列，在应对国内外各种风险和考验的历史进程中始终成为全国人民的主心骨，在坚持和发展中国特色社会主义的历史进程中始终成为坚强领导核心。

推进伟大事业，坚持和发展中国特色社会主义，坚定不移走中国特色社会主义道路。中国特色社会主义是改革开放以来党的全部理论和实践的主题。中国特色社会主义在改革开放中产生，又在改革开放中发展壮大。推进伟大事业，要更加自觉地坚持中国特色社会主义道路、中国特色社会主义理论体系、中国特色社会主义制度和中国特色社会主义文化，更加自觉地增强四个自信，既不走封闭僵化的老路，也不走改旗易帜的邪路。要坚持全面深化改革，坚决破除一切不合时宜的思想观念和体制机制弊端，突破利益固化的藩篱，吸收人类文明有益成果，构建系统完备、科学规范、运行有效的制度体系，充分发挥我国社会主义制度优越性。其中，最为关键的是，无论改什么、改到哪一步，坚持党对改革的集中统一领导不能变，完善和发展中国特色社会主义制度、推进国家治理体系和治理能力现代化的总目标不能变，坚持以人民为中心的改革价值取向不能变。坚持四项基本原则，是坚持中国特色社会主义道路与制度、领导核心与指导思想的有机结合，是内在统一的、系统化的科学理论体系和思想政治体系。坚持四项基本原则，不能有丝毫动摇，也不能偏离或缺少任何一项，否则就会动摇整个社会主义现代化建设事业。

中国共产党改革观的历史进程与逻辑机理*

回顾建党百年历程,中国共产党团结带领全国各族人民经历了从站起来、富起来到强起来的伟大飞跃,中国人民以前所未有的自信和底气屹立于世界东方。习近平总书记指出:"改革开放是决定当代中国命运的关键一招,也是决定实现'两个一百年'奋斗目标、实现中华民族伟大复兴的关键一招。"① 改革早已成为中国特色社会主义最鲜明的标识。不仅如此,中国共产党在百年的历史征程中,逐渐形成了独特的改革观。所谓中国共产党改革观,指的是中国共产党在长期的领导改革的实践中,所形成的对改革的正确的认知、理念与方法等思想文化的概念集合。本文基于改革开放以来的整体史观,系统考察中国共产党改革观发展的逻辑理路、历史进程和价值意蕴。

一、改革:社会主义的"第二次革命"

中国共产党重视改革,并将改革视为社会主义的"第二次革命",是有着深刻的逻辑考量的。具体说来,改革是马克思主义的精髓要义,是社会主义制度自我完善的题中应有之义,是破解中国前进发展障碍的必由之路,这几个方面共同组成了改革的理论逻辑、制度逻辑与实践逻辑。

---

* 本文作者阳宏润、李文,发表于《中国井冈山干部学院学报》2021 年第 5 期。
① 《习近平谈治国理政》第 1 卷,外文出版社 2018 年版,第 71 页。

(一)理论逻辑：改革是马克思主义的精髓要义

科学社会主义的创立者马克思和恩格斯对于改革的重要性有充分的认识。马克思在《资本论》序言中精辟地指出，社会是"一个能够变化并且经常处于变化过程中的有机体"[①]。恩格斯进一步指出，社会主义社会"应当和任何其他社会制度一样，把它看成是经常变化和改革的社会"[②]。马克思和恩格斯视改革为社会主义发展的客观需求，视之为推动社会主义发展、实现共产主义的必由之路和必然选择。从这个意义上说，改革正是着眼于社会主义社会必须根据时代条件的转换和历史方位的前移，不断调整、完善生产关系和上层建筑的发展需求，从而进一步解放和发展生产力，推动社会不断前进。社会主义是一个不断完善的过程，这个过程是依靠改革实现的。所以，从根本上说，中国共产党如此重视改革是继承了马克思主义改革观的精髓要义。

(二)制度逻辑：改革是社会主义制度自我完善的题中应有之义

1956年底，"三大改造"的完成标志着社会主义制度的基本确立，建设和发展成为新的历史课题。由此，我国的社会主要矛盾发生了历史性的转变。历史课题的转换必然要求社会主义社会在建设和发展中不断挖掘内在驱动力，以推动社会发展进步并最终走向共产主义。不同于社会革命所要求的新旧社会制度的更替，改革要求的是同一社会形态下实现制度自我革新，是制度建立后对滞后生产关系的集中改善，而这也是社会主义制度自我完善的题中应有之义。改革是社会主义制度与时俱进的时代体现，通过改革，社会主义制度与时代、国情相适应，在新的历史条件下，不断激发出活力。在新时代的历史征程中强调全面深化改革之于发展的重要意义，就是内在要求科学认识改革与事业、道路之间的关系，将改革作为发展事业、坚定道路的重要方式。

(三)实践逻辑：改革是破解中国前进发展障碍的必由之路

党的十一届三中全会作出改革开放的伟大决策，这是结合国情深思熟

[①] 《马克思恩格斯选集》第2卷，人民出版社2012年版，第84页。
[②] 《马克思恩格斯选集》第4卷，人民出版社2012年版，第601页。

虑的结果。据统计，20世纪50年代到70年代，各发达国家科学技术进步对经济增长的贡献率，分别从20世纪初的10%提升到了50%—70%。而我国科学技术进步对经济增长的贡献率，1952—1957年为27.78%，1957—1965年只为8.24%，1965—1976年间更是仅为4.12%。[①]可见，与其他国家的科学技术进展相比，这一时期我国可以说是错失了第三次科技革命的机遇。1978年，国务院副总理谷牧率团赴西欧五国（法国、瑞士、比利时、丹麦、西德）考察访问期间，欧洲经济的自动化、现代化、高效率，给考察团成员留下了深刻印象。他们看到：西德一个年产5000万吨褐煤的露天煤矿只用2000工人，而中国生产相同数量的煤需要16万工人，相差80倍。[②]中外巨大的差距使党内高层受到极大震动，也深感压力巨大，认识到实行改革开放势在必行、刻不容缓。国内外的形势倒逼中国必须改革一切不适应生产力发展的因素，缩小与世界的差距，这就是改革的实践逻辑。

二、中国共产党改革观的历史演进

党的十一届三中全会以来，中国共产党的改革观大致经历了初步探索、有序进行、科学发展、全面深化四个历史阶段，每一阶段都有着独特的历史特征。回看中国共产党改革观的历史演进，可以清晰地看到几代中央领导集体所作出的重大贡献，前者为后者打开局面、奠定基础，后者在前者基础上逐步细化、不断精进，最终形成中国共产党的改革观。以邓小平同志为核心的党中央第二代中央领导集体起着奠基、开创作用，明确了中国改革的原则、方向；以江泽民同志为核心的党中央不断丰富其内容，绘写蓝图；以胡锦涛同志为总书记的党中央则进一步细化、推进改革方案；进入新时代，以习近平同志为核心的党中央团结带领全党全军全国各族人民，继承既往的改革经验，结合新时代世情国情党情发生的新变化，聚焦改革的难点、热点问题，特别是关乎全局性、制度性的改革问题，不

[①] 周天勇：《三十年前我们为什么要选择改革开放》，《学习时报》2008年8月25日。
[②] 曹普：《中国改革开放的历史由来》，《学习时报》2008年10月6日。

断创造出更高、更优的生产力，推动实现中国式现代化，满足人民对美好生活的向往，使中国的改革进入了新的历史阶段。

（一）初步探索阶段（1978—1992年）

1978年12月召开的党的十一届三中全会拉开了改革开放的历史序章。自党的十一届三中全会至党的十四大时期，中国共产党将改革开放作为基本国策，明确了改革开放的基本原则、基本理念、基本方法。中国共产党改革观进入初步探索阶段。

1. 改革的根本目的就是要解放生产力。邓小平认为，改革是中国的第二次革命。"我们所有的改革都是为了一个目的，就是扫除发展社会生产力的障碍。"[1]改革的实质就是要从根本上改变束缚生产力发展和社会进步的各种具体制度，以适应社会主义现代化建设的需要。邓小平在南方谈话中详细阐释了改革与生产力之间的关系。他指出："革命是解放生产力，改革也是解放生产力。"[2]无论从改革在解放生产力和发展生产力方面所起的巨大作用看，还是从引起我国社会关系和社会生活变革的剧烈变化程度看，都可以看作进行了一场新的革命。在改革的速度和力度上，邓小平认为，改革决不能保守迟疑，该改则改；"如果现在再不实行改革，我们的现代化事业和社会主义事业就会被葬送"[3]。中国已经到了必须要改革的地步，这既是顺应世界发展大势的必然要求，也是解决国内发展问题的必由之路。此外，邓小平还为改革确立了衡量标准："是否有利于发展社会主义社会的生产力，是否有利于增强社会主义国家的综合国力，是否有利于提高人民的生活水平"[4]，回答了如何评价改革成效的根本问题。当然，改革不仅需要确立科学的衡量标准，还要有着明确的方向，即，改革需要坚持社会主义根本制度不动摇，需在社会主义框架内稳步进行。1979年，邓小平在理论工作务虚会上指出："我们现在进行一系列改革，仍然坚持

---

[1] 《邓小平思想年编（1975—1997）》，中央文献出版社2011年版，第551页。
[2] 《邓小平文选》第3卷，人民出版社1993年版，第370页。
[3] 《邓小平思想年编（1975—1997）》，中央文献出版社2011年版，第204页。
[4] 《邓小平思想年编（1975—1997）》，中央文献出版社2011年版，第705页。

四项基本原则。"① 这就表明，中国的改革前提是坚持社会主义。中国改革的一切举措都是为了更好地坚持社会主义，这是改革的根本所在。任何时候都不能偏离社会主义方向，否则就会遭到失败。

2. 改革要有全面联动的科学理念。邓小平认为："改革是全面的改革，包括经济体制改革、政治体制改革和相应的其他各个领域的改革。"② 中国的改革从一开始就明确了，改革不是小修小补，而是要全方位的推进，改革的领域涉及方方面面。唯有如此，才能实现解放和发展生产力的目的。在此思想指引之下，中国的改革从地域上看，实现了农村与城市的互动；从内容上看，经济体制改革与政治体制改革、文化体制改革、社会体制改革联动推进。实际上，邓小平这一全面联动的改革观点早在十一届三中全会之前就提出来了，1978年10月，邓小平在中国工会第九次全国代表大会上的致词中指出："这场革命既要大幅度地改变目前落后的生产力，就必然要多方面地改变生产关系，改变上层建筑，改变工农业企业的管理方式和国家对工农业企业的管理方式，使之适应于现代化大经济的需要。"③ 改革开放实施后，党和国家围绕不适应中国经济与社会发展的政治、经济、文化、教育等方方面面问题进行了"大刀阔斧"式的联动改革。

3. 改革要有敢闯敢试、敢为人先的奋斗精神。中国改革开放历程始终面对着纷繁复杂的国内外形势，利益固化藩篱和畏首畏尾、患得患失的"守成心态"等等一系列问题严重制约改革步伐。从20世纪70年代末到90年代初，以邓小平同志为核心的党的第二代中央领导集体推进改革开放的历程，也就是解放思想，凝聚敢闯敢试、敢为人先的精神的过程。要在如此大的社会主义国家实现改革开放，难度是巨大的，也没有现成经验可以借鉴。所以，邓小平在党内反复嘱咐："我们现在所干的事业是一项新事业……没有现成的经验可学。……只能在干中学，在实践中摸索。"④ 面对党员干部推动改革开放怕犯错、不敢冒险的现象，邓小平反复强调：

---

① 《邓小平思想年编（1975—1997）》，中央文献出版社2011年版，第309页。
② 《邓小平思想年编（1975—1997）》，中央文献出版社2011年版，第626页。
③ 《邓小平思想年编（1975—1997）》，中央文献出版社2011年版，第179页。
④ 《邓小平文选》第3卷，人民出版社1993年版，第258—259页。

"改革开放胆子要大一些,敢于试验,不能像小脚女人一样"①。必须要时刻保持敢闯敢试、敢为人先的精神,只有这样,改革事业才能蹚出一条新路来。

(二)有序进行阶段(1992—2002年)

党的十四大以后,面对国内外复杂形势的考验,中国共产党坚定不移推进改革开放,保持战略定力,紧紧聚焦社会主义市场经济体制改革目标。中国共产党改革观进入有序进行阶段。

1. 改革必须坚持社会主义的根本方向。针对东欧剧变、苏联解体,以江泽民同志为核心的党中央进行了深刻思考,得出两条结论:"一是必须坚持社会主义。二是必须进行社会主义改革,探索符合本国实际的社会主义发展道路。"②江泽民强调:"我们的改革,是社会主义制度的自我完善和发展,是在坚持社会主义基本制度的前提下,自觉调整和改革生产关系同生产力、上层建筑同经济基础不相适应的方面和环节,促进生产力发展和各项事业全面进步。"③从江泽民对于改革的理论概括中,可以发现"改革必须坚持社会主义的根本方向"不是简单地出于对社会主义历史使命和根本任务的逻辑推演,而是基于对历史经验的科学总结,基于对中国国情的准确判断,基于对时代特征的深刻把握,体现了解放思想、实事求是这一建设中国特色社会主义理论的精髓。

2. 改革必须正确处理好与发展稳定的协调关系。江泽民指出:"改革是一场深刻的社会变革,必然要求进行利益调整、体制转换和观念更新。因此,要始终正确把握改革发展稳定的关系。"④从党的十三届四中全会到十六大召开的13年,我国从容应对一系列关系国家主权和安全的国际突发事件,战胜在政治、经济领域和自然界出现的困难和风险,经受住一次又一次考验,排除各种干扰,保证了改革开放和现代化建设的航船始终沿着正确的方向破浪前进。我们能取得这样的胜利,靠的是党的基本理论、

---

① 《邓小平文选》第3卷,人民出版社1993年版,第372页。
② 《江泽民思想年编(1989—2008)》,中央文献出版社2010年版,第474页。
③ 《江泽民文选》第2卷,人民出版社2006年版,第254页。
④ 《江泽民文选》第2卷,人民出版社2006年版,第259页。

基本路线和基本纲领的正确指引，靠的是党的高度团结统一，靠的是全党和全国各族人民的顽强奋斗。其中的一条重要经验，就是坚持稳定压倒一切的方针，正确处理改革发展稳定的关系。江泽民精辟指出："稳定是改革和发展的前提。要把改革的力度、发展的速度和社会可承受的程度统一起来，把不断改善人民生活作为处理改革发展稳定关系的重要结合点，在社会稳定中推进改革发展，通过改革发展促进社会稳定。"① 简言之，我们要正确把握好改革的节奏，以确保改革积极稳妥地进行。

3. 改革必须坚持为了群众、依靠群众的核心理念。江泽民指出："在任何时候任何情况下，党的一切工作和方针政策，都要以是否符合最广大人民群众的利益为最高衡量标准。这是我们观察和处理问题的一个根本原则。"② 改革开放以来，中国共产党领导人民进行改革和建设事业，在实践中努力践行这一根本原则，坚持把人民群众的利益作为改革的根本出发点和落脚点。人民群众是社会实践的主体，是社会发展的重要力量，正所谓"人民群众是改革发展的主体和动力，也是稳定的力量源泉和深厚基础。只要广大人民群众真心实意拥护改革，我们就一定能够应对各种复杂情况和矛盾，即使出点这样那样的问题也好办"③。因此，改革开放是人民群众广泛参与的创造性事业，要在这一事业中坚持党的群众路线，广开渠道来征求人民群众的意见，凝聚人民群众的智慧来服务改革发展事业。

（三）科学发展阶段（2002—2012年）

党的十六大以后，我国改革开放面临新的考验，如何实现科学发展成为改革必须回答的问题，中国共产党毫不动摇地推进改革开放。中国共产党改革观进入科学发展阶段。

1. 改革必须坚持发展是党执政兴国的第一要务。2003年9月，胡锦涛在江西考察时提出"发展是党执政兴国的第一要务"④，2010年11月，胡锦涛在亚太经合组织工商领导人峰会上的演讲中再一次强调"中国面临的

---

① 《十六大以来重要文献选编》（上），中央文献出版社2005年版，第7页。
② 《江泽民文选》第2卷，人民出版社2006年版，第262页。
③ 《江泽民思想年编（1989—2008）》，中央文献出版社2010年版，第430页。
④ 《胡锦涛文选》第3卷，人民出版社2016年版，第375页。

问题只有通过发展才能解决","我们将坚持把发展作为第一要务"。①胡锦涛深切认识到发展对于党执政兴国、对于解决中国面临的问题的重要意义,因此将之摆在"第一要务"的位置。胡锦涛要求改革亦必须坚持"发展是第一要务"②,2008年他在纪念改革开放30周年大会讲话中指出:"党带领人民进行改革开放,目的就是要解放和发展社会生产力,实现国家现代化,让中国人民富裕起来,振兴伟大的中华民族"③,明确表示改革开放要以发展为目的。简言之,我们应对风险与挑战,解决发展中遇到的各种问题,从根本上讲还是要依靠发展。发展是硬道理,发展必须是科学发展。

2. 改革必须坚持一切以人为本的核心要旨。改革的目的就是为满足人民的需求,增进人民的福祉。胡锦涛对于改革进程中以人为本的核心理念有着深刻的阐释,要求坚持"做到权为民所用、情为民所系、利为民所谋,使我们的工作获得最广泛、最可靠、最牢固的群众基础和力量源泉"④。人心向背,关乎党和国家事业的兴衰成败。我们党必须牢牢树立以人民为中心的价值取向,与人民保持血脉联系,获得人民真心实意的支持,为改革凝聚力量,推动改革不断向前发展。这是因为人心是一个政党、一个政权得以长治久安的根本。坚持"以人为本、执政为民是马克思主义政党的生命根基和本质要求"⑤,也是改革必须坚持的核心要旨,要把改革开放事业由单纯的党的事业转变成为亿万人民自己的事业,把党的正确主张变为群众的自觉行动,必须充分调动人民群众的改革热情,团结力量、积聚共同智慧,推动改革事业不断深入发展。

3. 改革必须坚持全面协调可持续的科学发展观。坚持全面协调可持续是科学发展观的重要组成部分。改革开放以来取得了一系列成就,正是依靠中国共产党强有力的科学领导。当然,在推进改革的进程中,也存在一

---

① 胡锦涛:《共同发展 共同繁荣———在亚太经合组织工商领导人峰会上的讲话》,《光明日报》2010年11月14日。
② 《胡锦涛文选》第3卷,人民出版社2016年版,第416页。
③ 《胡锦涛文选》第3卷,人民出版社2016年版,第149—150页。
④ 《胡锦涛文选》第3卷,人民出版社2016年版,第475页。
⑤ 《胡锦涛文选》第3卷,人民出版社2016年版,第475页。

些不足，如贫富差距、环境污染、资源浪费、腐败现象等等，这些问题的存在充分论证只有坚持全面协调可持续的科学改革观才是解决问题的关键。2003年，胡锦涛在总结抗击非典斗争的经验时指出："通过抗击非典斗争，我们比过去更加深刻地认识到，我国的经济发展和社会发展、城市发展和农村发展还不够协调……极少数党员干部作风不实，在紧急情况下工作不力、举措失当。"①抗击非典过程中呈现出来的种种问题，既是一种挑战，同时也是"改进工作、更好地推动事业发展的一个重要契机"②，而改进工作最首要的一点就是要推进经济社会协调发展。他进一步指出："在促进发展的进程中，我们不仅要关注经济指标，而且要关注人文指标、资源指标和环境指标。"③这就表明中国的改革绝对不是仅仅注重经济总量的增长，还要求在经济总量增长的同时，必须坚持科学的发展观念，改变过去"粗放式"的发展理念。同时，还要通过经济发展来带动文化、社会、民生等各方面的发展，切实提升人民群众的生活质量，实现经济社会生态永续发展。

（四）全面深化阶段（2012年至今）

党的十八大以来，我们党坚定不移地实施全面深化改革战略。根据世情国情党情出现的新变化，以新理念、新思维、新举措推进全面深化改革，很好地回答了改革地位论、价值论、力量论与权变论等问题。

1. 地位论：改革是决定当代中国发展命运的关键一招。党的十八大以来，我们党精准把握国情，形成了改革的新认识。习近平总书记指出："改革开放是当代中国发展进步的活力之源，是我们党和人民大踏步赶上时代前进步伐的重要法宝，是坚持和发展中国特色社会主义的必由之路。"④历史证明，中国之所以能够从站起来到富起来靠的就是改革，一个重要原因就是接力进行改革事业，使改革成为中国特色社会主义最鲜明的标识。如今，中国的改革已经历四十多年，好改的已经改完了，但一些深层次、体

---

① 《十六大以来重要文献选编》（上），中央文献出版社2005年版，第395页。
② 《十六大以来重要文献选编》（上），中央文献出版社2005年版，第395页。
③ 《十六大以来重要文献选编》（上），中央文献出版社2005年版，第397页。
④ 《习近平关于全面深化改革论述摘编》，中央文献出版社2014年版，第3页。

制性的问题仍需要以改革来破解。因此，我们站在新时代的历史方位，既要看到过去来时的路，也要看到当下正在走的路，而且要把握好未来要走的路，只有这样，我们才能真正明白改革就是要时刻保持马克思主义的高度清醒，为党和国家发展注入一种新的活力，为实现中华民族伟大复兴注入强大动力，以期更好更快地实现社会主义现代化强国的伟大目标。

2. 价值论：改革是坚持以人民为中心的价值旨归。人心是最大的政治，增进人民福祉是我们党一直以来的执政追求。习近平总书记指出："全面深化改革必须以促进社会公平正义、增进人民福祉为出发点和落脚点。"① 改革的最初动因就是改善人民的生活，事实证明，改革的确改善了人民的生活，增进了人民的福祉。所以，中国的改革要继续赓续优良传统，把创造更高、更优的生产力作为重要使命，切实增强中国经济社会发展的活力，改善人民的生活水准。不仅如此，中国的改革必须要提高党的领导水平和执政能力，进一步提升政府办事效率和效能，最终实现社会公平正义、和谐稳定。改革的最终归宿也就是为了人民的福祉，坚持"为什么人、靠什么人的问题，是检验一个政党、一个政权性质的试金石"②。所以，"坚持以人民为中心的改革价值取向不能变"③。人民对美好生活的向往，就是我们坚持深化改革的奋斗目标，要始终不渝地推动改革成果由人民共享。因此，改革是中国发展的必由之路，只有改革才能改变中国，才能更好地满足人民对美好生活的不懈追求。

3. 力量论：改革是根植于党和全国人民的团结奋斗。新时代推进全面深化改革过程中，党是核心力量，人民是主体力量。改革开放四十多年取得的辉煌成就证明，没有党的领导就没有当代中国的一切发展进步，习近平总书记在党的十九大报告中强调："党政军民学，东西南北中，党是领导一切的"④，这很好地展现出党的核心地位，也是全面深化改革的核心力量源泉。为了更好地全面深化改革，必须"既不走封闭僵化的老路，也

---

① 《十八大以来重要文献选编》（上），中央文献出版社2014年版，第552页。
② 《习近平谈治国理政》第2卷，外文出版社2017年版，第52页。
③ 习近平：《全面贯彻党的十九大精神 坚定不移将改革推向深处》，《人民日报》2017年11月21日。
④ 《习近平谈治国理政》第2卷，外文出版社2017年版，第21页。

不走改旗易帜的邪路"①。不走老路和邪路的关键就是要坚守人民立场，做到一切为了人民、一切依靠人民，让人民共享改革发展成果。习近平总书记对此有着清醒的认识，他强调，改革进程中的每一次飞跃离不开人民的力量和智慧，"人民是历史的创造者，是决定党和国家前途命运的根本力量"②，只有凝聚全国人民的力量，为改革提供强有力的依靠，我们的最终目标才能实现。中国的改革完全凭借一党之力肯定是不够的，必须依靠人民群众的力量，正所谓"'大鹏之动，非一羽之轻也；骐骥之速，非一足之力也。'……中国要飞得高、跑得快，就得依靠13亿人民的力量"③。因此，中国的改革必须根植于党的领导和坚持人民的主体地位和力量，必须团结并激励人民成为主力军，才能创造出新时代的伟大事业，实现中华民族伟大复兴的中国梦。

4. 权变论：改革是适应世情国情党情发展变化的时代需要。纵观古今中外，变革是浩浩荡荡的历史潮流。当前改革已经进入关键期、深水期，习近平总书记指出："我们现在所处的，是一个船到中流浪更急、人到半山路更陡的时候"④。针对当前的国情世事，党中央也在"变"与"不变"中更新改革认知，坚持"要从我国国情出发、从经济社会发展实际出发，有领导有步骤推进改革，不求轰动效应，不做表面文章，始终坚持改革开放正确方向"⑤。改革只有坚持有方向、有立场、有原则，中国的改革始终是沿着社会主义方向阔步前行的。然而，当前改革面临的国内外环境是错综复杂的，全面深化改革必须要坚持与时俱进，必须要全面的系统的统筹推进，必须要保持足够的战略定力，必须"要从纷繁复杂的事物表象中把准改革脉搏，在众说纷纭中开好改革药方"⑥，只有这样，才能高质量推进改革。简言之，中国的改革既要坚定不移沿着社会主义方向稳步前行，又

---

① 《习近平关于全面深化改革论述摘编》，中央文献出版社 2014 年版，第 14 页。
② 习近平：《决胜全面建成小康社会 夺取新时代中国特色社会主义伟大胜利——在中国共产党第十九次全国代表大会上的报告》，人民出版社 2017 年版，第 21 页。
③ 《习近平谈治国理政》第 1 卷，外文出版社 2018 年版，第 98 页。
④ 习近平：《在庆祝改革开放 40 周年大会上的讲话》，《人民日报》2018 年 12 月 19 日。
⑤ 《习近平关于全面深化改革论述摘编》，中央文献出版社 2014 年版，第 20 页。
⑥ 《习近平关于全面深化改革论述摘编》，中央文献出版社 2014 年版，第 19 页。

要做到因时而变、因事而化，牢牢把握改革的主动权。

三、中国共产党改革观的历史价值

改革开放四十多年以来，一代又一代的中国共产党人接力进行改革，逐渐形成中国共产党改革观。中国共产党改革观的形成，不仅具有深刻的理论价值，也具有鲜明的实践价值，还具有强烈的世界价值，向世界证明中国特色社会主义制度的优越性和中国特色社会主义道路的正确性。

（一）开创了中国特色社会主义道路

党的十八大以来，以习近平同志为核心的党中央高度肯定了改革的历史价值和历史意义，并深刻指出："只有改革开放才能发展中国、发展社会主义、发展马克思主义。中国特色社会主义在改革开放中产生，也必将在改革开放中发展壮大。"① 改革是当代中国作出的伟大决策，有利于社会主义事业发展，取得了伟大的历史成就和宝贵经验。中国特色社会主义是党和国家在关键时期充分运用马克思主义基本原理与中国具体实际相结合走出的道路，改革开放最主要的成果就是开创并发展了中国特色社会主义，"为社会主义现代化建设提供了强大动力和有力保障"②。中国共产党将带领全国人民团结奋斗，将改革创新精神融入到党和国家事业的伟大进程中，只有这样，中国特色社会主义道路才能行稳致远。

（二）彰显了中国共产党全心全意为人民服务的宗旨

新时代最鲜明的特点就是全面深化改革，改革的初心和使命最终就是为人民谋幸福。改革开放四十多年来，"我们始终坚持在发展中保障和改善民生，全面推进幼有所育、学有所教、劳有所得、病有所医、老有所养、住有所居、弱有所扶，不断改善人民生活、增进人民福祉。"③ 在庆祝中国共产党百年华诞之际，中国脱贫攻坚战取得全面胜利，解决了困扰中华民族几千年的绝对贫困问题，这一系列成就的背后彰显了中国共产党全心全意为人民服务的宗旨，正所谓"江山就是人民、人民就是江山，打江

---

① 《习近平关于全面深化改革论述摘编》，中央文献出版社 2014 年版，第 1 页。
② 《习近平关于全面深化改革论述摘编》，中央文献出版社 2014 年版，第 10 页。
③ 习近平：《在庆祝改革开放 40 周年大会上的讲话》，《人民日报》2018 年 12 月 19 日。

山、守江山，守的是人民的心"①，也体现了中国共产党人"功成不必在我，建功必定有我"的担当与情怀。所以，新时代推进全面深化改革，务必要坚持全心全意为人民服务的宗旨，将党的群众路线贯彻于改革全过程。具言之，就是改革政策的制定要事先广泛征求民意，了解人民群众对于改革的期待。改革的实施过程要紧紧依靠人民，只有人民群众的支持，改革开放事业才能一往无前。改革的成效评估要充分听取人民群众的意见，改革的成效好不好，要自觉接受人民群众的评判，使改革能更好的增强人民群众的获得感、幸福感。②

（三）向世界展现出社会主义的蓬勃生机

东欧剧变、苏联解体使国际共产主义运动陷入低潮，马克思主义遇到新的严峻挑战。然而，实践证明中国是"世界上发展速度最快的国家，其成功的秘诀就是选择了改革开放政策，选择了中国特色社会主义道路"③，中国的发展很好地向世界展现出社会主义发展的蓬勃生机与活力，为世界的和平与发展贡献了中国智慧和中国方案。中国特色社会主义事业的蓬勃发展，中国经济社会发展的日新月异，有力地反驳了"社会主义过时论""社会主义早产论"。习近平总书记在庆祝中国共产党成立100周年大会上指出："中国共产党和中国人民以英勇顽强的奋斗向世界庄严宣告，改革开放是决定当代中国前途命运的关键一招，中国大踏步赶上了时代！"④这充分坚定了中国人民走中国特色社会主义道路的信心。我们必须坚定不移地团结在以习近平同志为核心的党中央周围，牢记初心和使命，以壮士断腕的决心和勇气将改革进行到底，为实现人民对美好生活的向往而不懈奋斗。

---

① 习近平：《在庆祝中国共产党成立100周年大会上的讲话》，《人民日报》2021年7月2日。
② 何锡辉：《中国共产党改革国际镜鉴的历史发展和逻辑理路》，《吉首大学学报（社会科学版）》2021年第2期。
③ 《中国道路 成功的道路》，《人民日报》2010年3月16日。
④ 习近平：《在庆祝中国共产党成立100周年大会上的讲话》，《人民日报》2021年7月2日。

新中国政治体制改革和政治文明建设*

新中国成立后,中国共产党构建了中国特色政治制度的核心内容和基本框架。改革开放后,为了适应党和国家工作中心转移的需要,中国不断推进政治体制改革,完善和发展中国特色社会主义制度,逐步形成以根本政治制度、基本政治制度为框架的中国特色政治制度体系,其中根本政治制度即人民代表大会制度,基本政治制度即中国共产党领导的多党合作和政治协商制度、民族区域自治制度、基层群众自治制度。此外,还有选举制度、决策制度、监督制度、政务公开制度、协商民主制度等具体政治制度。中国政治体制改革的过程也是政治文明建设的过程。

一、构建中国特色的政治体制(1949—1978年)

新中国的政治体制是1949年中华人民共和国成立后逐步建立起来的。以毛泽东同志为主要代表的中国共产党人团结带领全党全国各族人民经过28年艰苦奋斗,取得了新民主主义革命的胜利,建立了人民当家作主的国家政权,进而又完成了生产资料私有制的社会主义改造,实现了从新民主主义到社会主义的过渡,最终建立了社会主义制度。

(一)建立以三大政治制度为核心内容的政治体制

新中国成立后,建立了工人阶级领导的以工农联盟为基础的人民民主专政的国家政权,完成了民主革命遗留的任务并开始恢复国民经济,彻底

---

* 本文作者李正华,发表于《当代中国史研究》2019年第5期。

废除了帝国主义列强强加给中国的不平等条约和帝国主义在中国的一切特权，彻底结束了旧中国半殖民地半封建社会的历史，形成了国家基本统一，国内各民族、各阶层人民空前团结的社会政治局面。1954年9月召开的第一届全国人民代表大会第一次会议通过了《中华人民共和国宪法》(以下简称《宪法》)，用根本大法的形式确定了人民代表大会制度、中国共产党领导的多党合作和政治协商制度、民族区域自治制度三大政治制度。与此同时，中共中央制定了过渡时期总路线，进行了卓有成效的"一五"计划建设，开展了对农业、手工业和资本主义工商业生产资料私有制的社会主义改造，用不到三年时间成功实现了由新民主主义向社会主义转变这一中国历史上最深刻、最伟大的社会变革。新中国的成立和社会主义基本制度的确立，为当代中国一切发展进步奠定了根本政治前提和制度基础。

中国特色政治制度是中国共产党从中国人民的革命实践以及中外历史经验的比较中做出的符合中国国情的重大选择，是中国共产党和中国人民的伟大创造。

人民代表大会制度是中国共产党根据中国的国情做出的理性选择，是有中国特色的、符合中国国情的、适合社会主义现代化建设需要的政权组织形式，是中国的根本政治制度。辛亥革命后，资产阶级曾效法欧美资产阶级国家实行所谓的"议会制"、"三权分立"，但是事实证明，照搬西方政治体制是一条走不通的路。中国共产党成立后，学习列宁在苏联建立苏维埃（即代表会议）及中央执行委员会的政权形式，对建立新型人民民主政权及其组织形式进行了不懈的探索和实践，并得出了一个重要结论，即新民主主义革命胜利后建立的政权，只能是工人阶级领导的以工农联盟为基础的人民民主专政；同这一国体相适应的政权组织形式，只能是民主集中制的人民代表大会制度。新中国的成立标志着革命根据地的人民民主专政变成了全国的人民民主专政[1]，1954年第一届全国人民代表大会的召开标志着以人民代表大会制度为基础的国家政权制度全面确立。

---

[1] 《建国以来毛泽东文稿》第6册，中央文献出版社1992年版，第141页。

在政党制度方面，孙中山仿效西方国家实行过多党制，蒋介石搞过国民党一党独裁，都以失败告终。根据马列主义的普遍原理，毛泽东从中国的革命实践和社会条件出发，提出了新民主主义历史阶段各革命阶级联合专政的思想，创造了中国共产党领导的多党合作制度。他指出："中国无产阶级应该懂得：他们自己虽然是一个最有觉悟性和最有组织性的阶级，但是如果单凭自己一个阶级的力量，是不能胜利的。而要胜利，他们就必须在各种不同的情形下团结一切可能的革命的阶级和阶层，组织革命的统一战线。"[①] 在抗日战争中，中国共产党与党外民主人士和进步势力建立了亲密的合作关系，共产党主导、多党派参与的"三三制"政权形式成为中国共产党领导的多党合作和政治协商政党制度的雏形。1949年3月，毛泽东在中共七届二中全会的报告中明确提出："我党同党外民主人士长期合作的政策，必须在全党思想上和工作上确定下来。"[②] 这个讲话实际上提出并确立了中国共产党与民主党派长期共存、团结合作的方针。9月，中国人民政治协商会议第一次全体会议召开，标志着中国共产党领导的多党合作和政治协商制度正式确立。1954年宪法用根本大法的形式确定了这一制度。

中国共产党成立后就把解决民族问题、实现民族平等和团结作为新民主主义革命的一项重要内容，并进行了长期的探索。由于受列宁民族自决理论、苏联联邦制实践及共产国际的影响，在新民主主义革命时期，中国共产党基本上都是主张民族自决和建立联邦制国家的。尽管抗日战争和解放战争期间中国共产党也曾有过民族自治的主张和实践，并在1947年5月1日成立了内蒙古自治政府[③]，但当时提出的"民族区域自治"还比较笼统，建立的少数民族自治政权也基本上是联邦制思想框架下的民族区域自治，而不是后来意义上的统一国家内部地方性的民族区域自治。在探索解决民族问题的过程中，中国共产党人达成了一个共识：中国是统一的多民族国家；各族人民都是中华民族的成员，赞成平等的联合，而不赞成互

---

① 《毛泽东选集》第2卷，人民出版社1991年版，第645页。
② 《毛泽东选集》第4卷，人民出版社1991年版，第1437页。
③ 《内蒙开始创造自由光明的新历史》，《人民日报》1947年7月16日。

相压迫；中华民族具有光荣的革命传统和优秀历史遗产，中华民族的历史发展趋向是统一、团结。这一共识为中国实行民族区域自治政策奠定了基础。在筹建新中国以及研究采取何种国家结构形式时，中国共产党正是根据这一共识，放弃了民族自决和建立中华联邦共和国的设想，而是选择在统一国家内部实行地方性的民族区域自治和建立一个统一的多民族的人民共和国，并把民族区域自治制度郑重写入《中国人民政治协商会议共同纲领》和《宪法》之中，将其作为我国的一项基本政治制度。

（二）新中国政治制度集中体现了中国人民当家作主的要求

人民代表大会制度是中国的政体，与中国的根本性质相适应，是实现人民当家作主的制度保证。1954年宪法规定："中华人民共和国全国人民代表大会是最高国家权力机关"，"人民行使权力的机关是全国人民代表大会和地方各级人民代表大会"。[1] 人民代表大会制度有利于中央权威的确立，有利于国家的统一和社会的稳定，有利于党和政府承担起领导全国人民进行社会主义现代化建设的艰巨任务；能够使人民行使当家做主的权利，参与国家的管理。实践证明，这一极富创造性的制度，既充分体现了国家的一切权力属于人民，能够充分发挥人民群众的积极性和创造性，又保证了国家政权机关能够有效地领导和管理国家的各项工作。

实行中国共产党领导的多党合作和政治协商制度，"也是我国政治制度中的一个特点和优点"[2]。这一制度既不同于西方资本主义国家的多党制，也有别于苏联的一党制，其显著特征和独特优势是：中国共产党领导、多党派合作，中国共产党执政、多党派参政，各民主党派不是在野党或反对党，而是同中国共产党亲密合作的友党和新中国政治体制改革和政治文明建设参政党；中国共产党和各民主党派在国家重大问题上进行民主协商、科学决策，集中力量办大事；中国共产党和各民主党派互相监督，对于加强和改善中国共产党的领导、健全社会主义监督体系具有重要而独特的意义。实践证明，这一制度既能避免多党竞争、相互倾轧造成的政治动荡，

---

[1] 《中华人民共和国宪法》，《人民日报》1954年9月21日。
[2] 《邓小平文选》第2卷，人民出版社1994年版，第205页。

又能避免一党专制、缺少监督的弊端。

在第一个社会主义国家——苏联已经实行民族共和国和联邦制的情况下，新中国没有照搬苏联的经验，而是创造性地确立了民族区域自治制度，把新中国确定为统一的多民族的人民共和国，这是"史无前例的创举"[1]。中国的民族区域自治是在国家的统一领导下，在少数民族聚居的地方设立自治机关，行使自治权，其核心是保障少数民族人民当家作主，具有管理本民族、本地方事务的权利。实行这种制度，体现了中国坚持实行各民族平等、团结、合作和共同繁荣的原则。实践证明，民族区域自治制度把民族因素与区域因素相结合，把政治因素与经济因素相结合，促进了新型社会主义民族关系的确立和发展，有利于维护国家统一和社会稳定，加强了民族团结和经济发展。实行民族区域自治是合乎中国国情的正确选择。

二、政治体制改革的提出与初步探索（1978—1992 年）

政治体制需不断地进行改革、调整，以适应生产力不断发展的需要。1978 年 12 月，党的十一届三中全会召开，开启了改革开放和社会主义现代化建设新时期，也开启了中国政治体制改革的序幕。

（一）党的十一届三中全会开启了中国政治体制改革的序幕

新中国确立的政治体制为社会主义建设取得的巨大成就提供了重要保证，但是由于我国的社会主义建设是一项前无古人的伟大事业，经验不足，中国共产党在领导全国人民探索社会主义道路的进程中出现了一些失误和挫折。我国社会主义建设的实践表明，社会主义制度的建立并不等于社会主义制度的完善，社会主义制度必须要适应不断变化的国情，对妨碍社会主义制度优越性发挥的具体制度、体制和机制进行不断改革，以实现自我完善和发展。

党的十一届三中全会"着重提出了健全社会主义民主和加强社会主义

---

[1] 《周恩来选集》下卷，人民出版社 1984 年版，第 258 页。

法制的任务"①。为了维护党规党法，切实搞好党风，全会决定恢复成立中央纪律检查委员会，并选举陈云为第一书记。②《中国共产党第十一届中央委员会第三次全体会议公报》明确指出："实现四个现代化，要求大幅度地提高生产力，也就必然要求多方面地改变同生产力发展不适应的生产关系和上层建筑，改变一切不适应的管理方式、活动方式和思想方式，因而是一场广泛、深刻的革命。"③党的十一届三中全会后，机构改革、干部人事制度改革、克服官僚主义等成为改革开放之初被社会广泛关注的问题。因此，邓小平指出："我们提出改革时，就包括政治体制改革。"④

(二)《党和国家领导制度的改革》明确了政治体制改革的总体思路

制度建设、制度设计和制度安排是民主政治发展的关键，是现代政治文明的精髓所在。党的十一届三中全会结束不久，邓小平就多次强调要进行体制改革。1980年8月18日，邓小平在中央政治局扩大会议上发表了题为《党和国家领导制度的改革》⑤的讲话，集中体现了他在改革开放初期对我国政治体制改革的认识和总体思路。

这篇讲话深刻总结了国内外社会主义国家政权建设的历史经验，特别是中国"文化大革命"(以下简称"文革")的深刻教训，对中国政治体制中存在的主要弊端及其产生的历史和现实原因进行了深刻剖析，阐明了政治体制改革的客观依据。讲话指出："改革并完善党和国家各方面的制度，是一项艰巨的长期的任务，改革并完善党和国家的领导制度，是实现这个任务的关键。"⑥讲话将我国政治制度分为基本政治制度和具体政治制度，提出要对这两方面的制度进行区分。具体政治制度即政治体制，讲话指出："党和国家现行的一些具体制度中，还存在不少的弊端"，"只有对

---

① 《中共中央文件选集（1949年10月—1966年5月）》第1册，人民出版社2013年版，第33页。
② 《中国共产党的九十年·改革开放和社会主义现代化建设新时期》，中共党史出版社、党建读物出版社2016年版，第660页。
③ 《人民代表大会制度重要文献选编》(2)，中国民主法制出版社、中央文献出版社2015年版，第372页。
④ 《邓小平文选》第3卷，人民出版社1993年版，第176页。
⑤ 《邓小平文选》第2卷，人民出版社1994年版，第320页。
⑥ 《邓小平文选》第2卷，人民出版社1994年版，第342页。

这些弊端进行有计划、有步骤而又坚决彻底的改革,人民才会信任我们的领导,才会信任党和社会主义,我们的事业才有无限的希望"。[①] 讲话科学分析了人和制度因素在国家政治生活中的重要性,既承认人的因素在政治中的极端重要性,又重视制度的作用。邓小平在讲话中精辟地指出:"我们过去发生的各种错误,固然与某些领导人的思想、作风有关,但是组织制度、工作制度方面的问题更重要。这些方面的制度好可以使坏人无法任意横行,制度不好可以使好人无法充分做好事,甚至会走向反面"。因此,邓小平认为"领导制度、组织制度问题更带有根本性、全局性、稳定性和长期性"。[②] 这些论断对于我们准确把握中国政治制度的丰富内涵、推进政治体制改革提供了重要遵循。

这篇讲话是邓小平在党的十一届三中全会后第一次比较系统的发表对政治体制改革问题的见解,为我国政治体制改革奠定了坚实的理论基础,指明了原则和方向,成为指导我国政治体制改革特别是党和国家领导制度改革的纲领性文件。随后,废除领导干部职务终身制,调整、精简各级行政机构,完善人民代表大会制度,发展中国共产党领导的多党合作政治协商制度、民族区域自治制度,推进社会主义民主法制建设等改革成为我国政治体制改革的主要内容。

(三)党的十三大对政治体制改革进行全面部署

随着经济体制改革的不断深入,政治体制与经济体制不相适应的问题日益凸显。邓小平敏锐地察觉到这个问题,指出:"我们所有的改革最终能不能成功,还是决定于政治体制的改革",必须把政治体制改革提上议事日程,并把政治体制改革"作为改革向前推进的一个标志"。[③]

1986年9月,中央政治体制改革研讨小组成立[④],开始酝酿和设计政治体制改革的总体方案。1987年10月,党的十二届七中全会"原则同意

---

　　① 《邓小平文选》第2卷,人民出版社1994年版,第327、333页。
　　② 《邓小平文选》第2卷,人民出版社1994年版,第333页。
　　③ 《邓小平文选》第3卷,人民出版社1993年版,第164、160页。
　　④ 全国人民代表大会常务委员会办公厅:《中华人民共和国全国人民代表大会常务委员会公报(1988—1989年卷)》,中国法制出版社2004年版,第113页。

《政治体制改革总体设想》,决定将这个文件的主要内容写入中央委员会向党的十三大的报告"①。随后召开的党的十三大对我国政治体制改革进行了全面部署。

党的十三大报告提出,我国政治体制"在具体的领导制度、组织形式和工作方式上,存在着一些重大缺陷,主要表现为权力过分集中,官僚主义严重,封建主义影响远未肃清","不进行政治体制改革,经济体制改革不可能最终取得成功"。进行政治体制改革的目的,"就是要兴利除弊,建设有中国特色的社会主义民主政治"。政治体制改革的长远目标"是建立高度民主、法制完备、富有效率、充满活力的社会主义政治体制";近期目标"是建立有利于提高效率、增强活力和调动各方面积极性的领导体制"。②

党的十三大之后,我国政治体制改革全面启动。在1988年进行的国务院机构改革中,"国务院部委由45个减为41个,直属机构从22个减为19个,非常设机构从75个减到44个。在国务院66个部、委、局中,有32个部门共减少1.5万多人,有30个部门共增加5300人。……机构改革后的国务院人员编制比原来减少了9700多人"③。

1989年6月,以江泽民同志为主要代表的中国共产党人担负起历史重任,进一步强调社会的政治稳定和政治体制改革的重要性,继续推动政治体制改革有序、健康地发展。

从1978年党的十一届三中全会到1992年党的十四大,中国政治体制改革的内容涉及许多领域,但更多关注的是"文革"结束后面临的一系列现实问题,着眼点主要是如何从制度层面实现国家的长治久安,改革的核心主要是针对"权力过分集中"④特别是领导干部个人高度集权的问题。重要的改革措施主要有:强调民主法制,维护《宪法》和法律的权威,着手建立国家法律体系;改革党和国家领导制度,进行适度的党政分开;废除

---

① 《邓小平年谱(1975—1997)》(下),中央文献出版社2004年版,第1213页。
② 《十三大以来重要文献选编》(上),人民出版社1991年版,第34—35页。
③ 《深化行政体制改革正逢其时》,《人民日报》2008年3月11日。
④ 《邓小平文选》第2卷,人民出版社1994年版,第321页。

领导职务终身制，禁止个人崇拜和个人专制；转变党的执政方式，推行基层民主和党内民主；等等。这一阶段政治体制改革的理论与实践深刻地影响和改变了中国政治发展的进程。

三、政治体制改革进一步发展与政治文明建设的提出（1992—2012年）

党的十四大后，随着社会主义市场经济体制的确立和完善，政治体制改革从着重解决"权力过分集中"调整为完善和发展社会主义政治制度。从1992年党的十四大到2012年党的十八大，围绕着建立社会主义市场经济体制，我国的政治体制改革进一步向前推进。

（一）政治体制改革以完善和发展社会主义政治制度为主要内容

为了推动中国改革向前发展，1992年1—2月，邓小平视察南方并发表重要谈话，提出了"计划和市场都是经济手段"，"不是社会主义与资本主义的本质区别"等重要论断。[①]党的十四大明确提出我国经济体制改革的目标是建立社会主义市场经济体制，并明确指出政治体制改革的目标"是以完善人民代表大会制度、共产党领导的多党合作和政治协商制度为主要内容，发展社会主义民主政治"[②]。党的十五大至十七大也都明确提出，政治体制改革要不断推进社会主义政治制度的自我完善和发展。

人民代表大会制度虽然在"文革"期间一度遭到破坏，但在1979年以后得到恢复并不断完善。保证全体人民行使国家权力是人民代表大会制度的实质，也是人民代表大会制度的先进性和生命力之所在。人民当家作主的一个重要标志是实现选举权的平等。2010年3月，十一届全国人大三次会议决定对《中华人民共和国全国人民代表大会和地方各级人民代表大会选举法》进行修改，规定城乡按相同人口比例选举人大代表，[③]这就保证了"各民族、各地区、各方面都有适当数量的人大代表"，更好地体现

---

① 《邓小平文选》第3卷，人民出版社1993年版，第373页。
② 《十四大以来重要文献选编》（上），人民出版社1996年版，第11页。
③ 《全国人民代表大会关于修改全国人民代表大会和地方各级人民代表大会选举法的决定》，《人民日报》2010年3月15日。

了"人人平等、地区平等、民族平等"。①

党的十四大后特别是进入新世纪后,中国共产党领导下的多党合作和政治协商的制度化、规范化和程序化稳步向前推进。中共中央先后下发了《关于进一步加强中国共产党领导的多党合作和政治协商制度建设的意见》②《关于加强人民政协工作的意见》③和《关于巩固和壮大新世纪新阶段统一战线的意见》④等文件,为各民主党派和无党派人士发挥作用创造了更为广阔的空间,巩固和发展了广泛的爱国统一战线。越来越多的党外人士在各级人大、政府、政协和司法机关担任领导职务。中国共产党在做出重大决策之前和决策执行过程中都坚持同党外人士进行充分协商,通报情况、听取意见,广集民智、广求良策。从中国共产党全国代表大会、中共中央委员会的重要文件到宪法和重要法律的修改建议,从国家领导人建议人选到推进改革开放的重要决定,从国民经济和社会发展中长期规划到关系国家全局的重大问题,中国共产党与各民主党派进行协商的渠道畅通,听取建议的形式丰富多样,有力地推动了科学决策、民主决策,维护了国家和人民的利益。人民政协通过政治协商和民主监督,组织参加政协的各民主党派、人民团体和各族各界人士参政议政,在国家的政治生活、社会生活和对外友好活动中,在进行社会主义现代化建设、维护国家的统一和加强各民族的团结中发挥了重要作用。

民族区域自治制度不断完善。1982年宪法不仅恢复了1954年宪法中关于民族区域自治的一些重要原则,而且在总结实行民族区域自治制度经验的基础上增加了新的内容。1984年5月,六届全国人大二次会议通过了《中华人民共和国民族新中国政治体制改革和政治文明建设区域自治法》,规定民族自治地方的人民代表大会有权依照当地民族的政治、经济和文化的特点,制定自治条例和单行条例;民族自治地方的自治机关可以自主地安排使用属于民族自治地方的财政收入,自主地管理本地方的教

---

① 吴邦国:《全国人民代表大会常务委员会工作报告》,《人民日报》2013年3月21日。
② 《十六大以来重要文献选编》(中),中央文献出版社2006年版,第672页。
③ 《十六大以来重要文献选编》(下),中央文献出版社2008年版,第259页。
④ 《十六大以来重要文献选编》(下),中央文献出版社2008年版,第565页。

育、科学、文化、卫生、体育事业。①党和政府大力培养少数民族干部和专业技术人员，在财力和物力上给予民族自治地方积极支援，促进当地经济文化的发展。中共中央还做出一系列加强和改进民族工作的重大部署，平等、团结、互助、和谐的社会主义民族关系不断巩固和发展，少数民族和民族地区呈现出经济繁荣、政治安定、文化发展、社会和谐、民族团结的喜人景象。②

基层群众自治制度是指城乡居民以相关法律法规和政策为依据，在城乡基层党组织的领导下，在居住地范围内依托基层群众自治组织，直接行使民主选举、民主决策、民主管理和民主监督等权利，实行自我管理、自我服务、自我教育、自我监督的制度与实践。基层群众自治是人民当家作主最有效、最广泛的途径。党的十七大根据以农村村民委员会、城市居民委员会和企业职工代表大会为主要内容的基层民主自治体系逐步建立的事实，正式将基层群众自治制度作为我国的一项基本政治制度，有力地推动了民主政治的发展，丰富了中国特色政治制度体系。

党的十七大把国家层面的民主制度与基层范畴的民主制度有机地结合在一起，使社会主义政治制度体系的内容更全面、结构更完整，广大群众民主意识不断增强，参与管理、依法维权的能力不断提高。

（二）不断推进党政机构改革

政治体制改革最核心的内容是党和国家领导制度的改革。这一阶段，中共中央机构于1993年和1999年先后进行了2次改革，国务院机构于1993年、1998年、2003年、2008年先后进行了4次改革。

在党的机构改革方面，党的十四大报告指出："党必须适应改革开放和现代化建设的需要，不断改善和加强对各方面工作的领导，改善和加强自身建设"，"农村要进一步搞好以党支部为核心的村级组织建设"，"全民所有制企业要充分发挥党组织的政治核心作用"，"在其他各种经济组织中，也要从实际出发，抓紧建立健全党的组织和工作制度"。③1999年，中共中

---

① 《中华人民共和国民族区域自治法》，《人民日报》1984年6月4日。
② 《发展新篇》，《人民日报》2011年6月29日。
③ 《十四大以来重要文献选编》（上），人民出版社1996年版，第12、43页。

央部门机构改革以"有利于坚持、加强、改善党的领导,有利于巩固党的执政地位和提高党的执政水平,有利于全面加强党的思想建设、组织建设和作风建设"为指导思想,以"坚持一件事情由一个机构管理为主,减少职责交叉"为基本原则。① 通过改革,中共中央领导机构确定由中央委员会(包括中央政治局常委会、中央政治局、中央书记处)和中央纪律检查委员会、中央军事委员会这三个委员会组成。中央委员会是党中央的决策部门和执行部门,由其选举产生的中央政治局、中央政治局常委会为中央决策机构,中央书记处为中央执行机构。中央纪律检查委员会是党中央的监督、检查部门。中央军事委员会是党中央的军事领导部门。这三个委员会的职能各有分工而又在中央委员会的统一领导之下,构成了中共中央领导框架。

在政府机构改革方面,1993 年,中共中央审议通过《关于党政机构改革的方案》,主要是"围绕建立社会主义市场经济的目标,按照政企职责分开和精简统一效能的原则,切实做到转变职能理顺关系、精兵简政提高效率"②。改革实施后,"国务院组成部门、直属机构从原有的 86 个减少到 59 个,人员减少 20%。国务院不再设置部委归口管理的国家局,国务院直属事业单位调整为 8 个"③。1998 年,党的十五届二中全会审议通过《国务院机构改革方案》,改革实施后,"国务院组成部门从 40 个减少到 29 个,部门内设机构精简 1/4,移交给企业、社会中介机构和地方的职能 200 多项,人员编制总数减少一半"④。2003 年的国务院机构改革是在中国加入世界贸易组织的背景下进行的,改革的目标是"形成行为规范、运转协调、公正透明、廉洁高效的行政管理体制"⑤,并提出决策、执行、监督三权相协调的要求。这次改革后,除国务院办公厅外,国务院由 28 个部门组成。⑥ 2008 年,国务院机构改革的中心思想是"转变政府职能和理顺部门

---

① 王晓晖:《坚持优化协同高效推进党和国家机构改革》,《人民日报》2018 年 3 月 19 日。
② 《转变职能 理顺关系 精兵简政》,《人民日报》1993 年 7 月 22 日。
③ 《深化行政体制改革正逢其时》,《人民日报》2008 年 3 月 11 日。
④ 朱镕基:《政府工作报告》,《人民日报》1999 年 3 月 18 日。
⑤ 朱镕基:《政府工作报告》,《人民日报》2003 年 3 月 20 日。
⑥ 《国务院机构改革方案》,《人民日报》2003 年 3 月 11 日。

职责关系，探索实行职能有机统一的大部门体制"，新组建了工业和信息化部、交通运输部等5个部委，国务院组成部门改革为27个。①

通过党政机构改革，在政府职能转变、法治政府建设、政府管理方式等方面取得了显著成效。行政复议和行政诉讼制度建设让"民告官"成为现实；《中华人民共和国政府信息公开条例》②的实施，提高了政府工作的透明度，充分发挥了政府信息对人民群众生产生活和经济社会活动的服务作用；政府还利用新兴媒体改进工作、提高效率、服务人民，服务型政府建设不断深化；"政府部门召开公共事务听证会成为常态，'三公经费'逐步公开，'网络问政'蓬勃发展"。③此外，我国还进行了地方党政机构改革、行政区划调整和干部人事制度改革；开展了农村基层政权的改革与建设，强化了对权力的监督和制约；制定了党政领导干部任期经济责任审计制度、会计委派制度、政府采购制度，实行了领导干部用车、住房等福利待遇货币化试点。

干部的公开选拔、竞争上岗、任前公示及推荐责任制逐步推广。2006年1月实施了《中华人民共和国公务员法》，至2012年，全国有超过24万人通过竞争上岗走上了领导岗位，中央机关公开遴选公务员正式实施。④

（三）确定建设社会主义法治国家的目标和任务，提出建设社会主义政治文明新命题

党的十五大明确提出："我国经济体制改革的深入和社会主义现代化建设跨越世纪的发展，要求我们在坚持四项基本原则的前提下，继续推进政治体制改革，进一步扩大社会主义民主，健全社会主义法制，依法治国，建设社会主义法治国家。"⑤这是在党的历史上第一次明确提出"法治"概念。1999年3月，九届全国人大二次会议将"依法治国，建设社会主义法治国家"写入宪法修正案，⑥使之成为党领导人民治理国家的基本方略。

---

① 《国务院机构改革方案》，《人民日报》2008年3月16日。
② 《中华人民共和国政府信息公开条例》，《人民日报》2007年4月25日。
③ 《我国政治体制改革取得重大进展》，《人民日报》2012年5月14日。
④ 《我国政治体制改革取得重大进展》，《人民日报》2012年5月14日。
⑤ 《十五大以来重要文献选编》（上），人民出版社2000年版，第30页。
⑥ 《中华人民共和国宪法修正案》，《人民日报》1999年3月17日。

建设社会主义法治国家是中国政治体制改革的一个重大突破性进展，对中国政治发展具有重大而深远的意义，反映了市场经济发展的客观要求，有利于推进法制建设和法治国家建设。新中国成立之初，人民政权废除了国民党的"六法全书"，先后制定了《中华人民共和国婚姻法》《中华人民共和国工会法》等法律。特别是1954年宪法的制定与实施，为发展社会主义民主和社会主义法制奠定了初步基础，为社会主义社会的确立提供了法律保障。从此，中国的民主政治和人民民主法制建设进入一个崭新的阶段。1954年宪法颁布后，曾于1975年、1978年、1982年3次被全面修改，于1979年、1980年、1988年、1993年、1999年、2004年、2018年7次被部分修正。在宪法的制定和修改过程中，全国人大及其常务委员会还制定了一大批法律法规。截至2011年8月底，"中国已制定现行宪法和有效法律共240部、行政法规706部、地方性法规8600多部，涵盖社会关系各个方面的法律部门已经齐全，各个法律部门中基本的、主要的法律已经制定，相应的行政法规和地方性法规比较完备，法律体系内部总体做到科学和谐统一，中国特色社会主义法律体系已经形成"①。这些法律法规在国家政治、经济和社会生活等方面发挥了重要作用。

2002年5月31日，江泽民在中央党校省部级干部进修班毕业典礼上的讲话中明确提出了建设社会主义政治文明的任务。② 党的十六大报告进一步指出："发展社会主义民主政治，建设社会主义政治文明，是全面建设小康社会的重要目标。"③ 这是在党的文献中第一次提出建设社会主义政治文明。

社会主义政治文明建设的基本内容就是不断发展社会主义民主政治，核心和关键就是要着重加强社会主义民主政治的制度建设，实现社会主义民主政治的制度化、规范化、程序化。党的十六大报告提出，政治体制改革和发展社会主义民主政治，最根本的是要把"坚持党的领导、人民当家

---

① 《中国特色社会主义法律体系》，《人民日报》2011年10月28日。
② 《高举邓小平理论伟大旗帜　全面贯彻"三个代表"要求与时俱进努力开创建设有中国特色社会主义事业新局面》，《人民日报》2002年6月1日。
③ 《十六大以来重要文献选编》（上），中央文献出版社2005年版，第24页。

作主和依法治国有机统一起来。党的领导是人民当家作主和依法治国的根本保证，人民当家作主是社会主义民主政治的本质要求，依法治国是党领导人民治理国家的基本方略"①。党的领导、人民当家作主和依法治国的统一性是社会主义民主政治的重要优势。把社会主义政治文明与社会主义民主政治紧密联系在一起，为我国政治文明建设指明了方向。

在建立和发展社会主义市场经济的过程中，政治体制改革以完善和发展社会主义基本政治制度、发展社会主义民主为主要内容，社会主义政治制度体系的内容更全面、更丰富，结构更完整；实行城乡按相同人口比例选举人大代表，选举工作更加规范化、制度化；重要决策事前进行政治协商成为制度，决策的科学化、民主化不断推进，公民有序的政治参与不断扩大；各级人大"开门立法"，政府部门问需于民、问计于民，公共事务听证成为常态；充分运用网络同人民群众进行沟通；将"国家尊重和保障人权"写入宪法，②中国特色社会主义法律体系的框架逐步形成；开展了各级政府职能转变和党政机关精简机构工作，实施了公务员制度；对干部选拔采取民主推荐、公开考试、择优录用，引进了竞争机制；干部人事制度改革、反腐倡廉工作等取得了显著的进展。政治体制改革朝着发展社会主义民主政治、建设社会主义政治文明的方向前进。

四、政治体制改革全面深化（2012—2019 年）

党的十八大开启了中国特色社会主义新时代，明确提出了政治体制改革的七项主要任务，即支持和保证人民通过人民代表大会行使国家权力；健全社会主义协商民主制度；完善基层民主制度；全面推进依法治国；深化行政体制改革；健全权力运行制约和监督体系；巩固和发展最广泛的爱国统一战线。③十八届三中全会确定了全面深化改革的总目标是完善和发展中国特色社会主义制度，推进国家治理体系和治理能力现代化，④十九届三

---

① 《十六大以来重要文献选编》（上），中央文献出版社 2005 年版，第 24 页。
② 《中华人民共和国宪法》，《人民日报》2004 年 3 月 16 日。
③ 《十八大以来重要文献选编》（上），中央文献出版社 2014 年版，第 19—24 页。
④ 《中共中央关于全面深化改革若干重大问题的决定》，《人民日报》2013 年 11 月 16 日。

中全会专门研究了党和国家领导机构改革问题，通过了《中共中央关于深化党和国家机构改革的决定》[①]和《深化党和国家机构改革方案》[②]，开辟了中国特色社会主义政治发展新境界。

（一）突出党的全面领导，推进党的领导体制改革

中国共产党的领导是中国特色社会主义最本质的特征。党的十八大重申要加强和改善党的领导，坚持党总揽全局、协调各方的领导核心作用。十九大提出了坚持和加强党的全面领导的任务，十九届三中全会把"形成总揽全局、协调各方的党的领导体系"[③]纳入改革目标。党的领导体现在政治改革的整个过程和方方面面，党的领导体制进入全方位改革的新时期。

确立了习近平同志在党中央的核心和全党的核心地位。党的十八届六中全会正式提出"以习近平同志为核心的党中央"[④]。习近平同志成为党中央的核心、全党的核心，是关系党和人民根本利益、关系党和国家事业长远发展的大事，是在领导和推进伟大事业、伟大工程、伟大斗争、伟大梦想的实践中形成的，对于进一步开创治国理政新局面意义重大、影响深远。为了提高高层权力的协调性，党的十八大以来中央成立了20多个专门的领导小组（委员会）[⑤]，由政治局常委亲自领导。其中国家安全委员会、中央全面深化改革领导小组、中央网络安全和信息化领导小组、中央军委深化国防和军队改革领导小组、中央海洋权益工作领导小组、中央统战工作领导小组等均为党的十八大以后新成立。中央全面深化改革领导小组、中央网络安全和信息化领导小组、中央财经领导小组（这3个领导小组中共十九大之后改称"委员会"）由习近平任组长。2017年1月，中共中央政治局召开会议，决定设立中央军民融合发展委员会，习近平任主任。设立中央领导小组（委员会），有利于整合职能部门资源，有助于冲破原有的利益格局，实现工作的快速推进。

[①]《中共中央关于深化党和国家机构改革的决定》，《人民日报》2018年3月5日。
[②]《中共中央印发〈深化党和国家机构改革方案〉》，《人民日报》2018年3月22日。
[③]《中共中央关于深化党和国家机构改革的决定》，《人民日报》2018年3月5日。
[④]《向党外人士通报中共十八届六中全会精神》，《人民日报》2016年10月30日。
[⑤]《加强党的领导 数字见证辉煌》，《人民日报》2017年10月9日。

建立健全党对一切工作的领导体制机制。《中共中央关于深化党和国家机构改革的决定》提出，要加强党的全面领导，强化党的组织在同级组织中的领导地位，理顺党的组织同其他组织的关系，统筹设置党政机构，"党的有关机构可以同职能相近、联系紧密的其他部门统筹设置，实行合并设立或合署办公"①。2018年中共中央印发的《深化党和国家机构改革方案》②，把党和国家的机构整合在一起改革，这是改革开放以来的第一次。这一改革有助于理顺党政机构职责关系，统筹调配资源，减少多头管理，减少职责分散交叉，使党政机构职能分工合理、责任明确、运转协调，形成统一高效的领导体制，保证党实施集中统一领导。

深化党的建设制度改革。党的十八届三中全会提出"深化党的建设制度改革"的重大命题和任务③，随后中央政治局会议审议通过《深化党的建设制度改革实施方案》，规定了深化党的组织制度、干部人事制度、党的基层组织建设制度、人才发展体制机制四个方面的改革任务，并分解为26项改革举措，明确了责任单位、改革成果形式和时间进度。④党的建设制度改革既是全面深化改革的重要内容，也是实现全面深化改革目标的根本保证。实现"两个一百年"奋斗目标、实现中华民族伟大复兴的中国梦，归根结底要靠党的坚强领导，靠党的建设。党的领导水平和执政水平、党的建设科学化水平在很大程度上取决于党的规章制度的科学完备程度。党的建设制度发挥着调整党内关系、指导党内生活、规范党员行为、解决党内问题、维护党内秩序、集中并实现党的意志等重大作用。

在我国政治生活中，中国共产党居于领导地位，对中国社会生活的各个领域实行全面的领导。中国共产党在我国政治体制中的核心地位体现在各个方面和各个环节、各个层面，决定着政策的制定和执行、干部的选拔和任用等。加强党的集中统一领导，全党全国人民才能更好地统一思想、凝聚力量，推动改革涉险滩、闯难关、啃硬骨头，才能统筹协调、蹄

---

① 《中共中央关于深化党和国家机构改革的决定》，《人民日报》2018年3月5日。
② 《中共中央印发〈深化党和国家机构改革方案〉》，《人民日报》2018年3月22日。
③ 《中共中央关于全面深化改革若干重大问题的决定》，《人民日报》2013年11月16日。
④ 《〈深化党的建设制度改革实施方案〉提出26项改革举措》，《光明日报》2014年9月2日。

疾步稳推进各项改革，使全面深化改革具备坚实的群众基础和不竭的动力源泉。

(二) 明确提出制度现代化任务，不断完善和发展中国特色政治制度

制度成熟与完善的程度是一个国家和社会成熟与完善程度的集中体现。党的十八大后，我国把完善和发展中国特色社会主义制度作为重大政治任务，不断推进国家治理体系和治理能力现代化。

习近平总书记将新中国的制度建设分为两个阶段，他指出："从形成更加成熟更加定型的制度看，我国社会主义实践的前半程已经走过了，前半程我们的主要历史任务是建立社会主义基本制度，并在这个基础上进行改革，现在已经有了很好的基础。后半程，我们的主要历史任务是完善和发展中国特色社会主义制度，为党和国家事业发展、为人民幸福安康、为社会和谐稳定、为国家长治久安提供一整套更完备、更稳定、更管用的制度体系。这项工程极为宏大，零敲碎打调整不行，碎片化修补也不行，必须是全面的系统的改革和改进，是各领域改革和改进的联动和集成，在国家治理体系和治理能力现代化上形成总体效应、取得总体效果。"① 这一论述提出要建立更完备、更稳定、更管用的制度体系，深刻阐明了完善和发展中国特色社会主义制度的重大意义与实现路径，丰富了国家治理体系和治理能力现代化的内涵，有力推动了中国特色政治制度的完善和发展。

按照"四个必须"② 坚持和完善人民代表大会制度。加强科学立法、民主立法是人民代表大会制度与时俱进的重要体现。2014年，中共中央审议通过《关于改进完善专题询问工作的若干意见》，"明确要求每年安排国务院领导同志向全国人大常委会作专项工作报告，到会听取审议意见、回答询问。专题询问更加规范化、机制化和常态化"③。2015年6月，中共中央首次以文件的形式转发了《中共全国人大常委会党组关于加强县乡人

---

① 《习近平关于全面深化改革论述摘编》，中央文献出版社2014年版，第27页。
② 即坚持和完善人民代表大会制度，必须毫不动摇坚持中国共产党的领导，必须保证和发展人民当家作主，必须全面推进依法治国，必须坚持民主集中制。参见习近平：《在庆祝全国人民代表大会成立60周年大会上的讲话》，《人民日报》2014年9月6日。
③ 《人民民主新境界》，《人民日报》2017年7月20日。

大工作和建设的若干意见》，① 为各地积极开展县乡人大建设指明了方向。2015年3月，十二届全国人大三次会议对《中华人民共和国立法法》做出重要修改，进一步明确了立法权限，"赋予设区的市地方立法权"。② 这对于更好发挥立法引领和推动改革的作用、建设社会主义法治国家的意义十分深远。全国人大常委会党组进一步健全了立法工作向党中央请示报告制度，党的主张和人民的意愿通过法定程序转化为国家意志，立法引领和推动改革的路径越来越清晰。③ 此外，我国在推进人民代表大会制度理论和实践创新，完善中国特色社会主义法律体系，健全立法起草、论证、协调、审议机制，提高立法质量等方面也取得了新成就。

中国共产党领导的多党合作和政治协商制度发展进入新阶段。党的十八大提出："健全社会主义协商民主制度。……要完善协商民主制度和工作机制，推进协商民主广泛、多层、制度化发展"；"坚持和完善中国共产党领导的多党合作和政治协商制度，充分发挥人民政协作为协商民主重要渠道作用"。④ 2015—2017年，中共中央先后印发《关于加强社会主义协商民主建设的意见》⑤《关于加强人民政协协商民主建设的实施意见》⑥《中国共产党统一战线工作条例（试行）》⑦《关于加强政党协商的实施意见》⑧和《关于加强和改进人民政协民主监督工作的意见》⑨等文件，对统一战线及多党合作作出了一系列新的规定，主要包括：明确了社会主义协商民主的基本内涵和本质属性，阐明了加强社会主义协商民主建设的指导思想、

---

① 《加强县乡人大工作和建设 充分发挥基层国家权力机关作用》，《人民日报》2015年10月22日。
② 《全国人民代表大会关于修改〈中华人民共和国立法法〉的决定》，《人民日报》2015年3月16日。
③ 《击楫勇进在中流》，《人民日报》2016年1月19日。
④ 《十八大以来重要文献选编》（上），中央文献出版社2014年版，第21页。
⑤ 《中共中央印发〈关于加强社会主义协商民主建设的意见〉》，《人民日报》2015年2月10日。
⑥ 《中办印发〈关于加强人民政协协商民主建设的实施意见〉》，《人民日报》2015年6月26日。
⑦ 《中国共产党统一战线工作条例（试行）》，《人民日报》2015年9月23日。
⑧ 《中办印发〈关于加强政党协商的实施意见〉》，《人民日报》2015年12月11日。
⑨ 《中共中央办公厅印发〈关于加强和改进人民政协民主监督工作的意见〉的通知》，中国人民政治协商会议深圳市盐田区委员会网，2019年5月30日，http://www.yantian.gov.cn/zx/gzzd/201705/t20170504_6308335.htm。

基本原则、渠道程序和重要意义,对新形势下开展政党协商、人大协商、政府协商、政协协商、人民团体协商、基层协商、社会组织协商进行了部署;对统一战线的性质、地位作用作出新概括,对统战工作的指导思想、主要任务、范围和对象进行了新的完善;明确了加强人民政协协商民主建设的重要意义、指导思想、重要原则、内容和形式;详细规定了政党协商的指导思想和重要意义、内容、形式、程序、保障机制,提出了政党协商的三种主要方式——会议协商、约谈协商和书面协商;规定人民政协协商式监督八个方面的主要内容、主要形式以及程序机制;等等。

2018年3月15日,政协第十三届全国委员会第一次会议通过《中国人民政治协商会议章程修正案》。① 这次政协章程修改的重要成果是以习近平新时代中国特色社会主义思想为指导,充分体现了党的十九大提出的重要思想、重要观点、重大判断和重大举措。人民政协可以充分发挥协商式监督特色优势,重点监督党和国家重大改革举措、重要决策部署的贯彻执行情况,通过调研察看发现问题,围绕履责不力提出批评,针对问题不足督促改进。中国政党制度在政策、相关章程和制度机制方面不断发展和完善,中国共产党对统一战线的认识提升到新的高度。

(三)党和国家机构改革迈出重大步伐,监察体制改革成为亮点

党和国家机构改革不断取得新成效。2013年,十二届全国人大一次会议确定了国务院机构改革的主要思路,即"以职能转变为核心","重点围绕转变职能和理顺职责关系,稳步推进大部门制改革"②。党的十八届三中全会提出要"完善党和国家领导体制,坚持民主集中制,充分发挥党的领导核心作用"③。党的十九届三中全会明确提出,"深化党和国家机构改革是推进国家治理体系和治理能力现代化的一场深刻变革",强调要"统筹设置党政机构","统筹党政军群机构改革"。④ 统筹设置党政机构,坚持一类事项原则上由一个部门统筹,一件事情原则上由一个部门负责,可以避免

---

① 《中国人民政治协商会议章程修正案》,《人民日报》2018年3月28日。
② 《十八大以来重要文献选编》(上),中央文献出版社2014年版,第224页。
③ 《十八大以来重要文献选编》(上),中央文献出版社2014年版,第531页。
④ 《中共中央关于深化党和国家机构改革的决定》,《人民日报》2018年3月5日。

政出多门、责任不明、推诿扯皮。统筹推进党政军群机构改革，是推进国家治理体系和治理能力现代化的一场深刻变革，是系统性、整体性、重构性的变革，力度规模之大、涉及范围之广、触及利益之深前所未有。

党的十八大以来，中共中央机构于2018年集中进行了改革，国务院机构于2013年、2018年进行了两次改革。改革后，中共中央机构共计减少6个，其中正部级机构减少4个、副部级机构减少2个；国务院机构共计减少15个，其中正部级机构减少8个、副部级机构减少7个。全国人大和全国政协各增加了1个专门委员会。①

国家监察体制改革是党的十八大以来最重要的政治体制改革。深化国家监察体制改革的总目标是"建立党统一领导下的国家反腐败工作机构"，"建立集中统一、权威高效的国家监察体系"。②国家监察体制改革是在继承和借鉴党的纪律检查体制改革经验的基础上进行的。构建国家监察体系，有利于对党内监督达不到的地方或者不适用执行党的纪律的公职人员依法实施监察，真正把公权力关进制度的笼子，实现依法治国与依规治党、国家监察与党内监督有机统一。

2016年11月，北京市、山西省、浙江省开展了国家监察体制改革试点，在总结改革试点工作经验的基础上，2018年2月，全国省、市、县三级监察委员会全部完成组建。3月，中华人民共和国国家监察委员会正式成立。③该委员会的成立使中国的国家机构序列发生了重大变化，"一府两院"为"一府一委两院"所代替。中华人民共和国国务院是最高行政机关，中华人民共和国国家监察委员会是最高监察机关，中华人民共和国最高人民法院是最高审判机关，中华人民共和国最高人民检察院是最高检察机关。"一府一委两院"都由全国人民代表大会产生，对全国人大负责，受其监督。

党的十八大以来，政治体制改革更加注重加强党的全面领导，更加注

---

① 《〈中共中央关于深化党和国家机构改革的决定〉〈深化党和国家机构改革方案〉辅导读本》，人民出版社2018年版，第102—103页。

② 《构建权威高效的国家监察体系》，《人民日报》2016年12月5日。

③ 《健全党和国家监督体系的创制之举》，《人民日报》2018年3月25日。

重系统性、整体性、协同性，更加注重发挥法治规范和保障改革的作用。我国不断探索新时期党的领导、人民当家作主、依法治国的推进路径，丰富其内在的形式，在整体性和有效性相统一的基础上使三者有机结合；人民民主更加广泛、更加充分、更加健全。

回顾新中国政治体制改革和政治文明建设的进程，可以清楚地看到：这一进程与经济发展同步，为社会主义现代化建设提供了有力的政治保障，为经济发展提供了必须具备的政治结构和稳定的政治环境。这一进程形成了适应发展阶段、符合发展要求的独具特色的民主政治体系，显示了社会主义民主政治强大生命力，开创出一条发展中国特色民主政治道路的有效途径。这一进程的经验值得借鉴：政治体制和政治文明建设必须坚持从中国的实际出发，围绕党的中心任务来展开，朝着全面深化改革的总目标[1]来加强；必须着眼于中国的实际，坚持党的领导、人民当家作主和依法治国的有机统一；必须与时代同步伐，稳步推进中国特色政治制度的完善和发展。

---

[1] 党的十八届三中全会明确指出，全面深化改革的总目标是"完善和发展中国特色社会主义制度，推进国家治理体系和治理能力现代化"。参见《十八大以来重要文献选编》（上），中央文献出版社2014年版，第512页。

邓小平对党的十一届三中全会实现历史转折所起的关键作用*

1978年12月召开的党的十一届三中全会,"实现了新中国成立以来党的历史上具有深远意义的伟大转折"①。全会之前召开的中央工作会议为这次全会的召开及伟大转折的实现作了充分准备,起到了重要作用。党的十一届三中全会之所以能够实现伟大的历史转折,与邓小平在这次全会及此前中央工作会议上发挥的不可替代的关键作用密不可分。如果没有邓小平在关键时刻的指导和推动,这次伟大的历史转折就不可能顺利实现。邓小平在这次全会及此前的中央工作会议上发挥的关键作用,主要体现在以下三个方面。

一、提出会议主题

1978年11月,党的十一届三中全会之前召开的中央工作会议本来是一次主要讨论经济工作的会议。这次会议的原定议题有三项:一是讨论如何进一步贯彻执行以农业为基础的方针,尽快把农业生产搞上去;二是商定1979年、1980年两年国民经济计划的安排;三是讨论李先念在国务院经济工作务虚会上的讲话。会前,根据邓小平的提议,中央政治局常委会议、中央政治局会议决定,会议先用两三天时间讨论从1979年起把全党

---

* 本文作者张金才,发表于《邓小平研究》2022年第2期。
① 《中共中央关于党的百年奋斗重大成就和历史经验的决议》,人民出版社2021年版,第15页

工作重点转移到社会主义现代化建设上来的问题。① 会议要求，头两三天讨论全党工作重点转移问题，这以后再围绕着全党工作重点转移这个中心问题讨论前面所讲的三项议题。

邓小平一贯重视经济建设，推动全党工作重点转移是邓小平自1977年恢复工作以来就一直倡导的。粉碎"四人帮"后，在全党和全国开展一场揭批"四人帮"的群众运动是必要的。但当揭批查运动基本达到目的后，迟迟不把工作重点转移到经济建设上来，这就违背了广大干部群众的要求和心愿。1977年8月23日，邓小平在中央军委座谈会上的讲话中强调，揭批"四人帮"的斗争"要有一个时间限制"②。同年11月，他在广州视察时更加明确地指出，我们以揭批林彪、"四人帮"为纲可以，但是很快要转，要结束，要转到经济建设上来，再不能提"以阶级斗争为纲"了。③1978年9月，邓小平在东北视察工作时再次提出要及时结束揭批"四人帮"的群众运动，尽快把工作重点转移到四个现代化建设上来。9月17日，他在沈阳军区的讲话中指出，对于揭批林彪、"四人帮"，要制定几条可以结束的标准，"有的单位，搞得差不多了，就可以结束，可以抓训练，可以组织学习科学知识"④。10月3日，邓小平在同胡乔木等商议他在中国工会第九次全国代表大会上的讲话稿的修改问题时，再次强调揭批"四人帮"的群众运动要有个底，不能搞得过久，可以结束的单位要尽快转入正常工作。⑤10月11日，邓小平在中国工会第九次全国代表大会上的致词中强调："我们已经能够在这一胜利的基础上开始新的战斗任务。"⑥

中央工作会议前，邓小平在不同场合对工作重点转移的看法得到党的中央领导层的高度重视和一致同意。正是根据邓小平提议确定的这个会议主题，为伟大历史转折的实现创造了重要前提。如果不是以讨论全党工作重点转移问题为主题，而是仅讨论原定的三项具体经济问题，这次中央

---

① 《邓小平年谱（1904—1997）》第4卷，中央文献出版社2020年版，第431页。
② 《邓小平年谱（1904—1997）》第4卷，中央文献出版社2020年版，第186—187页。
③ 钟文、鹿海啸：《百年小平》（下），中央文献出版社2004年版，第504页。
④ 《邓小平年谱（1904—1997）》第4卷，中央文献出版社2020年版，第383页。
⑤ 《邓小平年谱（1904—1997）》第4卷，中央文献出版社2020年版，第394页。
⑥ 《邓小平文选》第2卷，人民出版社1994年版，第135页。

工作会议及此后的党的十一届三中全会实现伟大的历史转折显然是不可能的。

会议开始后，各组①围绕党的工作重点转移问题进行了热烈讨论。与会者在发言中积极支持中央及时、果断地结束揭批"四人帮"的群众运动，并结合各自工作实际对为什么要实现工作重点转移以及怎样实现工作重点转移等问题发表了意见和建议。

讨论全党工作重点转移问题，势必要牵涉到解决历史遗留问题以及端正思想路线等一系列相关问题。因为不对"文化大革命"中造成的一些冤假错案进行平反，不把这一时期提出的一些错误观点予以澄清，人们就不能团结一致向前看，就不能为实现党的工作重点转移创造一个安定团结的政治局面。同样，不冲破"两个凡是"的束缚，不解放人们的思想，就不能确立实事求是的思想路线。因此，与会同志在讨论中围绕工作重点转移问题，提出了一系列需要解决的历史遗留问题和需要澄清的重大是非问题。陈云在11月12日的发言中，就一次提出六个应该由中央考虑并作出决定的历史遗留问题，引起强烈反响。与会者还就真理标准问题进行了热烈讨论，指出了思想僵化的危害，提出了端正思想路线的意见和建议，还提议了增补的中央政治局委员和中央委员名单，为全党的工作重点转移和实现伟大的历史转折奠定了组织基础和思想基础。

党的十一届三中全会在中央工作会议充分讨论和取得成果的基础上，作出了把党的工作重点转到经济建设上来、实行改革开放的历史性决策，实现了思想路线、政治路线和组织路线的根本转变，实现了党的历史上具有深远意义的伟大转折。而邓小平关于中央工作会议要以讨论工作重点转移为主要议题的重大倡议，无疑为实现这次伟大历史转折创造了前提条件。正是由于邓小平的提议，使得中央工作会议突破了原定议题的局限，引发了与会代表对一系列重大问题的讨论，取得了一系列带有根本性的成果和共识，使党的十一届三中全会开成了一次具有伟大历史转折意义的重要会议。

---

① 1978年中央工作会议及之后的党的十一届三中全会均分为六个讨论组，即东北组、华北组、西北组、中南组、华东组和西南组。

二、引导会议进程

邓小平 1978 年 11 月 5 日至 14 日出访东南亚三国,因此没有参加 11 月 10 日的中央工作会议开幕会。但他回国后很快就把注意力放到会议上,并在许多场合发表一系列重要谈话,引导和推动着会议进程。

11 月 14 日,也就是邓小平回国的当天,经中央政治局常委会批准,中共北京市委宣布天安门事件完全是革命行动。次日,《北京日报》刊登了这一消息。16 日,《人民日报》刊登了新华社以《天安门事件完全是革命行动》为标题的通稿。11 月 25 日,中共中央宣布天安门事件完全是革命的群众运动,为天安门事件公开彻底平反。[①] 这是在中央工作会议期间发生的一件大事,得到了广大人民群众的热烈拥护,在国内外引起强烈反响,有力地推进了历史遗留问题的解决和中央工作会议的进程。

11 月 25 日下午,中央政治局常委听取中共北京市委和团中央几位负责人关于天安门事件平反后群众反映的汇报,邓小平代表中央政治局常委发表了重要谈话。针对天安门事件平反后群众中出现的一些问题,邓小平强调要通过深入细致的思想工作对群众进行积极引导。天安门事件的平反势必会涉及对毛泽东的评价问题,社会上也出现了一股否定毛泽东和毛泽东思想的错误思潮。对此,邓小平在谈话中明确表示:"毛主席的伟大功勋是不可磨灭的","毛主席的旗帜是全党全军全国各族人民团结的旗帜,也是国际共产主义运动的旗帜","一定要高举毛主席的伟大旗帜"。[②] 对于部分参会同志提出的一些历史问题,邓小平一方面表示有些历史问题要解决,这样有利于人们放下包袱、轻装前进。但同时他又指出,对于一些一时不容易搞清楚的问题不必勉强去解决,可以往后放一下,甚至留给下一代人去解决,以便集中精力做好眼前的事情,这样才符合党和人民的根本利益。[③] 邓小平在谈话中强调了维护安定团结的稳定局势的重要性,认为安定团结是实现四个现代化的必要政治条件,是引进新技术和利用外资的必

[①]《陈云传》(四),中央文献出版社 2015 年版,第 1498 页。
[②]《邓小平年谱(1904—1997)》第 4 卷,中央文献出版社 2020 年版,第 435 页。
[③]《邓小平年谱(1904—1997)》第 4 卷,中央文献出版社 2020 年版,第 435 页。

要政治环境，维护安定团结的政治局面是中央的战略部署，是大局，一切工作都要从这个大局着眼，要服从和服务于这个大局，不能破坏安定团结的局面。解决历史遗留问题也是为了创造一个安定团结的稳定局势，把各种积极因素调动起来。①

邓小平在这次谈话中从为实现四个现代化创造一个安定团结的稳定局势出发，提出了处理历史遗留问题和科学评价毛泽东的原则和立场，对如何引导广大群众团结一致向前看提出了明确要求，发挥了重要作用。

11月26日和27日，邓小平先后会见日本民社党委员长佐佐木良作和美国专栏作家诺瓦克，在与外宾交谈中他对11月25日谈话中提出的意见和主张作了进一步的阐述。在会见佐佐木良作时，邓小平就客人关心的平反冤假错案问题发表了意见。他指出，天安门事件等一些事情过去处理得不正确，当然应该实事求是地加以纠正，这是符合我们党和毛泽东历来所提倡的有错必纠的方针的。勇于纠正错误，这是有信心的表现。邓小平还强调说，我们处理这些历史遗留问题就是要把过去的问题了结一下，目的是使大家心情舒畅，引导全国人民向前看，一心一意搞四个现代化。②在会见诺瓦克时，邓小平重点谈了客人关心的对毛泽东和毛泽东思想的评价问题。他明确指出："中国人民都知道，没有毛泽东主席就没有新中国。这个历史是抹不掉的。"③关于毛泽东思想的评价问题，邓小平强调要按照毛泽东所一贯倡导的反对本本主义的原则来对待毛泽东思想，不能搞照抄照搬某句话，不能要求任何伟大的人物、伟大的领袖每句话在任何时候都是适用的，而是要完整地、准确地掌握和运用毛泽东思想。④

这些话虽然是对外宾讲的，但对中央工作会议上关于解决历史遗留问题以及如何评价毛泽东等问题的讨论，也有着重要的引导作用。事实上，邓小平等中央政治局常委在11月27日晚听取中央工作会议各组召集人汇报时，就有人提出邓小平11月26日同日本民社党佐佐木良作谈话的19

---

① 《邓小平年谱（1904—1997）》第4卷，中央文献出版社2020年版，第435—436页。
② 《邓小平年谱（1904—1997）》第4卷，中央文献出版社2020年版，第436—437页。
③ 《邓小平年谱（1904—1997）》第4卷，中央文献出版社2020年版，第438页。
④ 《邓小平年谱（1904—1997）》第4卷，中央文献出版社2020年版，第438页。

条可否向干部传达并根据谈话精神向群众做工作的问题。邓小平作出了肯定回应，认为那个 19 条对谈话内容的概括基本正确，并进一步谈了如何评价毛泽东的问题。他明确指出："毛主席的伟大功勋是不可磨灭的。没有毛主席，就没有新中国。毛主席的伟大，怎么说也不过分，不是拿语言可以形容得出来的。"[①] 邓小平同时强调指出："毛主席不是没有缺点错误的，我们不能要求伟大领袖、伟大人物、思想家没有缺点错误，那样要求就不是马克思主义者。"[②]

在这次汇报会上，邓小平还对各组反映的其他问题发表了重要意见。如华东组提出的"二月兵变"需要澄清和对"一月风暴"的评价迟讲不如早讲的问题，西南组提出的对毛泽东的评价中央应有一个统一说法的问题以及中南组提出的康生的问题等，对这些大家普遍关心但又比较复杂和敏感的问题，邓小平一一给出了明确答复，为各组在讨论时正确把握这些问题提供了指导思想。这些意见在会上传达后，对会议进程起到了重要引导作用。

鉴于会议已开了 20 天，为将代表们的注意力从历史遗留问题和几位中央领导同志所犯错误等问题转到讨论经济问题上来，12 月 1 日，邓小平等中央政治局常委召集部分大军区司令员和省委第一书记开会，通过他们向会议打招呼。邓小平在会上着重谈了中央对人事问题的意见，他从维护国内安定团结的政治局面和给国际上一个安定团结形象的需要出发，提出"任何人都不能下，只能上。现有的中央委员，有的可以不履行职权，不参加会议活动，但不除名"[③]，以免给人权力斗争的错觉，并强调这是一个大局。关于谁上的问题，邓小平提出了增加中央政治局委员和补选中央委员的方案和名单，对中央工作会议期间代表们酝酿和讨论的结果予以了回应和确认。邓小平的讲话在各组传达后，与会者一致表示拥护。中央关于人事安排的问题基本上确定下来，并开始转入经济问题的讨论。

由上可见，邓小平从 11 月 14 日出访回国后，根据中央工作会议上出

[①] 《邓小平年谱（1904—1997）》第 4 卷，中央文献出版社 2020 年版，第 441 页。
[②] 《邓小平年谱（1904—1997）》第 4 卷，中央文献出版社 2020 年版，第 441 页。
[③] 《邓小平年谱（1904—1997）》第 4 卷，中央文献出版社 2020 年版，第 445 页。

现的新问题和社会上出现的一些新情况发表了一系列重要谈话，为全国人民正确理解中央决策起到了积极作用，也对中央工作会议的进程发挥了重要的引导和推动作用。

三、发表主题讲话

1978年12月13日，邓小平在中央工作会议闭幕会上发表了题为《解放思想，实事求是，团结一致向前看》的著名讲话。这篇讲话为党的十一届三中全会实现伟大的历史转折奠定了重要的思想理论基础。

这篇讲话从很早即开始准备，是在邓小平的亲自主持下起草完成的。最初完成的讲话稿是以实现党的工作重点转移为主题的，主要论述了工作重点转移的意义以及如何实现工作重点转移，包括解放思想、改革不适应生产力发展的生产关系和上层建筑等。①中央工作会议开始后，情况发生了变化，工作重点转移问题成为大家的共识，已经变得不那么突出了，而真理标准问题、发扬民主问题、团结一致向前看的问题和经济管理体制问题等则变得突出起来，迫切需要党中央抓住时机，把这些问题讲深讲透，以利于在历史转折关头为全党指明前进方向。在这样的情况下，邓小平决定他的讲话稿要重起炉灶。

12月2日，邓小平约见胡乔木、于光远等人，谈重新起草中央工作会议闭幕会讲话稿的问题。邓小平提前拟出了讲话提纲的几个重点：一是解放思想，开动机器；二是发扬民主，加强法制；三是向后看为的是向前看；四是克服官僚主义、人浮于事；五是允许一部分先好起来；六是加强责任制；七是新的问题。②之后，起草组根据邓小平的谈话精神和所拟提纲开始起草新的讲话稿。后来，邓小平又在12月5日和9日，先后两次约见胡乔木等起草组成员，谈讲话稿的修改问题，并就民主等问题发表了重要意见。他指出："应该允许出气，出气是对没有民主的惩罚。有了正常的民主，大字报也就少了。建立健全民主与法制，实行经济民主，用经

---

① 《邓小平年谱（1904—1997）》第4卷，中央文献出版社2020年版，第432页。
② 《邓小平年谱（1904—1997）》第4卷，中央文献出版社2020年版，第445—446页。

济的办法管经济，责任到人，做到有职有责有权。没有民主培养不出人才。"①这些重要意见后来都体现到了讲话稿中。

12月13日，在中央工作会议闭幕会上，邓小平发表了这篇具有重要历史意义的讲话。主要内容包括四个方面：

第一，解放思想是当前的一个重大政治问题。邓小平在讲话中强调了解放思想的重要性，分析了一些领导干部思想僵化的原因，列举了思想僵化的表现和危害。他高度评价了真理标准问题的讨论对促进全党解放思想的重大意义，指出真理标准问题的争论"是个思想路线问题，是个政治问题，是个关系到党和国家的前途和命运的问题"②。

第二，民主是解放思想的重要条件。邓小平指出，要解放思想，必须发扬民主，真正实行民主集中制，尤其是在当前的情况下，特别需要强调民主。他着重讲了发扬经济民主的问题，强调要给厂矿企业和生产队以更多的经营管理自主权，充分调动国家、地方、企业和劳动者四方面的积极性，以利于提高劳动生产率。他联系民主强调了加强法制的重要性，指出："为了保障人民民主，必须加强法制。必须使民主制度化、法律化，使这种制度和法律不因领导人的改变而改变，不因领导人的看法和注意力的改变而改变。"③

第三，处理遗留问题为的是向前看。邓小平指出，这次会议解决了一些历史遗留问题，目的是为了引导大家向前看，顺利实现全党工作重心的转变。针对解决历史问题中涉及到的对毛泽东的评价问题，邓小平明确指出："没有毛主席就没有新中国。"④对国际国内都很关心的"文化大革命"的评价问题，邓小平也提出了原则意见。他指出："文化大革命已经成为我国社会主义历史发展中的一个阶段，总要总结，但是不必匆忙去做。"⑤

第四，研究新情况，解决新问题。讲话重点谈了研究和解决管理方

---

① 《邓小平年谱（1904—1997）》第4卷，中央文献出版社2020年版，第448页。
② 《邓小平文选》第2卷，人民出版社1994年版，第143页。
③ 《邓小平文选》第2卷，人民出版社1994年版，第146页。
④ 《邓小平文选》第2卷，人民出版社1994年版，第148页。
⑤ 《邓小平文选》第2卷，人民出版社1994年版，第149页。

法、管理制度、经济政策这三方面的问题。在管理方法上,讲话强调要特别注意克服官僚主义,指出"如果现在再不实行改革,我们的现代化事业和社会主义事业就会被葬送"[①]。在管理制度上,讲话强调要特别注意加强责任制。在经济政策上,讲话强调要允许一部分人"收入先多一些,生活先好起来",并指出"这是一个大政策,一个能够影响和带动整个国民经济的政策"[②]。

邓小平的这篇重要讲话聚焦中央工作会议上大家讨论比较集中的几个重大问题,及时回应了与会人员的普遍关切,提出了认识和处理这些问题的指导方针和基本原则,对于凝聚全党共识、顺利实现工作重点转移发挥了重要引领作用。邓小平在中央工作会议上发表的这篇重要讲话,实际上成为随之召开的党的十一届三中全会的主题报告。全会在邓小平中央工作会议讲话精神的指引下实事求是地解决重大历史遗留问题,同时又研究新情况,解决新问题,作出了实行改革开放等一系列关系党和国家前途命运的重大决策,取得一系列具有深远历史意义的重大成果,实现了伟大的历史转折。邓小平为实现这一伟大转折发挥了关键作用。

[①] 《邓小平文选》第 2 卷,人民出版社 1994 年版,第 150 页。
[②] 《邓小平文选》第 2 卷,人民出版社 1994 年版,第 152 页。

新时代社会主义协商民主建设的创新性发展*

协商民主是中国共产党领导人民有效治理国家、保证人民当家作主的重要制度设计,同选举民主相互补充、相得益彰,是我国社会主义民主政治的特有形式。"社会主义协商民主"这一表述首次明确出现在党的全国代表大会报告始于党的十八大,这次大会明确提出:社会主义协商民主是我国"人民民主的重要形式"[①]。其实,民主协商传统和政治协商实践在中共党史和新中国历史上早已有之。中国共产党自成立之时起,就注重与各阶级、各阶层及各党派的协商对话,并在长期革命实践中总结出"从群众中来到群众中去"的群众路线工作方法。正是始终坚持"以人民为中心",密切联系群众,建立最广泛的"统一战线",发扬"民主"和"协商"作风,才使中国共产党在各个历史时期都能团结最大多数民众投身革命和建设事业,并铸就了党百年来的辉煌成就。

目前,学界对"协商民主"进行了较为深入研究,其内容涉及协商民主的概念、基本理论、基本特征及历史发展;协商民主生成逻辑、价值及优势;协商民主实践、面临的挑战、未来前景及发展建议;协商民主与当代中国政治发展、协商民主与全过程人民民主、协商民主与国家治理现代化、协商民主与法治建设,以及选举民主与协商民主比较研究、协商民主

---

* 本文作者刘维芳,发表于《中国延安干部学院学报》2023年第4期。
① 《十八大以来重要文献选编》(上),中央文献出版社2014年版,第21页。

的中西比较等。① 以上为笔者充分了解"协商民主"相关理论和现实提供了重要学术参考。然而，上述研究中尚缺乏对新时代协商民主创新性发展的系统梳理和总结，存在着"基础理论研究有待加强，历史考察不够全面、具体，中国特色研究挖掘得不够，实践探索方面的总结有待提升，对策研究有待进一步拓展"②等问题。新时代的协商民主建设较之过去在很多方面都实现了历史性变革，这些变革体现在哪些方面？发生这些变革的原因何在？上述问题亟待学界进行分析和阐释。为此，笔者不揣浅陋，拟在充分借鉴学界已有研究基础上，以百余年中共党史和七十余年中华人民共和国史为考察时段，从理论、制度、实践三个维度全面总结新时代社会主义协商民主的创新性发展，以期为进一步推进新时代政治制度建设相关研究有所裨益。

一、理论维度：历史传承中彰显"中国逻辑"和"时代关怀"

中国共产党把马克思主义基本原理同中国具体实际相结合，创造性提出了群众路线理论、统一战线理论，为协商民主建设奠定了重要的理论基础。早在党的二大时，新生的中国共产党就提出：我们既然是为无产群众

---

① 代表性的有：林尚立：《协商政治：中国特色民主政治的基本形态》，《毛泽东邓小平理论研究》2007年第9期；陈家刚：《协商民主：概念、要素与价值》，《中共天津市委党校学报》2005年第3期；马奔、周明昆：《协商民主：概念、缘起及其在中国的运用》，《中国特色社会主义研究》2006年第4期；李传兵：《社会主义协商民主的制度逻辑与路径选择——兼析中西方协商民主的制度差异》，《马克思主义研究》2019年第6期；宋连胜、李建：《从"民主协商"到"协商民主"——论中国特色社会主义协商民主制度的历史演进》，《社会科学战线》2015年第11期；黄卫平、陈文：《我国民主政治发展的现实选择——对"竞争性民主"与"协商性民主"的思考》，《理论探讨》2005年第6期；谈火生、于晓虹：《中国协商民主的制度化：议题与挑战》，《华中师范大学学报（人文社会科学版）》2017年第6期；肖光荣、盛文楷：《中国特色社会主义协商民主研究的回顾与思考》，《当代世界与社会主义》2018年第4期；孙存良：《新中国70年协商民主建设的历程、经验和展望》，《新疆师范大学学报（哲学社会科学版）》2020年第5期；董树彬：《新时代中国协商民主理论的生成逻辑》，《科学社会主义》2019年第1期；王永香、陆卫明：《习近平协商民主思想探析》，《社会主义研究》2016年第3期；齐卫平、陈朋：《现代国家治理与协商民主的耦合及其共进发展》，《华东师范大学学报（哲学社会科学版）》2014年第4期；等。

② 肖光荣、盛文楷：《中国特色社会主义协商民主研究的回顾与思考》，《当代世界与社会主义》2018年第4期。

奋斗的政党，我们便要"到群众中去"要组成一个大的"群众党"。①抗日战争时期，为了团结最大多数民众参与抗战，毛泽东指出："给城市小资产阶级、知识分子及其他拥护反帝反封建纲领的分子以在人民共和国政府中说话做事的权利，给他们以选举权和被选举权，不能违背工农基本群众的利益。"②"尽量地鼓励党外人士对各种问题提出意见，并倾听他们的意见。"③"我们不是一个自以为是的小宗派，我们一定要学会打开大门和党外人士实行民主合作的方法，我们一定要学会善于同别人商量问题。"④在长期革命实践中，中国共产党始终强调"统一战线"的法宝作用，并总结出一套践行群众路线的方法，即"从群众中来，到群众中去"。中国人民政治协商会议第一届全体会议的召开和圆满结束，标志着中国共产党领导的多党合作和政治协商制度的确立。毛泽东在《论十大关系》中提出的"长期共存，互相监督"方针，也成为中国共产党领导的多党合作和政治协商制度的指导方针。

改革开放以来，党和国家领导人仍旧十分重视统一战线的重要作用，强调用协商方式、民主方式解决问题。针对改革开放新形势，邓小平用两个"不是""而是"来说明统一战线重要地位的不可动摇，他认为：统一战线的作用"不是可以削弱，而是应该加强"，不是"缩小，而是应该扩大"。⑤面对改革中可能面临的风险，邓小平尤其强调与人民一起商量办事、协商解决问题的重要性，并将其作为影响改革成效的关键之一。他认为，"要同人民一起商量着办事，决心要坚定，步骤要稳妥，还要及时总结经验，改正不妥当的方案和步骤，不使小的错误发展成为大的错误"⑥。1989年，邓小平在准备退休前同几位中央负责同志谈话时指出："关于工作方法，我提一点：属于政策、方针的重大问题，国务院也好，全国人大也好，其他方面也好，都要由党员负责干部提到党中央常委会讨论，讨论决

---

① 《建党以来重要文献选编（1921—1949）》第1册，中央文献出版社2011年版，第162页。
② 《毛泽东选集》第1卷，人民出版社1991年版，第160页。
③ 《毛泽东选集》第2卷，人民出版社1991年版，第743页。
④ 《毛泽东选集》第3卷，人民出版社1991年版，第810页。
⑤ 《邓小平文选》第2卷，人民出版社1994年版，第203页。
⑥ 《邓小平文选》第3卷，人民出版社1993年版，第268页。

定之后再去多方商量，贯彻执行。"① 在 2000 年召开的第十九次全国统战会议上，江泽民用"三个绝不能"概括统一战线的重要作用，即：统一战线作为党的重要法宝"绝不能丢掉"、作为党的政治优势"绝不能削弱"、作为党的一项长期方针"绝不能动摇"，②凸显了党和国家对统一战线重要作用的高度重视。2009 年，在人民政协成立六十周年庆祝大会讲话上，胡锦涛重申社会主义民主的两种形式，并强调"通过充分协商增进共识、凝聚力量"的重要意义。③改革开放以来，中国共产党始终坚持"长期共存、互相监督、肝胆相照、荣辱与共"的十六字方针，加强同各民主党派、无党派人士、少数民族人士和宗教爱国人士的合作。

在中国共产党领导的多党合作和政治协商制度不断发展完善的同时，社会协商、协商民主等表述也出现在一些重要报告或文本中。如：为了"正确处理和协调各种不同的社会利益和矛盾"，发扬"从群众中来，到群众中去"的优良传统，1987 年党的十三大报告明确提出建立"社会协商对话"制度④；《中共中央关于加强人民政协工作的意见》（2006 年）明确将"人民通过选举、投票行使权利"和"人民内部各方面在重大决策之前进行充分协商"作为我国社会主义民主的两种重要形式⑤；《中国的政党制度》白皮书（2007 年）强调"选举民主与协商民主"相结合是中国社会主义民主的一大特点⑥。

进入新时代，以习近平同志为核心的党中央在继承上述理论基础上，强调"以人民为中心"，积极践行群众路线；强调统一战线的"法宝作用"，坚持和完善中国共产党领导的多党合作和政治协商制度，并提出了丰富的"协商民主"思想和理论，形成了较为完善的有关"协商民主"理论体系，彰显了强烈的"中国逻辑"和浓郁的"时代关怀"。

---

① 《邓小平文选》第 3 卷，人民出版社 1993 年版，第 319 页。
② 《江泽民文选》第 3 卷，人民出版社 2006 年版，第 143 页。
③ 胡锦涛：《在庆祝中国人民政治协商会议成立 60 周年大会上的讲话（2009 年 9 月 20 日）》，《人民日报》2009 年 9 月 21 日。
④ 《十三大以来重要文献选编》（上），中央文献出版社 2011 年版，第 37 页。
⑤ 《十六大以来重要文献选编》（下），中央文献出版社 2011 年版，第 915 页。
⑥ 国务院新闻办公室：《中国的政党制度》，《人民日报》2007 年 11 月 16 日。

其中的"中国逻辑"表现为:习近平总书记强调,"社会主义协商民主,是中国社会主义民主政治的特有形式和独特优势,是中国共产党的群众路线在政治领域的重要体现"[①]。"特有"和"独特"都显示出其不同于西方的中国特色。

首先,协商民主的来源彰显了浓厚的"中国特色"。从文化渊源看,它源自中华民族长期形成的优秀政治文化;从实践历程看,它源自近代以后中国政治发展的现实进程,源自中国共产党领导人民进行革命、建设、改革的长期实践;从制度体制看,它源自新中国成立后各党派、各团体、各民族、各阶层、各界人士在政治制度上共同实现的伟大创造,源自改革开放以来中国在政治体制上的不断创新。这就表明:社会主义协商民主是"内生性"的制度文明,它深深植根于中国自身的历史文化与传统,与中华文明、中华文化血脉相连,与中国革命和建设历程紧密相依,与中华儿女历史智慧和政治智慧不可分离,赋予了协商民主厚重的历史底蕴、文化内涵、实践基础和制度根基。

其次,协商民主在中国民主政治中具有独特优势,它"丰富了民主的形式、拓展了民主的渠道、加深了民主的内涵"[②]。在中国共产党统一领导下,实行社会主义协商民主有独特的优势,它能有效克服许多弊端:如党派和利益集团为自己的利益相互竞争甚至相互倾轧的弊端;不同政治力量为了维护和争取自己的利益固执己见、排斥异己的弊端;决策中情况不明、自以为是的弊端;人民群众在国家政治生活和社会治理中无法表达、难以参与的弊端;各项政策和工作共识不高、无以落实的弊端。它还具有独特的优势:可以广泛达成决策和工作的最大共识,广泛畅通各种利益要求和诉求进入决策程序的渠道,广泛形成发现和改正失误和错误的机制,广泛形成人民群众参与各层次管理和治理的机制以及广泛凝聚全社会推进改革发展的智慧和力量。[③]它是党领导人民有效治理国家、保证人民当家作主的重要制度设计,同选举民主相互补充、相得益彰;它反映时代特征,

---

① 《十八大以来重要文献选编》(中),中央文献出版社2016年版,第72页。
② 《十八大以来重要文献选编》(中),中央文献出版社2016年版,第75页。
③ 《十八大以来重要文献选编》(中),中央文献出版社2016年版,第76页。

充分体现了我国社会主义民主有事多商量、遇事多商量、做事多商量的特点和优势。在我国的民主政治中，它与选举民主一样，是我国社会主义民主的重要形式。它超越了西方民主的弊端，解决了选民投票结束之后无法监督代理人的弊病，通过协商的形式关注政策的制定和实行，伴随着政治权力的始终，体现了社会主义民主的独特优势和特质。

最后，社会主义协商民主是党的群众路线在政治领域的重要体现。群众路线是党的生命线。全心全意为人民服务，始终代表最广大人民根本利益，是党的宗旨，也是协商民主得以实现的重要前提和基础。中国共产党、中华人民共和国之所以能够取得革命和建设事业的成功，靠的就是始终保持同人民群众的血肉联系、代表最广大人民根本利益。社会主义协商民主的实行是党在政治领域践行群众路线的生动写照。习近平总书记指出："人民群众是社会主义协商民主的重点。"[1] 维护最广大人民群众民主权利与利益，探索人民群众广泛参与政权的新型民主形式，是中国共产党推动社会主义协商民主发展的根本出发点。中国共产党的初心和使命是"为中国人民谋幸福，为中华民族谋复兴"。中国共产党成立以来，尤其是新中国成立后，党和国家始终在探索一条适合中国国情的"民主"发展道路。进入新时代，协商民主的创新性发展正是基于党百年来探索，和新中国七十多年探索基础上的跨越式发展，是党不懈践行初心和使命，不断加强民主政治建设，不断完善民主实现方式的必然结果。社会主义协商民主这种汇聚最大多数人意见建议、广泛协商对话的形式，为贯彻群众路线提供了规范的制度保障。

其中的"时代关怀"体现在：其一，协商民主理论是针对新时代中国面临的新的国际国内形势提出的。当前，我国面临着诸如：改革开放进程中利益格局深刻调整的新形势，社会新旧矛盾相互交织的新变化，市场经济条件下思想观念多元多样的新情况，世界范围内不同政治发展道路竞争博弈的新挑战。利益诉求与价值观念多元化的现实，要求党和国家通过有效途径引导更多群体有表达意见和诉求的机会；不断深化对民主政治发展

---

[1]《十八大以来重要文献选编》(中)，中央文献出版社2016年版，第78页。

规律的认识，提出新的思路和举措。社会主义协商民主为不同党派、阶层、群体表达诉求提供了合法理性的机制，能够有效化解社会矛盾、消除社会冲突、推动社会建设，充分体现了作为现代民主发展方向的实践价值。实现中国特色协商民主与选举民主的协调发展，也有利于充分吸纳社会各方面利益诉求，尽可能化解矛盾和冲突，有利于充分发挥各民族、各党派、各阶层聪明才智，更好凝聚海内外各界力量，维护政治稳定，形成建设中国特色社会主义的合力。

其二，协商民主是实践"全过程人民民主"的重要形式。进入新时代，以习近平同志为核心的党中央创造性地提出了"全过程人民民主"的重大理念。"全过程人民民主是社会主义民主政治的本质属性，是最广泛、最真实、最管用的民主。"[①]协商民主的实行也是践行"全过程人民民主"的重要表现。经过百年奋斗，尤其是改革开放和十八大以来持之以恒的努力，我国形成了发展全过程人民民主的完整制度链条。一是人民代表大会制度，二是中国共产党领导的多党合作和政治协商制度，三是民族区域自治制度，四是基层群众自治制度。在这一完整的民主制度链条中，协商民主不独立地属于哪一种形式，而是嵌入到中国社会主义民主政治全过程，具有独特的、影响全局的制度功能和制度优势。协商民主切合了人民民主的真谛，具有广泛的社会基础。协商民主制度的最根本功能和最显著优势就在于依靠人民的力量共同商量国家治理的重大问题和涉及人民群众利益的实际问题，在人民内部各方面广泛商量的过程，就是实现人民当家作主的过程，也是践行全过程人民民主的过程。

其三，协商民主是推进国家治理体系和治理能力现代化的重要步骤。党的十八届三中全会指出，"全面深化改革的总目标是完善和发展中国特色社会主义制度，推进国家治理体系和治理能力现代化。"[②]习近平总书记指出，要使人民政协"努力在推进国家治理体系和治理能力现代化中发挥

---

① 习近平：《高举中国特色社会主义伟大旗帜 为全面建设社会主义现代化国家而团结奋斗——在中国共产党第二十次全国代表大会上的报告》，人民出版社2022年版，第37页。
② 《中共中央关于全面深化改革若干重大问题的决定》，《光明日报》2013年11月16日。

更大作用"①。协商民主是中国共产党在新的历史条件下提升社会主义民主质量和推进国家治理现代化的重要手段。协商民主是治理型民主,现代国家治理实质上是一种协商民主治理。"协商民主与国家治理之间的内在联系与外在契合决定了社会主义协商民主制度化有助于实现国家治理现代化。"②一方面,协商民主有利于国家治理体系现代化。科学完善的协商民主制度体系的构建,将为完善国家治理体系奠定重要的制度基础。另一方面,协商民主有利于实现国家治理能力现代化。社会主义协商民主制度化进程中培育的协商文化,与国家治理理念中强调的合作、责任、公正和包容等观点有很多共同之处,协商民主的不断推进及协商文化的不断培育,为国家治理能力现代化奠定重要的理念基础。协商民主制度化也能使各类治理主体在广泛多层的协商实践中,逐渐形成权利义务、民主参与、平等合作等现代公民思想,从而提升协商治理能力。

其四,有针对性地提出新时代推进协商民主的原则和具体举措。习近平总书记用了三个"应该是"和"而不是"来说明推进协商民主应坚持的原则,从形式上看,"应该是实实在在的、而不是做样子的";从范围来看,"应该是全方位的、而不是局限在某个方面的";从层级来看,"应该是全国上上下下都要做的、而不是局限在某一级的"。③与此同时,还必须构建程序合理、环节完整的社会主义协商民主体系,确保协商民主有制可依、有规可守、有章可循、有序可遵。发挥好人民政协专门协商机构作用,把民主集中制的优势运用好,发扬"团结——批评——团结"的优良传统,形成良好的协商氛围。坚持和完善中国共产党领导的多党合作和政治协商制度,坚持党的领导、统一战线、协商民主三者有机结合,完善协商民主制度和工作机制,统筹推进各种协商形式,推进协商民主广泛、多层、制度化发展。

总之,新时代,以习近平同志为核心的党中央在继承老一辈无产阶级

---

① 《十八大以来重要文献选编》(中),中央文献出版社 2016 年版,第 71 页。
② 宋连胜、董文静:《社会主义协商民主制度化的特点与价值》,《当代世界与社会主义》2018 年第 2 期。
③ 《十八大以来重要文献选编》(中),中央文献出版社 2016 年版,第 77 页。

革命家有关"群众路线""统一战线"等相关理论基础上,针对新的时代特点,明确提出"社会主义协商民主"的概念,明确了社会主义民主的概念和内涵;确定了协商民主的属性、地位和特性,阐明了协商民主不同于西方民主形式的特点和优势;阐明了协商民主与全过程人民民主、国家治理体系和治理能力现代化之间的逻辑关系,规划了实现社会主义协商民主的具体路径;诠释了社会主义协商民主的多重理论价值、政治价值与重要实践意义,为进一步推进协商民主建设向纵深发展提供了重要的理论指导。

二、制度维度:不懈探索中构建科学有序的协商民主体系

新民主主义革命时期,中国共产党出台的一些规章制度中就体现出"民主协商"的精神。1942年12月,陕甘宁边区政府第三次会议通过的《陕甘宁边区简政实施纲要》规定:"在军政关系及军民关系上所发生的缺点及纠纷,由各级政府负责人直接找军队负责人协商解决,不能解决者,呈报上级解决。"[①]上述精神在同一时期的其他文件中也有所体现。

新中国成立后,中国共产党领导的多党合作和政治协商制度被确立为中国的基本政治制度,有关"协商"的相关规定主要体现在宪法及中国共产党领导的多党合作和政治协商制度相关政策规章中。1949至1954年,中国人民政治协商会议全体会议一度代行全国人大职权,在国家政治生活中居于十分重要的地位。《中国人民政治协商会议组织法》(1949)和《中国人民政治协商会议章程》(1954),规定了中国人民政治协商会议的性质、任务、地位,参加政协会议的单位及代表组成、产生方式,参加中国人民政治协商会议的各单位和个人共同遵守的准则,中国人民政治协商会议的组织总则,政协全国委员会和地方委员会组成人员、任期、人员构成

---

① 《建党以来重要文献选编(1921—1949)》第19册,中央文献出版社2011年版,第611页。

和职权等①。上述法律规章为新中国成立初期中国共产党领导的多党合作和政治协商制度在全国实行奠定了最重要的法律和制度基础，也为这一时期全国范围内政治协商有序开展指明了方向。

"文革"时期，中国共产党领导的多党合作和政治协商制度遭到较大破坏。改革开放和社会主义现代化建设新时期，与"协商"有关的表述在文本上主要体现在《中国人民政治协商会议章程》及宪法有关"统一战线"的相关表述中。这一时期，在宪法和政协章程为代表的法律规章中，对"中国人民政治协商会议"重要地位和作用都给予了充分肯定，对中国人民政治协商会议的指导思想、指导方针都作出了明确规定，对中国人民政治协商会议的性质、任务、发展历程，以及有关参加政治协商会议各单位和个人应共同遵守的准则也作了进一步的完善，对中国人民政治协商会议"政治协商"和"民主监督"的目的、内容、形式等也都作了明确规定。②以上法律规章对改革开放以来中国共产党领导的多党合作和政治协商制度健康发展，对人民政协政治协商和民主监督工作的顺利进行，都提供了重要的制度保障。然而，直至党的十八大召开之前，在相关法律规章中尚缺乏明确的关于推进"协商民主"的专门规定。

---

① 详见：《中国人民政治协商会议组织法》（1949年9月27日中国人民政治协商会议第一届全体会议通过），《人民政协重要文献选编》（上），中国文史出版社、中央文献出版社2009年版，第56—60页；《中国人民政治协商会议章程》（1954年12月25日中国人民政治协商会议第二届全国委员会第一次全体会议通过），《建国以来重要文献选编》第5册，中央文献出版社1993年版，第704—711页。

② 代表性的文献有：《中华人民共和国宪法》（1982年12月4日中华人民共和国第五届全国人民代表大会第五次会议通过），《十二大以来重要文献选编》（上），中央文献出版社2011年版，第184—214页；《中华人民共和国宪法修正案》（1993年3月29日第八届全国人民代表大会第一次会议通过），《十四大以来重要文献选编》（上），中央文献出版社2011年版，第181—183页；《中国人民政治协商会议章程》（1982年12月11日中国人民政治协商会议第五届全国委员会第五次会议通过），《人民政协重要文献选编》（中），中央文献出版社、中国文史出版社2009年版，第406—416页；《中国人民政治协商会议章程》（1994年3月中国人民政治协商会议第八届全国委员会第二次会议修订），《人民政协重要文献选编》（中），中央文献出版社、中国文史出版社2009年版，第538—549页；《中国人民政治协商会议章程》（2000年3月政协第九届全国委员会第三次会议通过），《人民政协重要文献选编》（中），中央文献出版社、中国文史出版社2009年版，第612—623页；《中国人民政治协商会议章程修正案》（2004年3月12日中国人民政治协商会议第十届全国委员会第二次会议通过），《人民日报》2004年3月17日。

进入新时代，在政协章程不断完善的同时，围绕加强社会主义协商民主建设、加强中国特色社会主义参政党建设、加强政党协商、政协协商、社会协商等多种协商方式，分别制定和出台了一系列专门政策和法律法规，为构建完善的协商民主体系奠定了重要的制度基础。

（一）对加强"协商民主"作出专门规定和全面部署

2015年1月，中共中央印发了关于加强社会主义协商民主的专门文件——《关于加强社会主义协商民主建设的意见》[①]，明确了社会主义协商民主的基本内涵和本质属性，阐明了加强社会主义协商民主建设的指导思想、基本原则、渠道程序和重要意义，首次对新形势下开展政党协商、人大协商、政府协商、政协协商、人民团体协商、基层协商、社会组织协商等作出全面部署，成为指导社会主义协商民主建设的纲领性文件。有关"协商民主"的规定也被明确写入政协章程。2018年3月，中国人民政治协商会议第十三届全国委员会通过的《中国人民政治协商会议章程修正案》，较之以往章程最大的变化是专门增加了有关"协商民主"的内容，明确规定了"协商民主"的性质、主要内容、重要作用以及具体实践形式。章程还就政协会议的"年度协商计划""协商议政格局"作出专门规定。[②]2023年修订后的政协章程[③]，也体现了党和国家有关"协商民主"的最新规定，充分肯定了中国人民政治协商会议在推动协商民主广泛多层制度化发展、推进国家治理体系和治理能力现代化中的重要作用。

人民政协是社会主义协商民主的重要渠道和专门协商机构，是国家治理体系的重要组成部分。为了进一步加强人民政协协商民主建设，2015年6月，中共中央印发《关于加强人民政协协商民主建设的实施意见》（以下简称《实施意见》），明确了政协协商的内容，规范了政协协商的形式，对加强政协协商与党委和政府工作的有效衔接作出明确规定。《实施意见》

[①] 《中共中央印发〈关于加强社会主义协商民主建设的意见〉》，中央政府门户网站，2015年2月9日，https://www.gov.cn/xinwen/2015-02/09/content_2816784.htm。

[②] 《中国人民政治协商会议章程修正案》（2018年3月15日政协第十三届全国委员会第一次会议通过），《光明日报》2018年3月28日。

[③] 《中国人民政治协商会议章程修正案》（2023年3月11日政协第十四届全国委员会第一次会议通过），《光明日报》2023年3月19日。

还就加强人民政协制度建设、提高政协协商能力、加强和完善党对人民政协协商民主建设的领导作出具体规定①。《实施意见》对新时代充分发挥人民政协作为协商民主重要渠道和专门协商机构的作用具有极其重要的现实意义。

（二）对加强"政治协商"作出全面系统规定

党的十八大之前，宪法中有关"政治协商"的表述一般限于上文提到的对"统一战线"或中国共产党领导的多党合作和政治协商制度相关内容的阐述中。1993年，"中国共产党领导的多党合作和政治协商制度将长期存在和发展"被写入宪法②。在政协章程中，一般是谈到"中国人民政治协商会议"属性和职能时提到"政治协商"，如1982年政协章程在谈到"中国人民政治协商会议"的职能时指出："对国家的大政方针和群众生活的重要问题进行政治协商，并通过建议和批评发挥民主监督作用。"③1994年修订的章程中，将"政治协商"确定为中国人民政治协商会议全国委员会和地方委员会的主要职能之一④。并在章程中首次对政治协商进行了明确界定。2000年、2004年修订的章程有关"政治协商"的表述较之1994年无明显变化。与此同时，有关"政治协商"的表述也出现在政协相关文件中，代表性的有《政协全国委员会关于政治协商、民主监督的暂行规定》（1989年1月27日）、《中共中央关于坚持和完善中国共产党领导的多党合作和政治协商制度的意见》（1989年12月30日）、《政协全国委员会关于政治协商、民主监督、参政议政的规定》（1995年1月14日）、《中共中央关于进一步加强中国共产党领导的多党合作和政治协商制度建设的意见》（2005年2月18日）、《中共中央关于加强人民政协工作的意见》（2006年2月8日）。以上文本对"政治协商"的表述呈现出一个前后相继和不断完

---

① 《中办印发〈实施意见〉加强人民政协协商民主建设》，《光明日报》2015年6月26日。
② 《十四大以来重要文献选编》（上），人民出版社2011年版，第181页。
③ 《人民政协重要文献选编》（中），中央文献出版社、中国文史出版社2009年版，第407—408页。
④ 另一个职能是"民主监督"。《中国人民政治协商会议章程》（1994年3月中国人民政治协商会议第八届全国委员会第二次会议修订），《人民政协重要文献选编》（中），中央文献出版社、中国文史出版社2009年版，第540页。

善的过程，相关内容主要是阐述开展政治协商的目的、政治协商的地位及应坚持的原则、政治协商的主要内容和主要形式等。总之，在党的十八大之前，有关"政治协商"的基本内容在相关文件中已经有了一些规定。

党的十八大之后，有关政治协商的规定进一步系统和全面。2018年3月，中国人民政治协商会议第十三届全国委员会通过《中国人民政治协商会议章程修正案》，对2004年章程中有关"政治协商"的规定作出进一步完善，指出："政治协商是对国家大政方针和地方的重要举措以及经济建设、政治建设、文化建设、社会建设、生态文明建设中的重要问题，在决策之前和决策实施之中进行协商"[1]。将政治协商的领域从1994年政协章程规定的"政治、经济、文化和社会生活中的重要问题"四个方面[2]，增加到"经济建设、政治建设、文化建设、社会建设、生态文明建设中的重要问题"五个方面。2022年6月，中共中央发布专门规范政治协商工作的第一部党内法规——《中国共产党政治协商工作条例》。条例明确指出：中国共产党在人民政协同各民主党派和各界代表人士开展的协商，简称人民政协政治协商。政治协商是在中国共产党领导下，中国共产党同各民主党派和各界代表人士围绕党和国家大政方针、经济社会发展重要问题以及其他重要事项开展的协商，[3]使"政治协商"的概念进一步明确和完善；条例进一步明确了政治协商对象和主要内容，各级党委开展政治协商的方式，政治协商成果的运用与反馈、协商保障机制，以及政治协商的基本方式、政治协商工作的指导思想和应遵循的原则、政治协商的组织领导和职责等内容。至此，"政治协商"从概念到内容，从指导思想到组织领导，从协商

---

[1] 《中国人民政治协商会议章程修正案》(2018年3月15日政协第十三届全国委员会第一次会议通过)，《光明日报》2018年3月28日。

[2] 1994年政协章程：政治协商是对国家和地方的大政方针以及政治、经济、文化和社会生活中的重要问题在决策之前进行协商和就决策执行过程中的重要问题进行协商。中国人民政治协商会议全国委员会和地方委员会可根据中国共产党、人民代表大会常务委员会、人民政府、民主党派、人民团体的提议，举行有各党派、团体的负责人和各族各界人士的代表参加的会议，进行协商，亦可建议上列单位就有关重要问题提交协商。《中国人民政治协商会议章程》(1994年3月中国人民政治协商会议第八届全国委员会第二次会议修订)，《人民政协重要文献选编》(中)，中央文献出版社、中国文史出版社2009年版，第540—541页。

[3] 《中共中央印发〈中国共产党政治协商工作条例〉》，《人民日报》2022年6月21日。

对象到运行方式,从成果反馈实施到后期保障,都有了全面系统的规定,保障了其在现实中的有效实施并切实服务于新时代党和国家的社会主义现代化建设事业。

(三)对加强"政党协商"作出专门规定

党的十八大之前,虽然中国共产党与各民主党派之间的协商对话一直在开展,但关于"政党协商"在相关文件规章中鲜有明确的专门表述。十八大之后的相关文件中,"政党协商"提法逐渐出现。2015年,中共中央连续印发了几个有关协商民主的文件,其中都提到了政党协商。当年1月,中共中央印发《关于加强社会主义协商民主建设的意见》,提出要继续加强政党协商:继续探索规范政党协商形式、完善民主党派中央直接向中共中央提出建议制度、加强政党协商保障机制建设。[①]5月,中共中央印发《中国共产党统一战线工作条例(试行)》,明确了政党协商是政治协商的组成部分,以及政党协商的内容及其采取的形式,条例指出:"政党协商是中国共产党同民主党派的政治协商",政党协商的主要内容包括:中国共产党全国和地方各级代表大会、中央和地方各级党委的有关重要文件;宪法的修改建议,有关重要法律的制定、修改建议,有关重要地方性法规的制定、修改建议;人大常委会、政府、政协领导班子成员和人民法院院长、人民检察院检察长建议人选;关系统一战线和多党合作的重大问题。政党协商的方式主要有:会议协商、约谈协商、书面协商等。[②]12月,中共中央办公厅印发加强政党协商的专门文件——《关于加强政党协商的实施意见》,在以往条例基础上,对实施政党协商进行了全面、系统规定,指出政党协商的指导思想和重要意义,阐明参与政党协商的组织或团体,明确了政党协商的内容、形式和程序及保障机制,并对加强和完善党对政党协商的领导等方面都作出明确规定[③],为新时代开展政党协商提供了依据,指明了方向。2020年12月,中共中央发布的《中国共产党统一战线工作条例》,对参与政党协商的群体、政党协商的具体内容等做了少量补

---

① 《十八大以来重要文献选编》(中),中央文献出版社2016年版,第293—294页。
② 《中国共产党统一战线工作条例(试行)》,《人民日报》2015年9月23日。
③ 《中共中央办公厅印发〈关于加强政党协商的实施意见〉》,《光明日报》2015年12月11日。

充和完善，同时明确指出，"无党派人士是政治协商的重要组成部分，参加政党协商"①。2022年6月，中共中央发布的《中国共产党政治协商工作条例》，重申了政党协商的定义、对象及主要内容，指出各级党委开展政党协商的形式等。②至此，政党协商在国家政治生活中的定位十分明确，其开展活动的基本要素也都有章可循、有规可依，为新时代政党协商的有序开展奠定了重要的制度基础。

（四）对协商民主其他各种形式的专门规定

有关协商民主的其他各种形式，2015年中共中央印发的《关于加强社会主义协商民主建设的意见》中也作了明确规定。关于开展"人大协商"，提出要深入开展立法工作中的协商、发挥好人大代表在协商民主中的作用；关于推进"政府协商"，提出要探索制定并公布协商事项目录、增强协商的广泛性针对性、完善政府协商机制；关于完善"政协协商"，提出要明确政协协商的主要内容、完善政协会议及其他协商形式、加强政协协商与党委和政府工作的有效衔接、加强人民政协制度建设；关于做好"人民团体协商"，提出要建立完善人民团体参与各渠道协商的工作机制、组织引导群众开展协商；关于推进"基层协商"，提出要推进乡镇、街道的协商，推进行政村、社区的协商，推进企事业单位的协商③。

党的十八大以来，中共中央或相关部门都出台了专门的文件或规章，作出专门和系统的规定，协商民主的制度体系日趋成熟和完善。"中国协商民主在不同层面都逐步形成和完善了一整套保证民众意见表达、达成广泛共识和做出合法决策的体制机制，保证了协商民主的稳定性和持续性。"④协商民主有法可依、有章可循。

三、实践维度：继承创新中推进协商民主广泛多层发展

社会主义协商民主是中国共产党和中国人民的伟大创造，源自中国共

---

① 《中国共产党统一战线工作条例》，《人民日报》2021年1月6日。
② 《中共中央印发〈中国共产党政治协商工作条例〉》，《人民日报》2022年6月21日。
③ 《十八大以来重要文献选编》（中），中央文献出版社2016年版，第294—298页。
④ 陈家刚：《中国协商民主的比较优势》，《新视野》2014年第1期。

产党领导人民进行革命、建设、改革的长期实践。抗日战争时期，让人民参与司法审判的"马锡五审判模式"，是中国共产党在根据地实行协商民主的生动案例。鼓励不同意见表达、照顾和维护各方利益的"三三制"政权，也是革命时期党实行协商民主的尝试。中华人民共和国成立初期，党和国家实行了最高国务会议、双周座谈会、协商座谈会等制度机制，以加强中国共产党与各民主党派、无党派人士之间的沟通与协商。改革开放以来，协商民主逐步恢复并获得新发展。1978 年 12 月召开的党的十一届三中全会，就是经过党内协商的结果。在解放思想、实事求是思想路线指导下，中国共产党恢复了与各民主党派及无党派人士的协商对话，党际协商重新开始活跃，政协协商也开始重回正轨。

习近平总书记指出："社会主义民主不仅需要完整的制度程序，而且需要完整的参与实践。"① 党的十八大以来，十二届全国政协在继承双周座谈会传统基础上又有所创新，创办了双周协商座谈会制度。双周协商座谈会以专题为内容、以界别为纽带、以专委会为依托、以多向交流为办法，聚焦党委和政府中心工作以及群众关心、社会关注的重要议题，对切口小、专业性强的具体问题进行深入协商。从 2013 年 10 月 22 日至 2023 年 5 月 26 日，十二、十三、十四届全国政协共召开 148 次双周协商座谈会②。座谈会主题涉及国家政治、经济、文化、社会、外交等方方面面，既包括"提高政府治理能力和治理水平""转变政府职能""增强政府公信力"等有关政治体制方面的内容，也包括行政复议法、水污染防治法、安全生产法、社会救助法等国家重要法律制定或修改方面的主题；既关注"依法独立公正行使审判权检察权""基本解决执行难问题""协同推进公益诉讼检察工作"等事项，也聚焦"培养爱国爱教的宗教界中青年代表人士""加强国家通用语言文字普及，促进各民族交往交流交融""促进各民

---

① 《十八大以来重要文献选编》(中)，中央文献出版社 2016 年版，第 73 页。
② 从 2013 年 10 月 22 日至 2017 年 12 月 7 日，十二届全国政协共召集 76 次双周协商座谈会。从 2018 年 4 月 20 日至 2022 年 12 月 9 日，十三届全国政协共召开 68 次双周协商座谈会。从 2023 年 3 月 31 日到 2023 年 5 月 26 日，十四届全国政协共召开 4 次双周协商座谈会。见中国人民政治协商会议全国委员会网站：http://www.cppcc.gov.cn/zxww/newcppcc/szxsszth/index.shtml

族广泛交往交流交融，加强中华民族共同体建设"等方面；既涵盖"残疾人权益保障""建筑工人工伤维权""讲好中国人权事业发展成就的故事"等领域，也注重分析"国家宏观经济形势"及"国家中长期人口变动与经济社会发展"等问题；此外，座谈会主题还涉及"就业""三农""扶贫""教育""科技""新能源""生态环境保护""治理环境污染""社会服务及社会治理""医疗卫生及健康""新兴职业群体和特殊群体""国家安全"等诸多领域。通过定期召开双周协商座谈会，对国家政治经济决策提供重要的参考和借鉴。

政党协商有序开展。党的十八大至2022年7月底，党中央召开或委托有关部门召开政党协商会议185次①。先后就中国共产党全国代表大会和中央全会报告、修改宪法部分内容的建议、制定国民经济和社会发展中长期规划的建议、国家领导人建议人选等重大问题同党外人士进行沟通协商、听取意见建议，确保重大问题决策更加科学、民主。各民主党派中央、无党派人士深入考察调研，提出的书面意见建议许多也转化为国家重大决策。中共各级地方党委结合实际，就地方重大问题同民主党派各级地方组织进行协商，积极推动了当地经济社会发展。

协商民主的地方实践有序推进。代表性的有：江苏省人大常委会出台《江苏省人大常委会立法协商办法》，明确了立法协商的适用范围，包括编制立法规划、立法计划，起草、修改法律关系复杂、意见分歧较大的法规草案等。②广东省粤商·省长面对面协商座谈会，聚焦党委、政府和企业共同关注、急需协商解决的重点议题，由企业家与省长坦诚交流沟通，搭建起行之有效的政企沟通协商平台。③贵州省政协出台《政协贵州省委员会协商工作规则》，共计7章40条，对协商内容、协商形式、协商程序、协商原则、组织领导等作出明确规定。④甘肃省通过召开"政协月协商座谈会"，

---

① 《中国新型政党制度彰显独特优势》，《人民日报》2022年8月17日。
② 《省人大常委会出台立法协商办法》，《新华日报》2021年12月17日。
③ 《粤搭建高层次政企协商新平台》，《南方日报》2022年9月13日。
④ 《省政协制定出台〈协商工作规则〉》，《贵州日报》2022年1月8日。

就建立祁连山生态环境整治长效化机制协商建言。① 江西省政协召开界别协商会，围绕"总结我省经验，优化招商引资方式方法"议题进行协商座谈②；该省政协还召开专题协商座谈会，围绕"建设全国绿色农产品供应基地"议题进行协商座谈③。山东省政协也定期召开月度协商会等④。党的十八大以来，协商民主实践在各层级、各领域有序展开。从中央到地方，从政党协商、人大协商、政府协商，到政协协商、人民团体协商、基层协商，以及社会组织协商，协商渠道更加畅通。从通过提案、召开会议、举行座谈、开展论证，到实行听证、展开评估、提供咨询，直至网络反馈、民意调查，多种途径和方式参与。让人民群众在国家政治生活和社会治理中能够充分表达、积极参与，能够广泛凝聚社会共识，为中国共产党围绕国家重大方针、政策和其他重要事务同包括民主党派在内的社会政治团体展开协商提供了广阔的实践平台。

新时代社会主义协商民主的创新性发展，是党和国家顺应时代发展新需要的战略选择，是中国共产党践行全过程人民民主，维护最广大人民群众根本利益的生动体现，也是国家治理水平和治理能力现代化的重要步骤。协商民主作为国家政治制度的重要组成部分，在选举民主基础上，对于完善民主制度，推动民主发展起到巨大作用，对于中国政治发展特别是政治现代化过程也具有十分积极的推动作用。然而，协商民主在未来发展过程中，仍然面临着诸多挑战，需要进一步推进其制度化、规范化、程序化。在党的二十大报告中，习近平总书记从发展全过程人民民主的高度强调："完善协商民主体系"，"推进协商民主广泛多层制度化发展"。⑤ 为此，必须大力培育开放包容、理性平和的协商民主文化，提高参与主体的协商

---

① 《省政协月协商座谈会聚焦建立祁连山生态环境整治长效化机制协商建言》，《甘肃日报》2022年9月23日。
② 《江西省政协召开界别协商会》，《江西日报》2022年9月28日。
③ 《省政协召开专题协商座谈会》，《江西日报》2022年10月11日。
④ 《山东省政协召开月度协商会》，2022年7月1日，http://sd.people.com.cn/n2/2022/0701/c386785-40020753.html。
⑤ 习近平：《高举中国特色社会主义伟大旗帜　为全面建设社会主义现代化国家而团结奋斗——在中国共产党第二十次全国代表大会上的报告》，人民出版社2022年版，第38页。

意识和能力，提升协商民主的制度认同，增强协商民主的制度自信，进一步推进协商民主的健康发展，以便为未来协商民主进一步完善和成熟，及实现全面建设社会主义现代化国家建设目标奠定重要的制度基础。

新中国 70 年的经济发展与体制改革[*]

新中国 70 年的历史，是不断解放和发展生产力的过程。围绕解放和发展生产力这一根本任务，新中国在中国共产党的正确领导下，坚持实事求是，从基本国情、阶段性任务和国际形势出发，不断探索并及时对经济体制进行改革，从而使生产关系适应生产力发展的要求，推动中国经济发展行稳致远。这一基本特点，在完善所有制结构、理顺政府和市场关系、调整中央和地方经济关系、改革对外经济体制等方面都得到了充分体现。

一、完善所有制结构

围绕解放和发展生产力这一根本任务，中国的所有制结构经历了从多种经济成分并存到公有制占绝对优势，再到以公有制为主体、多种所有制共同发展的演变历程。

国民经济恢复时期，所有制结构包括国营经济、合作社经济、私人资本主义经济、个体经济与国家资本主义经济五种经济成分[①]。《中国人民政治协商会议共同纲领》创造性地提出了"以公私兼顾、劳资两利、城乡互助、内外交流的政策，达到发展生产、繁荣经济之目的"[②] 的经济建设的根本方针，具有社会主义性质的国营经济掌握了国民经济命脉，并通过调运和吞吐物资来调控市场，例如以"官方牌价"来引导个体和私营商业流通，

---

[*] 本文作者武力、李扬，发表于《当代中国史研究》2019 年第 5 期。
[①] 五种经济成分，参见《毛泽东选集》第 4 卷，人民出版社 1991 年版，第 1433 页。
[②]《中国人民政治协商会议共同纲领》,《人民日报》1949 年 9 月 30 日。

并通过加工订货等方式来调节个体和私营经济的生产活动,从而迅速平抑了物价波动,在恢复国民经济的同时对生产结构进行了调整,在短短三年内把国民经济恢复到历史最高水平,使人民过上了和平安宁的生活。

1950年6月朝鲜内战爆发,美国借机入侵朝鲜和中国台湾海峡,对新中国国家安全构成直接威胁,使中国优先发展以重工业为基础的现代国防工业显得越发迫切。中共中央根据国民经济开始好转和抗美援朝战局趋于稳定的形势,决定从1953年开始进行第一个五年计划建设。有关部门在制定计划时反复研究,一致认为要用较快速度发展工业,必须以重工业为重点。1952年8月,周恩来、陈云等组成的中国政府代表团前往苏联,苏联明确表示愿意援助中国"一五"建设,从而使中国实施优先发展重工业战略有了现实可行性。"面对新的形势和历史机遇,毛泽东同志于1952年9月提出,现在就开始向社会主义过渡,并用10年至15年时间完成过渡。这表明,毛泽东同志关于由新民主主义向社会主义转变的设想发生了变化。"[①] "1955年夏季以后,农业合作化运动形成猛烈发展的群众性浪潮,手工业、资本主义工商业的社会主义改造也大大加快步伐。至1956年底,我国基本上完成了对生产资料私有制的社会主义改造,初步建立起公有制占绝对优势的社会主义经济制度。"[②]

党的十一届三中全会作出把党和国家工作中心转移到经济建设上来、实行改革开放的历史性决策。会后,党领导进行了对国民经济比例关系的调整,有力推动了改革开放和社会主义现代化建设的进程。[③] 随着国民经济调整的深入进行,中国改革开放的步伐也大大加快。改革首先在农村取得突破性进展。在农村,家庭联产承包责任制在坚持集体所有的前提下探索出统分结合的双层经营体制,调动了广大农民的生产积极性;从集体劳动

---

① 朱佳木:《走向中华民族伟大复兴的壮阔历程——庆祝中华人民共和国成立65周年》,《人民日报》2014年9月25日。
② 《中国共产党的九十年·社会主义革命和建设时期》,中共党史出版社、党建读物出版社2016年版,第453页。
③ 《中国共产党的九十年·改革开放和社会主义现代化建设新时期》,中共党史出版社、党建读物出版社2016年版,第660、682页。

中解放出来的农村剩余劳动力，利用计划经济时期"五小"工业[①]的底子，实现了乡镇企业的异军突起。在城市，面对知识青年回城和就业压力增大的问题，党和政府主要通过发展城镇个体经济来解决就业问题。事实上，改革开放初期的"经济体制改革，就包含调整所有制结构的内容，即在国营经济为主导、公有制经济为主体的前提下，允许多种经济形式、多种经营方式并存，支持和提倡城镇集体经济和个体经济的发展"。"1982年9月，中共十二大提出以国营经济为主导、以公有制经济为主体和个体经济为补充的多种经济形式并存的所有制结构。"[②] 同时，中国通过"吸引和利用外资、兴办中外合资经营企业和中外合作经营企业（或项目）"积极探索运用国际通行的外商投资方式来加快现代化建设。[③]

1997年，党的十五大报告明确提出要"坚持和完善社会主义公有制为主体、多种所有制经济共同发展的基本经济制度"，"调整和完善所有制结构"，"要全面认识公有制经济的含义。公有制经济不仅包括国有经济和集体经济，还包括混合所有制经济中的国有成分和集体成分。公有制的主体地位主要体现在：公有资产在社会总资产中占优势；国有经济控制国民经济命脉，对经济发展起主导作用"。"公有制实现形式可以而且应当多样化。一切反映社会化生产规律的经营方式和组织形式都可以大胆利用。"[④]1999年3月，这一基本经济制度被载入《中华人民共和国宪法》。[⑤] 在此时期，国有企业改革继续深化。党的十四大以后，按照建立社会主义市场经济体制的要求，国有企业改革开始从以往的放权让利、政策调整进入转换机制、制度创新阶段。党的十五大以后，以建立现代企业制度为方

[①] "五小"工业是"文化大革命"期间开始兴办的地方小型厂矿的统称，主要指地、县两级兴办的小钢铁、小机械、小化肥、小煤窑和小水泥厂等。参见中共中央党史研究室第二研究部：《〈中国共产党历史〉第二卷注释集》，中共党史出版社2012年版，第242—243页。

[②] 当代中国研究所：《中华人民共和国史稿》第4卷，人民出版社、当代中国出版社2012年版，第213、214页。

[③] 《中国共产党的九十年·改革开放和社会主义现代化建设新时期》，中共党史出版社、党建读物出版社2016年版，第700页。

[④] 《十五大以来重要文献选编》（上），人民出版社2000年版，第18、21页。

[⑤] 《中华人民共和国宪法修正案》（1999年3月15日第九届全国人民代表大会第二次会议通过），《人民日报》1999年3月17日。

向的国有企业改革攻坚全面展开。按照建立现代企业制度的要求，许多国有企业进行了公司制和股份制改造。①

2002年11月，党的十六大报告提出，要"坚持和完善基本经济制度，深化国有资产管理体制改革"。"根据解放和发展生产力的要求，坚持和完善公有制为主体、多种所有制经济共同发展的基本经济制度。第一，必须毫不动摇地巩固和发展公有制经济。""第二，必须毫不动摇地鼓励、支持和引导非公有制经济发展。"②2012年11月，党的十八大报告进一步提出："要毫不动摇巩固和发展公有制经济，推行公有制多种实现形式"，"毫不动摇鼓励、支持、引导非公有制经济发展，保证各种所有制经济依法平等使用生产要素、公平参与市场竞争、同等受到法律保护"。③

2013年11月，党的十八届三中全会通过的《关于全面深化改革若干重大问题的决定》提出："公有制经济和非公有制经济都是社会主义市场经济的重要组成部分，都是我国经济社会发展的重要基础"；"公有制经济财产权不可侵犯，非公有制经济财产权同样不可侵犯"；"国家保护各种所有制经济产权和合法利益"；"坚持权利平等、机会平等、规则平等，废除对非公有制经济各种形式的不合理规定，消除各种隐性壁垒"。④2014年10月，党的十八届四中全会通过的《关于全面推进依法治国若干重大问题的决定》提出，要"健全以公平为核心原则的产权保护制度，加强对各种所有制经济组织和自然人财产权的保护，清理有违公平的法律法规条款"⑤。2015年10月，党的十八届五中全会通过的《关于制定国民经济和社会发展第十三个五年规划的建议》强调，要"鼓励民营企业依法进入更多领域，引入非国有资本参与国有企业改革，更好激发非公有制经济活力和创造力"⑥。2017年10月，党的十九大报告把"毫不动摇巩固和发展公有制经

---

① 《中国共产党的九十年·改革开放和社会主义现代化建设新时期》，中共党史出版社、党建读物出版社2016年版，第803、817页。
② 《十六大以来重要文献选编》（上），中央文献出版社2005年版，第19页。
③ 《十八大以来重要文献选编》（上），中央文献出版社2014年版，第16页。
④ 《十八大以来重要文献选编》（上），中央文献出版社2014年版，第515、516—517页。
⑤ 《十八大以来重要文献选编》（中），中央文献出版社2016年版，第162页。
⑥ 《十八大以来重要文献选编》（中），中央文献出版社2016年版，第798页。

济，毫不动摇鼓励、支持、引导非公有制经济发展"写入新时代坚持和发展中国特色社会主义的基本方略，①作为党和国家一项大政方针进一步确定下来。

2012年以来，外部风险加大、经济周期性波动与结构性调整等多重压力交织，使得经济增速放缓，许多行业进入存量调整阶段。去产能、生态环境保护等引发的成本上升，与去杠杆导致的信贷可获得性下降，使得非公有制经济面临困境，这种困境甚至导致2018年出现所谓"私营经济离场论"。②对此，2018年11月1日，习近平总书记在民营企业座谈会上发表讲话，驳斥了"民营经济离场论"等错误言论，再次强调："非公有制经济在我国经济社会发展中的地位和作用没有变！我们毫不动摇鼓励、支持、引导非公有制经济发展的方针政策没有变！我们致力于为非公有制经济发展营造良好环境和提供更多机会的方针政策没有变！我国基本经济制度写入了宪法、党章，这是不会变的，也是不能变的。任何否定、怀疑、动摇我国基本经济制度的言行都不符合党和国家方针政策，都不要听、不要信！所有民营企业和民营企业家完全可以吃下定心丸、安心谋发展！"习近平总书记指出："在我国经济发展进程中，我们要不断为民营经济营造更好发展环境，帮助民营经济解决发展中的困难，支持民营企业改革发展，变压力为动力，让民营经济创新源泉充分涌流，让民营经济创造活力充分迸发。为此，要抓好6个方面政策举措落实"，即减轻企业税费负担、解决民营企业融资难融资贵问题、营造公平竞争环境、完善政策执行方式、构建亲清新型政商关系、保护企业家人身和财产安全。同时，习近平总书记也指出："希望广大民营经济人士加强自我学习、自我教育、自我提升。""民营企业家要讲正气、走正道，做到聚精会神办企业、遵纪守法搞经营，在合法合规中提高企业竞争能力。"③

应当指出，无论是公有制经济还是非公有制经济，都还有其亟待完善

---

① 《中国共产党第十九次全国代表大会文件汇编》，人民出版社2017年版，第17页。
② 《对"私营经济离场论"这类蛊惑人心的奇谈怪论应高度警惕——"两个毫不动摇"任何时候都不能偏废》，《经济日报》2018年9月13日。
③ 习近平：《在民营企业座谈会上的讲话》，《人民日报》2018年11月2日。

的地方。在经济存量调整阶段以及未来发展布局和产业政策方面，如何合理界定二者的经营范围，化解其利益冲突，并实现有效协作、优势互补，共同完成中国经济转型升级的任务，是进一步完善所有制结构的关键。

二、理顺政府和市场关系

2013年11月12日，党的十八届三中全会通过的《关于全面深化改革若干重大问题的决定》指出："经济体制改革是全面深化改革的重点，核心问题是处理好政府和市场的关系，使市场在资源配置中起决定性作用和更好发挥政府作用。"[1]这说明政府和市场关系是十分重要的。

新中国成立之初，面临货币投机、囤积居奇、生产萎缩的严峻形势，政府采取有力的经济措施和必要的行政手段，在新解放城市进行了打击不法投机资本的斗争。进城初始，各大城市军管会和人民政府即以行政强制力明令禁止银圆、外汇投机，利用国营商业渠道，秘密调运和集中抛售物资，辅之以紧缩的货币政策，一举击溃了投机资本，平息了肆虐十余年的通货膨胀。随后，中央政府开始统一财经，平衡财政收支和物资供求，同时调整工商业，通过加工订货、工业品下乡和收购农村土产等政策，活跃了城乡经济，使国民经济在1950年下半年得以恢复。

1952年10月，为确保"一五"计划顺利实施，避免农产品供求的波动，中央决定对主要农产品实行统购统销政策，计划经济体制逐步建立起来，政府逐渐取代市场成为调节经济的主要手段。这是因为，我国在十分落后的情况下进行以重工业为重点的工业化建设，必须加强资金的快速积累、资源的集中配置、技术人员的统一调配和粮食供给的有力保障。要做到这些，当时只能采用计划经济体制和对主要农产品实行统购统销，并相应对农业、工商业实行生产资料的集体化和国有化。[2]在农村，农民在留足口粮、生产用粮、完成农业税缴纳之后，将余粮绝大部分出售给国家粮食部门，从而基本消除了市场交换的基础。在城市，职工实行统一工资制与

---

[1]《十八大以来重要文献选编》（上），中央文献出版社2014年版，第513页。
[2] 朱佳木：《走向中华民族伟大复兴的壮阔历程——庆祝中华人民共和国成立65周年》，《人民日报》2014年9月25日。

主要生活用品票证供给制。计划经济体制使资源在确保人民基本生活的前提下，最大限度地流向工业建设，使中国得以在短短的20多年里建立起独立的比较完整的工业体系和国民经济体系。

不过，计划经济体制并没有完全消除市场的作用。在农村，在集体经营的同时也存在着社员的少量自留地，农村原有的集市贸易、小商小贩以至家庭副业则断断续续地存在着。在城市，由于技术水平落后，计划的制定往往采用估算的做法，分配的物资也多存在着供需不匹配的问题，在这种情况下，物资调剂串换等"半市场"行为普遍存在。可见，中国并非教条式地追求计划经济体制，而是要利用计划经济体制来进行工业建设。

改革开放后，在农村实行了"交够国家的，留足集体的，剩下都是自己的"[①]的分配制度改革，不仅调动了农民的积极性，也改变了平均主义的"大锅饭"，农产品市场加速壮大。在城市，以扩大企业经营管理自主权、增强企业活力为主的国有企业改革使国有企业在产销、定价和利润留成等方面有了更多自主权。中国共产党在理论认识上先后经历了"计划经济为主、市场调节为辅"、"公有制基础上的有计划的商品经济"、"国家调节市场、市场引导企业"等阶段，[②]并最终于1992年党的十四大确立了"建立社会主义市场经济体制"的经济体制改革目标。[③]随后，中国开始以建立"产权清晰、权责明确、政企分开、管理科学的现代企业制度"为目标对国有企业进行改革[④]；推动价格和流通体制改革，建立全国统一开放的市场体系；进行财政和金融体制改革，构建与社会主义市场经济相适应的宏观调控体系；建立多层次的社会保障体系。到20世纪末，中国已经构建起社会主义市场经济的基本框架，市场在资源配置中开始发挥基础性作用，政府通过转变职能建立健全了宏观经济调控体系，加强了调控市场的能力。

[①] 《从"口粮田"到"大包干"——对内蒙古农村一种生产责任制形式的调查》，《人民日报》1980年12月1日。

[②] 朱丹：《建立社会主义市场经济体制》，《人民日报》2007年10月11日。

[③] 《十四大以来重要文献选编》（上），人民出版社1996年版，第18—19页。

[④] 《十四大以来重要文献选编》（上），人民出版社1996年版，第520页。

凭借中国特色社会主义的制度优势，中国成功应对了两次外部冲击，实现了经济高速增长。面对1997年发生的亚洲金融危机，中国不仅顶住了危机蔓延的影响，还以坚持人民币不贬值政策，起到亚洲经济"稳定器"的作用，为稳定亚洲和世界经济做出了贡献，赢得国际社会的高度赞赏。2008年国际金融危机发生后，一些人抛出"奥运低谷效应"、"中国经济奇迹终结"等论调。但事实是，中国实施积极的财政政策、适度宽松的货币政策，保持经济稳定增长，为世界经济复苏做出重大贡献。[1]2013—2018年，中国对世界经济增长的贡献率达到30%左右。[2]

众所周知，当前我国供给侧存在的主要问题不是绝对的供给不足，而是较为普遍的供给过剩与有效供给不足同时存在。所以，在此情况下如果继续实施强需求刺激政策，只会使问题越来越严重，并使需求管理政策的边际效应加快递减。[3]为此，党的十八届三中全会提出"使市场在资源配置中起决定性作用和更好发挥政府作用"[4]的改革目标，党的十九大提出"着力构建市场机制有效、微观主体有活力、宏观调控有度的经济体制"[5]。更好发挥政府作用是使市场在资源配置中起决定性作用的前提，为此中央提出了供给侧结构性改革这一经济工作主线。[6]首先，政府在确保不爆发系统性金融风险、不引发大规模破产失业的前提下，完成去产能、去库存、去杠杆的任务，突破传统增长模式的限制。其次，政府通过简政放权和减税降费，优化营商环境，为企业降低成本，并由此实现由管理型政府向服务型政府的转型。最后，政府通过实施创新驱动发展战略补齐技术短板，通过实施脱贫攻坚和污染防治攻坚来补齐社会和生产短板，为经济持续健康高质量发展奠定基础。

---

[1] 国纪平：《中国有足够信心底气战胜任何困难挑战》，《人民日报》2019年8月13日。
[2] 国家统计局综合司：《中国的发展是世界的机遇》，国家统计局网，2019年8月10日，http://www.stats.gov.cn/tjsj/sjjd/201804/t20180412_1593477.html；宁吉喆：《发展目标较好实现 稳中有进态势持续》，《求是》2019年第3期。
[3] 潘盛洲：《与时俱进做好经济工作的行动指南》，《人民日报》2016年1月27日。
[4] 《十八大以来重要文献选编》（上），中央文献出版社2014年版，第513页。
[5] 《中国共产党第十九次全国代表大会文件汇编》，人民出版社2017年版，第24页。
[6] 《坚持以供给侧结构性改革为主线不动摇》，《人民日报》2018年12月26日。

三、调整中央和地方经济关系

中国是一个幅员辽阔、人口众多但区域之间发展不平衡的大国，也是一个多民族的发展中国家，中央和地方经济关系复杂。

新中国成立初期，财政经济面临严重困难。原国民党统治区愈演愈烈的恶性通货膨胀仍在延续，恢复生产和铁路交通急需大量资金，对不反抗新政权的数百万旧军政公教人员实行"包下来"政策，也加重了财政负担。在这种情况下，旧社会留下来的畸形发展的投机资本在新解放城市继续兴风作浪，加剧物价上涨，市场混乱。面对复杂形势，党和人民政府采取必要的行政手段与有力的经济措施，成功地组织了同投机资本斗争的"两大战役"（即"银圆之战"和"米棉之战"）。经此两大战役，不法投机资本一蹶不振，国营经济取得稳定市场的主动权。但要从根本上稳定物价，必须做到国家财政收支平衡和市场物资供求平衡。[①]1950年3月，政务院发出《关于统一国家财政经济工作的决定》，决定统一全国财政收入、统一全国物资调度和统一全国现金管理。[②]到年底即基本实现了财政收支平衡。[③]中央政府稳定物价和统一全国财经的工作，确保了新中国能够集中足够的资源完成追歼国民党残敌、肃清反革命势力、抗美援朝战争、国民经济恢复和发展等一系列任务。

计划经济时期，经济管理权限经历了集中与分散的多轮反复。"一五"计划时期，中央政府基本实行集中统一管理的做法。这种做法确保了重点建设项目的物资供应。但是，逐级汇报审批的管理体制，不仅降低了效率，而且迫使各地方、各部门追求"大而全"、"小而全"，以避免烦琐的行政审批，加剧了浪费问题。毛泽东在《论十大关系》中对中央和地方的关系进行了专门论述，指出："'应当在巩固中央统一领导的前提下，扩大

---

① 《中国共产党的九十年·社会主义革命和建设时期》，中共党史出版社、党建读物出版社2016年版，第371—372页。

② 《中共中央文件选集（1949年10月—1966年5月）》第2册，人民出版社2013年版，第191—196页。

③ 《中国共产党的九十年·社会主义革命和建设时期》，中共党史出版社、党建读物出版社2016年版，第373页。

一点地方的权力','我们不能像苏联那样,把什么都集中到中央,把地方卡得死死的,一点机动权也没有'。这几乎是当时全党的共识。"①1957年,中央开始研究"中央和地方在若干工作中划分管理权限的问题",制定了《国务院关于改进工业管理体制的规定》《国务院关于改进商业管理体制的规定》《国务院关于改进财政体制和划分中央与地方对财政管理权限的规定》三个文件②,并于1958年起实施,但"由于各种因素的影响,这些新的政策倾向并没有完全落到实处,它们原本应该产生的积极影响因为'大跃进'运动的开始被打了严重的折扣"③。1961—1965年的国民经济调整,重新收回了大部分经济管理权限。1969年,为加速地方工业发展,加快备战工作,经济管理权限再度下放。1970年,为尽快扭转"文化大革命"(以下简称"文革")对"三五"计划进度造成的影响,从年初起,经济建设开始"冒进",导致国民经济在1971年底出现了"三个突破",即全民所有制职工突破5000万人,工资支出突破300亿元,粮食销量突破800亿斤。④1975年的整顿工作,则致力于恢复必要的集中统一和经济管理制度。总的来看,两轮的放权与集权,都没有找到令人满意的中央与地方经济关系,总是陷入"一统就死、一放就乱"的怪圈,但充分发挥中央和地方"两个积极性"则始终是中国共产党的目标。

20世纪80年代,为调动地方积极性,中央对地方实施放权让利的改革,地方政府获得了更多的财政自主权,地方经济发展热情高涨,但在加快地方工业经济发展的同时,也造成了中央财力不足、对地方经济盲目扩张约束不力等问题。为此,国务院作出《关于实行分税制财政管理体制的决定》。⑤分税制改革初步建立起与社会主义市场经济体制相适应的财政体

---

① 郑有贵主编:《中华人民共和国经济史(1949—2012)》,当代中国出版社2016年版,第46页。
② 《陈云文集》第3卷,中央文献出版社2005年版,第198页。
③ 郑有贵主编:《中华人民共和国经济史(1949—2012)》,当代中国出版社2016年版,第47页。
④ 《当代中国的财政》,当代中国出版社、香港祖国出版社2009年版,第219页;郑有贵主编:《中华人民共和国经济史(1949—2012)》,当代中国出版社2016年版,第123页。
⑤ 郑有贵主编:《中华人民共和国经济史(1949—2012)》,当代中国出版社2016年版,第213页。

制框架，规范了中央与地方之间的分配关系，中央财政占全国财政收入的比重提高到55%左右，增强了中央宏观调控能力。建立财政转移支付制度，有效缩小地区间财力差距。建立规范的国家税收体系，形成稳定的财政收入增长机制，财政收入占国内生产总值的比重不断提高。[1]这次改革使中央有了足够的财力实施积极的财政政策和重大发展战略，但是也造成了地方财力不足的问题。这使地方政府一方面千方百计招商引资、培育地方企业发展，另一方面转向以房地产开发为核心的土地财政模式，加剧了相关行业产能过剩、房地产库存过多等问题。

党的十八大以来，中央和地方经济关系进入新一轮调整。一方面，中央通过集中经济管理权限，消除地方保护主义和违法违规行为，确保供给侧结构性改革顺利进行。例如，中央通过加强对地方和国企党委的领导，确保去产能工作顺利推进；坚决遏制房价过快上涨，并对《中华人民共和国预算法》作出修改。[2]国务院《关于加强地方政府性债务管理的意见》[3]和财政部《关于进一步规范地方政府举债融资行为的通知》[4]等文件的出台，减轻了地方政府对土地财政的依赖，规范了地方政府的融资行为，确保去库存、去杠杆和防风险工作落到实处。另一方面，中共中央从2013年启动自贸试验区工作至今，自贸试验区的建设布局逐步完善，形成了覆盖东西南北中的改革开放创新格局。2019年8月，中共中央决定在山东等6省区新设一批自贸试验区。自贸试验区在投资贸易自由化便利化、金融服务实体经济、政府职能转变等领域进行了大胆探索，取得了显

---

[1] 朱志刚：《深化公共财政体制改革的关键》，《人民日报》2008年8月27日。
[2] 《全国人民代表大会常务委员会关于修改〈中华人民共和国产品质量法〉等五部法律的决定》（2018年12月29日第十三届全国人民代表大会常务委员会第七次会议通过），《人民日报》2018年12月30日。
[3] 《国务院关于加强地方政府性债务管理的意见》，中华人民共和国中央人民政府网，http：//www.gov.cn/zhengce/content/2014-10/02/content_9111.htm。
[4] 《关于进一步规范地方政府举债融资行为的通知》，中华人民共和国财政部网，http：//yss.mof.gov.cn/zhuantilanmu/dfzgl/zcfg/201705/t20170503_2592801.html。

著成效。① 中共中央还支持深圳建设中国特色社会主义先行示范区②，并在全国建立多个国家综合配套改革试验区。各试验区结合地方特色，广泛进行综合配套改革实践，并将成功经验复制推广。

四、改革对外经济体制

随着国内任务与国际形势的变化，新中国的对外经济体制和政策经历了由统制贸易到全方位对外开放，进而到高水平对外开放的历史性飞跃。

1978年改革开放前，由于国家安全需要、国内经济发展条件和国际环境等制约，中国很难发挥经济学上所说的国际贸易"比较优势"，因此采取了统制贸易和进口替代战略。新中国为了集中力量进行工业建设，必须确保将重要的资源留在国内，将宝贵的外汇用于进口最亟须的生产原料和设备，这与发达国家从中国进口原料、向中国出口工业制成品的利益诉求相矛盾，同时西方国家对中国的经济封锁，也使中国必须建立自己的独立的工业体系。在此情况下，当时的对外经济活动以进出口贸易和引进西方先进技术设备为主，并且在制度安排上采用统制贸易，统制贸易主要通过高度集权的计划体制来实现。国家计划委员会和对外经济贸易部共同编制外贸计划，安排和支配全国进出口贸易活动。③

改革开放后，中国对外经济战略转向重视出口创汇、引进外资和先进技术等方面。相应地，中国开始放宽对外经济管理权限。在对外经济活动中，一方面，放宽进出口经营限制，批准各部门、各地方成立外贸公司；另一方面，兴办经济特区，探索吸引外商直接投资。《中华人民共和国中外合资经营企业法》④《中华人民共和国外资企业法》⑤ 和《中华人民共和国

---

① 《我国自贸试验区建设布局逐步完善》，《人民日报》2019年8月27日。
② 《中共中央国务院关于支持深圳建设中国特色社会主义先行示范区的意见》（2019年8月9日），《人民日报》2019年8月19日。
③ 许罗丹、谢康：《中国对外贸易》，中山大学出版社1995年版，第151页。
④ 《中华人民共和国中外合资经营企业法》（1979年7月1日第五届全国人民代表大会第二次会议通过），《人民日报》1979年7月9日。
⑤ 《中华人民共和国外资企业法》（1986年4月12日第六届全国人民代表大会第四次会议通过），《人民日报》1986年4月18日。

中外合作经营企业法》①等法律的制定实施，为对外开放格局的形成提供了法律保障。在改革开放初期，由于中国出口结构偏重于价格较低的初级产品且同质化竞争激烈，而国外技术成熟的工业制成品在当时的国内市场广受欢迎，因此，20 世纪 80 年代中国的对外贸易以逆差为主。从 1994 年 1 月 1 日起，人民币实行单一汇率，取消外汇留成和上缴，实现人民币官方汇率与市场汇率并轨。4 月 1 日，银行结售汇制度正式实施。即日起，人民银行公布一个基准汇率，各外汇指定银行参照这个汇率，在规定的幅度内，自行制定对外挂牌的汇价，办理对客户的买卖。4 月 4 日，银行间外汇市场（中国外汇交易中心）正式运营。这些改革措施极大提升了中国的出口竞争力，对外贸易由逆差转向顺差。②2001 年，中国加入世界贸易组织，广阔的国际市场自此敞开，中国的比较优势全面发挥出来，贸易规模逐步扩大。

从改革开放以来的外部环境看，中美两国建立了日益紧密的经贸联系。在这种背景下，中国的制造能力日益增强，外汇储备迅速增加。从 2007 年开始的美国次贷危机演化成一场全球性金融危机，2008 年，美国被迫通过实施量化宽松的货币政策、增发美元的方式来挽救危机。而中国则逆势刺激经济，提高生产能力，在 2010 年跃居世界第二大经济体③，"中国制造"的国际竞争力和影响力逐渐增强，成为"世界上唯一拥有联合国产业分类目录中所有工业门类的国家"④，在 2014 年时成为 120 多个国家和地区的第一大贸易伙伴⑤，至 2019 年 8 月，中国的外汇储备连续多年位居

---

① 《中华人民共和国中外合作经营企业法》（1988 年 4 月 13 日第七届全国人民代表大会第一次会议通过），《人民日报》1988 年 4 月 16 日。

② 《划上成功的句号》，《人民日报》1994 年 12 月 24 日；裴长洪：《中国对外开放与流通体制改革 30 年研究》，经济管理出版社 2008 年版，第 73、74 页。

③ 《科学发展 强国富民——从"十二五"规划建议看中国方位之一》，《人民日报》2010 年 10 月 29 日。

④ 《经济结构不断升级 发展协调性显著增强——新中国成立 70 周年经济社会发展成就系列报告之二》，国家统计局网，2019 年 7 月 8 日，http://www.stats.gov.cn/sj/zxfb/202302/t20230203_1900357.html。

⑤ 《中国已成为 120 多个国家和地区第一大贸易伙伴》，《经济日报》2014 年 3 月 8 日。

世界第一①。

随着美国退出量化宽松政策，资本迅速回流美国，造成了对新兴市场国家金融市场的冲击，导致很多国家出现流动性问题。为此，中国与很多国家建立更紧密的经贸联系，签订双边贸易与货币互换协定，并于2015年10月建立人民币跨境支付系统，为境内外金融机构人民币跨境和离岸业务提供资金清算、结算服务。②同时，中国发起设立"丝路基金"、亚洲基础设施投资银行等国际金融机构，支持中国优质产能走出去，帮助"一带一路"沿线国家修建基础设施，在改变各国基础设施落后面貌的同时促进了互联互通。

为推动构建人类命运共同体，中国开始加快对外经济体制改革的步伐。首先，在扩大进口、进一步降低关税的同时，以实际行动降低贸易壁垒。其次，加快构建产业开放新格局，促进外贸优进优出，提升传统优势产品出口竞争力，支持先进技术设备、关键零部件进口，推动货物贸易和服务贸易融合发展。坚持引进来和走出去并重，推进重点产业领域国际化布局。全面实行准入前国民待遇加负面清单管理制度，大幅度放宽外资市场准入，扩大服务业和一般制造业开放。完善走出去服务保障机制，以"一带一路"建设为重点促进国际技术和产能合作，支持企业更好融入全球产业分工体系，为各国人民提供更加优质的中国产品和服务。③修改《中华人民共和国外商投资法》④、颁布11条金融业对外开放举措⑤、扩大包括服务贸易在内的产业开放，尤其是扩大金融开放，稳步推进人民币国际化，有序实现人民币资本项目可兑换⑥。最后，加快与国际规则对接，不断探索与国际接轨的制度，着力营造国际一流的营商环境。通过这一系列对外开放举措，中国与世界各国普遍建立了更紧密的经贸联系。

---

① 国纪平：《中国有足够信心底气战胜任何困难挑战》，《人民日报》2019年8月13日。
② 《人民币跨境支付系统上线运行》，《人民日报》2015年10月9日。
③ 何立峰：《加快构建支撑高质量发展的现代产业体系》，《人民日报》2018年8月8日。
④ 《中华人民共和国外商投资法》（2019年3月15日第十三届全国人民代表大会第二次会议通过），《人民日报》2019年3月21日。
⑤ 《十一条金融业对外开放措施推出》，《人民日报》2019年7月21日。
⑥ 《加大金融支持实体经济的力度》，《人民日报》2018年8月2日。

回顾近代以来的历史，资本主义制度在少数发达国家曾一度取得成功，但近年来发达国家普遍面临经济停滞和治理困境，这使得全世界将关注的目光再次投向中国特色社会主义经济制度。邓小平曾说："我们是社会主义国家，社会主义制度优越性的根本表现，就是能够允许社会生产力以旧社会所没有的速度迅速发展，使人民不断增长的物质文化生活需要能够逐步得到满足。"[①] 社会主义制度能实现生产力更快发展的原因，在于社会主义国家可以始终围绕解放和发展生产力这一根本目标，不断调整各项制度安排。而这种调整之所以能够顺利实现，则在于有一个全心全意为人民服务的中国共产党，并以实事求是的态度不断深化改革，不断推动生产力发展。这也进一步印证了中国特色社会主义最本质的特征是中国共产党的领导，中国特色社会主义制度的最大优势是中国共产党的领导。

---

① 《邓小平文选》第 2 卷，人民出版社 1994 年版，第 128 页。

全面实施供给侧结构性改革的中国方案与经验*

自 2015 年以来，"供给侧结构性改革"被党中央频繁提及和强调，成为"十三五"时期和"十四五"时期中国经济社会发展语境中最热门的词汇。全面实施供给侧结构性改革，是以习近平同志为核心的党中央在综合分析世界经济长周期和中国经济发展新常态的基础上，对中国经济发展思路和工作着力点的重大调整，是适应和引领经济发展新常态的重大创新，是化解中国经济发展面临的困难和矛盾的重大举措，也是培育增长新动力、形成先发新优势、实现创新引领发展的必然要求和选择，对解决中国结构性、体制性问题产生了重要影响。

一、实施供给侧结构性改革的时代背景与特定内涵

2008 年国际金融危机爆发后，世界经济陷入长期低增长态势，全球贸易和资本流动不断走弱。美西方国家强化贸易保护主义，贸易摩擦频发，对中国经济特别是出口贸易产生了不利影响。我国随着经济发展下行压力逐渐增大，必须加快转变经济发展方式，从粗放式的高速发展向中高速的高质量发展转变，推动经济发展进入新常态。这就要求我们转变生产方式、调整经济结构，不仅要扩大总需求，更要在供给端发力，推进实施供给侧结构性改革。

---

* 本文作者钟瑛，发表于《毛泽东邓小平理论研究》2022 年第 9 期。

（一）实施供给侧结构性改革的国际背景

2008年后，西方国家黄金增长期结束，贸易保护主义抬头，经济进入深度调整期。近年来，世界经济逐渐走出国际金融危机阴影，但仍没有找到实现全面复苏的新引擎。同时，全球范围内新一轮科技革命与产业变革蓄势待发，主要特点是重大颠覆性技术不断涌现，科技成果转化速度加快，产业组织形式和产业链条更具垄断性。为占据下一轮全球产业革命的制高点，发达国家纷纷出台应对举措：美国"再工业"战略、德国"工业4.0"战略等应运而生，新技术革命正在推动全球供应体系调整。新一轮科技革命和产业变革与中国加快转变经济发展方式形成历史性交汇，中国必须把握住这一历史性机遇。习近平总书记在2016年12月中央财经领导小组第十四次会议上讲话指出："我们要紧紧抓住经济调整的窗口期，扎扎实实推进供给侧结构性改革，推动经济结构不断优化、经济发展方式不断转变、经济增长动力加快转换。如果我们在这个问题上不着力、不紧抓，一旦其他大国结构调过来了，我们就会在下一轮国际竞争中陷于被动。"[①]

当前和未来一个时期，世界经济仍将面临诸多不稳定、不确定性因素，复苏道路依然曲折，大幅回暖的概率较小，中国的外部经济环境更加复杂。国际金融危机深层次影响在相当长时期依然存在，全球经济贸易增长乏力，地缘政治关系复杂多变，传统安全威胁和非传统安全威胁交织，外部环境不稳定、不确定性因素增多。全球经济分化严重。发达国家多陷入"日本式困境"，主要表现为：一是进入流动性陷阱，二是深陷债务危机，三是人口老龄化加剧。新兴经济体集体进入调整期。一些国家出现了资金外流、通货膨胀、经济增速回落的现象。俄罗斯、巴西等过度依赖资源能源价格的国家，经济增速明显下降。印度尽管受国际贸易影响程度较小，但其脆弱的金融体系在国际资金外逃的情况下受到严重冲击。从整体上看，这可能会使国与国之间的竞争愈发激烈，引发贸易保护主义蔓延，对中国贸易增长形成新的巨大压力。从全球治理体系看，各国都在加快调整发展模式，重塑和发展具有比较优势的产业，纷纷试图抢占经济制高点

---

① 《习近平关于社会主义经济建设论述摘编》，中央文献出版社2017年版，第117页。

和全球话语权。以跨太平洋伙伴关系协定（TPP）、跨大西洋贸易与投资协定（TTIP）为代表的"两洋战略"区域合作谈判，对中国提出高标准，对中国经济发展形成制约。在此背景下，中国需要从供给侧发力，找准在世界供给市场的定位。实施供给侧结构性改革，是适应国际金融危机发生后综合国力竞争新形势的主动选择，是适应中国经济发展新常态的必然要求。

（二）实施供给侧结构性改革的国内背景

2013年，针对国内经济形势，党中央作出重要判断，即中国经济发展正处于增长速度换挡期、结构调整阵痛期、前期刺激政策消化期"三期叠加"阶段。2014年5月，习近平总书记在河南兰考县考察时第一次谈到"新常态"，指出："我国发展仍处于重要战略机遇期，我们要增强信心，从当前我国经济发展的阶段性特征出发，适应新常态，保持战略上的平常心态。"[①] 同年11月，习近平主席在出席2014年亚太经合组织工商领导人峰会的主旨演讲中，首次系统阐述了中国经济新常态下速度变化、结构优化、动力转换三大特点及其给中国带来的新机遇。

2014年12月召开的中央经济工作会议提及中国经济发展新常态带来的九个趋势性变化：一是从消费需求看，中国以往的模仿型排浪式消费阶段基本结束，消费拉开档次，个性化、多样化消费渐成主流，提升产品质量安全要求迫切。二是从投资需求看，在经历了三十多年高强度大规模开发建设后，传统产业、房地产投资相对饱和，基础设施互联互通和一些新技术、新产品、新业态、新商业模式的投资机会大量涌现，对创新投融资方式提出新要求。三是从出口和国际收支看，随着全球总需求不振，中国低成本比较优势也发生了转化，必须加紧培育新的比较优势。四是从生产能力和产业组织方式看，传统产业供给能力已大幅超出需求，钢铁、水泥、玻璃等产业的产能已近峰值，房地产出现结构性、区域性过剩。随着互联网技术加快发展，生产小型化、智能化、专业化将成为产业组织新特征。五是从生产要素相对优势看，中国人口老龄化日趋发展，劳动年龄人

---

① 《习近平关于社会主义经济建设论述摘编》，中央文献出版社2017年版，第73页。

口总量下降，农业富余劳动力减少，这使得要素的规模驱动力减弱。经济增长将更多依靠人力资本质量和技术进步，必须让创新成为驱动发展的新引擎。六是从市场竞争特点看，竞争正逐步转向以质量型、差异化为主，消费者更加注重品质和个性化，必须通过供给创新满足市场潜在需求。七是从资源环境约束看，环境承载能力已经达到或接近上限，难以承载高消耗、粗放型的发展，必须推动形成绿色低碳循环发展新方式，并从中创造新的增长点。八是从经济风险积累和化解看，伴随经济增速下调，各类隐性风险逐步显性化，地方政府性债务、影子银行、房地产等领域风险正在显露，就业也存在结构性风险，必须建立健全化解各类风险的体制机制。九是从资源配置模式和宏观调控方式看，需求方面，全面刺激政策的边际效果明显递减；供给方面，既要全面化解产能过剩，也要通过发挥市场机制作用探索未来产业发展方向。必须全面把握总供求关系新变化，科学进行宏观调控，适度干预但不盲目，真正形成市场和政府合理分工、推动发展新模式。以上这些趋势性变化说明，中国经济正在向形态更高级、分工更复杂、结构更合理的阶段演化，经济发展进入新常态。推进供给侧结构性改革，是适应和引领经济发展新常态的重大创新。

2015年11月10日，习近平总书记在中央财经领导小组第十一次会议上的讲话中首次提出"供给侧结构性改革"："在适度扩大总需求的同时，着力加强供给侧结构性改革，着力提高供给体系质量和效率，增强经济持续增长动力，推动我国社会生产力水平实现整体跃升。"[①]11月11日，李克强主持召开国务院常务会议，部署以消费升级促进产业升级，培育形成新供给新动力扩大内需。11月17日，李克强在"十三五"规划纲要编制工作会议上强调要在供给侧和需求侧两端发力促进产业迈向中高端。[②]11月18日，习近平主席在亚太经合组织会议上再次提及"供给侧改革"。12月，中央经济工作会议进一步明确了"供给侧结构性改革"的内涵和具体任务，强调要抓好去产能、去库存、去杠杆、降成本、补短板五大任务

---

① 《习近平关于社会主义经济建设论述摘编》，中央文献出版社2017年版，第87页。
② 《科学编制"十三五"〈规划纲要〉 以新的发展理念促进经济升级和社会进步》，《人民日报》2016年1月1日。

（即"三去一降一补"）。2017年10月，党的十九大报告再次强调深化供给侧结构性改革，必须"以供给侧结构性改革为主线，推动经济发展质量变革、效率变革、动力变革"①。由此，"供给侧结构性改革"成为事关中国经济社会长远发展大局的一项战略部署，成为当前和今后一个时期经济发展和经济工作的主线。

（三）供给侧结构性改革的特定内涵

供给侧结构性改革是进入新时代、面对新常态我们解决经济发展新问题的必然选择，有其特定的思想内涵，即从提高供给质量出发，用改革的办法推进结构调整，矫正要素配置扭曲，扩大有效供给，提高供给结构对需求变化的适应性和灵活性，提高全要素生产率，更好满足广大人民群众需要，为经济持续健康发展打造新引擎、构建新支撑。

第一，从供给侧结构性改革的实质来看，"供给侧"是指经济运行的矛盾主要出现在供给侧，"结构性"是指供给侧的矛盾主要是"结构"而非"总量"。近年来，随着中国宏观经济运行中的供求矛盾发生变化，矛盾的主要方面体现为供给侧的结构性问题。概括起来，主要表现为"三大失衡"：实体经济结构性供需失衡、金融和实体经济失衡、房地产和实体经济失衡。我们国家的需求变了，供给的产品却没有变，质量、服务跟不上。有效供给能力不足带来大量"需求外溢"，消费能力严重外流。比如，中国一些行业和产业产能严重过剩，大量关键装备、核心技术、高端产品还依赖进口，而供给体系总体上呈现中低端产品过剩、高端产品供给不足的状况，庞大的国内市场没有掌握在自己手中。为应对中国经济新常态，党中央根据经济走势作出判断：如果继续仅从投资、消费、外需这三个领域来考虑应对之策，很难遏制经济下行趋势。通过深入分析供求矛盾，党中央得出了必须从供给侧着手的结论。习近平总书记指出："供给侧结构性改革，说到底最终目的是满足需求，主攻方向是提高供给质量，根本途径是深化改革。"②

---

① 习近平：《决胜全面建成小康社会　夺取新时代中国特色社会主义伟大胜利——在中国共产党第十九次全国代表大会上的报告》，人民出版社2017年版，第30页。

② 《习近平经济思想学习纲要》，人民出版社、学习出版社2022年版，第65页。

与通过刺激消费获扩大投资、出口的需求侧管理不同，供给侧结构性改革的特点为：一是需求侧管理注重政府在经济发展中的调控功能；而供给侧结构性改革更加强调发挥市场主体，如企业、创业者的能动作用和积极性，注重激发市场本身的发展活力。二是需求侧管理政策针对的是经济发展中的短期和即时性问题，重在解决总量性问题；而供给侧结构性改革更加注重从供给端增强经济的中长期发展和竞争能力，重在解决结构性问题。三是需求侧管理主要通过调节税收、财政支出、货币信贷等政策刺激或抑制需求来推动经济增长；而供给侧结构性改革主要通过优化要素配置和调整生产结构以提高供给体系质量和效率来推动经济增长。总之，针对中国经济发展的具体情况进行供给侧结构性改革，实质就是要形成新主体、培育新动力、发展新产业。

第二，供给侧结构性改革是一场势在必行的变革。

一是需求侧管理政策的边际效应在递减。2008年国际金融危机爆发后，中国在进行宏观调控、推动经济复苏时，主要基于需求侧管理的思路进行。例如，推行积极的财政政策和稳健的货币政策，进行大规模的政府投资以扩大总需求。虽然这些需求侧管理政策在短期内取得了一定成效，中央政府4万亿元投资以及由此带动的地方政府投资，使中国经济增速由2009年第一季度的6.5%，上升到2010年第一季度的12.1%。但从中长期看，这种一味刺激总需求的调控思路并没有真正找到和解决中国经济发展面临的根本问题，即结构性矛盾而非周期性发展波动问题。因此，2010年国内生产总值增速达到峰值后需求侧管理政策的边际效用不断减弱，中国经济面临严峻的持续下行压力，例如，到2015年第三季度，中国经济增速已经降至6.9%且仍在持续下滑。需求侧管理政策的失灵以及经济发展的下行压力，要求中国政府必须改变以往的宏观调控思路，进行供给侧结构性改革，以化解经济发展的结构性难题，打造经济增长的新引擎。

二是需求侧管理政策的副作用和后遗症越来越大。通过大规模投资等刺激政策推动经济增长的需求侧管理模式，虽然实现了短时间内的经济复苏，却给经济的长远发展埋下极大隐患，副作用愈发凸显，如产能过剩更加严重、大量资金空转、地方债务增加、企业效益下降、房价虚高、银行坏账增多等。具体而言，钢铁、电解铝、水泥、建材、造船等行业的产能过剩问题十分严重，资源闲置率高，产业效率下降了30%左右；许多城市房地产泡沫严重，房价虚高；有些银行的不良贷款率超过2%的安全保障线等。长期实施总需求刺激政策而产生的发展问题，要求政府必须转变调控思路，从更为根本的结构性矛盾入手，进行供给侧结构性改革，以便为经济增长培育新的驱动力。

三是推进供给侧结构性改革与推进全面深化改革相吻合，是实现可持续发展的需要。2013年党的十八届三中全会提出全面深化改革的总目标。供给侧结构性改革包含了多个范围和层面的改革：人口政策改革、行政管理制度改革、产权制度改革、土地制度改革、国有企业改革、财税制度改革、金融制度改革、价格制度改革、社会福利制度改革、生态制度改革等。从这个意义而言，进行供给侧结构性改革是对全面深化改革这一社会发展总目标的具体落实，表明了政府宏观调控思路的转向：从注重短期增长的需求侧管理，转向以提升经济可持续发展能力为目标的"供给侧结构性改革"；从注重政府主导作用的总需求刺激，转向以激发市场活力、完善社会主义市场经济体制为目标的"全面深化改革"。为实现可持续发展，就必须进行结构优化和转型升级，以提高全要素生产率，实现低投入、高产出的转变。全要素生产率的提升，主要包括三个基本途径：制度变革、结构优化和要素升级。这也是推动中国经济持续增长、提升整体竞争力的"三大发动机"。而这三个经济发展新动力的培育塑造，只能从供给侧管理的思路出发，通过供给侧结构性改革来实现。因此，供给侧结构性改革也是打造可持续经济发展模式的必然要求和基本路径。

二、实施供给侧结构性改革的路径重点

2015年中央经济工作会议强调指出："推进供给侧结构性改革，是适应和引领经济发展新常态的重大创新，是适应国际金融危机发生后综合国力竞争新形势的主动选择，是适应我国经济发展新常态的必然要求。"[①] 供

---

① 《中央经济工作会议在北京举行》，《人民日报》2015年12月22日。

给侧结构性改革的主旨是释放新需求，创造新供给，实现供给要素的最优配置。一方面是让市场及时出清，化解过剩产能，培育新的经济增长点；另一方面是通过创新形成更高质量的有效供给带动新需求。在党的十九大之前，供给侧结构性改革的主要任务是"三去一降一补"。党的十九大之后，在继续推进"三去一降一补"的同时，党中央又紧扣"提高供给体系质量"这个主攻方向，使深化供给侧结构性改革有了更为丰富的内涵。

（一）供给侧结构性改革的重点方向

影响总供给的五大要素，包括劳动力、土地及附着在土地上的资源、资本、技术创新及制度创新。供给侧结构性改革的主战场是要素市场改革，改革的重点方向是实现这些供给要素的最优配置，从而提高经济增长效率和激发经济增长动力。

第一，调整人口政策。随着中国人口红利的消失，老龄化社会的阴影正在逼近，党和政府果断调整人口政策，从控制人口数量转向实施人力资本战略。党的十八届五中全会以来，全面放开二孩、三孩政策的实施，对中国经济社会长远发展将带来积极影响，给经济发展注入人口红利，缓解劳动力供给抑制。同时，党和政府加快完善与人口流动密切相关的户籍制度改革、社会保障制度改革等，促进形成全国统一的劳动力市场，进一步使人口政策适应长期发展需要的人力资本战略。

第二，积极审慎地推动土地制度改革。党和政府重视不断释放农村土地的资本属性和流转属性，使土地成为资本市场上可交易的生产要素，提高土地使用效率和效益，逐步建立城乡统一的土地流转制度。一方面重视稳固农村土地承包关系，完成土地所有权、承包权、经营权三权分置，推进土地经营权有序流转；另一方面重视维护进城落户农民土地承包权、宅基地使用权和集体收益分配权，支持引导其依法自愿有偿转让上述权益。党和政府将土地作为一个非常关键的生产要素，在确权和流转的基础上，有效对接符合中国特色社会主义市场经济长久运行的状态。

第三，全面深化金融改革。针对中国金融市场长期存在的结构失衡、功能不全和金融抑制明显等突出问题，党和政府重视全面深化金融改革，积极解除金融抑制。一方面，大力发展和完善多层次资本市场体系，积极探索覆盖全国的各类产权交易市场、大资产管理公司等，以期更好发挥金融体系深度动员社会资本、提高储蓄率的作用，从根本上增强对实体经济的有效支持。另一方面，进一步推进利率市场化、人民币国际化，以期全面解除金融抑制，逐步把金融多样化改革进程对接到支持中国实体经济升级换代上，这种实体经济的升级换代直接关系中国"跨越中等收入陷阱"。

第四，激发微观经济的活力。党和政府实施的从以自贸区为标杆、进一步简政放权、降低门槛、市场准入负面清单、打造高标准法治化的营商环境，以及社保按照党的十八届五中全会明确的"把基本养老保障统筹提到全社会层次"，到调整整个税费体系、降低企业实际负担等，都是通过改革为企业经营创业活动松绑、减负，激发微观经济活力。近年来，党和政府不断深化结构性减税改革，全面推进营业税改增值税试点，在进口、中小微企业、创新活动、养老产业化等环节和领域的减税与税收优惠举措，已成为近年来结构性减税改革的重点。同时，通过进一步清理收费，分类重建收费管理的体制机制，企业实际综合负担特别是税外负担降低了。这些改革都是通过问题导向在制度供给方面发力，使企业经营创业活动进一步得到"海阔凭鱼跃，天高任鸟飞"的环境和条件。

第五，实施创新驱动战略。经济新常态下，中国经济增长动力的转换要从依靠普通生产要素如资本、土地、劳动力的投入来拉动经济增长，转向依靠科技创新来驱动经济增长。通过科技创新创造新供给、新效益和新空间，是未来中国经济发展的大趋势。走创新型国家之路，党和政府积极倡导科技创新和产业创新，推动实现科技与经济的融合，通过政策导向在高端"买不来的技术"领域靠原始、自主创新艰难前行，在中高端依靠全面开放和"引进、消化吸收再创新"与"集成创新"结合，与此同时大力实施教育改革，培养高水平人才，以期有效建设创新型国家。

第六，强化制度创新。供给侧结构性改革的重中之重是制度创新。党和政府首先着手顶层设计和系统改革，打开制度红利，激发经济社会活力，实现相关改革决策的较高水准。一是不断推进政府管理经济、社会方式的创新，形成市场主导、政府引导的机制。实行政府"简政放权、放管结合、优化服务"的行政审批制度改革。创造合法经营、公平竞争、高度法治的市场环境，同时加强政府对市场的监管、增加公共产品和公共服务。二是深入推进财税改革，推进房地产税、个人所得税、中央与地方事权、地方收入体系重构、预算管理基础制度建设、购买力平价（PPP）制度等领域的改革攻坚，以期形成政府与公民、中央与地方之间稳定的经济关系以及规范的政府财政管理制度。三是深入推进国有企业改革、收入分配制度改革、社会保障制度改革等，以期营造良好的市场竞争环境，促进社会的公平正义。

以上方面涉及要素市场改革，需要与行政、财政、国企、收入分配、价格、投融资等方面的综合配套改革结合起来。由此，党的十九大明确将要素市场化配置作为经济体制改革的两个重点之一。党的十九届四中全会进一步强调，推进要素市场制度建设，实现要素价格市场决定、流动自主有序、配置高效公平。2020年3月30日，中共中央、国务院印发《关于构建更加完善的要素市场化配置体制机制的意见》，根据生产要素的重要性和时代性，明确要素的范畴为土地、劳动力、资本、技术、数据；从各要素共性出发，为从整体上深化要素市场化配置改革明确了基本原则，即市场决定、有序流动，健全制度、创新监管，问题导向、分类施策，稳中求进、循序渐进。①

（二）供给侧结构性改革的阶段重点

2015年12月召开的中央经济工作会议在部署2016年工作任务和重点时，提出"三去一降一补"五大任务。此后，供给侧结构性改革作为经济工作主线，其政策内涵也在不断深化。2017年中央经济工作会议进一步将"三去一降一补"政策延伸为"破、降、立"，即大力破除无效供给、大力降低实体经济成本、大力培育新动能。

在开启供给侧结构性改革的这一阶段，中央政府各部门和地方政府纷纷出台了以"三去一降一补"为重点的供给侧结构性改革实施方案。由国家发改委牵头建立了钢铁、煤炭行业化解过剩产能和脱困发展工作部际联

---

① 《中共中央国务院关于构建更加完善的要素市场化配置体制机制的意见》（2020年3月30日），《人民日报》2020年4月10日。

席会议制度，与地方政府签订目标责任书，组织开展了淘汰落后产能、违法违规建设项目清理和专项执法三个专项行动。中央财政设立了工业企业结构调整专项奖补资金，对化解过剩产能中的人员分流安置给予奖补。工信部在加快传统产业改造升级、加快培育发展新动能以及为供给侧结构性改革创造良好条件等方面进行了部署。各省（自治区、直辖市）结合当地实际，出台了推进供给侧结构性改革的具体文件或专项方案。

第一，优化供给结构"去产能"。近年来，我们国家一些行业因产能过剩严重亏损，对经济发展产生较大制约。例如，供给侧结构性改革之前，钢铁、煤炭等严重过剩的上游行业大面积亏损，连年的财政补贴也难以为继。2015 年，钢铁行业亏损最为严重，年度同比增速为 –976%；其次是煤炭行业，年度同比增速为 –115%。一方面，钢铁、煤炭行业亏损导致债务违约事件频发，另一方面，这些行业的巨额亏损，导致相关产品社会供求严重失衡。供给端的长期拖累会导致中下游产业资源分配低效，间接使终端产品的供求失衡。钢铁和煤炭行业主要产地都在国内，因此，这两个行业的改革直接关系中国经济转型和社会稳定。这一阶段，重拳治理"僵尸企业"、淘汰落后产能，已成为政府的重点工作。李克强明确指示，要以壮士断腕之魄对"僵尸企业"、"绝对过剩产能"产业狠下刀子。一方面，政府通过制定更为严格的能耗、技术和排放标准，提高淘汰门槛，重拳处置"僵尸企业"，坚决突破地方政府和"僵尸企业"之间的利益关系，切断政府的财政补贴和金融部门"输血型"救济渠道。另一方面，中央政府要求拿出专项资金和有力的保障政策，应对这些产业急剧调整对就业、社会稳定造成的冲击，消除地方政府和"僵尸企业"的退市之忧，同时积极引导"僵尸企业"上下游产业组织实施从低附加值环节向高附加值环节转型，或者接受优势产业企业兼并重组，维持产业组织生态平衡。

第二，清除供给冗余"去库存"。近年来，中国一些房地产企业规划不慎或消费不及预期而导致过度投机，使得房地产业步履维艰，面临较大的经营压力和流动性风险。房地产业稳定健康的发展对中国实体经济的发展具有十分重要的意义。1998—2008 年，房地产开发投资一直保持20%—30% 的高速增长，是拉动中国经济增长的重要动力之一。但近年来，库存过多使房地产开发累计投资增速下滑较快，不利于实体经济稳定增长，也容易导致一些房地产企业因资金链断裂而破产，既影响社会稳定，也会使实体经济受到很大影响。中国房地产领域产能过剩的状况日趋严重，尤其是二、三线城市。因此，解决房地产去库存问题，事关未来一段时期内中国经济社会发展大局，已经刻不容缓。

这一阶段，房地产去库存被提到前所未有的高度，中央政府着手系统规划化解房地产库存问题。中国房地产发展主要存在两方面的问题：需求少于供给、相关制度不完善。对此，2015年中央经济工作会议给出了一套具体实践方案，即通过提高户籍人口城镇化率，打通供需通道；通过推进户籍制度改革、推进住房制度改革、取消过时的限制措施等，优化购房、租房环境；通过鼓励企业适度降价、兼并重组，推动房地产商改善营商环境。具体实践中的重点举措包括：有计划地实现农业转移人口的市民化；建立购租并举的住房制度；完善住房政策性金融；鼓励房地产开发企业调整经营策略等。[①]

第三，确保供给安全"去杠杆"。2008年以来，中国非金融企业和政府部门的债务占国内生产总值比率整体呈上升趋势。尽管与发达国家相比，中国名义杠杆率不高，但潜在风险不小，一是存在较多隐性债务，二是债务增长偏快。中国非金融企业与政府部门的杠杆率增长偏快，特别是非金融企业杠杆率过高，政府隐性债务过重且偿还压力较大，值得高度警惕。杠杆率过高首先会带来流动性风险和偿付性风险。如果局部风险管控不当，会通过资金链条的断裂和资产负债表的严重恶化，形成系统性风险，去杠杆是党和国家防范金融风险的必然选择。特别是在经济下行和资产贬值的压力下，前期经济高增长阶段积累的高杠杆率风险将逐步暴露。同时，经济下行又增加了去杠杆的难度。因此，要解决这一矛盾和挑战，需要处理好稳增长和防风险的关系。

这一阶段，党和政府重点从债务重组、建立多层次金融服务体系入手来化解风险。关于企业和政府债务重组，一是调整债务期限结构，通过债

---

① 《中央经济工作会议在北京举行》，《人民日报》2015年12月22日。

务展期来缓解短期偿债压力。2015年以来，财政部下达了地方存量债务置换的额度，债务置换是一种相对灵活的债务展期。二是调整债务利率结构，央行适时降低基准利率和准备金率，引导市场利率降低。通过发行低利率债券，置换过去高利率债券，降低企业融资水平。三是调整资金来源结构。支持符合条件的企业在海外发行企业债券，中海油、中国银行、万科地产、浙江绿城地产等企业在国外发行美元债券，受到海外投资者的追捧。适时扩大自由贸易试验区的范围，扩大自由贸易账户的开设数量和业务范围，进一步方便企业获得境外融资。关于建立多层次金融服务体系，重点在加快发展多层次直接和间接融资体系。在发展资本市场方面，推进主板市场IPO由核准制转为注册制；规范发展"新三板"和其他形式的股权交易市场。在完善间接融资方面，基本放开利率管制，对优化资源配置意义重大。经国务院批准，中国人民银行决定自2015年10月24日起结合降息降准，对商业银行和农村合作金融机构等不再设置存款利率浮动上限。这标志着中国的利率管制已经基本放开，利率市场化改革迈出关键一步。此外，政府还推出利用债转优先股去杠杆、发展资产证券化业务、稳妥发展夹层融资等举措。

第四，提升供给能力"降成本"。由于受国际金融危机，特别是长期以来积累的经济结构不合理、经济增长方式粗放等问题影响，中国经济下行趋势一直没有得到根本改变。近些年来，在利润和盈利能力下降、工业品出厂价格下降的同时，实体经济领域成本上涨较快等问题进一步凸显。尤其是在国内外市场竞争日趋激烈的大背景下，中国企业各种负担和成本较大，缺乏市场竞争力。总的来看，企业高成本问题依然严重，企业生产经营仍然面临交易成本过高、各种税费居高不下、社会保险费用依然偏高等问题。降低企业成本、提高供给能力，成为供给侧结构性改革的题中应有之义。正因如此，2015年中央经济工作会议提出，要以打出降低企业成本"组合拳"的方式，从制度、财税、金融、社保、流通、能源等多领域改革共同发力，切实为企业降负减压，释放供给侧动力。[①]

[①]《中央经济工作会议在北京举行》，《人民日报》2015年12月22日。

这一阶段，中央政府立足于中国企业发展实际，着力推进开展降低实体经济企业成本行动，多措并举，帮助企业降低成本。具体包括：一是降低制度性交易成本。加大行政审批改革力度，坚持"营业执照＋负面清单＋政府监管和服务"改革方向；深入推进投资审批改革，有效破解投资项目审批环节多、手续繁、时间长、效率低、收费高等问题；规范整治中介机构和服务，建立诚信体系建设综合执法监管体系；进一步放松对生产性服务业的管制，以市场化导向促进生产性服务业效率提升。二是降低企业融资成本。缩短企业融资链条，加强对影子银行、同业业务、理财业务等的清理；清理整顿不合理金融服务收费；提高贷款审批和发放效率；加快发展中小金融机构；进一步发展直接融资市场体系；有序推进利率市场化改革。三是深化税费制度改革。深入推进收费制度改革，切断行政审批与收费之间的利益机制；坚持"谁设权谁付费"原则，推进审批收费改革；推进商标注册提速降费，探索"互联网＋商标注册"新途径；彻底治理各种乱罚款。四是推进价格改革。推动降低用能、物流、电信等成本，完善主要由市场决定价格的机制，顺利启动新一轮电价市场化改革；健全交通运输价格机制，完善铁路货运与公路挂钩的价格动态调整机制；建立健全政府定价制度，推进政府定价公开透明。五是降低企业社会保险费用负担。适当降低社会保险缴费率，阶段性降低"五险一金"缴费比例；完善社会保险制度，政府、企业、个人适度均衡责任分担。

第五，扩大有效供给"补短板"。补短板可理解为供给侧结构性改革的"加法"，主要是针对当前经济和社会发展的突出问题和主要矛盾。供给侧结构性改革能否成功，同样取决于经济发展中的短板能否补齐。例如，创新能力不足、基础设施建设落后、公共产品和公共服务不足、贫困人口较多等，既是全面建成小康社会面临的短板，也是中国经济转型升级的短板。只有补齐短板，才能筑牢民生保障底线，增加经济发展新动能。因此，2015年中央经济工作会议明确提出，当前补短板的重点是：打好脱贫攻坚战、支持企业技术改造和设备更新、培育发展新产业、补齐软硬基础设施短板、加大投资于人的力度、继续抓好农业生产等方面扩大有效供给。①

这一阶段，中央政府推进补短板的实施重点包括：一是补齐民生短板。实施精准扶贫、精准脱贫，提高扶贫实效；推动义务教育均衡发展，建设现代职业教育体系；推进公立医院综合改革，加快建设健康中国；全面开放养老服务市场，完善养老保险个人账户制度。二是补优质供给短板。积极创造优质新供给，围绕消费升级的市场需求，加快发展新技术、新产品、新业态、新商业模式，积极推进养老家政健康、信息、旅游休闲、绿色、住房、教育文化体育等领域的商品和服务供给。三是补人力资本短板。加大对人力资本的可持续投入，优化劳动力配置；推进改变忽视基础教育、职业教育和专科教育，侧重高学历教育的失衡现状。四是补城乡基础设施短板。有序推进城际铁路、地铁、地下管线以及互联网、教育、医疗、文化设施等新一代公共基础设施建设，智慧城市、海绵城市等一系列重大项目；持续改善贫困地区交通等基础设施，大力推进公共服务均等化。五是补"三农"短板。继续抓好农业生产，保障农产品有效供给，保障口粮安全，保障农民收入稳定增长，加强农业现代化基础建设。

总之，2015年至2017年党的十九大召开之前，供给侧结构性改革的主要任务是"三去一降一补"。这一时期，随着经济形势变化，中央政府各部门和地方政府供给侧结构性改革的战略重点和具体实施方案以每年中央经济工作会议为指导，不断进行动态调整，使得供给侧结构性改革逐年深入，供给与需求在结构和总量上的矛盾逐渐得到化解。

（三）供给侧结构性改革的深化重点

2015年至2017年中央经济工作会议主要是围绕"三去一降一补"部署供给侧结构性改革的重要任务，旨在清除高质量发展的结构性障碍。党的十九大明确提出"把提高供给体系质量作为主攻方向"后，在过去两年"三去一降一补"取得显著成效的基础上，中国已有基础、有能力向"显著增强中国经济质量优势"的方向大踏步前进。但从2018年下半年开始，中国经济增速下行压力再度增大，这主要是因为供给侧结构性改革还没有

---

① 《中央经济工作会议在北京举行》，《人民日报》2015年12月22日。

触及更深层次的结构性问题,是长期积累的结构性问题在短期内的反映。因此,2018年12月召开中央经济工作会议对供给侧结构性改革提出新要求:在"巩固、增强、提升、畅通"八个字上下功夫,即继续坚持以供给侧结构性改革为主线,巩固"三去一降一补"成果、增强微观主体活力、提升产业链水平、畅通国民经济循环,推动经济高质量发展。

由此可见,供给侧结构性改革已由"清除障碍"向"提升质量"方向转变,进入深化改革阶段。供给侧结构性改革的重点任务从量变全面转向质变,标志着自党的十九大以来,供给侧结构性改革已"进入下半场"。

第一,巩固"三去一降一补"成果。推进供给侧结构性改革以来,煤炭、钢铁等行业去产能成效明显,但其他一些行业产能过剩问题依然突出,产能利用率有待提高,需要推进化解过剩产能、清理"僵尸企业",重组盘活现有行业生产要素。中国营商环境虽然明显改善,但在税费成本、物流成本、融资成本、制度成本等方面仍有改进空间,需要进一步改善营商环境,降低各类营商成本。存量问题和风险尽管得到了较好控制,但更需要将资源配置到新兴产业和高效率行业,发展新的支柱性和成长性产业,培育更大的增量空间。

因此,党和政府明确巩固"三去一降一补"成果的工作重点是加大"破、降、立"力度,加快更多产能过剩行业出清,降低全社会各类营商成本,加大基础设施建设等领域补短板力度。

具体政策措施发力点包括:继续推进结构性去产能、系统性优产能,健全各方面责任共担和损失分担机制,稳步推进企业优胜劣汰,推动依法处置"僵尸企业",制定退出实施办法。使降低企业杠杆率与企业兼并重组、产业整合有机结合,稳妥做好去产能职工分流安置工作。实施更大力度的减税降费政策。着眼"放水养鱼"、激发市场活力,将制造业等行业现行16%的税率降至13%,将交通运输业、建筑业等行业现行10%的税率降至9%,确保主要行业税负明显降低。落实好出台的小微企业普惠性减税政策。继续清理规范行政事业性收费。围绕输配电价改革、公用事业收费改革等,切实降低企业用能成本和物流成本。加大投资补短板力度。聚焦"三大攻坚战"等薄弱环节,在脱贫攻坚、生态环保、农业农村、水利、科技创新、棚户区改造、社会民生和能源、交通、通信等领域促进基础设施的有效投资。依法合规采用购买力平价（PPP）等多种方式，撬动社会资本投入补短板重大项目。加快推进川藏铁路、沿江高铁等一批重大工程规划建设。

第二，增强微观主体活力。国民经济的持续健康发展，根基在于企业活力。要充分激发和释放微观主体活力，需要充分发挥企业家、干部群众、科研人员主观能动性；有赖于健全现代企业制度和优化营商环境、完善科技成果转化体制机制、破除阻碍要素流动的壁垒和阻碍市场在要素配置中起决定性作用的体制机制弊端，建立有效的容错机制和正向的激励机制，从约束规范为主转向激励引导为主；形成让企业心安、科技人员心宽、创业人员心动的体制机制，促进正向激励和优胜劣汰，释放出各类主体的强大活力，创造更多的高端产品和发展更多优质企业。

因此，中央政府明确增强微观主体活力的工作重点是加快完善中国特色现代企业制度，建立公平开放透明的市场规则和市场化法治化国际化营商环境，加快建设世界一流企业。具体政策措施发力点包括：弘扬和保护企业家精神，建立健全企业家参与涉企政策制定机制，构建经常性规范化的政企沟通机制，把构建"亲""清"新型政商关系的要求落到实处。稳步推进要素市场化改革。健全要素市场准入、监管、退出制度。扩大重点领域混合所有制改革试点范围。深入推进电力、油气、铁路领域改革，自然垄断行业根据不同行业特点实行运网分开，将竞争性业务全面推向市场。全力营造公平竞争市场环境。按照竞争中性原则，在要素获取、准入许可、经营运行、政府采购和招投标等方面，平等对待包括民营企业、外资企业在内的各类所有制企业。持续推动市场准入负面清单制度全面实施，建立健全清单动态调整机制，不断完善清单信息公开机制，推动"非禁即入"原则和政策普遍落实。持续优化营商环境。进一步深化"放管服"改革，再推动取消一批行政许可等事项，加强社会信用体系建设，加快构建中国特色、国际可比的营商环境指标体系。持续加强产权和知识产权保护，开展产权保护领域政务失信专项治理行动，推动各地解决一批企业和群众反映强烈的产权纠纷问题。

第三，提升产业链水平。近些年来，中国传统产业的优势正逐步丧失，新的竞争优势尚未形成，产业链面临"两头承压"的窘境，只有把握住新一轮技术革命带来的机遇，利用好强大的国内市场，发展壮大新的优势产业，不断推进产业升级，才能为经济发展提供持续动力。而培育新产业要从产业政策主导转向竞争性政策主导，因为在经济追赶时期有现成的技术和经验可学习，产业政策会加快技术追赶和经济发展，但当前中国不少行业越来越接近世界技术前沿，没有规律可循，这就需要更多竞争性政策来鼓励企业自主创新，提高资源配置效率，引导企业注重利用技术创新和规模效应形成新的竞争优势，培育和发展新的产业集群。

因此，中央政府明确提升产业链水平的工作重点是解决关键核心技术攻关，坚持自主可控、安全高效，分行业做好供应链战略设计和精准施策，推动全产业链优化升级。具体政策措施发力点包括：加强国家创新体系建设，研究谋划新一轮全面创新改革试验，抓紧布局国家实验室，在关键领域布局建设若干国家制造业创新中心。加强重大技术装备补短板，大力支持关键核心技术攻坚，积极推动新一代人工智能创新发展。升级各类"双创"平台载体，强化创业投资对"双创"的支撑引领。促进科技成果市场化产业化，继续加快发展高技术产业、战略性新兴产业。加快传统产业改造提升。中国工业制造业产值及220多种工业产品产量已居世界第一，但传统产业仍占较大比重。2019年国家开始实施一批制造业技术改造和转型升级重大工程，加大政策支持力度，切实引导和支持各类生产要素向传统产业改造提升集聚，促进传统产业向数字化、网络化、智能化、绿色化、服务化升级。推动服务业创新发展，加快放宽服务业准入，扩大有效供给、推进品质提升，促进服务市场环境改善和秩序规范，不断增强服务业创新力和竞争力。深入开展服务业综合改革试点，推动先进制造业与现代服务业深度融合。进一步稳固农业基础，稳定粮食等主要农产品产量，落实乡村振兴战略规划、政策和项目，采取多种措施增加居民收入。提高工业、农业和服务业发展水平，促进中国经济更深更好地融入全球供应链、产业链和价值链。

第四，畅通国民经济循环。对待产能过剩和无效供给，中国通过压减落后产能、房地产限价限售、严监管去杠杆等行政干预色彩较浓的方式，在实践中确实起到了较好效果。但是，要素自由流通尚存障碍，国内外市场建设仍有巨大空间。从长期看，经济运行还是要建立优胜劣汰的市场化法治化机制，形成统一开放、竞争有序的现代化市场体系，促进要素自由流动和资源再配置，畅通国民经济循环，形成国内市场和生产主体、经济增长和就业扩大、金融和实体经济良性循环。

因此，中央政府明确畅通国民经济循环的工作重点是破除资本、技术、人才、信息跨所有制、跨部门、跨区域、跨境流动的壁垒，促进要素更高效的配置、经济运行更高效的循环，依托强大国内市场，打破行业垄断地位和地方保护主义，形成国民经济良性循环。具体政策措施发力点包括：落细落实推动高质量发展的制度安排。紧密出台制造业、高技术产业、服务业以及基础设施等重点领域高质量发展的系列政策，进一步加强政策统筹，大力支持实体经济发展，形成建设现代化经济体系、推动高质量发展的合力。培育形成强大国内市场。中国已成为世界第二大消费市场和第一大投资市场。立足适应14亿多居民消费升级及分级态势，调整优化产品结构、服务结构、产业结构、投资结构，畅通生产、流通、分配、消费和投资循环。积极拓展消费新增长点。研究制定居民增收三年行动方案，进一步增强居民消费能力。加快完善促进消费的体制机制，加强消费领域基础设施建设，进一步激发居民消费潜力。制定出台促进汽车、家电等热点产品消费的政策措施。加快旅游、文化、健康、体育、教育、育幼、养老、家政等服务业发展，释放服务消费新潜力。发展消费新业态新模式，促进线上线下消费融合发展。综合施策防范化解重点领域风险。贯彻总体国家安全观，强化重大风险监测研判预警。坚持结构性去杠杆，防范金融市场异常波动，稳妥处理地方政府债务风险，防控输入性风险，避免发生系统性、区域性风险。

总之，随着外部环境趋紧和经济运行稳中有变，微观活力不足、供给体系质量偏低、体制机制约束等问题突显，党和政府对供给侧结构性改革提出"巩固、增强、提升、畅通"具有鲜明的问题导向，为化解新问题、迎接新挑战提出了新要求，是当前和今后一个时期深化供给侧结构改革，推动高质量发展、加快建设现代化经济体系的总要求。

三、供给侧结构性改革的显著成效与中国经验

2016年以来，在党中央、国务院坚强领导和大力推动下，全国各地区各部门全力落实"三去一降一补"、"破、降、立"和"巩固、增强、提升、畅通"重点任务，强化创新驱动，着力培育经济发展新动能，推动经济发展转型升级，使经济发展质量效益不断提高，供给侧结构性改革取得显著成效。

（一）"三去一降一补"成效显著

"三去一降一补"是供给侧结构性改革的阶段性任务，全国各地扎实推进各项工作，取得显著成效。低端无效产能有所削减，房地产库存明显化解，宏观杠杆率逐步趋稳，企业经营成本有所下降，补短板取得积极进展。

一是"去产能"稳步推进，中国总量性去产能任务全面完成。"十三五"钢铁、煤炭去产能目标提前两年完成。自2016年以来，累计压减粗钢产能超过1.5亿吨，退出煤炭落后产能8.1亿吨，落后煤电机组淘汰关停2000万千瓦以上。[①]一大批"散乱污"企业出清，工业产能利用率稳中有升，2019年全国工业产能利用率为76.6%，比上年提高0.1%。尤其是煤炭的产能利用率从2016年初的不到60%大幅提升到2019年的70%以上，行业的运行状态因此得到很大改善。[②]稳妥处置"僵尸企业"，使重点行业供求关系发生明显变化。行业安全环保水平和企业竞争力不断提高，产业结构和生产布局呈现双优化，行业健康发展的长效机制持续健全。供给侧结构性改革在去产能方面，在优质产能提升和无效产能退出方面取得非常明显的效果，不但提高了产能利用率，也增加了市场优质供给，使整个市场环境得到改善、企业和行业效益得到提升。比如，随着落

[①]《关于做好2019年重点领域化解过剩产能工作的通知》，中央政府门户网站，2019年5月9日，http：//www.gov.cn/zhengce/zhengceku/2019-09/29/content_5434832.htm。

[②]《中华人民共和国2019年国民经济和社会发展统计公报》，国家统计局网站，2020年2月28日，http：//www.stats.gov.cn/sj/zxfb/202302/t20230203_1900640.html。

后产能被淘汰、新增产能得到控制，钢铁价格逐渐回升，钢铁企业也走出了困境。中国钢铁工业协会统计显示，2021年全国粗钢产量10.33亿吨，同比下降3%；重点大中型钢铁企业实现利润总额3524亿元，同比增长59.7%。

二是"去库存"效果突出。从2016年中央经济工作会议首次提出、2019年中央政治局会议进一步强化"房子是用来住的、不是用来炒的"定位，明确提出落实房地产长效管理机制，不将房地产作为短期刺激经济的手段以来，中国始终坚持"房住不炒"原则，逐步建立房地产市场健康持续发展的长效机制。实行分类调控、因城施策的分类指导以来，三、四线城市的住宅去库存取得了明显成效，热点城市房价得到了有效控制，房屋租赁市场得到了积极培育发展。2019年底商品房待售面积49821万平方米，比2018年底减少2593万平方米，而比2015年底历史高位的71853万平方米减少了30%以上。其中，2019年底商品住宅待售面积22473万平方米，比上年底减少2618万平方米。①

三是"去杠杆"迈出坚定步伐。去杠杆是一项系统工程，在去杠杆的过程中综合运用多种手段，与企业改组改制、降低实体经济企业成本、化解过剩产能、促进企业转型升级等工作协同推进，使总体杠杆率的上升速度放缓，扭转了前期快速上升的势头。同时坚持市场化、法治化原则，市场化债转股扩量提质，落实金额超过6000亿元。以上措施使企业杠杆率明显下降，特别是国有控股企业资产负债率下降明显。整体来说，中国宏观杠杆率上升幅度收窄明显，工业企业资产负债率不断下降，市场化法治化债转股签约项目增加，非金融企业杠杆率稳中趋降。2019年底，大规模工业企业资产负债率为56.6%，比2018年下降了0.2%，②去杠杆成效明显。

四是"降成本"取得重要进展。党和政府大力实施减税清费降负，降

---

① 《中华人民共和国2019年国民经济和社会发展统计公报》，国家统计局网站，2020年2月28日，http://www.stats.gov.cn/sj/zxfb/202302/t20230203_1900640.html。

② 《中华人民共和国2019年国民经济和社会发展统计公报》，国家统计局网站，2020年2月28日，http://www.stats.gov.cn/sj/zxfb/202302/t20230203_1900640.html。

成本额度持续加大，包括降低制造业等行业增值税率，实施小微企业普惠性税收减免政策。2016年提出降低成本约1万亿元；2017年提出降低税费超1万亿元；2018年提出为企业和个人减税降费约1.3万亿元；2019年提出减轻企业税收和社保负担近2万亿元、制造业增值税税率下降3个百分点。2013年至2017年，政府性基金项目压减30%，中央政府层面设立的涉企收费项目削减超过60%。①2019年，国家减税降费2.36万亿元，超过计划的2万亿元。2020年，为企业新增减负超过2.5万亿元。②同时，降低、停征一批行政事业性收费和政府性基金，清理规范经营服务性收费。大力推动降低用能、物流等成本，全国一般工商业电价平均降低10%以上，企业获得感不断增强。

五是"补短板"成效明显。针对严重制约经济社会发展和民生改善的突出问题，中国政府突出抓重点、补短板、强弱项，调整优化投资结构，在公共服务、创新发展、脱贫攻坚、农业农村等方面加大补短板力度，提高公共服务水平和质量，提高投资精准性和有效性。积极引导规范购买力平价模式发展，促进民间投资稳步扩大规模，加大创新研发、基础设施、脱贫攻坚等领域的投入力度，使农田、水利、生态环保、交通运输、公共服务等领域的短板得到明显改善。据国家统计局数据，2016年以来，中国各类棚户区改造年均超过600万套，新增高速公路里程年均在5000公里以上，新增高铁运营里程年均在3000公里以上，城市轨道交通和地下管道建设明显提速。2019年，教育、生态保护和环境治理业固定资产投资（不含农户）分别比上年增长17.7%和37.2%。③由于经济社会发展突出短板加快补齐，保民生、增后劲等多重效应逐步显现。

（二）新旧动能加快接续转换

供给侧结构性改革的一个重要亮点是，在化解低端无效产能的过程中培育新动能、新增长点，一方面淘汰传统、低效产能，另一方面培育新动

---

① 《十九大以来重要文献选编》（上），中央文献出版社2019年版，第306页。
② 《十九大以来重要文献选编》（中），中央文献出版社2021年版，第546、552页。
③ 《中华人民共和国2019年国民经济和社会发展统计公报》，国家统计局网站，2020年2月28日，http://www.stats.gov.cn/sj/zxfb/202302/t20230203_1900640.html。

能、新增长点来支撑、提升经济发展。供给侧结构性改革体现出的不仅是破旧立新，更是逐步优化结构、优化动能的过程。

一是全面推进云计算、大数据、移动互联网、物联网等新兴技术的协同融合，明显加快传统产业转型升级步伐，深化服务业供给侧结构性改革。2019年1月，国家发改委、市场监管总局联合印发《服务业质量提升专项行动方案》；10月，该两部委再次联合印发《关于新时代服务业高质量发展的指导意见》；11月，国家发改委、工信部等15个部门和单位联合印发《关于推动先进制造业和现代服务业深度融合发展的实施意见》。这些措施强有力推动了服务市场需求不断增长，服务业整体竞争力持续增强，服务业占国内生产总值的比重在供给侧结构性改革中逐步提升。据国家统计局数据，2021年中国服务业增加值同比增长8.2%，占国内生产总值的比重为53.3%，成为经济增长的主动力。[1] 服务业新动能逐步被激发，新业态新模式不断涌现；新一代信息技术大大提高了服务的可贸易性，制造业与服务业持续融合，服务供给的质量、效率明显提升，这都为服务贸易协调发展奠定了坚实基础。

二是深化农业供给侧结构性改革，推进农业一、二、三产业融合发展，新型农业经营主体和农业生产服务主体大量涌现。据农业农村部数据，2019年中国种植业适度规模经营比重超过40%。截至2019年底，全国家庭农场共计70万多家，农民合作社共计220万多家，农业生产服务主体共计42万个。[2] 2020年3月，农业农村部印发《新型农业经营主体和服务主体高质量发展规划（2020—2022年）》，发展目标是到2022年基本形成服务结构合理、专业水平较高、服务能力较强、服务行为规范、覆盖全产业链的农业生产性服务体系。

三是政府积极扩大有效投资，重视激发民间投资活力，进一步补齐民

---

[1] 《中华人民共和国2021年国民经济和社会发展统计公报》，国家统计局网站，2022年2月28日，http://www.stats.gov.cn/sj/zxfb/202302/t20230203_1901393.html。

[2] 孔祥智：《〈新型农业经营主体和服务主体高质量发展规划（2020—2022年）〉解读一：促进新型农业经济主体和服务主体高质量发展》，农业农村部网站，2020年3月23日，http://www.moa.gov.cn/xw/zwdt/202003/t20200323_6339645.htm。

生短板，增强发展后劲，在脱贫攻坚、交通基础设施、水利、能源、农业农村、生态环保等领域持续大量投入资金。截至2020年7月底，中国铁路营业里程达到14.14万公里，位居世界第二；高铁营业里程达到3.6万公里，稳居世界第一。①

四是扩大消费支撑，培育强大的国内市场。多措并举促进城乡居民增收，传统消费提质升级，文化、教育、旅游等新兴消费亮点纷呈。2019年2月，国家发改委联合中央网信办、工信部、公安部、财政部、自然资源部等24个部门和单位印发《关于推动物流高质量发展促进形成强大国内市场的意见》，强有力推动降低实体经济特别是制造业物流成本水平，降低社会物流成本水平，提高社会经济运行效率，促进形成强大国内市场。据国家统计局数据，2019年中国实物商品网上零售额比上年增长19.5%。②

五是培育壮大新动能，中国经济结构发生重大变化。经济增长由主要依靠第二产业带动转向依靠三次产业共同带动，三次产业内部结构调整优化；由主要依靠投资、出口拉动转向依靠消费、投资、出口协同拉动，三大需求内部结构持续改善。新一代人工智能、生物科技、生命健康、文创等领域在各种要素驱动下，通过5G、大数据、物联网技术连接形成新的增长动能。

（三）制度性交易成本不断降低

政府机构改革稳步推进，加快转变职能，"放管服"改革纵深推进，强调科学宏观调控，切实履行市场监管、公共服务、保护环境、社会管理等职责。到2019年底，国务院部门行政审批事项削减40%以上，中央和省级政府取消减征减免行政事业性收费1000项以上，全面改革工商登记、注册资本等商事制度，对所有涉企经营许可事项实行"证照分离"改革，企业开办、不动产登记等事项办理时间压缩超过50%。③推行"互联网+政

---

① 《中国铁路营业里程超14万公里》，《人民日报》2020年8月10日。
② 《中华人民共和国2019年国民经济和社会发展统计公报》，国家统计局网站，2020年2月28日，http://www.stats.gov.cn/sj/zxfb/202302/t20230203_1900640.html。
③ 《行政审批事项削减超过40%》，《人民日报》2019年12月27日。

务服务"，实施一站式服务等举措。加强政务、商务和社会信用体系建设，加大诚信联合惩罚力度，着力营造市场化法治化国际化营商环境，使营商环境持续改善、市场活力明显增强。

（四）供给侧结构性改革铸就中国经验

中国供给侧结构性改革取得的显著成效得到国际国内的广泛认同和积极评价，为中国后续改革提供了坚实基础和宝贵经验，也为发展中国家提供了有益借鉴。这些"中国经验"体现了中国供给侧结构性改革的理论与实践创新。

一是在充分考虑需求的前提下进行供给侧结构性改革。与西方经济学相比，中国供给侧结构性改革是以供需有机衔接为基础，把要素供给、产品供给和制度供给分层化，使整个供给体系升级，以对应消费需求结构的提升。可以说，到目前为止，唯有中国的供给侧结构性改革在充分考虑需求侧前提下提出解决供给侧结构性问题，注重财政政策和货币政策的协调配合，并将财政货币政策和结构性改革政策有效组合起来，形成了独有的中国方案和中国经验。

中国推进供给侧结构性改革同实施扩大内需战略是一致的，二者不是简单的替代关系。深化供给侧结构性改革，就是要用好需求侧管理这个重要工具，把实施扩大内需战略同深化供给侧结构性改革有机结合起来，坚持需求侧管理和供给侧改革并重，形成需求牵引供给、供给创造需求的更高水平动态平衡。因此，相较于当代西方正统的宏观经济理论和政策体系，中国供给侧结构性改革是在需求与供给两端矛盾运动的统一体当中，在充分考虑需求端的同时，把供给端的调控和变量作为重点，这不仅是基于中国经济运行实际矛盾的特殊性，也是在理论和实施方面的重要创新。正因为抓准了矛盾的主要方面，中国供给侧结构性改革的成效得以很快显现。

二是以新旧动能接续转换为支撑推进供给侧结构性改革。中国供给侧结构性改革是在创新发展理念指引下展开的，强调牢固树立创新发展理念，推动新技术、新产业、新业态蓬勃发展，为经济持续健康发展提供源源不断的内生动力。因此，中国供给侧结构性改革在减少低端和无效供给的同时，更注重培育新的增长点、新动能和新供给。一方面加快要素市场化改革，不断提升要素配置的质量和效益，不断提升要素的生产率，同时深化国有企业改革，营造公平竞争的市场环境，激发微观主体活力，挖掘传统动能的增长潜力；另一方面加快发展新技术、新业态、新模式，着力振兴实体经济，大力培育新兴产业，加快发展现代化服务业，在确保旧动能逐步缩减的同时不断壮大新动能，在经济保持合理稳定的增长区间基础上实现新旧动能转换的平稳接续。

纵观西方宏观经济理论发展史，无论是凯恩斯主义，还是新古典主义或新凯恩斯主义，都不以提高经济的创新能力为导向。因此，这种在创新发展理念指引下的中国供给侧结构性改革本身就是一种创新。

三是以重点带动与有序推动相结合为路径深化供给侧结构性改革。尽管中国供给侧结构性改革涉及领域相当广泛，但在工作中仍有明确的阶段性目标和重点任务，并且这些目标和重点任务随着改革不断深入而不断发展：从最开始提出"三去一降一补"，之后不断扩大范围到"振兴实体经济""房地产平稳健康发展"，再提出"破、立、降"、农业供给侧结构性改革，到2019年强调金融供给侧结构性改革以及"巩固、增强、提升、畅通"八字方针。不同阶段的供给侧结构性改革的范围虽然都很大，但都有明确的重点任务，再根据重点任务完成情况，不断扩大、调整范围，如在完成煤炭、钢铁去产能的目标后，党和政府明确要求进一步防止死灰复燃，防止低端无效产能重新出现，同时鼓励行业进一步优化结构，提升中高端产能。

因此，中国供给侧结构性改革在明确阶段性重点任务和有序扩大范围、领域有机结合的基础上，保证了改革的有序持续深入推进。这样，供给侧结构性改革就不是一成不变的，而是一个根据任务开展情况动态拓展调整的过程，其改革内涵也在不断深化，改革的持续和深入程度也是层层推进的。

四是立足当前和长远有效发挥市场和政府"两只手"的作用。相较于西方供给学派强调的重点是减税，过分突出税率的运用，并且思想方法比较绝对，只注重供给而忽视需求、只注重市场功能而忽视政府作用，中国供给侧结构性改革始终强调要正确处理好政府与市场的关系，既立足当前，解决现实问题，又立足长远，关注高质量持续发展。一方面，在改革中注重充分发挥市场在资源配置中的决定性作用，进一步确立企业的市场主体地位，更多运用市场化法治化手段来落实各项任务，特别是环保、质量、安全、能耗等的标准，以标准结合市场化的手段去破除低端无效产能；另一方面，强调重视更好发挥政府作用和宏观调控手段，综合利用政策规划的工作手段，加强和改善经济调节、市场监管、社会管理等服务职能，为改革提供有力支撑。这种辩证思维在中国供给侧结构性改革和西方供给学派之间划出了一道明显的分界线。

相较于西方国家，中国政府的调控手段更多，不但发挥了市场的作用，还发挥了政府的积极作用，如在规划引领下的财政政策、货币政策、产业政策、区域政策，完整的宏观调控体系，等等。将有为政府与有效市场相结合，是中国快速推进供给侧结构性改革且成效显著的重要经验之一，也是中国特色社会主义体制优势的鲜明体现。

五是未雨绸缪高度重视提前防范各种风险。在供给侧结构性改革的推进过程中，党和政府始终强调要坚持底线思维，强化风险意识，高度重视提前防范各种风险。比如，要防止经济失速，防止破除低端无效产能对传统支柱行业的影响；要在保证经济处于合理稳定增长区间的前提下，推进"三去一降一补"，增加新的动能；要防止房地产价格的大幅波动，保持房地产市场的平稳健康发展，防止泡沫和风险的出现；要高度关注地方政府债务风险，做到提前准备和谋划。再如，煤炭、钢铁行业去产能会带来一定数量的下岗职工。对此，党和政府出台了相关办法举措，形成去产能职工安置专项基金。同时还鼓励地方通过各种实践找出办法来安置职工。

党的十九大报告更是将"防范化解重大风险"排在三大攻坚战的首位，高度重视金融市场、金融体系中存在的重大风险。在防范化解金融风险的过程中，强调要平衡好稳增长和防风险的关系，把握好政策力度和节奏，平稳处置化解各类风险，做到多方共赢。

实践充分证明，党和政府坚持以深化供给侧结构性改革为主线的决策部署完全正确，这是改善供给结构、提高经济发展质量和效益的治本之策，必将推动中国经济发展加快向更多依靠创新驱动和内生驱动、服务业和工业制造业共同驱动、居民消费和有效投资协同驱动的方式转变，进而构建具有中国特色的现代化经济体系。中国供给侧结构性改革的理论与实践丰富了习近平经济思想，体现了马克思主义中国化和时代化发展。

新中国 70 年区域经济发展战略变革与新时代系统动态均衡格局*

一、新中国前 30 年的区域均衡发展战略

(一) 区域发展战略的含义和影响因素

区域发展战略,涉及生产力在不同区域的布局。生产力的地理布局对于经济发展十分重要。生产力布局的合理化和均衡化,既是工业化和经济发展顺利进行的一个必要条件,也是工业化进程和经济发展的一个自然结果,生产力布局往往呈现出从不平衡到平衡的演进路径,这个演进路径在不同国家不同工业化阶段呈现出不同的特征。一国生产力的地理布局受以下基本因素制约:(1)气候、地形、区位等自然地理条件;(2)资源禀赋差异,这些资源禀赋也受到自然地理条件的影响;(3)劳动力的区域分工差异,这影响劳动密集型和知识密集型产业的配置;(4)经济产业结构的历史传统,这构成一国生产力布局的路径依赖特征;(5)社会、政治、文化传统的变迁,区域发展格局随着政治文化的变迁也会发生深刻的变化。①以上五个因素相互影响、动态融合,形成一种综合力量。区域发展战略就是一国根据各地区的区域自然地理条件、资源禀赋差异特征、劳动力区域分工差异、经济产业结构的路径依赖特征、社会政治文化的传统要素等条

---

* 本文作者王曙光、王丹莉,发表于《经济体制改革》2019 年第 4 期。
① 赵晓雷:《中国工业化思想及发展战略研究》,上海财经大学出版社 2010 年版,第 207 页。

件，遵循一国工业化和经济发展的客观规律，制定相应的经济发展政策和产业政策，目标是促进一个国家区域经济社会发展由不平衡走向均衡。具体到中国，除了上面这些要素会影响我国的区域发展战略之外，重工业优先发展的工业化道路、赶超战略、国家安全和战争因素、全球政治格局等因素的影响也非常大。

（二）我国区域差距和不平衡问题的深刻历史根源

党的十九大报告提到"不平衡、不充分"这一基本矛盾，其中区域发展不平衡就是一个重要的不平衡。区域发展不平衡在我国经过了一个长期演变的过程。在中华人民共和国成立之前，我国经济社会发展的区域不均衡是非常严重的，大部分工业分布在东南沿海的少数大城市，而广大的内地地区和西部地区与东部沿海差距甚大。中国的贫困人口也大部分分布在西部地区。东西部经济发展不均衡、生产力分布的地区差异过大是影响我国经济社会发展的关键因素之一。这一特征的出现，是中国近代以来在半殖民地半封建社会历史条件下进行早期工业化的必然结果，畸形的工业化模式本身造成了中国工业布局和经济地理布局的非均衡性。20世纪50—70年代末期，党中央和毛泽东出于对整个中国未来发展战略考虑，深刻洞察旧中国区域经济发展模式和工业化模式的弊端，主张发展内地和边疆民族地区，发展中西部地区，加大对内地的生产力布局，努力实现边疆民族地区和中西部地区的工业化和现代化，改变在工业化进程中过于倚重东部沿海少数工业城市的局面，从而实现整个国家的均衡发展。中国的现代化和工业化少不了中西部地区的现代化，这是新中国区域经济发展战略的主要指导思想。

（三）1949—1978年从不平衡区域发展战略到均衡发展战略的转变以及对三线建设的评价

旧中国形成的沿海和内地的不均衡特征，是中国长期处于半殖民地半封建社会历史环境的必然结果。旧中国70%的工业位于沿海地区，新中国成立之后就要改变这样一个畸轻畸重的工业布局。1949—1979年30年间，中国重点发展内地，实施区域平衡发展战略。全国划分为沿海和内地两大经济地带，而侧重发展内地。当然这里面有一个重要的考虑就是战备。实际上整个沿海地区，因为战备的需要，投资都相对不多，而把发展重点放在内地。1958年，中央设立七大"经济协作区"，[①] 建立均衡发展的区域经济格局。20世纪60年代初，国家从国防需要出发，开始"三线建设"。[②] 内地投资占了大部分，尤其是三线地区。在工业布局方面，内地和沿海的差距大为缩小，每个地区都有几个重要的工业城市崛起，成为遍布内地的重工业基地，为新中国的工业发展起到重要作用。这些新兴的工业城市包括西安、重庆、成都、攀枝花、绵阳、昆明、柳州、贵阳、兰州、酒泉等，它们都是三线建设的重要产物，今天仍然是重要的工业基地，这是新中国生产力布局的一次革命性变化。1979年以前区域经济发展战略强调区域平衡发展，重心在内地，极大地缩小了内地和沿海的差距。

从第三个五年计划开始，我国的区域发展战略转到以三线建设为中心的轨道上来。新中国一开始就重视发展西部地区的经济，尤其是边疆民族地区，因此在20世纪50、60年代，我国大面积的西部地区（含边疆民族地区）的经济社会状况发生了深刻的变革，经济发展速度前所未有，民族和谐的状况也是前所未有。到了60年代（1964年开始），国家从战略和战备的角度，开始三线建设。1964年5月，毛泽东在听取国家计委关于第三个五年计划的汇报后，提出加强内地建设。8月，毛泽东在谈及工业布局时又强调，工业不可以集中在沿海地区，过度集中不利于备战，沿海各省都要搬家，不仅工业交通部门，而且整个的学校、科学院、设计院，都要搬家，必须加强二线三线的工业建设。[③] 这个决定对于人才的重新分布极为重要，西安、成都、兰州、昆明等西部地区的高等教育在60年代之后迅速发展起来。同时，毛泽东指示成昆、滇黔、川黔、湘黔铁路要抓紧

---

① 1958年6月1日，《中共中央关于加强协作区工作的决定》出台，明确提出"根据我国幅员广大、资源丰富、人口众多的特点，进一步地在中央集中领导下，按照全面规划，逐步形成若干个比较完整的工业体系的经济区域"，将各省分别划入东北、华北、华东、华南、华中、西南、西北七大协作区。参见《建国以来重要文献选编》第11册，中央文献出版社2011年版，第297、301页。

② 这里的"三线"，是指长城以南、京广线以西的非边疆省区，包括四川、云南、贵州、陕西、甘肃、宁夏、青海七个省区，以及豫西、鄂南、湘西、粤北、桂西北和晋西、冀西地区。这个三线是相对于一、二线而言的。一线，指的是地处战略前沿的地区，三线就是全国的战略后方，二线指的是一、三线之间的地区。这就是当时所谓的"大三线"，各省还有小三线。

③ 《毛泽东年谱（1949—1976）》第5卷，中央文献出版社2013年版，第391页。

修好，①这对西部地区基础设施的飞速发展作用极大。

最近，经济史学家们对三线建设做了大量的研究。三线建设距离现在已经50余年了，时隔半个多世纪，我们对这件事情的判断更加理性和客观。从战略层面和长时间视角来说，三线建设对于中国整体的工业化和现代化，尤其对西部的工业化和现代化，发挥了极其重要的、不可估量的作用。尽管三线建设时期从企业微观效率而言由于各方面的原因可能不高，但是三线建设所形成的工业基础，包括当时从东部迁到西部的科学技术人员和科研机构，为中西部的发展和工业化奠定了很好的基础。三线建设对于缩小中西部尤其是西部民族地区和东部的差距，对于中国区域间的均衡发展，起到了重要的作用。这些成就，应该得到公正的客观的评价。

区域均衡战略对区域之间的平衡发展和民族之间的和谐发展，均起到了重要作用。三线建设还打通了中国西部的交通线，使西部的交通发生了翻天覆地的变化。比如，川黔、成昆、贵昆、湘黔等铁路线就是三线建设的重要成果。三线建设是中国生产力向内地的一次大推移，是科学技术的一次大扩散，建成了一批重要的工业项目，形成一批新的工业中心，如西南机械工业基地、华中机械工业基地、汉中工业区、关中工业区、天水工业区、银川工业区、西宁工业区、攀枝花大型钢铁基地、黔西大型煤炭电力基地等，对推进地区经济平衡发展起到了重要作用。当然在这个过程中也有很多教训值得总结，由于战备因素，沿海地区的发展在一定程度上没有得到应有的重视，在某些项目上资金浪费比较严重，工业布局没有得到详密的科学论证，影响了企业效率。

二、改革开放以来的非均衡发展战略：历史经验和教训

（一）从均衡发展战略到不均衡发展战略的转向

改革开放之后到20世纪90年代末之前的区域发展战略，总体来说是从之前的平衡发展战略到不平衡发展战略的转向。改革开放之后的不平衡发展战略，就是强调允许一部分人先富起来、一部分地区先富起来，激活

---

① 《建国以来重要文献选编》第20册，中央文献出版社2011年版，第149页。

经济，提高效率。这一时期，沿海的区位优势就发挥了出来，吸引了大量的人才，获得了中央大量优惠的政策，吸引了大量外资，导致中国沿海地区的突飞猛进。

从20世纪80年代初期一直到1999年左右，国家的发展战略一直是以局部区域的优先发展战略为主，还难以充分考虑东西部的均衡问题。其中的原因，说到底就是一个发展阶段的问题。在改革开放的早期阶段，主要是追求国内生产总值的总量增长，区域平衡是次要的，只有总量的快速增长，才能在动态当中解决全国区域间的不平衡问题。所以，这个阶段东部沿海地区得到了更多国家投资的支持，西部的投资变得少了，尤其是原来大三线建设的区域，那些军事工业、国防工业等重工业的投资几乎全停顿了，逼迫这些三线企业要进行产业的民用化转型。有些三线企业成功实现了转型，如四川绵阳的军工企业成功转型成家电企业，长虹电视就是这么崛起的。当然，很多三线建设的成果在改革开放之后付诸东流，这也造成了很大的浪费。

（二）非均衡的梯度开发战略的历史意义和教训

20世纪80年代初期，东部的14个沿海城市定被为开放城市，从北部的秦皇岛、大连，到烟台、青岛，最后到海口，这是第一批开放城市。国家的思路是先发展沿海，再开放中部和西部，这就是梯度开放和发展战略。这一梯度开发战略使东部的发展突飞猛进。同时，东部的开放和发展对于全国的开放和发展也具有一定的扩散效应和溢出效应。梯度开发战略就是顺序开放策略，本质上是一种非均衡的区域发展思路。

对于梯度开发战略，一方面，这一战略确实搞活了经济，经济增长效果明显。梯度开发战略在改革开放初期取得了巨大的成就，也是符合当时经济发展要求的。在梯度开发战略中，东部地区先行先试，探索新的经济模式和道路，为我国经济体制改革提供了宝贵的经验。另一方面，这一战略也引发了消极后果。梯度开发战略为今天中西部的欠发达、为中国经济发展的不平衡和不充分，埋下了一个伏笔，在很长的一个历史阶段使东西部的经济社会发展水平产生了巨大的差距，加剧了整个国家的经济发展不平衡局面。西部的整体开发建设比东部大概晚了几十年，浪费了宝贵的发展机遇。现在西部发展的滞后、中部的塌陷，其原因在于在长达二三十年的时间中没有注意到区域的均衡发展，大量资金和人才跑到东部沿海开放城市，导致区域之间的差距越来越大，经济社会发展的二元结构越来越明显。西部地区以及中部很多地区，经济发展的速度在改革开放之后被东部沿海迅速拉开了距离，这是我们在这一阶段付出的历史代价。

1999 年中国提出西部大开发战略，距 1979 年改革开放已经过去整整 20 年。到 21 世纪初提出中部崛起战略，因为中部地区的发展明显滞后了，跟东部已经形成了发展的鸿沟，因此，非均衡区域发展战略是造成中国二元结构的主要原因之一。进入 21 世纪以来，国家重新进行区域发展布局，西部大开发和中部崛起的一系列决策，均起到了明显的效果。均衡发展战略的目标，是实现中国各区域间的协调发展，实现各区域的共同发展。

三、20 世纪 90 年代末期以来的区域发展战略调整与转型

1999 年以来的区域发展战略出现了重要的调整和转型，即从改革开放以来的不平衡发展战略转向全面的区域协调发展战略。1999 年，党的十五届四中全会提出西部大开发战略，从"八五"计划开始提出振兴东北等老工业基地战略、中部崛起战略等等，说明东中西部差距已经是非常重要的、不得不重视的问题。

2000 年 10 月，"西部大开发"确立为国家战略，此后中央采取强有力举措推进西部大开发。2002 年党的十六大提出东北振兴。2009 年以来，区域均衡发展和协调发展的思路进一步清晰。为什么在这个时期，又开始强调区域均衡和协调发展战略？主要的原因在于中国在改革开放之后已经基本实现了经济的快速增长，实现了经济总量的快速增长，但是经济发展不均衡的矛盾开始凸显出来了。在这一新的历史时期，总量的增长已经不那么重要了，而不平衡的问题开始变得更加重要了。尤其是在 2008 年之后全力应对金融危机的背景下，国家更加重视区域协调和均衡。2009 年 1 月，国家发改委发布了《珠江三角洲地区改革发展规划纲要（2008—2020 年）》《关于支持福建省加快建设海峡西岸经济区的若干意见》《广西

北部湾经济区发展规划》《关中—天水经济区发展规划》等促进东中西部协调发展的系列规划。这些规划出台之密集，涵盖区域之广泛，区域融合之深度，都是以前的规划所没有的。仔细观察就会发现，在这些发展规划中，有些规划已经超越了一个区域的范围，开始强调跨省的协调发展，这就需要打破区域限制，打破行政区划限制，走向更深层面的区域融合和均衡发展。比如，关中和天水分属于陕西和甘肃，打通这两个区域，就要求两个省的通力合作。海西经济区的建设，也需要福建加强与台湾地区的合作。黄河三角洲的开发，就需要将周边的几个省份联合起来发展。中部崛起，也需要豫鄂湘等地打破省级限制，建立大区域的概念。另外还有一个特点，就是要将区域均衡发展与进一步扩大开放结合起来，北部湾的区域发展就要加强对东南亚地区的开放，图们江区域的发展就要加强对东北亚的开放等。

四、党的十八大以来的新均衡战略：深化区域协调发展

（一）新型区域均衡发展战略："3+4"的总体格局

2012年之后，从党的十八大到十九大，可称之为"新均衡战略"，尤其是党的十九大提出我国基本矛盾的变化之后，"不平衡"这个问题得到高度重视，因此区域协调发展战略和区域一体化发展成为全社会关注的热点。中国幅员辽阔，尤其是边疆地区极为广阔，如果生产力分布过于不均衡，确实是会引发大量的边疆稳定问题、民族矛盾问题、贫困问题，因此必须调整区域战略。改革开放以来，我国边疆地区实际上为整个国家的经济发展提供了大量的支持，尤其是资源、能源方面的支持，但是这些地区所分享的改革开放和经济增长的红利却相对较少，21世纪以来尤其是党的十八大以来，这种状况有了根本的改变。

党的十八大以来强调区域协调发展，逐步形成"3+4"的总体格局："3"包括"一带一路"倡议、京津冀协同发展、长江经济带发展；"4"就是西部大开发、东北振兴、中部崛起和东部率先发展。可以看出，整个区域发展格局既强调重点，又强调全国的均衡发展，尤其是要补好几个短板，比如西部大开发、东北振兴以及中部崛起等。但是补短板不是以牺牲东部地

区为代价，而是要同时促进长江经济带和东部的率先发展。新均衡战略强调不断创新区域发展政策，深化各类区域合作，深化中国与国外的合作，实现中国区域均衡发展战略的升级。

"一带一路"倡议统筹国内国际两个大局，使我国的新疆、广西、云南、宁夏、甘肃等内陆地区成为开放前沿，以对外开放促进改革发展的区域发展机制正在逐步形成。"一带一路"倡议是中国经济发展的一个重大战略性选择，它突破了原有区域发展战略囿于国内市场的传统思路，实现了内外联动，在全球范围内配置资源和生产力，这个格局很大。

京津冀协同发展以疏解北京非首都功能为核心，探索经济人口密集地区优化发展的新模式，实现跨行政区的要素有序流动，有望为区域协同发展提供新的范本。未来5年京津冀协同发展战略将有实质性的推进，北京的非首都功能疏解后，首都的蓝天将更多，环境将更好，文化功能和对外交往的功能将更加突出，而河北和天津将承接北京疏导出的大量产业，形成新的增长极。2014年2月26日，习近平总书记在京津冀协同发展工作座谈会上讲话指出："推进京津冀协同发展，要立足各自比较优势、立足现代产业分工要求、立足区域优势互补原则、立足合作共赢理念。"

长江经济带要实现沿江11个省市联动发展，通过长江黄金水道串联起长三角地区、长江中游地区、成渝经济区，有效发挥各地区的比较优势，共抓生态环境大保护，加快统一市场建设，有力推动东中西协调发展。长江经济带的计划将视野扩大到提升全球影响力和生态等领域，更加强调各地区之间的多方联动、良性互动。从政策手段来说，不光要打破行政区划限制，而且要放开视野，把整个区域的比较优势进行综合利用，同时还要强调充分发挥市场机制的作用，让市场在区域一体化发展和区域均衡协调发展中起主导作用。

（二）党的十九大在区域协调发展战略方面的新进展

党的十九大赋予区域协调发展以更新的意义，要促进中国实现由不平衡到平衡的发展，实现共同富裕，最大限度消除区域之间不协调不均衡的情况。尤其是老少边穷地区，都是反贫困任务最艰巨的地区，特别是一些成片的贫困区,如大别山区、四省涉藏州县、南疆四地州[①]、大巴山区、云贵高原以及其他边疆地区,这些地区在党的十九大之后迎来一个黄金发展时期。要破除区域之间的割据,消除区域之间的行政割裂,如黄河沿线地区、长江沿线地区,要实现协调发展,就涉及利益平衡和生态补偿机制。

国家"十三五"规划又强调城市群的问题,中国将来要发展一大批城市群。如京津冀是一个大城市群,长三角、珠三角都将形成一些全球最大的城市群。另外还包括东北城市群、中原城市群、长江中游城市群、成渝地区城市群、关中平原城市群,在这些城市群中要实现资源共享、连片的开发和区域内的协调发展,发挥城市群中生产要素不断集聚的功能。

五、区域发展战略的未来趋势:新时代系统动态平衡发展格局

新中国 70 年区域发展战略的历史变迁,大概经历了三大阶段:第一个阶段是新中国成立到 20 世纪 70 年代后半期的均衡发展战略;第二个阶段是 20 世纪 80 年代到 1999 年之前的非均衡发展战略;第三个阶段是 1999 年之后到现在的区域协调发展战略,尤其是党的十九大之后的新均衡战略。在这三个阶段中,实际上中国经济经历了从平等优先、到效率优先兼顾公平,再到更加注重社会公平这样一个历史性的转变。党的十九大提出基本矛盾变化,"不平衡"的矛盾更加被重视,这时国家的区域发展战略发生了深刻的变化,整个国家的大战略是在继续保持经济发展效率的前提下更加注重公平问题,更加注重区域平衡。因此,从这 70 年的演变来看,区域发展战略的变化跟国家的经济社会发展目标取向的变迁是合拍的。

新时代区域发展战略要实现系统动态均衡发展,具体来说,要注意六个方面:

第一,区域均衡发展的"均衡",不是静态的平衡,不是运用纯粹行政力量刻意造出来的平衡,而是一种动态的平衡,要在东西部的动态发展

---

① 南疆四地州,包括喀什、和田、阿克苏地区和克孜勒苏柯尔克孜自治州。

过程中实现平衡。①要善于运用市场化的手段，促使各种要素在整个国家均衡地、自由地流动，既鼓励西部的人才和资源向东部流动，也鼓励东部的人才和资源向西部流动，其中资本的转移尤其重要。要利用政策引导，更多地将东部的资本引到西部去，到那里投资兴业，促进西部地区的经济发展。同时，要加强西部的基础设施建设和人才培训，给西部更多的倾斜性政策，使经济欠发达的西部可以实现跨越式发展。1988年，邓小平提出了"两个大局"的理论构想，要兼顾沿海和内地两个大局。②目前这个阶段，沿海要帮助内地发展，以实现更好的区域均衡。

第二，要以系统动态均衡的眼光看待东西部关系。要充分认识到，东西部是相互依存、相互促进、优势互补的关系，而不是对立的关系。西部长期发展滞后，对东部的发展也会起到消极的作用。在改革开放之后的前30年，大量人才和资源从西部来到东部，丰富的人力资本的涌入，极大地促进了东南沿海一带的经济发展。但是最近一二十年，这种趋势已经开始有所变化，之前的梯度效应已经开始减弱。东西部的经济社会发展差距已经引起诸多社会问题，这些问题的存在也在影响着东部的发展。西部发展的滞后，降低了当地人民的有效需求，从而使东部地区的很多产品找不到市场。西部地区发展的滞后，使得优秀的人力资本的再生产受到阻碍，没有人才的源源不断的涌入，东部的发展甚至整个国家的发展都受到严重影响。所以，必须深刻认识到东部和西部的依存关系，鼓励要素的自由流动，尤其是鼓励东部向中西部的资本转移和人才转移，这方面的空间和潜力是非常大的。

第三，要在系统动态均衡理论框架下鼓励建立区域之间的战略合作联盟，实现跨区域的资源流动与资源整合。在东部和西部的省份之间，合作的空间很大，不同的地区要建立一种基于市场机制的战略合作关系，在教育、金融、制造业、技术合作、能源合作、环保产业等领域进行深度合作。东西部各有比较优势，东部有技术、人才和资本优势，而西部有广阔

---

① 王曙光：《中国论衡：系统动态平衡发展理论与新十大关系》，北京大学出版社2018年版，第2—5页。
② 《邓小平文选》第3卷，人民出版社1993年版，第277—278页。

的市场、有较为低成本的人力资本、有大量的投资空间。东部和西部的战略合作会得到双赢的结果。

第四，要在系统动态均衡原则下实行多极化区域发展战略，要鼓励打破区域界限和行政隔离，实现区域间的集聚效应和扩散效应。在中国广大的版图上，由于地理因素和经济社会因素，天然地形成若干跨省区的区域，这些区域是形成多极化区域发展战略的基础。各个区域之间，各个"极"之间，形成了一个天然的要素集散中心，相互之间的经济和社会联系极其紧密，互促互融，一荣俱荣。因此，要构建区域性的核心，使各种要素在区域（极）内部既有集聚效应，又有扩散效应。这几年，中央高瞻远瞩，建立了诸如海西经济规划区、京津冀经济规划区、辽宁沿海经济规划区、成渝经济规划区、广西北部湾经济规划区、长三角经济区、珠三角经济规划区、关中天水经济规划区等区域性的发展"极"，这些区域性的"极"的发展，对于缩小区域差距，激活区域内要素的流动，都会起到巨大的作用。但在多极发展的区域战略中，关键的是要打破各个省区之间的"诸侯割据"，破除地方保护主义，打破区域壁垒，消除人为的行政隔离，促进要素的自由流动。

第五，新时代实施新均衡战略的关键之一是破解城乡二元结构。我国经济社会发展中的不平衡和不充分，主要体现在区域发展差异（即东中西部发展之间的差异）和城乡发展差异（即城乡之间人均收入和公共服务之间的差异），而在这两大差异之间，城乡发展差异居于主要地位。实际上，虽然我国东中西部不同省份之间确实有差距，但是仔细观察可以发现，东中西部的核心城市之间（比如说省会城市和较大城市）差距不大，地区之间的差距关键还是城乡差距；即使在西部省份，大中城市和省会城市实际上都比较发达，公共设施和公共服务比较发达，然而乡村的发展却严重滞后。这就是"双重城乡二元结构"，即我国的城乡二元结构既表现为整个国家意义上城市和乡村的二元对立结构，又体现为每一个区域内部的城乡二元结构，而区域内的经济体制改革城乡二元结构所产生的差异远远大于东中西部不同核心城市之间的差异。未来中国要以乡村振兴战略和扶贫开发战略为引领，加快对农村经济社会发展的支持力度，致力于消除绝对贫困，致力于改善农村居民的医疗、教育、养老、社会保障等公共服务网络的建立，尤其是注重在边疆民族地区和深度贫困地区推动反贫困战略，最终实现城乡一体化发展。

第六，互联网时代和信息化时代极大地改变了区域发展格局，为区域发展战略变革提供了技术基础。在新的信息科技条件下，当前区域经济发展战略面临着一些新情况。资源禀赋的约束已经越来越小，很多地方依靠新的信息技术，克服了原来资源禀赋的约束，实现了超常规发展。信息和互联网技术在经济发展中的作用越来越大，这就提示我们，在考虑区域经济发展战略的时候，要摆脱以往的传统思维，解放思想，打开格局，依靠新的信息科技实现本区域的战略发展。而由于新技术的出现，区域发展对空间的依赖性越来越小，一些区位优势不佳的地区在新的互联网条件下很有可能获得超常规的发展，开发那些原本难以发展的、不具备比较优势的产业。如浙江义乌的物流产业就是极为突出的例子，义乌在完全不具备区位和人才优势的情况下，成为世界物流中心。这都有可能引发区域发展格局的新突破，而一些欠发达地区在新技术的支撑下，后发优势明显，完全可能后来居上，比如贵阳的大数据云计算产业发展十分迅猛。而产业的转型升级对区域平衡发展意义更加凸显，如江浙一带的传统工业向西部和东北转移，而江浙地区的产业实现了新的转型升级，这种产业转型升级以及区域转移，将带来生产力布局的深刻变化，要从政策和机制上鼓励这种转型和转移，为生产要素更合理的配置提供制度支持，为区域之间的均衡协调发展提供内在动力。

脱贫攻坚中发展壮大农村集体经济略析*

党的十八大以来，以习近平同志为核心的党中央把扶贫开发放在治国理政突出位置，提升到事关全面建成小康社会、实现第一个百年奋斗目标的新高度，制定出台系列重大政策措施，全面打响脱贫攻坚战，创造了中国减贫史上的最好成绩。2020年完成脱贫攻坚任务后，中国将实现整体消除农村绝对贫困，这对中华民族、对整个人类来说都是具有重大意义的伟业。新时代脱贫攻坚有很多创新探索，其中发展壮大农村集体经济，在贫困村退出时把集体经济收入达到一定规模作为必不可少的考核指标，是一项重要措施。回顾考察脱贫攻坚中发展壮大农村集体经济的战略实践，对于深刻认识新时代脱贫攻坚特征和接续推进减贫工作，具有重要现实意义。

一、脱贫攻坚中发展壮大农村集体经济的必要性和历史机遇

（一）脱贫攻坚中发展壮大农村集体经济的必要性

新时代脱贫攻坚之所以重视发展壮大集体经济，首先在于改革开放以来贫困地区集体经济衰微已经不容忽视。

改革开放以来，农村形成以家庭承包经营为基础、统分结合的双层经营体制，有效地破除人民公社"大锅饭"的弊端，极大地调动农民的积极性，促进生产力的发展。也有不少地方由于缺乏经验，片面强调"分"的

---

* 本文作者王爱云，发表于《中国井冈山干部学院学报》2020年第5期。

一面，集体财产被分掉，致使集体经营这一层次在很多村庄成了空架子，双层经营实际上只剩下家庭经营这一个层次。针对这种局面，自20世纪90年代起，党中央一再强调要把统一经营和分散经营充分结合起来。例如，1990年6月19日，江泽民在农村工作座谈会上谈到稳定和完善以家庭承包为主的联产承包责任制时，明确指出："所谓完善，核心是从当地实际情况出发，逐步健全统分结合的双层经营体制，把集体经济的优越性和农民家庭经营的积极性都发挥出来。有条件的地方，可以根据农民的要求发展适度规模经营。'完善'这两个字，有很多文章可以作，目的都是使以双层经营为特点的农村集体经济更好地向前发展。要采取切实措施，逐步壮大集体经济的实力。"① 到2008年10月，党的十七届三中全会通过《中共中央关于推进农村改革发展若干重大问题的决定》，提出"家庭经营要向采用先进科技和生产手段的方向转变，增加技术、资本等生产要素投入，着力提高集约化水平；统一经营要向发展农户联合与合作，形成多元化、多层次、多形式经营服务体系的方向转变，发展集体经济、增强集体组织服务功能，培育农民新型合作组织，发展各种农业社会化服务组织，鼓励龙头企业与农民建立紧密型利益联结机制，着力提高组织化程度"②。这就将"统一经营"职能由集体经营扩大为合作经营、企业经营，此后，各地开始探索发展集体经济各种模式。

然而，在"统分结合、双层经营"实际工作中，"放松了'统'这一方面，需要统的没有统起来，不该分的却分了，其结果是原有的'大一统'变成了'分光吃净'，从一个极端走向另一个极端"，结果"在有些地方，合作化以来积累起来的集体经济实力的绝大部分化为乌有，幸存下来的集体经济实力也失去发展的基础与动力"，导致"乡村集体经济的经营机制逐步萎缩，企业发展的路子越走越窄"。③ 进入21世纪后，乡镇企业、村办企业有的被市场淘汰出现大面积亏损关闭，有的进行股份制、股份合作制、租赁、出售等多种形式的改革，集体经济发展遭遇挫折。这种状况

---

① 《十三大以来重要文献选编》（中），中央文献出版社1991年版，第1161页。
② 《十七大以来重要文献选编》（上），中央文献出版社2009年版，第674页。
③ 习近平：《摆脱贫困》，福建人民出版社1992年版，第142页。

导致农业规模化、集约化经营变革中,只有少数地区走上农村集体经济主导规模经营的道路,多数地区实行工商资本介入土地流转基础上的规模经营,集体经济没有从规模经营中受益并壮大。

这样,全国大部分地区农村集体经济尤其是村级集体经济呈现出发展缓慢乃至逐步衰退的局面。1992 年,全国乡村两级集体经济经营收入占农村经济总收入的 46.5%,其中村组集体经营收入占总收入的 20%[①];2000 年,乡村两级集体经济经营收入占农村经济总收入的 39.1%,其中村组集体经营收入占总收入的 14.8%[②];到 2010 年,全国乡村两级集体经济经营收入占农村经济总收入的 30.9%,其中村组集体经营收入只占总收入的 6.3%[③]。2012 年,当年无经营收益的村占到 52.8%;当年有经营收入的村中,年收益在 5 万元以下的占到 54.3%。[④]

贫困地区集体经济的萎缩更为突出。20 世纪 80 年代末 90 年代初,福建省宁德地区约有一半以上的行政村难以维持正常的财政开支。进入 21 世纪,随着农业税全面取消,村级三项提留(公积金、公益金和管理费)也被取消,很多村都没有了稳定的集体经济收入来源,村级组织运转主要依靠财政拨款,对于保障贫困群众生活无能为力。为了改善这种状况,党中央在贫困地区农村扶贫开发工作中,比较重视发展集体经济,例如,1996 年 10 月 23 日,中共中央、国务院《关于尽快解决农村贫困人口温饱问题的决定》明确指出"要运用扶贫的优惠政策和资金,帮助贫困村发展集体经济,增强集体经济组织的服务功能,减轻农民负担"[⑤]。然而,扶贫开发政策和规划中并没有对发展壮大乡村集体经济作出专门要求。长期以来财政扶贫资金重点用于修建贫困地区交通、水电等基础设施和发展教育、医疗等社会事业,信贷扶贫资金重点用于贫困户直接脱贫的种养项目以及各类企业到贫困地区兴办的带动贫困户增收的项目;进入 21 世纪,

---

① 农业部编:《中国农业统计资料(1992)》,农业出版社 1993 年版,第 326 页。
② 农业部编:《中国农业统计资料(2000)》,中国农业出版社 2001 年版,第 332 页。
③ 农业部编:《中国农业统计资料(2010)》,中国农业出版社 2011 年版,第 188 页。
④ 农业部编:《中国农业统计资料(2012)》,中国农业出版社 2013 年版,第 183 页。
⑤ 《十四大以来重要文献选编》(下),中央文献出版社 2011 年版,第 179—180 页。

扶贫开发实行整村推进，到村的扶贫资金增加，但是扶贫项目的选择上没有太多新意，仍然是道路建设、电力、饮水、沼气、卫生、学校、危房、移民搬迁和产业开发，侧重于改善民生，在产业开发扶贫中没有对发展乡村集体经济作出专项安排。

绝大多数贫困村集体经济力量薄弱，无集体财产、无集体资源、无集体企业、无集体收入的"四无"村和"空壳"村现象突出。"很多深度贫困村发展产业欠基础、少条件、没项目，少有的产业项目结构单一、抗风险能力不足，对贫困户的带动作用有限。深度贫困县村均集体收入只有8800多元，同所有贫困县平均5万元相比，差距较大。"[①] 对很多贫困村基层组织而言，经费捉襟见肘是普遍性问题，由于村级组织运转经费缺乏保障，部分村陷入"集体经济无实力，为民办事无能力，群众缺乏向心力"的尴尬局面，村干部办不了事，创不了业，当不了家，教育引导群众的能力差，结果经济发展更为滞后，村子的贫困状况更为加剧。长此以往，不仅使落后的经济状况无法扭转，而且直接影响到村级基层政权组织的建设，使全面建成小康社会的目标难以实现。

其次，贫困地区农民家庭经营遇到一家一户难以克服的发展困难。近年来，家庭联产承包经营责任制下个体农民土地细碎化、与市场接轨困难等，使贫困地区农民适应生产力发展和市场竞争的能力明显不足，农户家庭经营收益下降。由于生产资料价格的上涨速度快于农产品价格的涨幅，农户在家庭经营中的投入产出效益逐年下降，每投入100元费用得到的收入逐年递减。2002年，每投入100元生产费用得到的总收入为301元，得到的纯收入为177元；到2010年，每投入100元生产费用得到的总收入为269元，得到的纯收入为160元。在家庭经营收益减少的情况下，贫困地区农村劳动力外出就业人数增加。从2002年到2010年，国家扶贫开发工作重点县外出就业的劳动力逐年增长，由2002年占全部劳动力的14.5%增长到2010年的20.8%。按扶贫开发工作重点县具有1.1亿乡村劳动力推算，外出的劳动力从2002年1504万人增加到2010年的2350万人，

---

① 习近平：《在深度贫困地区脱贫攻坚座谈会上的讲话》，《人民日报》2017年9月1日。

年均增长 5.7%。①大批劳动力外流，造成农户空巢化、农民老龄化问题日益突出，进一步限制了贫困地区农业升级发展。

从贫困地区贫困户状况来看，改革开放以来经过几十年的扶贫开发，有劳动能力、有致富能力的农民基本实现了脱贫，新时代的贫困户"大都是自然条件差、经济基础弱、贫困程度深的地区和群众"，"主要是残疾人、孤寡老人、长期患病者等'无业可扶、无力脱贫'的贫困人口以及部分教育文化水平低、缺乏技能的贫困群众"，这些人"实现不愁吃、不愁穿'两不愁'相对容易，实现保障义务教育、基本医疗、住房安全'三保障'难度较大"②。对于完全或部分丧失劳动能力的贫困群众，由社会保障来兜底，使贫困人口生活有基本保障。而那些缺乏技能、难以自我发展的贫困农户，最适宜的方式是用集体经济带动脱贫，即采取股份制、联营式、托管式等多种合作模式，吸纳贫困户以资金、土地入股等形式让其参与产业发展，从而盘活农民土地资源变成资产，把有限的资金变成能够生利的股金，使每家每户有一份稳定的资产性收益，把普通村民变为依靠集体经济壮大而脱贫致富的股民。

（二）脱贫攻坚中发展壮大农村集体经济的历史机遇

党的十八大以来，党中央把扶持农村集体经济发展、壮大村级集体经济实力，作为对农村"统分结合、双层经营"基本经济制度的完善和全面深化农村改革、实施乡村振兴战略的重要举措，使新时代脱贫攻坚发展壮大集体经济适逢其时。

第一，党中央对于发展壮大农村集体经济给予高度重视。2014 年中央 1 号文件《中共中央国务院关于全面深化农村改革加快推进农业现代化的若干意见》提出，加强农村集体资金、资产、资源管理，提高集体经济组织资产运营管理水平，发展壮大农村集体经济。2015 年财政部专门印发《扶持村级集体经济发展试点的指导意见》，决定 2016 年中央财政选择 13 个省份开展扶持村级集体经济发展试点。2018 年 11 月，中组部、财政

---

① 国家统计局住户调查办公室编：《中国农村贫困监测报告（2011）》，中国统计出版社 2011 年版，第 28、29 页。
② 习近平：《在深度贫困地区脱贫攻坚座谈会上的讲话》，《人民日报》2017 年 9 月 1 日。

部、农业农村部联合下发《关于坚持和加强农村基层党组织领导扶持壮大村级集体经济的通知》，决定从2018年起到2022年，中央财政资金在全国范围内扶持10万个左右行政村发展壮大村级集体经济。

根据中央精神，各地纷纷对村级集体经济经营性收入情况进行深入摸排分析，研究制定扶持壮大村级集体经济专项规划和实施方案，有力促进农村集体经济的快速发展。全国农村集体经济组织账面资产总额由2012年的2.18万亿元增长到2016年的3.1万亿元，年均增长9.2%。[①]2018年，当年无经营收益的村占比35.7%，比2012年下降17.1个百分点；当年有经营收入的村中，年收益在5万元以下的占比43.3%，比2012年下降10个百分点。[②]

第二，党中央深化农村土地制度改革，拓宽农村集体经济发展路径。新一轮农村土地制度改革不仅"赋予农民对承包地占有、使用、收益、流转及承包经营权抵押、担保权能。在落实农村土地集体所有权的基础上，稳定农户承包权、放活土地经营权，允许承包土地的经营权向金融机构抵押融资"，而且"允许农村集体经营性建设用地出让、租赁、入股"。[③]这就为农村集体建设用地以入股方式与企业联合建设特色产业项目提供了新渠道，为农民在土地流转中将原来分散经营的土地入股集体发展合作社提供了有利契机。2014年11月、2016年10月，中共中央办公厅、国务院办公厅先后印发了《关于引导农村土地经营权有序流转发展农业适度规模经营的意见》《关于完善农村土地所有权承包权经营权分置办法的意见》，把农民集体确定为土地集体所有权的权利主体，对集体土地依法享有占有、使用、收益和处分的权利；鼓励探索新的集体经营方式，规定集体经济组织要积极为承包农户开展多种形式的生产服务，有条件的地方根据农民意愿可以统一连片整理耕地，将土地折股量化、确权到户，经营所得收益按

---

① 施维：《将深化农村改革进行到底——党的十八大以来农村改革成就综述》，《农民日报》2017年9月20日。

② 农业农村部农村合作经济指导司、农业农村部政策与改革司：《中国农村经营管理统计年报（2018年）》，中国农业出版社2019年版，第57页。

③ 《中共中央 国务院关于全面深化农村改革加快推进农业现代化的若干意见》，《中华人民共和国农业部公报》2014年第2期。

股分配，也可以引导农民以承包地入股组建土地股份合作组织，通过自营或委托经营等方式发展农业规模经营。

在中央的鼓励下，各地土地流转中，土地入股面积增长很快，由 2010 年的 1112 万亩增加到 2015 年的 2716.9 万亩，年均增长 19.6%。[①]

第三，党中央大力推行农村集体产权制度改革，积极探索集体所有制的有效实现形式，不断壮大集体经济实力，赋予农民更多财产权利，不断增加农民的财产性收入。2016 年 12 月 26 日，中共中央、国务院印发的《关于稳步推进农村集体产权制度改革的意见》确定了集体经济组织成员享有的集体收益分配权，对于经营性资产，明晰集体产权归属，将资产折股量化到集体经济组织成员，探索发展农民股份合作。对于非经营性资产，重点是探索集体统一运营管理的有效机制，更好地为集体经济组织成员及社区居民提供公益性服务。

截至 2017 年底，按照农村集体产权制度改革要求，全国完成产权制度改革的组、村、镇合计达到 13.1 万个，完成改革的组、村、镇共设立股东 1.12 亿人（个），其中成员股东 1.09 亿人（个），集体股东 91.6 万人（个）；当年分红 411 亿元，平均每位股东分红 366 元，其中成员股东人均分红 315 元，集体股东人均分红 2160 元。[②]农民集体经济收入和农民从集体中分得的财产性收入显著增加。

二、脱贫攻坚中发展壮大农村集体经济的政策与实践

（一）脱贫攻坚中发展壮大村级集体经济的政策部署

早在 1990 年，习近平在福建宁德担任地委书记时，就敏锐地认识到加强集体经济对摆脱贫困的重要性，指出："在扶贫中，要注意增强乡村两级集体经济实力，否则，整个扶贫工作将缺少基本的保障和失去强大的

[①] 农业部农村经济体制与经营管理司、农业部农村合作经济经营管理总站：《中国农村经营管理统计年报（2015 年）》，中国农业出版社 2016 年版。

[②] 农业部农村经济体制与经营管理司、农业部农村合作经济经营管理总站：《中国农村经营管理统计年报（2017 年）》，中国农业出版社 2018 年版。

动力，已经取得的扶贫成果也就有丧失的危险。"① 脱贫攻坚进入决胜期，2017年6月23日，习近平总书记强调："要实施贫困村提升工程，培育壮大集体经济，完善基础设施，打通脱贫攻坚政策落实'最后一公里'。"②

新时代脱贫攻坚中，明确把发展壮大贫困村集体经济作为重要内容。一是把村级集体经济发展纳入贫困村退出考核机制。2016年4月，中办、国办印发的《关于建立贫困退出机制的意见》将集体经济收入纳入了贫困村退出标准，规定贫困村退出以贫困发生率为主要衡量标准，统筹考虑村内基础设施、基本公共服务、产业发展、集体经济收入等综合因素。原则上贫困村贫困发生率降至2%以下（西部地区降至3%以下）。2016年12月，国务院发布的《"十三五"脱贫攻坚规划》，进一步把"建档立卡贫困村村集体经济年收入"作为一项主要指标纳入贫困地区发展和贫困人口脱贫指标体系，规定到2020年建档立卡贫困村集体经济年收入必须达到5万元以上。

二是把发展壮大集体经济作为贫困村提升工程重要内容。2018年6月15日，中共中央、国务院发布《关于打赢脱贫攻坚战三年行动的指导意见》指出，积极推动贫困地区农村资源变资产、资金变股金、农民变股东改革，制定实施贫困地区集体经济薄弱村发展提升计划，通过盘活集体资源、入股或参股、量化资产收益等渠道增加集体经济收入。根据中央要求，2018年，国务院扶贫办、财政部、民政部等10个部门印发《关于加快推进贫困村提升工程的指导意见》，将壮大贫困村集体经济作为贫困村提升的重要内容，要求各地通过盘活各类集体资产，增加集体收入；将社会帮扶到村项目形成物化资产，产权和收益归村集体所有；支持有条件的贫困村发展乡村旅游，增加集体收入；建设村级光伏电站，发电收益归村集体所有等多种形式，不断壮大贫困村集体经济。2019年6月21日，农业农村部发出《关于进一步做好贫困地区集体经济薄弱村发展提升工作的通知》，要求以深化农村集体产权制度改革为动力，积极推广资源变资产、

---

① 习近平：《摆脱贫困》，福建人民出版社1992年版，第141页。
② 习近平：《在深度贫困地区脱贫攻坚座谈会上的讲话》，《人民日报》2017年9月1日。

资金变股金、农民变股东改革,支持薄弱村盘活集体土地资源,因地制宜搞好产业发展,增强集体经济造血功能,强化薄弱村党组织战斗堡垒作用,力争到2020年底前,集体经济薄弱村(指集体经济年经营性收入持续较低、经营管理水平不高、服务成员能力不足的村级集体经济组织)集体产权制度改革全面铺开,实现更多的集体经济薄弱村有经营收益、有成员分红。

为了促进贫困户直接从集体经济发展、集体资源开发中受益,新时代脱贫攻坚对扶贫机制进行重大创新,实行资产收益扶贫。2015年11月29日,中共中央、国务院发布的《关于打赢脱贫攻坚战的决定》提出探索资产收益扶贫,规定财政专项扶贫资金和其他涉农资金投入设施农业、养殖、光伏、水电、乡村旅游等项目形成的资产,具备条件的可折股量化给贫困村和贫困户,尤其是丧失劳动能力的贫困户,资产由村集体、合作社或其他经营主体统一经营,建立健全收益分配机制,确保资产收益及时回馈持股贫困户;同时,支持农民合作社和其他经营主体通过土地托管、牲畜托养和吸收农民土地经营权入股等方式,带动贫困户增收;贫困地区水电、矿产等资源开发,赋予土地被占用的村集体股权,让贫困人口分享资源开发收益。按照这一精神,2016年11月,国务院印发《"十三五"脱贫攻坚规划》,专门列出资产收益扶贫,鼓励和引导贫困户将已确权登记的土地承包经营权入股企业、合作社、家庭农(林)场与新型经营主体形成利益共同体,分享经营收益;鼓励积极推进农村集体资产、集体所有的土地等资产资源使用权作价入股,形成集体股权并按比例量化到农村集体经济组织;财政扶贫资金、相关涉农资金和社会帮扶资金投入设施农业、养殖、光伏、水电、乡村旅游等项目形成的资产,也折股量化到农村集体经济组织,并优先保障丧失劳动能力的贫困户。

各有关部门出台一些文件,指导资产受益扶贫的推进。2016年9月30日,国务院办公厅印发《贫困地区水电矿产资源开发资产收益扶贫改革试点方案》,指导贫困地区农村集体经济组织将集体产权制度改革与水电、矿产等资源开发利用结合起来,把土地征占用补偿费以股份或份额的形式量化到集体和成员,作为收益分配的依据,贫困人口在按其持股比例获得分红的同时，从集体股份收益中再获得扶贫分红，充分享受资源开发收益。2017年12月11日，国务院扶贫办印发《村级光伏扶贫电站收益分配管理办法》，把村级扶贫电站资产确权给村集体，联村扶贫电站资产按比例确权至各村集体，村级光伏扶贫电站的发电收益形成村集体经济，用来开展公益岗位扶贫、小型公益事业扶贫、奖励补助扶贫等。2017年5月31日，财政部、农业部、国务院扶贫办发出《关于做好财政支农资金支持资产收益扶贫工作的通知》，规定脱贫攻坚期内，在不改变用途的情况下，各地利用中央财政专项扶贫资金和其他涉农资金投入设施农业、养殖、光伏、乡村旅游等项目形成的资产，具备条件的可用于资产收益扶贫；地方各级财政安排财政专项扶贫资金和其他涉农资金投入相关项目所形成的资产，具备条件的也可用于资产收益扶贫。

资产收益扶贫不仅让无劳动能力或弱劳动能力的贫困人口直接分享财政涉农资金支持产业发展带来的红利，而且促使企业、农民专业合作社等与村集体、农户民主协商，自愿成为资产收益扶贫项目实施主体，参与当地产业发展，从而有效提高财政涉农资金使用效益，增加了脱贫攻坚的工作力度。

（二）脱贫攻坚中发展壮大农村集体经济的实践探索

各地脱贫攻坚积极探索多种方式发展壮大贫困村集体经济，确保贫困村实现脱贫。例如，2019年11月江西省出台的《江西省村级集体经济发展行动规划（2019—2022年）》专门规定：用好脱贫攻坚各项政策红利，落实好财政专项扶贫资金和其他涉农资金投入村集体的设施农业、养殖、光伏、水电、乡村旅游、扶贫车间等项目形成的资产归集体经济组织所有的政策；对在贫困地区开发水电、矿产等资源占用村集体土地的，可以通过给予村集体经济组织股权的方式进行补偿，让集体成员分享资源开发收益，提升村集体经济可持续发展能力。井冈山市针对部分贫困群众缺乏劳动能力、难以自我发展的客观实际，采取股份制、联营式、托管式等多种合作模式，通过吸纳贫困户或以资金、土地入股等形式，让其参与产业发展，实现每家每户有一份稳定的资产性收益。例如，井冈山坝上村实施村集体经济与村民收入同步发展，2016年仅光伏发电一项就给村集体经济带来8万元收入。据统计，截至2019年底，全国27个省（区、市）、约

1400 个县、5.9 万个贫困村建设了村级光伏扶贫电站，村均集体经济收入可达 20 万—30 万元，破解了集体经济"空壳"村的难题。①

一些地方利用土地流转，积极探索带动贫困户通过发展壮大集体经济摆脱贫困的路子。例如，宁夏回族自治区青铜峡市叶盛镇五星村 2014 年借助土地确权契机，成立土地股份合作社，建立起"土地变股权、农民变股东、收益有分红"的增收模式。农民以土地入股到合作社后，按照土地份额拿土地收益，还可以到合作社就地打工拿劳动收入，最终还享受集体资产和合作社经营收入带来的二次浮动分红。从而使收入有显著提高。2017 年，全村农民人均可支配收入达 1.32 万元，较 2013 年改革前增长了 34.7%。②

还有些地方积极推动集体既有资源股权化、财政形成资产股份化、集体可用资金股本化，让贫困村民最大程度地从集体经济中受益。例如，2016 年，四川巴中市巴州区的建档立卡贫困村秧田沟村，村党支部将集体存量资金（含集体债务）、财政直接投入资金、社会捐赠资金等，按照每股 100 元的标准量化到人、落实到户，并将村民手中持有的股权、未发包到户的村集体耕地、林地、荒地及农户自愿有偿流转的承包地等集中起来，统一规划、打捆流转、集约使用，促进既有资产效益最大化，推动集体经济持续健康发展。在这个过程中，设置贫困户优先股、村集体股、成员基础股，让贫困户优先获得 20% 左右的收入。贫困户脱贫后，其优先股纳入村集体经济组织成员基础股，扩大村集体经济组织成员股权收益。通过这些举措，村集体经济收入由 2015 年的不足 3000 元提高到 2017 年的 7 万余元，村民人均纯收入由 2015 年底的 4812 元提高到 2017 年底的 1.34 万元。③

---

① 《对十三届全国人大二次会议第 1542 号建议的答复》，国务院扶贫开发领导小组办公室网，2019 年 12 月 10 日，http://www.cpad.gov.cn/art/2019/12/10/art_2202_108143.html。

② 中共中央组织部组织二局：《发展壮大村级集体经济案例选》，党建读物出版社 2018 年版，第 87、88 页。

③ 中共中央组织部组织二局：《发展壮大村级集体经济案例选》，党建读物出版社 2018 年版，第 112 页。

三、脱贫攻坚中发展壮大农村集体经济的意义

党的十八大确定到 2020 年实现全面建成小康社会的目标，在农村贫困地区开展脱贫攻坚、消除农村绝对贫困是全面建成小康社会的重要一环。党的十九大又提出实施乡村振兴战略，将乡村振兴作为决胜全面建成小康社会、全面建设社会主义现代化国家的重大历史任务和新时代"三农"工作的总抓手。这种形势下，脱贫攻坚中发展壮大集体经济有着极为重大的意义。

（一）发展壮大农村集体经济，是新时代"对农村'统分结合、双层经营'基本经济制度的完善"①

虽然改革开放以后很长时间内农村集体经济"统一经营"受到很大削弱，但是始终不变的农村土地集体所有制杜绝了大量农民在市场化、工业化、城镇化过程中失去土地的危险，使土地在改革开放过程中对农民发挥了维持生计的基本保障作用，也成为农民应对国际金融危机造成失业等风险的一个重要手段。因此，中国特色社会主义进入新时代，习近平总书记进一步强调"坚持农村土地农民集体所有。这是坚持农村基本经营制度的'魂'。农村土地属于农民集体所有，这是农村最大的制度"②，"农村改革不论怎么改，都不能把农村土地集体所有制改垮了、把耕地改少了、把粮食生产能力改弱了、把农民利益损害了。这些底线必须坚守，决不能犯颠覆性错误"③。

经过 40 多年发展，家庭承包经营的积极性充分发挥出来，同时出现小规模家庭经营与高强度市场竞争之间的矛盾，贫困地区这种矛盾尤为突出。适时发展符合市场经济要求的农村集体经济，不仅可以补上"统一经营"的短板，还可以有效提高农民在市场中的竞争力。新时代新型农村集体经济组织以农村集体资产、资源、资金等要素的有效利用为纽带，选择

---

① 《财政部关于印发〈扶持村级集体经济发展试点的指导意见〉的通知》，《中华人民共和国财政部文告》2015 年第 11 期。
② 《习近平关于社会主义经济建设论述摘编》，中央文献出版社 2017 年版，第 173 页。
③ 习近平：《把乡村振兴战略作为新时代"三农"工作总抓手》，《求是》2019 年第 11 期。

合适的市场主体形式，参与市场竞争；以承包或租赁集体生产要素、土地股份合作、农业生产合作等作为主要经营形式，实现集体资产、资源、资金的保值增效，提高村集体自我发展与保障能力，增加农民收入。

如前所述脱贫攻坚中对发展壮大集体经济的探索，新型农村集体经济与过去以"大锅饭"为主要特征的集体经济有很大不同，有多种实现形式。例如，土地股份合作型集体经济，是以通过土地入股、农户入社，组建土地股份合作社，发展规模经营；资源开发型集体经济，是利用集体"四荒"地、果园、养殖水面等，发展现代农业项目，或利用人文、生态资源发展乡村旅游与休闲农业等；资产租赁型集体经济，是利用集体闲置的各类房产设施、集体建设用地等，发展租赁物业；生产服务型集体经济，是集体经济组织创办各类服务实体，为农民、农民专业合作社提供技术、管理、销售等有偿服务；联合发展型集体经济，是整合利用集体积累的资金、政府的帮扶资金等，通过入股或者参股一些企业等形式来增加集体经济收入。① 这些探索，使农村"统分结合、双层经营"基本经济制度焕发新的活力。

（二）"壮大农村集体经济，是引领农民实现共同富裕的重要途径"②

改革开放以来，在党中央视野中，农村改革总的方向是发展集体经济，引导农民走共同富裕的道路。农村集体经济始终是农村公有制的主要形式和农民致富的根基，是农民走共同富裕道路的物质保障。

改革开放以来的实践证明，农村集体经济不仅为家庭经营提供生产服务、协调管理、积累集体资产，还可以发挥调节作用，防止农村出现贫富两极分化，农村集体经济实力强大能够迅速推进农民共同富裕的进程。20世纪90年代初，农村中就出现了三类情况，"一类集体经济实力比较雄厚，初步做到了共同富裕；一类集体经济比较薄弱，力量不强；再一类集体基本上没有什么财产，有的地方叫'空壳村'。……这类'空壳村'，公共事业无钱办，干部工作困难，干群关系紧张，党组织在群众中也缺乏凝聚

---

① 吕小瑞：《发展新型农村集体经济的思考》，《安徽日报》2018年12月4日。
② 《十九大以来重要文献选编》（上），中央文献出版社2019年版，第145页。

力"①。

新时代脱贫攻坚中，习近平总书记强调，"坚持发展为了人民、发展依靠人民、发展成果由人民共享，作出更有效的制度安排，使全体人民朝着共同富裕方向稳步前进，绝不能出现'富者累巨万，而贫者食糟糠'的现象"②。在党中央的脱贫攻坚制度安排中，发展壮大贫困村集体经济就是其中重要内容。

在农村贫困地区，由于自然环境恶劣、文化教育落后、发展观念僵化，农户自我发展能力偏低，在农村改革中无法实现脱贫致富；在扶贫开发扶持中，仍有一些农户难以应对市场风险而扶不起来。在这种情况下，依靠集体经济发展把他们带动起来是一条切实可行的道路。尤其对那些缺乏技能、无力脱贫的贫困农户而言，农村新集体经济的发展可以保障他们从集体经济中稳定获得资产收益，成为与其他村民一道脱贫走向共同富裕的主要途径，并且可以防止他们脱贫后再次返贫陷入贫困的泥沼而无力自拔。

（三）"发展集体经济实力是振兴贫困地区农业的必由之路"③

党的十九大提出实施乡村振兴战略，要求坚持农业农村优先发展，按照产业兴旺、生态宜居、乡风文明、治理有效、生活富裕的总要求，建立健全城乡融合发展体制机制和政策体系，加快推进农业农村现代化。2018年9月21日，习近平总书记在十九届中央政治局第八次集体学习时提出建立脱贫攻坚长效机制与乡村振兴相结合的要求，指出，"打好脱贫攻坚战是实施乡村振兴战略的优先任务。……2020年全面建成小康社会之后，我们将消除绝对贫困，但相对贫困仍将长期存在。到那时，现在针对绝对贫困的脱贫攻坚举措要逐步调整为针对相对贫困的日常性帮扶措施，并纳入乡村振兴战略架构下统筹安排"④。

与其他地区农村相比，贫困地区农村在实现乡村振兴中面临的一系列问题更为突出，适应生产力发展和市场竞争的能力不足、农村基础设施欠

---

① 《十三大以来重要文献选编》（中），中央文献出版社1991年版，第1172页。
② 《习近平关于社会主义经济建设论述摘编》，中央文献出版社2017年版，第25页。
③ 习近平：《摆脱贫困》，福建人民出版社1992年版，第143页。
④ 习近平：《把乡村振兴战略作为新时代"三农"工作总抓手》，《求是》2019年第11期。

缺等问题，靠一家一户的农民难以解决，很大程度上依赖于乡村集体组织，这就需要集体经济提供必要的物质支撑。例如，就产业兴旺来说，针对小农生产方式不能适应现代农业发展的状况，需要促进小农户和现代农业发展有机衔接，把小农生产引入现代农业发展轨道。这就需要为他们提供有效的社会化服务体系，"壮大了的集体经济，能够为分户经营提供有效的产前、产中、产后服务，承担起引导农村进行开发性生产，开展农业科技示范，以及组织、协调千家万户家庭经营的职责，还能够通过不断增加对农业生产的投入，为农村商品经济的发展创造更好的条件"①。正因如此，习近平总书记把"坚持农村土地集体所有制性质，发展新型集体经济"②作为乡村振兴战略的政治方向，强调"要在搞好统一经营服务上、在盘活用好集体资源资产上、在发展多种形式的股份合作上多想办法"，尤其要"建立符合市场经济要求的集体经济运行新机制，确保集体资产保值增值，确保农民受益，增强集体经济发展活力"③。

（四）发展壮大村级集体经济是"发挥农村基层党组织领导作用的重要举措"④

农村党支部在农村各项工作中居于领导核心地位。抓好党建促脱贫攻坚，是贫困地区脱贫致富的重要经验，一些群众深有感触地说，"帮钱帮物，不如帮助建个好支部"。而基层党组织的领导能力强不强，与村集体经济实力有直接关系。20世纪90年代初，习近平分析基层党组织软弱的原因时就指出："乡村集体经济实力薄弱是基层工作活力不足的症结所在。弱化了的集体经济实力如泥菩萨过河，自身难保。既无力兴办农村社会福利和社会保障事业，也无力满足群众的文化生活需求"，"不能为群众排忧解难，就无法提高党和政府在群众中的威信；解决不了群众的生产与生活中的实际问题，思想政治工作也就缺乏说服力"⑤。进入新时代，习近平总

---

① 习近平：《摆脱贫困》，福建人民出版社1992年版，第143页。
② 习近平：《把乡村振兴战略作为新时代"三农"工作总抓手》，《求是》2019年第11期。
③ 《十九大以来重要文献选编》（上），中央文献出版社2019年版，第145页。
④ 《财政部关于印发〈扶持村级集体经济发展试点的指导意见〉的通知》，《中华人民共和国财政部文告》2015年第11期。
⑤ 习近平：《摆脱贫困》，福建人民出版社1992年版，第143—144页。

书记指导脱贫攻坚特别强调"要把夯实农村基层党组织同脱贫攻坚有机结合起来","全面向贫困村、软弱涣散村、集体经济薄弱村党组织派出第一书记,是实施乡村振兴战略和培养锻炼干部的重要举措,要建立长效工作机制,切实发挥作用"[①]。基于此,2019年中央1号文件强调:"把发展壮大村级集体经济作为发挥农村基层党组织领导作用的重要举措,加大政策扶持和统筹推进力度,因地制宜发展壮大村级集体经济,增强村级组织自我保障和服务农民能力。"[②]

总之,发展壮大乡村两级集体经济,能够显著增强农村基层党组织的凝聚力和战斗力,有效地兴办集体公益事业,活跃农村文化生活,最终实现在乡村振兴中治理有效。

[①]《财政部关于印发〈扶持村级集体经济发展试点的指导意见〉的通知》,《中华人民共和国财政部文告》2015年第11期。

[②]《财政部关于印发〈扶持村级集体经济发展试点的指导意见〉的通知》,《中华人民共和国财政部文告》2015年第11期。

新时代十年"三农"的变革发展*

以习近平同志为核心的党中央在中国式现代化推进和拓展中,面对城乡发展不平衡和农村发展不充分的问题,作出实施乡村振兴战略的历史性决策,探索走中国特色社会主义乡村振兴道路,回答了如何推动乡村振兴的一系列重大实践和理论问题,形成了"大国小农"下全面推进乡村振兴的中国方案,"三农"改革发展取得历史性成就和发生历史性变革。

坚持农业农村优先发展。将农业农村置于优先发展的位置是新时代中国共产党"三农"工作的显著特征。面对城乡"一条腿长、一条腿短"的发展不平衡和农村发展不充分的问题,党中央把解决好"三农"问题作为全党工作的重中之重,坚持农业农村优先发展,2013—2023年,中央一号文件的主题连年锁定在明确"三农"改革发展方向和政策措施上,促进工业化、信息化、城镇化、农业现代化同步发展,举全党、全社会之力全面推进乡村振兴,制定和实施《中国共产党农村工作条例》,形成了以重中之重的工作布局主动施策解决"三农"问题的制度化机制。

完善和创新农村经营制度。以走共同富裕之路、共享发展理念、推动乡村组织振兴为农村经营制度变革指向,基于"大国小农"国情和历史发展基础,对坚持和完善农村基本经营制度、推进农村集体经济改革发展、

---

* 本文作者郑有贵,发表于《经济研究参考》2023年第3期。

构建新型农业经营体系作出重大安排，完成对农村承包地的确权登记颁证和农村集体土地"三权分置"改革，统筹推进赋予农民集体资产股份权能的产权制度改革与社区集体经济实行股份合作制改革，探索实行资源变资产、资金变股金、农民变股东改革（简称"三变"改革），增强了集体经济发展活力和实力，促进农民专业合作社规范化提升，培育家庭农场，推进小农户和现代农业发展有机衔接。农村经营制度的完善和创新，增强了农业农村现代化的内生发展能力。

从产业融合上构建新型工农关系。乡村振兴、产业兴旺是基础。产业链低端和价值链低端的初级农产品生产与产业链高端和价值链高端的第二、第三产业发展分离，是"三农"发展难以摆脱受弱质性困扰的重要因素。实现农村产业兴旺，需要从形成新的农村一二三产业发展关系进行突破。进入新时代，针对工业化、城镇化进程中"三农"发展受弱质性困扰的问题，在保障农民主体地位的前提下，通过产业链、价值链、产权统一的联结，创新性地探索走出农民能更充分分享发展成果的农村一二三产业融合发展之路，农业供给侧结构性改革深入推进，休闲农业、乡村旅游、农村电商等农村新产业新业态发育发展，促进了乡村多元价值的挖掘和农业多种功能的拓展，农业向着高质高效方向发展，形成农村发展的新动能。这是在农村发展工业、产业一体化经营基础上乡村产业发展路径的创新，是工农关系的重大变革。

从城乡融合发展上重塑城乡关系。习近平总书记在 2017 年底召开的中央农村工作会议上指出，重塑城乡关系，走城乡融合发展之路。[①] 在 2020 年底召开的中央农村工作会议上，习近平总书记进一步强调，振兴乡村，不能就乡村论乡村，还是要强化以工补农、以城带乡，加快形成工农互促、城乡互补、协调发展、共同繁荣的新型工农城乡关系。同时，习近平总书记提出今后 15 年是破除城乡二元结构、健全城乡融合发展体制机制的窗口期。要从规划编制、要素配置等方面提出更加明确的要求，强化

---

① 《十九大以来重要文献选编》（上），中央文献出版社 2019 年版，第 142 页。

统筹谋划和顶层设计。①进入新时代,在促进城乡一体化发展实践基础上,探索走城乡融合发展之路,突破了城市与农村相对独立并行的发展格局,形成在乡村人口数量庞大下破解城乡二元结构和"三农"难题的新路径,这是城乡关系的重大变革,是对马克思主义城乡发展路径理论的原创性贡献。

粮食安全得到有效保障。进入新时代,中国创新了国家粮食安全观,形成新的国家粮食安全体系,明确了粮食安全是"国之大者"的战略地位和中国人的饭碗任何时候都要牢牢端在自己手上的战略目标,形成党政同责的责任体系,在生产保障上实行藏粮于地、藏粮于技,从增强农民激励上解决好"谁来种地"的问题,拓展形成大食物观和构建多元化食物供给体系,促进减少储藏、流通、加工中的损耗,动员全社会开展光盘行动。中国抵挡住了新冠疫情的冲击,全国粮食总产量连续 8 年稳定在 1.3 万亿斤以上,依靠自己力量端牢饭碗,为应变局、开新局发挥了"压舱石"作用。

历史性消除农村绝对贫困。反贫困是古今中外治国安邦的一件大事、难事。党中央面对贫困这一人类社会顽疾,把脱贫攻坚摆在治国理政突出位置,将其作为全面建成小康社会的标志性工程,组织实施了人类历史上规模最大、力度最强、惠及人口最多的脱贫攻坚战,采取了一系列具有原创性、独特性的重大举措。经过 8 年持续奋斗,近 1 亿农村贫困人口全部脱贫,贫困县全部"摘帽",困扰中华民族千百年的绝对贫困问题得到历史性解决,书写了人类减贫史上的奇迹,为全面建成小康社会作出了重要贡献,为开启全面建设社会主义现代化国家新征程奠定了坚实基础。

建设美丽乡村。习近平总书记在 2017 年底召开的中央农村工作会议上指出,到 2050 年把我国建设成为富强民主文明和谐美丽的社会主义现代化强国,必须让美丽乡村成为现代化强国的标志、美丽中国的底色。②在

---

① 习近平:《论"三农"工作》,中央文献出版社 2022 年版,第 16 页。
② 习近平:《论"三农"工作》,中央文献出版社 2022 年版,第 238 页。

中国式现代化推进和拓展中，基于中国已成为全球制造业第一大国、世界第二大经济体、进入上中等收入国家行列，坚持人与自然和谐共生，贯彻绿水青山就是金山银山理念，协同推进人民富裕、国家强盛、中国美丽，坚定不移走以生态优先、绿色发展为导向的高质量发展新路子，着力推进美丽乡村建设，乡村文化淡出现象得到扭转，工业文化与农耕文化融合发展，适应了人民生活水平提高后对优美生态环境和乡村文化消费的需要，拓展了农村发展内涵和空间。

推进乡村善治。乡村振兴，治理有效是基础。习近平总书记在2017年底召开的中央农村工作会议上指出，必须创新乡村治理体系，走乡村善治之路。①2019年3月8日，习近平总书记在参加十三届全国人大二次会议河南代表团审议时强调，要夯实乡村治理这个根基。②进入新时代，促进党组织领导的自治、法治、德治相结合的乡村治理体系不断完善，中国特色社会主义乡村善治之路越走越坚实，促进了充满活力、和谐有序的乡村社会建设，汇聚起合力脱贫攻坚和乡村振兴的强大力量。

扎实推进共同富裕。习近平总书记在2017年底召开的中央农村工作会议上指出，到2050年把我国建设成为富强民主文明和谐美丽的社会主义现代化强国，基础在"三农"，必须让亿万农民在共同富裕的道路上赶上来。③2021年8月，习近平总书记在中央财经委员会第十次会议上指出，促进农民农村共同富裕。促进共同富裕，最艰巨最繁重的任务仍然在农村。农村共同富裕工作要抓紧，但不宜像脱贫攻坚那样提出统一的量化指标。要巩固拓展脱贫攻坚成果，对易返贫致贫人口要加强监测、及早干预，对脱贫县要扶上马送一程，确保不发生规模性返贫和新的致贫。要全面推进乡村振兴，加快农业产业化，盘活农村资产，增加农民财产性收入，使更多农村居民勤劳致富。要加强农村基础设施和公共服务体系建设，改善农村人居环境。④中国共产党以共同富裕为价值取向推

---

① 《十九大以来重要文献选编》（上），中央文献出版社2019年版，第152页。
② 《乡村振兴要夯实乡村治理这个根基》，《求是网》2019年3月10日。
③ 习近平：《论"三农"工作》，中央文献出版社2022年版，第238页。
④ 习近平：《扎实推动共同富裕》，《求是》2021年第20期。

进"三农"改革发展，在践行共享发展理念中把做大"蛋糕"和分好"蛋糕"有机统一起来，在构建新型工农城乡关系促进城乡共同繁荣的同时，因地制宜发展壮大农村集体经济，在促进农村一二三产业融合发展中完善利益联结机制，脱贫攻坚战取得全面胜利，亿万农民共同迈进小康社会。

中国农村改革发展的成就与经验*

党的十一届三中全会以来,农村率先开始了一系列旨在解放和发展生产力的重大改革。农村改革拉开了中国改革开放的序幕,标志着改革开放和社会主义现代化建设新时期的开始,被称为"启动历史的变革"。改革开放以来,中国农村发生了翻天覆地的变化,取得了举世瞩目的成就。

一、中国农村改革发展的主要成就

自1978年安徽小岗村实行家庭联产承包责任制开始,中国农村改革发展波澜壮阔,影响深远,取得的成就主要体现在以下几个方面:

(一)确立并完善了以家庭承包经营为基础的双层农业经营体制

改革开放以来,中国农业经营体制突破"三级所有、队为基础"的农村人民公社体制,逐步建立以家庭承包经营为基础、统分结合的双层经营体制。"这是迄今为止农村最具实质意义的重大变革。这一改革使农村经济逐步走向市场经济体制,为农村生产力的发展铺垫了新的制度基础。"[①]1983年,中共中央发布《当前农村经济政策的若干问题》明确提出,家庭联产承包责任制"是在党的领导下我国农民的伟大创造,是马克思主义农业合作化理论在我国实践中的新发展"[②]。1984年,全国实行家庭联产

---

* 本文作者周进、龚云,发表于《中国井冈山干部学院学报》2019年第4期。
① 韩俊:《中国经济改革30年·农村经济卷》,重庆大学出版社2008年版,第1页。
② 《中共中央国务院关于"三农"工作的一号文件汇编(1982—2014)》,人民出版社2014年版,第20页。

承包责任制的生产队569万个，其中实行包干到户的生产队563.6万个，占全国569万个生产队的99.1%。1991年11月，中共中央在发布的《关于进一步加强农业和农村工作的决定》中，第一次以中央文件的形式明确规定，以家庭联产承包为主的责任制、统分结合的双层经营体制"作为我国乡村集体经济组织的一项基本制度长期稳定下来，并不断充实完善"[①]。1993年3月，八届全国人大二次会议通过宪法修正案，在国家根本大法中正式将双层经营体制确立为农村一项基本经济制度。

针对农户承包地使用权流转工作中存在的问题，2001年12月，中共中央在《关于做好农户承包地使用权流转工作》的通知中明确指出，在稳定家庭承包经营制度的基础上允许土地使用权合理流转，是基于农业发展的客观实际，"符合党的一贯政策"[②]。2008年10月，党的十七届三中全会通过《中共中央关于推进农村改革发展若干重大问题的决定》，要求"建立健全土地承包经营权流转市场"[③]，允许农民按照依法、自愿、有偿原则以转包、出租、互换、转让、股份合作等形式流转土地承包经营权，允许有条件的地方发展专业大户、家庭农场、农民专业合作社等规模经营主体，鼓励发展多种形式的适度规模经营。2016年中共中央正式发布《关于完善农村土地所有权承包权经营权分置办法的意见》，确立了农村承包地坚持集体所有权、稳定农户承包权、放活土地经营权的"三权分置"模式。这是中国农村改革继家庭联产承包责任制后的又一大创新。

（二）构建了结构多元的中国特色社会主义农村市场经济体系

农村改革从20世纪80年代起就是以市场化改革为取向。在农副产品统购派购制逐步取消的过程中，全国性、区域性的农产品市场体系初步形成。一方面农村土地、劳动力、技术和资金等要素市场不断发展，市场主体的独立地位逐步明确，市场发育日益走向成熟；另一方面国家通过行政手段干预经济的领域不断收缩，市场机制逐步发挥越来越重要的作用。通过所有权、承包权和经营权"三权分置"的办法，既较好地坚持了社会主

---

① 《十三大以来重要文献选编》（下），人民出版社1993年版，第1762页。
② 《十五大以来重要文献选编》（下），人民出版社2003年版，第2158页。
③ 《中共中央关于推进农村改革发展若干重大问题的决定》，人民出版社2008年版，第13页。

义的方向，又成功地发展了市场经济。这是中国特色社会主义农村发展道路的显著特点之一。

随着市场体制机制的不断完善，中国农业结构由改革开放之初基本上以粮食生产为主体的单一结构发生了显著变化。尤其是乡镇企业的发展，大大提高了农村经济的整体素质和效益，增强了农村经济的实力。党的十八大以来，为推进农业供给侧结构性改革，坚持以深化改革为动力，以市场需求为导向，着力调整优化农业结构，供给体系的质量和效益均得到明显提高。农业供给侧结构性改革举措主要表现为"三个调"和"三个激活"，即农业生产结构不断"调优"、农业发展方式持续"调绿"、农村产业结构加快"调新"，激活市场、要素和主体。农产品加工业、休闲农业、农村电商得到长足发展，农村一、二、三产业深度融合。[①]粮食生产能力登上新台阶，产量连续5年稳定在12000亿斤以上，农业供给侧结构性改革实现新突破，种植、畜牧、渔业结构不断优化，农产品加工业与农业产值之比达到2.2∶1。[②]

（三）形成了以集体经济为主体、多种所有制经济共同发展的基本经济制度

在坚持以土地为核心的主要生产资料集体所有的基础上，农村改革实行以"土地集中所有，农户承包经营"为基本特征的家庭联产承包责任制，这是农村集体经济的一种新的实现形式。2014年11月，中共中央办公厅、国务院办公厅印发的《关于引导农村土地经营权有序流转发展农业适度规模经营的意见》提出，以农户家庭经营为基础积极培育新型农业经营主体；以尊重农民意愿为前提引导土地规范有序流转。截至2016年底，全国4.79亿亩耕地实行流转，成立了近2万个土地流转服务中心。在经营权流转基础上，又出现了经营权入股、抵押等放活经营权方式，探索农业适度规模经营的新路。[③]乡镇集体企业还通过股份制、股份合作制以及承

---

① 《从"六个新"看十八大以来农业农村经济发展》，《光明日报》2017年9月30日。
② 韩长赋：《全面深化农村改革：农业农村现代化的强大动力》，《求是》2018年第13期。
③ 《将深化农村改革进行到底——党的十八大以来农村改革成就综述》，《农民日报》2017年9月20日。

包、租赁、兼并等途径积极探索公有制实现形式的多样化。乡镇企业产权制度改革是农村所有制结构的又一次重大变革，形成了多种所有制经济混合发展的新局面。中国农村形成了以集体经济为主体、多种所有制经济共同发展的基本经济制度，构筑了多元化的农村产权结构，形成了中国特色社会主义农村市场经济发展的微观基础，这是"能够极大促进生产力发展的农村集体所有制的有效实现形式"[①]。

党的十八大以来，中国农村集体经济组织账面资产总额从2012年的2.18万亿元增长到2016年的3.1万亿元，增长了42.2%。党和政府高度重视农村集体产权制度改革。2016年12月，中共中央、国务院发布《关于稳步推进农村集体产权制度改革的意见》，进一步明晰农村集体产权，引导农民发展股份合作，注重完善集体产权权能，赋予农民对农村集体资产股份的占有、收益、有偿退出以及担保、抵押、继承等相关权益。这是向全国逐步推开农村集体产权制度改革的重大标志性事件。当年底，全国已有6.7万个村和6万个村民小组完成这项改革。其中，北京、上海、浙江95%以上的村完成了改革，完成改革的村组当年给农民股金分红434.1亿元。[②]

（四）初步构建了城乡一体化发展格局

改革开放以来，中国逐步打破城乡二元体制，放宽农民进城就业和居住的限制，从限制农民流动逐步转向承认流动、接受流动、鼓励流动。农村劳动力的自由流动为突破城乡二元体制进行了有益探索，为实施城乡一体化发展积累了经验。[③]2002年11月，党的十六大报告首次提出"统筹城乡发展"的理念和目标。2008年10月召开的党的十七届三中全会通过《关于推进农村改革发展若干重大问题的决定》，提出建立推进城乡发展一体化的制度[④]。2015年10月，党的十八届五中全会提出，健全城乡发

---

① 《十五大以来重要文献选编》（上），人民出版社2000年版，第556页。
② 《将深化农村改革进行到底——党的十八大以来农村改革成就综述》，《农民日报》2017年9月20日。
③ 《十五大以来重要文献选编》（下），人民出版社2003年版，第2173页。
④ 《中共中央关于推进农村改革发展若干重大问题的决定》，人民出版社2008年版，第17—19页。

展一体化体制机制,推动城乡要素平等交换、合理配置和基本公共服务均等化,提出"十三五"时期城镇化的重点目标是实现1亿左右农民工和其他常住人口在城镇定居①。在这些政策推动下,各地逐步取消了限制农民进城就业的规定,较大改善了农民进城就业的环境,并出台政策不断完善农民工的职业培训、子女教育、公共卫生和社会保障,切实保障农民工合法权益。

农村财政税收制度一定程度上反映了国家与农民以及城乡之间的利益分配关系和格局。2006年,国家正式全面取消农业税,标志着中国延续了2000多年的"皇粮国税"终结,国家对农民实现了由"取"到"予"的转折,开始呈现工业反哺农业、城市支持农村的格局。这是国家和农民分配关系的一次重大调整。党的十八大以来,中国公共财政优先重点保障"三农"投入,并保持稳定增长。2013—2017年,中国一般公共预算农林水事务支出达到82839亿元。同时,在新增教育、文化、医疗卫生等社会事业经费方面,中国积极推动向农村倾斜,保障并不断提高农村基本公共服务的标准和水平。农业农村经济社会稳定发展,农民收入持续快速增长,农村居民人均可支配收入从1978年的134元增长到2017年的13432元,增长了100余倍。②

(五)不断探索农村治理体系和治理方式现代化

人民公社时期,实行高度集权的政社合一体制,国家行政权力取代了传统的社会控制手段,对农村实行直接控制。1982年12月通过的《中华人民共和国宪法》第95条规定:"乡、民族乡、镇设立人民代表大会和人民政府",人民公社制度逐步退出历史舞台。20世纪80年代,乡镇数量超过7万个。进入21世纪,以精简机构人员、撤乡并镇为标志的乡镇行政机构改革拉开帷幕。2004年,中央一号文件对撤乡并镇并村提供了政策支持,明确了"进一步精简乡镇机构和财政供养人员,积极稳妥地调整

---

① 《中国共产党第十八届中央委员会第五次全体会议文件汇编》,人民出版社2015年版,第49—50页。
② 《中华人民共和国2017年国民经济和社会发展统计公报》,国家统计局网,2018年2月28日,http://www.stats.gov.cn/tjsj/zxfb/201802/t20180228_1585631.html。

乡镇建制，有条件的可实行并村，提倡干部交叉任职"的改革路径。[1]

村民自治就是广大农民群众直接行使民主权利，依法实行自我管理、自我教育、自我服务的一项基本政治制度。1998年11月，九届全国人大常委会第五次会议审议修订《中华人民共和国村民委员会组织法》，标志着村民自治正式步入法制化轨道。党的十八大以来，在农村法治化建设方面，修改和完善了村民委员会组织法、选举办法，大力推行村级党组织"公推直选"，保障了农民合理行使选举权，推动村委会直接选举制度化和程序化，促进了农村民主选举规范化；在农村基层民主制度建设方面，由传统单一的民主选举向民主选举、民主管理、民主决策转变，全国约98%的村制定村规民约，深化了村民对民主管理的基本认识，促进了新型农村社会生活共同体建设。在村务公开和廉政建设方面，普遍实现村务公开制度，逐步完善述职、问责机制，全国每年约170万名村干部进行述职，对23万余名村干部进行经济责任审计。[2]

（六）基本构筑中国特色农村社会保障体系

改革开放以来，随着农村社会分工的发展，人口流动增大，农民开始了前所未有的社会大分化。乡镇企业的崛起催生了大量乡镇企业工业和一批乡镇企业主和个体户。20世纪90年代以后，随着农村劳动力进城务工，出现了一个庞大的农民工群体。近年来，农村社会中出现了农民工、农民个体工商业者、农民私营企业主、农民知识分子、农民企业家、农村管理者等不同的群体。因此，农村社会结构发生了深刻变化。

中国农村社会保障领域也进行了诸多探索性改革。农村医疗保障制度改革和农村社会救助制度改革取得突破性进展。2010年实现新型农村合作医疗制度基本覆盖农村居民的目标。党的十八大以来，中国社会保障体系改革不断推进，不断突破城乡分割的藩篱，基本构筑了更公平、惠及广大农民的中国特色农村社会保障体系。2014年初国务院发布《关于建立统一的城乡居民基本养老保险制度的意见》，将新型农村社会养老保险和

---

[1] 《中共中央国务院关于"三农"工作的一号文件汇编（1982—2014）》，人民出版社2014年版，第90页。

[2] 宁甜甜：《中国农村基层社会治理之道》，《商业经济》2017年第9期。

城镇居民社会养老保险合并实施。2016年，国家启动建立统一的城乡居民基本医疗保险制度的改革，全面整合城镇居民基本医疗保险和新型农村合作医疗两项制度。①

党和政府从1984年开始启动中国历史上也是世界历史上持续时间最长、成效最大的农村扶贫脱贫工作。通过政府主导、社会参与，采取特殊的扶贫政策和措施，促进贫困人口集中区域自我发展能力的提高，推动区域经济发展来稳定、减缓直至消除贫困。"联合国《2015年千年发展目标报告》显示，中国极端贫困人口比例从1990年的61%，下降到2002年的30%以下，率先实现比例减半，2014年又下降到4.2%，中国对全球减贫的贡献率超过70%。中国成为世界上减贫人口最多的国家，也是世界上率先完成联合国千年发展目标的国家。"②

（七）日益重视农村自然资源保护和生态文明建设

中国农村自然资源和生态环境建设，是随着中国城市化、工业化进程的不断加快、资源与环境的压力日益增加而不断改进的。为了适应中国经济的快速增长，不断地对相关法律法规条件进行修订或修正。早在1998年10月中共中央发布的《关于农业和农村工作若干重大问题的决定》，就对农村生态环境保护和建设提出了明确要求。2006年国民经济和社会发展第十一个五年规划纲要对加强农村环境保护做出了规划，提出开展全国土壤污染现状调查，综合治理土壤污染，推进农村生活垃圾和污水处理，改善环境卫生和村容村貌。中国已经初步形成农村自然资源和生态环境建设的政策框架，制定出一系列有关农村自然资源管理的法律法规。

党的十八大以来，"绿水青山就是金山银山"理念深入人心，农村生态文明建设放在了突出的位置，推进农业清洁生产，山水林田湖草被视为一个生命共同体受到前所未有的生态保护。2014—2017年，我国新一轮

---

① 《织就世界最大的社会保障网——党的十八大以来社会保障事业发展成就述评》，《光明日报》2018年12月12日。

② 《中国的减贫行动与人权进步》，国务院新闻办公室网，2016年10月17日，http://www.scio.gov.cn/zfbps/ndhf/2016n/202207/t20220704_130509.html。

退耕还林、还草面积达 4240 万亩。①

（八）基本形成中国农业对外开放格局

改革开放以来，中国农业的现代化发展已经成为世界农业现代化发展的重要组成部分。自加入世界贸易组织后，中国全面履行加入承诺，大幅开放市场，推动实现合作、互利、共赢。中国已经成为世界上农产品关税水平较低的国家之一，农产品平均税率由加入世贸组织前的 23.2% 下降到 15.2%，约为世界农产品平均关税水平的四分之一。②中国还显著削减了非关税壁垒，减少不必要的贸易限制，促进贸易透明畅通，按照关税配额管理的承诺对粮食、棉花等重点农产品和农资商品合理实施进口管理、国内市场管理措施，如取消羊毛和毛条的进口指定经营制度，对外资开放农药、农膜的零售和批发业务，等等。③

中国农产品国际贸易活动日益活跃，实施"走出去"战略，加大农业国际合作，逐渐形成持续、稳定、合理的全球资源性农产品供应链。在扩大农产品出口方面，2017 年，我国农产品出口总额达 755.3 亿美元，比 2001 年的 160.7 亿美元增长了 3.7 倍，培育了一批具有带动和示范效应的产业化龙头企业，推动建立了一批标准化、规模化的农产品出口基地，初步形成特色、优质、安全的农业产业体系；在增强资源性农产品进口方面，农产品进口总额从 2001 年的 118.5 亿美元增长到 2017 年的 1258.6 亿美元，增长了 9.6 倍。④农产品进口缓解了农业资源紧张的压力，弥补了中国农产品供需缺口，为确保主要农产品有效供给发挥了重要作用。与此同时，中国积极参与并推动贸易谈判，致力于构建更加开放、公平、合理的国际与双边农业合作框架。中国农业开放的历程，是经济全球化时代中国农业不断拓展对外开放的广度和深度的过程、不断融入世界贸易体系，中国农业国际影响力进一步提升，农业全面对外开放的格局基本形成。

---

① 《从"六个新"看十八大以来农业农村经济发展》，《光明日报》2017 年 9 月 30 日。
② 国务院新闻办公室：《中国与世界贸易组织》，《人民日报海外版》2018 年 6 月 29 日。
③ 程国强：《粮食安全必须立足本国》，《瞭望新闻周刊》2005 年第 40 期。
④ 《入世十年我国农产品贸易健康发展》，《经济日报》2011 年 12 月 18 日。

二、中国农村改革发展的基本经验

改革开放以来,农村改革先行先试,为中国的改革与发展积累了宝贵的经验,主要体现在以下几个方面:

(一)坚持党的领导是农村改革取得成功的根本保证

习近平总书记在庆祝改革开放40周年大会上指出:"正是因为始终坚持党的集中统一领导,我们才能实现伟大历史转折、开启改革开放新时期和中华民族伟大复兴新征程。"① 在农村改革中,中国共产党把马克思主义的基本原理同中国农村实践相结合,农村改革在党的坚强领导下得以快速推进。1978年,家庭联产承包责任制在党的领导下从个别地方试点后全国推行。2005年,党的十六届五中全会提出建设"生产发展、生活富裕、乡风文明、村容整洁、管理民主"的社会主义新农村目标。党的十八大以来,在习近平新时代中国特色社会主义思想指引下,农村改革在理论、实践和制度等方面都有了重大创新和突破,为实现农业农村现代化指明了方向。2017年,党的十九大提出乡村振兴战略。在中国共产党提出的一系列新理念新思想新战略的指导下,中国农村改革取得了成功和巨大成就。

(二)坚持解放思想、实事求是的思想路线,将顶层设计与试点探索相结合,是农村改革取得成功的重要法宝

改革开放以来,广大农村干部群众不断解放思想,以解放和发展生产力为标准,勇于实践,从家庭联产承包责任制兴起、乡镇企业异军突起到探索股份合作制等公有制实现形式,从改革农产品流通体制到培育农村资金、劳动力和技术等生产要素市场,从大力发展农业产业化经营、探索贸工农一体化到建立农村改革试验区,从实践创造中及时总结经验、发现规律,并使之上升为党和国家指导农业和农村经济发展的方针、政策、法律、法规,这就是中国共产党指导农村工作的一条基本原则,是中国农村改革不断推进和顺利进行的重要法宝。党的十八大以来,中国改革进入全面深化阶段。为提高农村改革的系统性、整体性和协调性,做好整体谋划

---

① 习近平:《在庆祝改革开放40周年大会上的讲话》,《人民日报》2018年12月19日。

和顶层设计，中央深改小组经常召开涉及农村改革议题的会议，审议涉农改革方案，基本建立新时代农村改革的"四梁八柱"。

（三）坚持把"三农"放在优先位置，以农民为主体，加大对农业农村的支持和保护力度，是农村改革取得成功的重要基础

改革开放以来，党和政府高度重视"三农"问题，始终以农民为主体，最大限度地调动农民的积极性。农村改革初期，党和政府通过推行以家庭联产承包经营为主要形式的责任制，大幅提高农产品收购价格，充分调动农民生产积极性，在较短的时间内基本解决了人民的生存和温饱问题。随后，又及时稳定农村基本政策，改革和完善农产品流通体制，调整农村产业结构，积极发展多种经营和乡镇企业，促进了农业和农村经济全面发展。2000年以后，为了确保粮食供求平衡和农民收入增长，国家采取了有力的扶持粮食生产政策，对农民实行了包括主产区种粮农民的直接补贴、农资综合直补、良种补贴、农机具补贴等在内的直接补贴制度，制定重点粮食品种的最低收购价政策。2006年，完全取消农业税。这些政策的实施，大力开展村民自治，促进财务和村务公开，有效地保护和调动了农民民主参与、自我管理的积极性。2016年4月，习近平总书记在安徽省凤阳县小岗村主持召开农村改革座谈会时指出，"农业还是现代化建设的短腿，农村还是全面建成小康社会的短板。全党必须始终高度重视农业、农村、农民问题，把'三农'工作牢牢抓住、紧紧抓好，不断抓出新的成效"[1]，要求加强城乡统筹，全面贯彻落实强农、惠农、富农政策，促进农业基础稳固、农村和谐稳定、农民安居乐业。

（四）坚持市场化改革，注重发挥市场机制在资源配置中的决定性作用，是农村改革取得成功的正确方向

中国农村改革始终是以市场化为导向的。实行家庭承包责任制和发展乡镇企业，培育和造就了大批自主经营、自负盈亏的农村市场主体，构筑了农村市场经济的微观基础。农产品流通体制改革使以批发市场为中心的

---

[1] 《加大推进新形势下农村改革力度 促进农业基础稳固农民安居乐业》，《人民日报》2016年4月29日。

农产品市场体系迅速发育，农民开始全面介入农产品的市场运作，为市场机制发育创造了条件，促进了农村土地、劳动力、资金等要素市场的兴起。这从根本上改变了农村经济过去单纯依靠计划指令配置资源的状况，市场在资源配置中的决定性作用得以有效发挥，实现了在国家宏观调控下通过价格杠杆和竞争机制优化资源，大大提高了农村经济的活力和效率。加入世贸组织以来，在经济全球化背景下，中国农业发展立足于面向国内外两种资源和两种市场，在国际分工中克服了资源短缺的问题，优化了资源配置，提升了农业的国际竞争力。

（五）坚持城乡统筹协调，促进城乡一体化发展，是农村改革取得成功的重要路径

在传统计划经济体制下，城乡二元结构的失衡使城乡关系遭到了严重扭曲。改革开放以来，农业剩余劳动力向城镇的大量转移，密切了城乡联系，对城乡隔离体制造成了巨大冲击。党的十六大报告指出，要统筹城乡发展。十六届五中全会提出了社会主义新农村建设的重大历史任务。与党的十六大提出的解决城乡二元结构矛盾、强调城乡统筹发展的指导思想一以贯之，是落实工业反哺农业、城市支持农村方针的重要举措。2007年12月，中共中央、国务院发布的《关于切实加强农业基础建设进一步促进农业发展农民增收的若干意见》提出："加强农业基础地位，走中国特色农业现代化道路，建立以工促农、以城带乡长效机制，形成城乡经济社会发展一体化新格局。"[①] 2004年以来，中央连续发布关于"三农"的一号文件，加大对农村基础设施建设和农村社会事业发展的投入力度，基本构建了支农强农惠农的政策体系，初步形成统筹城乡发展的制度框架。2017年10月，党的十九大报告提出："要坚持农业农村优先发展，按照产业兴旺、生态宜居、乡风文明、治理有效、生活富裕的总要求，建立健全城乡融合发展体制机制和政策体系，加快推进农业农村现代化。"[②] 改革实践证明，从根本上解决现阶段的"三农"问题，必须重点改革计划经济体制下

---

① 《十七大以来重要文献选编》（上），中央文献出版社2009年版，第133页。
② 习近平：《决胜全面建成小康社会 夺取新时代中国特色社会主义伟大胜利——在中国共产党第十九次全国代表大会上的报告》，《人民日报》2017年10月28日。

形成的城乡分治的各种制度，充分发挥城市与农村的互动作用，最终实现城乡经济社会一体化统筹发展。

（六）坚持农村法治建设，强化农业基础地位和农村民主法治建设，是农村改革取得成功的重要保障

解决好"三农"问题，要靠改革，靠政策，靠投入，靠科技，也要靠法律。中国现行的宪法已历经1988、1993、1998、2004、2018年5次修改，其中，前4次修改都有关于农业的内容。如1988年的宪法修正案对土地使用权做了明确规定："土地的使用权可以依照法律的规定转让。"[①]1993年的宪法修正案对农村经济制度做了明确规定："农村中的家庭联产承包为主的责任制和生产、供销、信用、消费等各种形式的合作经济，是社会主义劳动群众集体所有制经济。"[②]1999年宪法修正案则对双层经营体制进行了明确规定，即"农村集体经济组织实行家庭承包经营为基础、统分结合的双层经营体制"[③]。在农业行业法方面，1993年7月农业法的颁布是中国农业法制建设的里程碑。中国有关农业资源保护和保障农业生产安全方面的法律体系已经基本建立起来。农村土地承包法的制定和实施，标志着中国农村土地承包走上法治化轨道。把党的农村基本政策法律化，依法治农，依法护农，是强化农业基础地位、农村民主法治建设的有力保证，是推进农村精神文明建设和民主政治建设的根本保障。

改革开放以来，中国农村改革取得了举世瞩目的巨大成就，积累了宝贵的经验，但是，"三农"问题依然是关系国计民生、全面建成小康社会和实现中华民族伟大复兴的根本性问题。党的十九大提出了实施乡村振兴战略。这是以习近平新时代中国特色社会主义思想为指导，适应新时代、应对新矛盾、解决新问题的必然要求，也是实现"两个一百年"奋斗目标的必然要求，是决胜全面建成小康社会和建设富强民主文明和谐美丽的社会主义现代化强国的重大战略部署，为农业农村发展指明了方向。实施乡村振兴战略，开启了加快中国农业农村现代化建设的新征程。

---

① 《中华人民共和国宪法》，人民出版社2004年版，第41页。
② 《中华人民共和国宪法》，人民出版社2004年版，第44页。
③ 《中华人民共和国宪法》，人民出版社2004年版，第48页。

新时代文化建设的历史性成就与历史性变革[*]

"一个国家、一个民族的强盛，总是以文化兴盛为支撑的，中华民族伟大复兴需要以中华文化发展繁荣为条件。"[①] 党的二十大报告和习近平总书记在文化传承发展座谈会上的重要讲话，深刻总结了党的十八大以来在文化建设中提出的一系列新思想新观点新论断，高度肯定了新时代文化建设所取得的成就，"全党全国各族人民文化自信明显增强、精神面貌更加奋发昂扬"[②]，为新时代开创党和国家事业新局面提供了坚强思想保证和强大精神力量。

一、新时代文化建设的历史方位与目标

新时代处于实现中华民族伟大复兴的关键时期，形势环境变化之快、改革发展稳定任务之重、矛盾风险挑战之多、对我们党治国理政考验之大前所未有，需要加强思想政治引领，广泛凝聚共识，广聚天下英才，努力寻求最大公约数、画出最大同心圆，形成海内外全体中华儿女心往一处想、劲往一处使的生动局面，汇聚起实现民族复兴的磅礴力量。[③]

正当中国人民为中华民族伟大复兴而奋斗时，世界处于百年未有之大

---

[*] 本文作者欧阳雪梅，发表于《毛泽东研究》2023年第4期。
[①] 《习近平关于社会主义文化建设论述摘编》，中央文献出版社2017年版，第3—4页。
[②] 《中国共产党第二十次全国代表大会文件汇编》，人民出版社2022年版，第9页。
[③] 习近平：《在庆祝中国共产党成立100周年大会上的讲话》，《人民日报》2021年7月2日。

变局。国际政治、经济、科技、文化、安全等格局都在发生深刻变化,"东升西降"的发展趋势日益显著,各种思想文化渗透交锋越发激烈。一些西方发达国家把中国的发展壮大视为对西方价值观和制度模式的威胁,以意识形态划线,人为制造分裂和对抗。而中国面对的文化格局是,改革开放以来极大地解放了人们的思想,提高了人的主体地位,激发了人民的创造力,思想界空前活跃,文化呈现出多样化发展格局,但同时拜金主义、享乐主义、极端个人主义和历史虚无主义等错误思潮不时出现,网络舆论乱象丛生,严重影响人们思想和社会舆论环境,存在党的意识形态与文化领导权弱化迹象;文化领域存在着"思想家淡出""泛娱乐化""崇西崇新",把西方思想作为主要的思想资源,把传统文化视为中国现代化包袱,创作方面有"高原"缺"高峰",文化产业生产结构与市场需求结构不适应,低端供给过剩与中高端供给不足并存,文化产品有数量、缺质量等现象。

党的十八大以来,以习近平同志为核心的党中央基于"两个大局",准确把握世界范围内思想文化相互激荡、中国社会思想观念深刻变化的趋势,在领导党和人民推进治国理政的实践中,把文化建设摆在全局工作的重要位置,不断深化对文化建设的规律性认识,明确"统筹推进'五位一体'总体布局、协调推进'四个全面'战略布局,文化是重要内容;推动高质量发展,文化是重要支点;满足人民日益增长的美好生活需要,文化是重要因素;战胜前进道路上各种风险挑战,文化是重要力量源泉"[1]。习近平总书记强调,"中国特色社会主义是全面发展、全面进步的伟大事业,没有社会主义文化繁荣发展,就没有社会主义现代化"[2]。中国式现代化是物质文明和精神文明相协调的现代化,必须促进全体人民精神生活共同富裕,实现人的全面发展。建设社会主义现代化强国,要打好"两个基础":物质基础和精神基础;增强"两个力量":物质力量和精神力量;改善"两个生活":物质生活和精神生活。新时代,以高度的文化自信、文化自觉、文化担当,紧紧围绕"举旗帜、聚民心、育新人、兴担化、展形

---

[1] 习近平:《在教育文化卫生体育领域专家代表座谈会上的讲话》,《人民日报》2020年9月23日。
[2] 习近平:《在教育文化卫生体育领域专家代表座谈会上的讲话》,《人民日报》2020年9月23日。

象"的使命任务，有力引领新时代中国特色社会主义文化建设的生动实践，推进社会主义文化强国建设。

二、推动意识形态领域形势发生全局性、根本性转变

马克思主义是社会主义意识形态的旗帜和灵魂，意识形态决定文化的前进方向和发展道路。改革开放以来，中国文化领域存在去意识形态化的价值中立倾向，马克思主义在一些学科中"失语"、教材中"失踪"、论坛上"失声"；文艺领域出现"以洋为尊""以洋为美"的现象。新时代强调意识形态工作是极端重要的工作，是为国家立心、为民族立魂的工作。拥有马克思主义科学理论指导是我们党坚定信仰信念、把握历史主动的根本所在。

一是与时俱进创新马克思主义理论，推进马克思主义中国化时代化，彰显真理的力量。马克思主义深刻揭示了自然界、人类社会、人类思维发展的普遍规律，为人类社会发展进步指明了方向，为我们观察世界、分析问题、解决矛盾提供了科学认识工具。党的十八大以来，以习近平同志为主要代表的中国共产党人，守正创新，坚持把马克思主义基本原理同中国具体实际相结合、同中华优秀传统文化相结合，"对关系新时代党和国家事业发展的一系列重大理论和实践问题进行了深邃思考和科学判断，就新时代坚持和发展什么样的中国特色社会主义、怎样坚持和发展中国特色社会主义，建设什么样的社会主义现代化强国、怎样建设社会主义现代化强国，建设什么样的长期执政的马克思主义政党、怎样建设长期执政的马克思主义政党等重大时代课题，提出一系列原创性的治国理政新理念新思想新战略"[1]，创立了习近平新时代中国特色社会主义思想这一当代中国马克思主义、二十一世纪马克思主义，科学回答中国之问、世界之问、人民之问、时代之问。党的十九届四中全会确立坚持马克思主义在意识形态领域指导地位的根本制度。这是打好新时代意识形态主动仗、维护国家文化安全的必然要求。意识形态渗透是资本主义国家颠覆社会主义国家政权的主

---

[1]《中共中央关于党的百年奋斗重大成就和历史经验的决议》，《人民日报》2021年11月17日。

要手段之一。习近平总书记强调："必须把意识形态工作的领导权、管理权、话语权牢牢掌握在手中，任何时候都不能旁落，否则就要犯无可挽回的历史性错误。"① 制度建设具有全局性、稳定性、长期性。确立和坚持马克思主义在意识形态领域指导地位的根本制度，对于培育、发展社会主义先进文化发挥着根本性、引领性的作用。

二是理论创新每前进一步，理论武装就跟进一步。新时代不断谱写马克思主义中国化时代化新篇章，也坚持不懈用创新理论武装全党、教育人民、指导实践。党的十八大以来，先后组织开展了党的群众路线教育实践活动、"三严三实"专题教育、"两学一做"学习教育、"不忘初心、牢记使命"主题教育、党史学习教育，以及正在开展的习近平新时代中国特色社会主义思想主题教育，"教育引导全党大力发扬红色传统、传承红色基因，赓续共产党人精神血脉"②，教育党员干部"把握好新时代中国特色社会主义思想的世界观和方法论，坚持好、运用好贯穿其中的立场观点方法"③，用习近平新时代中国特色社会主义思想铸魂育人。完善中央政治局集体学习、党委（党组）理论学习中心组、基层党组织"三会一课"等各层级学习制度，健全用党的创新理论武装全党的工作体系，推动理想信念教育常态化制度化，落实意识形态工作责任制；党校、干部学院、社会科学院、高校等不仅把马克思主义作为必修课，而且成为马克思主义学习、研究、宣传的重要阵地④。统筹推进马克思主义理论研究和建设工程、中国特色社会主义理论体系研究中心、马克思主义学院、报刊网络理论宣传阵地四大平台建设，汇集力量深化拓展马克思主义理论研究和宣传教育，推动党的创新理论转化为认识世界、改造世界的强大力量，使全体人民在理想信念、价值理念、道德观念上紧紧团结在一起。

三是强调加快构建中国特色哲学社会科学，以我国实际为研究起点，

---

① 《习近平关于社会主义文化建设论述摘编》，中央文献出版社 2017 年版，第 21 页。
② 习近平：《在党史学习教育动员大会上的重要讲话》，人民出版社 2021 年版，第 20 页。
③ 《中国共产党第二十次全国代表大会文件汇编》，人民出版社 2022 年版，第 16 页。
④ 《习近平关于社会主义文化建设论述摘编》，中央文献出版社 2017 年版，第 23 页。

阐释中国道路、解读中国实践、构建中国理论。①哲学社会科学创新是理论创新的基础。新时代鼓励广大知识分子根植于中国大地，服务于中国社会，以现实问题为切入点开展学术研究，融通用好马克思主义资源、中华优秀传统文化资源和国外哲学社会科学资源，以中国为观照、以时代为观照，不断推进知识创新、理论创新、方法创新，积极构建中国特色哲学社会科学学科体系、学术体系、话语体系，推动建构中国自主知识体系，为建设中华民族现代文明提供有力支撑。这就扭转了主流意识形态话语与学术话语一度割裂的局面，有力改变了马克思主义被边缘化、空泛化、标签化现象。

推动媒体融合发展，改变"两个舆论场"格局。互联网是意识形态交锋的前沿阵地，过不了互联网这一关，就过不了长期执政这一关。新时代强调提高新闻舆论传播力引导力影响力公信力，弘扬主旋律、传播正能量，巩固壮大奋进新时代的主流思想舆论。②建立网络综合治理体系，2016年出台《中华人民共和国网络安全法》，坚持依法管网治网，营造清朗的网络空间，规范非公有资本进入媒体。为提升传播效能，2014年媒体融合上升为国家战略，传统媒体和新兴媒体优势互补，一体化发展，建设以内容为根本、先进技术为支撑、创新管理为保障的全媒体传播体系，报（台）、网、端全覆盖，加强传播渠道，视频、漫画等多种方式并用，建设新型主流媒体，丰富网上正能量传播矩阵，加强引导、平衡、化解舆情工作，有力扭转了一度乱象丛生的舆论格局。新闻业呈现技术化、科学化、全媒化的趋势，许多基层群众形成了依靠党和政府权威发布获得信息的习惯。各级党委和政府担当责任，网络平台、社会组织、广大网民等发挥积极作用，共同推进文明办网、文明用网、文明上网，以时代新风塑造和净化网络空间，共建网上美好精神家园。③

---

① 《赓续历史文脉 谱写当代华章——习近平总书记考察中国国家版本馆和中国历史研究院并出席文化传承发展座谈会纪实》，《人民日报》2023年6月4日。

② 《赓续历史文脉 谱写当代华章——习近平总书记考察中国国家版本馆和中国历史研究院并出席文化传承发展座谈会纪实》，《人民日报》2023年6月4日。

③ 《习近平谈治国理政》第4卷，外文出版社2022年版，第319页。

三、社会主义核心价值观广泛传播

价值观念在一定社会文化中起中轴作用，文化影响力首先是价值观念的影响力。价值观念是人们认定事物、辨定是非的一种思维或取向，对于人们的实践活动产生着导向作用。世界上各种文化之争，本质上是价值观念之争，价值观念在任何一种文化体系中都处于核心地位。

党的十八大提出"倡导富强、民主、文明、和谐，倡导自由、平等、公正、法治，倡导爱国、敬业、诚信、友善，积极培育和践行社会主义核心价值观"[1]。社会主义核心价值观作为社会主义核心价值体系的内核，把国家、社会、公民的价值要求融为一体，既体现了社会主义本质要求，继承了中华优秀传统文化，也吸收了世界文明有益成果，体现了时代精神，是我们在推进文化创新时所必须着力培育和践行的。新时代以社会主义核心价值观引领文化建设，广泛开展中国特色社会主义和中国梦宣传教育，使全体人民在理想信念、价值理念、道德观念上紧紧团结在一起。[2]这是强基固本的基础工程。"以培养担当民族复兴大任的时代新人为着眼点，强化教育引导、实践养成、制度保障，发挥社会主义核心价值观对国民教育、精神文明创建、精神文化产品创作生产传播的引领作用，把社会主义核心价值观融入社会发展各方面，转化为人们的情感认同和行为习惯。"[3]中华优秀传统文化是中华民族的精神命脉，是涵养社会主义核心价值观的重要源泉。我们党积极引导党员干部与青年学生接续修齐治平的精神传统，培养家国情怀，重视家风家教；突出爱国主义教育，建立健全党和国家功勋荣誉表彰制度，建立了党、国家、军队功勋簿，设立烈士纪念日，推动全社会形成见贤思齐、崇尚英雄、争做先锋的良好氛围。以中国共产党成立100周年为契机，弘扬以伟大建党精神为源头的中国共产党人精神谱系。新建改扩建一批革命博物馆、纪念馆，用好红色资源，使之成

---

[1] 《十八大以来重要文献选编》（上），中央文献出版社2014年版，第25页。
[2] 《赓续历史文脉 谱写当代华章——习近平总书记考察中国国家版本馆和中国历史研究院并出席文化传承发展座谈会纪实》，《人民日报》2023年6月4日。
[3] 《十九大以来重要文献选编》（上），中央文献出版社2019年版，第30页。

为"大思政课"优质资源,挖掘革命文物蕴含的时代价值和思想内涵,结合思政教育内容,转化制作一批有温度、有高度、有深度的小故事,作为思政课教学案例,并推出主题巡展、微党课、情景剧、音乐剧、主题读物等,切实发挥革命文物故事的育人作用。

将社会主义核心价值观融入社会生活,强调"礼法合治",宪法宣誓,重视日常生活节日礼仪教化功能;坚持依法治国和以德治国相结合,把社会主义核心价值观融入法治建设,完善弘扬社会主义核心价值观的法律政策体系;积极探索社会主义核心价值观大众化、时代化传播路径,建设了一大批新时代文明实践中心与县级融媒体中心,融入社会发展、融入日常生活,推动形成适应新时代要求的思想观念、精神面貌、文明风尚、行为规范。在全社会弘扬劳动精神、奋斗精神、奉献精神、创造精神、勤俭节约精神,培育时代新风新貌。完善志愿服务制度和工作体系,推动学雷锋活动、学习宣传道德模范常态化,深入实施公民道德建设工程,推进社会公德、职业道德、家庭美德、个人品德教育,培育良好道德风尚。完善思想政治工作体系,推进大中小学思想政治教育一体化建设,抓好未成年人思想道德建设和大学生思想政治教育。弘扬诚信文化,健全诚信建设长效机制,深化文明旅游,不断提高国民素质和社会文明程度。通过这些做法,社会主义核心价值观得到广泛弘扬,逐渐深入人心、深入基层。

"文艺是铸造灵魂的工程,承担着以文化人、以文育人的职责,应该用独到的思想启迪、润物无声的艺术熏陶启迪人的心灵,传递向善向上的价值观。"① 党的十八大以来改革文艺评奖制度,规范片酬制度,加大对文艺精品扶持力度,完善文艺创作生产、流通、传播机制,通过国家艺术资金、出版基金、影视专项资助项目、国家创作工程、政府购买等形式形成价值引导机制,对影视领域资本运作及其乱象进行规范,取得明显成效。现实主义的新主流影视剧呈现蓬勃生机,产生了《我和我的祖国》《长津湖》《守岛人》《中国机长》《悬崖之上》《攀登者》《觉醒年代》《大江大河》《山海情》《人世间》《对手》《狂飙》《三体》《大山的女儿》《我们的

---

① 习近平:《论党的宣传思想工作》,中央文献出版社 2020 年版,第 270 页。

日子》《警察荣誉》《人生之路》《叛逆者》《向风而行》《理想之城》《小舍得》《超越》《幸福到万家》《风吹半夏》《县委大院》《大考》《功勋》等一大批广受欢迎的优秀影视作品。

四、推动中华优秀传统文化创造性转化、创新性发展

"两创"凸显出中国传统文化的主体性、传承性与内在的自我扬弃和自我超越性。近代以来，西方列强凭借坚船利炮打开中国的大门，中华民族遭遇"三千年未有之大变局"。在现代化的狂飙突进中，中国传统文化一度被视为实现现代化的障碍和阻力，出现"全盘西化"思潮。但随着现代性内在危机的逐步暴露，诸如人与自然、人与社会、人与人、人与自我之间的紧张和冲突，导致了个人主义、功利主义、拜金主义、消费主义膨胀，中华优秀传统文化"在引导心灵稳定、精神向上、行为向善、社会和谐等方面"[①]的积极价值逐步彰显。新时代，习近平总书记重申党的文化立场——中国共产党是中华优秀传统文化的忠实传承者、弘扬者和建设者，并在"古为今用""推陈出新"的基础上提出"创造性转化和创新性发展"的"双创"方针。"双创"是建立在对中华文化自信的基础上的。习近平总书记从大历史观、从中国精神形成和发展的理论高度认识中华传统文化，"中华文明探源工程等重大工程的研究成果，实证了我国百万年的人类史、一万年的文化史、五千多年的文明史"[②]。中华文明在农业文明时代遥遥领先，只是在西方工业文明的挑战中"蒙尘"，一度落后于现代世界文明进程。"中华文明源远流长、博大精深，是中华民族独特的精神标识，是当代中国文化的根基，是维系全世界华人的精神纽带，也是中国文化创新的宝藏。"[③]中华文明是世界上唯一自古延续至今、从未中断的文明，"向世界贡献了深刻的思想体系、丰富的科技文化艺术成果、独特的制度

---

① 陈来：《如何看待儒家文化与中国传统文化》，《中国哲学史》2018年第1期。
② 习近平：《把中国文明历史研究引向深入 增强历史自觉坚定文化自信》，《求是》2022年第14期。
③ 习近平：《把中国文明历史研究引向深入 增强历史自觉坚定文化自信》，《求是》2022年第14期。

创造"①，深刻影响了世界文明进程。中华优秀传统文化中的诸多重要元素，如天下为公、天下大同的社会理想，民为邦本、为政以德的治理思想，九州共贯、多元一体的大一统传统，修齐治平、兴亡有责的家国情怀，厚德载物、明德弘道的精神追求，富民厚生、义利兼顾的经济伦理，天人合一、万物并育的生态理念，实事求是、知行合一的哲学思想，执两用中、守中致和的思维方法，讲信修睦、亲仁善邻的交往之道等，共同塑造出中华文明连续性、创新性、统一性、包容性、和平性的突出特性，早已融入中华民族血脉深处，是中华民族生生不息、长盛不衰的文化基因，是中华文明成为世界上唯一绵延不断并以国家形态发展至今的伟大文明的根本原因，也是中国式现代化道路得以形成和继续发展的文化基因和精神支撑。②实现优秀传统文化的创造性转化、创新性发展，使中华民族最基本的文化基因与当代文化相适应、与现代社会相协调。"中国优秀传统文化的丰富哲学思想、人文精神、教化思想、道德理念等，可以为人们认识和改造世界提供有益启迪，可以为治国理政提供有益启示，也可以为道德建设提供有益启发。"③由此也明晰了文化自信的历史底蕴，建构了其理论基础，将文化自信与道路自信、理论自信、制度自信并列，确立了"四个自信"。

明确中华优秀传统文化是社会主义先进文化的源头活水。中国特色社会主义文化"源自于中华民族五千多年文明历史所孕育的中华优秀传统文化，熔铸于党领导人民在革命、建设、改革中创造的革命文化和社会主义先进文化，植根于中国特色社会主义伟大实践"。发展中国特色社会主义文化，要"以马克思主义为指导，坚守中华文化立场"④，"要挖掘中华优秀传统文化的思想观念、人文精神、道德规范"，"把中华美学精神和当代审

---

① 习近平：《建设中国特色中国风格中国气派的考古学 更好认识源远流长博大精深的中华文明》，《求是》2020年第23期。
② 《担负起新的文化使命 努力建设中华民族现代文明》，《人民日报》2023年6月3日。
③ 习近平：《在纪念孔子诞辰2565周年国际学术研讨会暨国际儒学联合会第五届会员大会开幕会上的讲话》，《人民日报》2014年9月25日。
④ 《十九大以来重要文献选编》（上），中央文献出版社2019年版，第29页。

美追求结合起来,激活中华文化生命力",①在实践锻造中不断增强做中国人的志气、骨气、底气。

"不忘本来才能开辟未来,善于继承才能更好创新。"②只有全面深入了解中华文明的历史,才能更有效地推动中华优秀传统文化创造性转化、创新性发展,更有力地推进中国特色社会主义文化建设,建设中华民族现代文明。2017年1月,党的历史上第一次以中央文件形式发布《关于实施中华优秀传统文化传承发展工程的意见》,专题阐述中华优秀传统文化的传承发展工作,明确中华优秀传统文化传承发展的主要内容、发展路径。要求加强理论阐释,挖掘文化典籍中的丰富思想;加强教育普及,形成中华优秀传统文化教育格局;做好文化遗产保护工作,促进文化创意产业开发;创新传播方式与手段,提升中华文化的世界影响力与感染力。

提出"第二个结合",巩固文化主体性。文化主体性是文化自信的来源与根基。习近平总书记在庆祝中国共产党成立100周年大会上,首次提出坚持马克思主义基本原理同中国具体实际相结合、同中华优秀传统文化相结合的观点。以往所强调的马克思主义基本原理同中国具体实际相结合,"中国具体实际"当然包括中华优秀传统文化。新时代提出"第二个结合",突出中华优秀传统文化是我们党创新理论的"根"。"坚持和发展马克思主义,必须同中华优秀传统文化相结合。只有植根本国、本民族历史文化沃土,马克思主义真理之树才能根深叶茂。"③"结合"的前提是彼此契合。马克思主义和中华优秀传统文化来源不同,但彼此存在高度的契合性。"中国人民在长期生产生活中积累的宇宙观、天下观、社会观、道德观的重要体现,同科学社会主义价值观主张具有高度契合性。"④相互契合才能有机结合。"把马克思主义思想精髓同中华优秀传统文化精华贯通起来、同人民群众日用而不觉的共同价值观念融通起来,不断赋予科学理论

---

① 习近平:《在中国文联十一大、中国作协十大开幕式上的讲话》,《人民日报》2021年12月15日。
② 《习近平谈治国理政》第1卷,外文出版社2018年版,第164页。
③ 《中国共产党第二十次全国代表大会文件汇编》,人民出版社2022年版,第15页。
④ 《中国共产党第二十次全国代表大会文件汇编》,人民出版社2022年版,第15页。

鲜明的中国特色，不断夯实马克思主义中国化时代化的历史基础和群众基础，让马克思主义在中国牢牢扎根。"① 这就是说，我们推进马克思主义中国化时代化的根本途径是"两个结合"。

"结合"的结果是互相成就，造就了一个有机统一的新的文化生命体，让马克思主义成为中国的，中华优秀传统文化成为现代的，让经由"结合"而形成的新文化成为中国式现代化的文化形态。"结合"巩固了文化主体性，创立新时代中国特色社会主义思想就是这一文化主体性的最有力体现。② 马克思主义作为我们的指导思想能给中国文化以有力的指导，也变成中国文化的一部分。习近平新时代中国特色社会主义思想，是"中华文化和中国精神的时代精华"③。"习近平新时代中国特色社会主义思想是马克思主义与新时代中国国情、中华优秀传统文化相结合的产物，是推进'两个结合'的光辉典范和最新成果，既贯穿了马克思主义活的灵魂，又保持着鲜明而独特的民族特色、文化特色，既是对马克思主义的新发展新贡献，又使中华文化、中国精神在新时代获得新突破新升华。"④ "两个结合"是我们取得成功的最大法宝。

文化遗产承载着中华民族的基因和血脉。新时代强调要像爱惜自己的生命一样保护历史文化遗产，加强文物保护利用和文化遗产保护传承，守护好中华文脉，强化文化遗产保护中政府的主体责任，并通过立法，鼓励社会、个人积极参与保护传承，增强全社会的保护意识。通过中华文化资源普查工程、国家古籍保护工程、中国传统村落保护工程、振兴传统工艺等23个重点计划项目，大规模整理梳理我国传统文化资源，挖掘文化遗产的多重价值，传播承载中华文化、中国精神的价值符号和文化产品，千方百计让收藏在博物馆里的文物、陈列在广阔大地上的遗产、书写在古籍里的文字都活起来，并加强文物和文化遗产保护的国际交流合作，扩大我

---

① 《中国共产党第二十次全国代表大会文件汇编》，人民出版社2022年版，第15—16页。
② 《担负起新的文化使命 努力建设中华民族现代文明》，《人民日报》2023年6月3日。
③ 《中共中央关于党的百年奋斗重大成就和历史经验的决议》，人民出版社2021年版，第26页。
④ 王一彪：《全面领会习近平总书记对推进马克思主义中国化时代化的卓越贡献》，《人民论坛》2022年第13期。

国在国际文化遗产领域的影响力。党的十八大以来，国家层面实施传统村落保护工程，形成了世界上规模最大、内容和价值最丰富、保护最完整、活态传承的农耕文明遗产保护群。开展国家文化公园建设，长城、大运河、长征、黄河、长江五大国家文化公园建设陆续启动。推动出现"博物馆热"，让文物活起来，文创产品、数字传播与沉浸体验有力推动了中华优秀传统文化的创造性转化与创新性发展，丰富了人民的精神文化生活。通过中华文明探源工程，对中华文明的起源、形成、发展的历史脉络，对中华文明多元一体格局的形成和发展过程，对中华文明的特点及其形成原因等，都有了较为清晰的认识。

五、坚持以人民为中心，满足人民日益增长的美好生活需要

文化建设坚持人民立场是党的宗旨的体现。习近平总书记在十八届中央政治局常委同中外记者见面时就明确宣示，人民对美好生活的向往，就是我们的奋斗目标。"满足人民过上美好生活的新期待，必须提供丰富的精神食粮。"[①] 同时，"人民是文艺创作的源头活水"[②]，人民群众是文化的创造主体，是推动文化创新的决定性力量。新时代强调坚持以人民为中心的创作导向，把社会效益放在首位，推出更多增强人民精神力量的优秀作品。

保障人民文化权益，丰富人民精神生活。为了解决人民日益增长的美好生活需要和不平衡不充分的发展之间的矛盾，党的十八届三中全会提出必须"坚定不移将文化体制改革引向深入"，激发文化创新创造活力，壮大文化事业、繁荣文化产业、提振文化优势、进一步保障人民文化权益。新时代，实施国家文化数字化战略，健全现代公共文化服务体系，创新实施文化惠民工程，提高基本公共文化服务的覆盖面和适用性，切实保障人民群众基本文化权益。坚持以文塑旅、以旅彰文，推进文化和旅游深度融合发展。健全现代文化产业体系和市场体系，实施重大文化产业项目带动

---

① 《十九大以来重要文献选编》（上），中央文献出版社2019年版，第31页。
② 习近平：《在文艺工作座谈会上的讲话》，《人民日报》2015年10月15日。

战略，推动各类文化市场主体发展壮大，培育新型文化业态和文化消费模式，增强文化整体实力和竞争力。

为建立健全现代公共文化服务体系，先后出台了《关于鼓励和引导民间资本进入文化领域的实施意见》《关于政府向社会力量购买服务的指导意见》《关于加快构建现代公共文化服务体系的意见》等，并推动文化立法，完善公共文化服务机构的法人治理结构，制定了公共文化服务保障法、公共图书馆法、《博物馆条例》，推动公共文化服务标准化、均等化，坚持政府主导、社会参与、重心下移、共建共享，完善公共文化服务体系，提高基本公共文化服务的覆盖面、适用性和社会性。培养、壮大文化服务志愿者队伍，建立文化结对帮扶机制，健全支持开展群众性文化活动机制，激发人民群众的文化创造活力。截至2022年末，全国共有公共图书馆3303个，总流通72375万人次；文化馆3503个。有线电视实际用户1.99亿户，其中有线数字电视实际用户1.90亿户。年末广播节目综合人口覆盖率为99.6%，电视节目综合人口覆盖率为99.8%。全年生产电视剧160部5283集，电视动画片89094分钟。全年生产故事影片380部，科教、纪录、动画和特种影片105部。出版各类报纸266亿份，各类期刊20亿册，图书114亿册（张），人均图书拥有量8.09册（张）。互联网上网人数10.67亿人，其中手机上网人数10.65亿人。互联网普及率为75.6%，其中农村地区互联网普及率为61.9%。①58.7万家农家书屋遍布全国各地，有基本条件的行政村都建了书屋，累计配送图书超12.4亿册。②2020年初，新冠疫情暴发，公共文化机构纷纷开设了网上博物馆、网上剧院、网上音乐厅、网上演播室等，内容丰富、形式多样、手法新颖。在三年的疫情防控战中，文化起到了慰藉心灵、娱悦身心，增强信心、鼓舞士气的重要作用。

健全现代文化产业体系，推动文化产业高质量发展，为人民提供了更多更好的精神食粮。"衡量文化产业发展质量和水平，最重要的不是看经

---

① 国家统计局：《中华人民共和国2022年国民经济和社会发展统计公报》，《光明日报》2023年3月1日。

② 《书香萦绕在乡土中国》，《光明日报》2022年7月24日。

济效益，而是看能不能提供更多既能满足人民文化需求、又能增强人民精神力量的文化产品。"① 新时代繁荣发展文化事业和文化产业，把握好意识形态属性和产业属性、经济效益与社会效益关系，始终坚持社会主义先进文化前进方向，始终把社会效益放在首位。2015年9月，中央印发《关于推动国有文化企业把社会效益放在首位、实现社会效益和经济效益相统一的指导意见》，明确文化企业提供精神产品，传播思想信息，担负文化传承使命，国有文化企业要着力建立有文化特色的现代企业制度，充分发挥示范引领和表率带动作用，在推动两个效益相统一中走在前列，"始终坚持正确文化立场，推出更多思想性艺术性观赏性俱佳的文化产品，提供更多有意义有品位有市场的文化服务"②。党的十八大以来，完善文化产品创作生产传播的引导激励机制，全面繁荣新闻出版、广播影视、文学艺术事业，不断扩大优质文化产品供给，着力增强人民文化获得感、幸福感。文化数字化推进文化产业转型升级，新型文化企业、文化业态、文化消费模式蓬勃发展。2022年，文化新业态特征较为明显的16个行业小类实现营业收入43860亿元，比上年增长5.3%。③ 数字文化消费创造的巨大生产力，正在成为文化企业乃至我国经济社会发展的重要支撑。文艺在满足人民精神文化需求方面发挥着特殊的重要作用。习近平总书记强调，文艺的根本宗旨"是为人民创作"，"把人民作为文艺表现的主体，把人民作为文艺审美的鉴赏家和评判者，把为人民服务作为文艺工作者的天职"。④ 新时代加强文艺创作引导，抵制低俗庸俗媚俗，广大文艺工作者坚持以人民为中心的创作导向，深入生活、扎根人民，努力推出更多反映新时代新气象、讴歌人民新创造的文艺精品。贴近时代、贴近民众生活的现实主义题材广受欢迎。中国电影总票房由2012年的173.13亿元增长到2019年642.66亿元，国产电影市场份额均超过一半。⑤ 网络文学主流化、精品化进

---

① 习近平：《在教育文化卫生体育领域专家代表座谈会上的讲话》，《光明日报》2020年9月23日。
② 《关于推动国有文化企业把社会效益放在首位、实现社会效益和经济效益相统一的指导意见》，《光明日报》2015年9月15日。
③ 《2022年文化和旅游发展统计公报》，《中国文化报》2023年7月14日。
④ 习近平：《在文艺工作座谈会上的讲话》，《人民日报》2015年10月15日。
⑤ 欧阳雪梅主编：《新时代的文化建设》，当代中国出版社、重庆出版社2022年版，第256页。

程明显加快。2022年新增作品300多万部,其中现实题材作品新增20余万部,同比增长17%;科幻题材作品新增30余万部,同比增长24%;新增历史题材作品28万余部,同比增长9%。① 网络文学带动了有声、动漫、影视、游戏、衍生品等下游产业的发展,产生了不少优秀作品。

六、加强中外文明交流互鉴,坚守和弘扬全人类共同价值

一个大国发展兴盛,必然要求文化传播力、文明影响力大幅提升,实现软实力和硬实力相得益彰。随着中国综合国力和国际影响力持续提升,国际社会对中国共产党的了解意愿更加强烈,了解程度更深,了解面更广。在我们党的对外交往过程中,外国政党政要、智库学者、工商界人士、青年学生等通过多种渠道表达了对新时代中国共产党的关注和看法。同时,国际社会对我们的误解也不少,或出于意识形态偏见,或出于所谓"西方文明优越"的傲慢,"中国威胁论"与"唱衰"中国同时并存。"我们在国际上还存在着信息流进流出的'逆差'、中国真实形象和西方主观印象的'反差'、软实力和硬实力的'落差'。"② 提高国家文化软实力"行于中"而"发于外"。中国式现代化的探索过程是中西方思想、价值观相遇、碰撞、激荡,并逐步走向文化自信和历史主动的过程。新时代强调提升国家文化软实力和中华文化影响力,加强国际传播能力建设,讲好中国故事,推动中华文化更好走向世界。

中华文明崇尚"各美其美,美美与共",主张和合共生、互利共赢。2014年3月,习近平主席在联合国教科文组织总部发表演讲时,回顾了中外悠久的文明交往史,从丝绸之路到盛唐景象,从郑和下西洋到西学东渐,外来文明为中华文明的发展提供了有益滋养。"中华文明自古就以开放包容闻名于世,在同其他文明的交流互鉴中不断焕发新的生命力。中华文明五千多年发展史充分说明,无论是物种、技术,还是资源、人群,甚至于思想、文化,都是在不断传播、交流、互动中得以发展、得以进步

---

① 《〈2022中国网络文学蓝皮书〉发布》,《光明日报》2023年4月9日。
② 《习近平新时代中国特色社会主义思想学习纲要》,学习出版社、人民出版社2023年版,第207页。

的。"① 因此，要坚持"以我为主、为我所用"，不能搞"全盘西化"，不能搞"全面移植"。针对"文明冲突"论，习近平总书记指出，文明多样性是世界的基本特征，也是人类进步的源泉。"要以文明交流超越文明隔阂、文明互鉴超越文明冲突、文明共存超越文明优越，推动各国相互理解、相互尊重、相互信任。"② 习近平总书记反复强调，要摒弃冷战思维和零和博弈，反对任何形式的"新冷战"和意识形态对抗。

新时代加快构建中国话语和中国叙事体系，讲好中国故事、传播好中国声音，展示真实、立体、全面的中国，促进中外民众相互了解和理解。讲好中国故事根本在于传播理念，以理服人，以情动人，以我为主，融通中外。要客观真实地向世界讲好中国故事，讲好中国共产党故事，讲好我们正在经历的新时代故事，帮助国外民众了解中国共产党为什么能、马克思主义为什么行、中国特色社会主义为什么好。坚守中华文化立场，提炼展示中华文明的精神标识和文化精髓，"讲清楚中国是什么样的文明和什么样的国家，讲清楚中国人的宇宙观、天下观、社会观、道德观，展现中华文明的悠久历史和人文底蕴"③。习近平总书记率先垂范，是"中国故事第一讲解人"。他在双边、多边外交场合以中国话语向世界介绍中国，提出了"人类命运共同体""国家治理体系和治理能力现代化""以人民为中心""人与自然是生命共同体""绿水青山就是金山银山""人类文明新形态"等富有中国特色、风格和气派的话语体系，这"是对马克思主义实践观、辩证法、自然观、政治观、群众观、文化观、生态观、国际观等的生动阐释"④。《习近平谈治国理政》出版4卷37个语种版本，发行覆盖全球170多个国家和地区⑤，成为国际社会了解中国、读懂中国的重要思想之

---

① 习近平：《把中国文明历史研究引向深入 增强历史自觉坚定文化自信》，《求是》2022年第14期。
② 《习近平谈治国理政》第2卷，外文出版社2017年版，第513页。
③ 《把中国文明历史研究引向深入 推动增强历史自觉坚定文化自信》，《人民日报》2022年5月29日。
④ 单传友：《中国马克思主义哲学话语体系的百年探索》，《华中科技大学学报（社会科学版）》2021年第2期。
⑤ 《让世界进一步读懂中国——〈习近平谈治国理政〉第四卷中、英文版在法兰克福书展上展出》，《光明日报》2022年10月25日。

窗，受到众多国际政要、专家学者好评。中华学术外译项目、中国当代作品翻译项目也产生了一定影响。

弘扬全人类共同价值。2015 年 9 月 28 日，习近平主席在第七十届联合国大会一般性辩论时的讲话中首次明确"和平、发展、公平、正义、民主、自由，是全人类的共同价值"①。此后，面对"世界怎么了、我们怎么办"的时代之问，习近平总书记不断阐释"全人类共同价值"，为构建人类命运共同体提供核心理念，指出"中国共产党将继续同一切爱好和平的国家和人民一道，弘扬和平、发展、公平、正义、民主、自由的全人类共同价值，坚持合作、不搞对抗，坚持开放、不搞封闭，坚持互利共赢、不搞零和博弈，反对霸权主义和强权政治，推动历史车轮向着光明的目标前进"②，并强调"尊重不同国家人民对价值实现路径的探索，把全人类共同价值具体地、现实地体现到实现本国人民利益的实践中去"③。坚持和平、发展、合作、共赢，就是站在历史正确的一边、站在人类进步的一边。这些帮助国际社会了解中国和中国共产党的价值追求，为赢得更多的国际尊重和认同奠定了基础。

"国之交在于民相亲，民相亲在于心相通。"④新时代加快发展对外文化交流、文化传播和文化贸易。除了最具特色的元首外交、主场外交、公共外交，还有主题峰会和具体合作项目等方式，高校、智库等研究机构提升了对外传播的理论高度，加深了外界对中国的了解和理解。中国媒体走出去力度加大，中国国际电视台（CGTN）开播也放大了"中国之声"。国家媒体和境外媒体融合了传统媒体和新媒体手段，以"线下＋线上"的文字、图片、视频、音频、漫画等多种形式和多语种的直播、录像、纪录片、图书出版物等，全媒体对外传播。个人、企业、民间团体等以大众化、生活

---

① 习近平：《携手构建合作共赢新伙伴 同心打造人类命运共同体》，《光明日报》2015 年 9 月 29 日。
② 习近平：《在庆祝中国共产党成立 100 周年大会上的讲话》，《人民日报》2021 年 7 月 2 日。
③ 《习近平出席中国共产党与世界政党领导人峰会并发表主旨讲话》，《人民日报》2021 年 7 月 7 日。
④ 习近平：《携手推进"一带一路"建设——在"一带一路"国际合作高峰论坛开幕式上的演讲》，《人民日报》2017 年 5 月 15 日。

化的方式传播中华文化。自2013年提出共建"丝绸之路经济带"和"21世纪海上丝绸之路"倡议以来，中国与沿线国家的各类文化交流进一步密切，各类高级别文化对话与磋商陆续建立，各类主题艺术节、博览会、交易会、论坛、公共信息服务等逐步规范和常态化。中外文化年、旅游年、艺术节、影视节、研讨会等人文合作项目的质量与效益不断提升。在国际文化传播领域，展示了具有中国特色、体现中国精神、蕴藏中国智慧的优秀文化。

以艺通心。2014年，美国托尔书局出版了刘慈欣的《三体》，受到读者热烈欢迎，登上了"2014年全美百佳图书榜"。2015年，《三体》获得科幻类国际大奖雨果奖。网络文学的海外传播是中国文化"走出去"的一张重要名片。网络文学海外市场规模突破30亿元，累计向海外输出网文作品16000余部，其中，实体书授权超5000部，上线翻译作品9000余部；海外用户超过1.5亿人，覆盖200多个国家和地区，培养海外本土作者60余万人，外语作品达到数十万部。[①]文化产品出口近年稳居全球第一，中国的影视剧、网络文学、网络视听、创意产品等领域出口迅速发展、广受欢迎，也进口国外的优质图书、影视剧等文化产品和服务，满足了人民群众多样化的文化需要。商务部数据显示，我国对外文化贸易额2021年首次突破2000亿美元，同比增长38.7%[②]，不断丰富世界文明百花园。

党的十八大以来，围绕建设社会主义文化强国的战略目标，以习近平同志为核心的党中央提出一系列新思想新观点新论断，重视文化的意识形态属性与中国精神特质，并站在中华民族伟大复兴的道义制高点，极大增强了党和人民的文化自信，凝聚了社会各阶层的共识，提升了中华民族的精神家园意识，为实现中华民族伟大复兴注入了更为主动的精神力量。党的二十大强调，以中国式现代化全面推进中华民族伟大复兴，而中国式现代化是物质文明与精神文明协调发展的现代化，丰富人民精神世界是中国式现代化的本质要求之一。在新的历史起点上继续推动文化繁荣、建设文

---

① 《〈2022中国网络文学蓝皮书〉发布》，《光明日报》2023年4月9日。
② 《2021年我国对外文化贸易额首次突破2000亿美元》，《人民日报海外版》2022年7月22日。

化强国、建设中华民族现代文明，要坚定文化自信，坚持走自己的路，立足中华民族伟大历史实践和当代实践，用中国道理总结好中国经验，把中国经验提升为中国理论，实现精神上的独立自主；要秉持开放包容，坚持马克思主义中国化时代化，传承发展中华优秀传统文化，促进外来文化本土化，不断培育和创造新时代中国特色社会主义文化；要坚持守正创新，以守正创新的正气和锐气，赓续历史文脉、谱写当代华章。[①]

[①]《担负起新的文化使命 努力建设中华民族现代文明》，《人民日报》2023年6月3日。

中国文化体制改革探析*

改革开放以来,中国的文化事业坚持以解放思想为动力,面向世界、面向未来,与时俱进,开拓进取,面对新情况、把握新机遇、迎接新挑战,始终保持宽阔的视野、博大的胸襟和包容的气魄,在改革开放的历史大潮中走出了一条中国特色社会主义文化的发展道路。深入总结文化体制改革近40年来的成就与经验,对于坚定文化自信、推动中国特色社会主义文化繁荣兴盛具有重要意义。

一、改革开放以来文化体制改革的历程

从党的十一届三中全会到十九大,中国文化体制改革大致经历了探索、全面展开和全面深化三个阶段。

(一)探索阶段(1978—2002年)

中国文化体制改革是以艺术表演团体改革为起点的。新中国成立后,国家对绝大多数艺术表演团体实行统包统管,在一定时期内对保障人民群众的基本文化需求起到了积极作用。但这种体制也存在诸多弊端,如:艺术表演团体缺乏自主权;平均主义严重,缺乏竞争机制;机构臃肿,缺乏流动机制和淘汰机制;结构布局不平衡、不合理;政府对艺术表演团体缺乏宏观指导、规划、协调、服务和监督等。[①] 推进文化艺术表演团体管理体

---

* 本文作者刘仓,发表于《当代中国史研究》2018年第4期。
① 国务院法制办公室:《中华人民共和国法规汇编》第8卷,中国法制出版社2005年版,第671—672页。

制改革是经济文化社会发展的客观要求。1978年,文化部决定恢复中国京剧院、中国青年艺术剧院、中国儿童剧院、中央实验话剧院、中央歌舞团等所属艺术表演团体建制和名称。①1979年,一些艺术表演团体尝试改革经营机制,如福建省在大部分地、县剧团实行"四定一奖"②责任制,上海等地艺术院团实行承包经营责任制。1980年2—3月,全国文化局长会议讨论了艺术表演团体调整、改革体制及改进领导管理问题,明确提出要"坚决地有步骤地改革文化事业体制,改革经营管理制度"。③之后,一些艺术剧团开始探索进行"承包责任制"改革,文化体制改革随之展开。

探索所有制和经营机制改革。从20世纪70年代末期开始,中共中央、国务院和文化部陆续出台了诸多关于艺术表演团体改革的文件,指导艺术表演团体改善结构布局;推进试行多种所有制形式和经营方式;实行聘任合同制或演出合同制;改革劳动人事制度和劳动报酬制度;建立健全文化市场体系,拓宽投融资渠道;政府部门在业务、人事、财务等方面下放或放宽管理权限等。④1996年10月,党的十四届六中全会通过了《关于加强社会主义精神文明建设若干重要问题的决议》,对文化体制改革的目的、发展格局、市场管理等做出总体部署。⑤1997年1月11日,中共中央做出《关于进一步做好文艺工作的若干意见》,对艺术表演团体、电影电视管理体制改革提出目标,并在文化管理、文艺立法、经济政策、市场管理、对外文化交流工作等方面做出部署。⑥

初步形成多元化文化市场主体。艺术表演团体改革带动了新闻、出版、广播影视领域的改革。20世纪90年代,一些国有大型文化事业单位

---

① 蔡武:《筑牢文化自信之基——中国文化体制改革40年》,广东经济出版社2017年版,第2页。
② 即指定创作任务、演出场次、演出收入、补贴金额和完成任务奖励。参见《竞赛在悄悄进行》,《人民日报》1986年2月3日。
③ 张晓明、胡惠林、章建刚主编:《中国文化产业发展报告(2005)》,社会科学文献出版社2005年版,第23页。
④ 文化部办公厅编:《中华人民共和国文化法规汇编(1993—1996)》,文化艺术出版社1997年版,第133—141页。
⑤ 《十四大以来重要文献选编》(下),中央文献出版社2011年版,第144—147页。
⑥ 《十四大以来重要文献选编》(下),中央文献出版社2011年版,第257—259页。

面向市场进行转型,出现了一批出版集团、报业集团和影视集团。2001年8月,中共中央批转中宣部、广电总局、新闻出版总署《关于深化新闻出版广播影视业改革的若干意见》,强调以发展为主题,以结构调整为主线,以集团化建设为重点和突破口,在宏观管理体制、微观运行机制、政策法律体系、市场环境、开放格局等方面探索创新[①],推动了新闻出版广电领域的集团化建设。截至2002年上半年,中国组建了26家报业集团、8家广播电视集团、6家出版集团和4家发行集团。[②]

加强文化市场管理。随着改革开放的深入,文化市场应运而生,为了对其进行有效管理,1988年,文化部、国家工商行政管理局联合发布了《关于加强文化市场管理工作的通知》。[③]党的十四大以后,中国逐步加强政府宏观管理和文化法制建设,整顿和规范文化市场。1993年11月,中共中央做出《关于建立社会主义市场经济体制若干问题的决定》,强调"深化文化体制改革,完善文化经济政策,依法加强文化市场管理"[④]。1994年11月,中共中央办公厅、国务院办公厅发出《关于加强和改进书报刊影视音像市场管理的通知》,强调对市场发展进行宏观调控,加强对图书报刊、影视、音像市场的管理,打击非法出版经营活动,健全规章制度,建设文化市场管理稽查队伍。[⑤]为了贯彻这一精神,11月30日至12月2日,文化部召开了全国文化市场监督检查会议,要求完善文化市场监督检查的规章制度,促进文化市场执法水平的提高,维护文化市场的正常秩序,为文化事业的健康发展创造一个良好的市场环境。[⑥]此后,为了进一步规范文化市场的管理,国务院相继制定了一系列管理条例,如1997年8月发布《营业性演出管理条例》;1999年3月发布《娱乐场所管理条例》;2001年8月发布《印刷业管理条例》;同年12月发布《音像制品管理条例》、《电

---

① 欧阳雪梅主编:《中华人民共和国文化史(1949—2012)》,当代中国出版社2016年版,第269页。
② 孙家正主编:《中国文化年鉴(2002—2003)》,新华出版社2004年版,第67页。
③ 《中华人民共和国法律法规全书》第10卷,中国民主法制出版社1994年版,第253—254页。
④ 《十四大以来重要文献选编》(上),中央文献出版社2011年版,第476页。
⑤ 中共中央宣传部出版局:《书刊音像市场管理法规必备》,学习出版社1996年版,第55—63页。
⑥ 《全国文化市场监督检查会议召开》,《人民日报》1994年11月30日。

影管理条例》和《出版管理条例》;①2002年9月发布《互联网上网服务营业场所管理条例》②。这些条例的出台有助于完善文化市场管理体系。

制定和完善文化事业相关经济政策。1991年,国务院批转《文化部关于文化事业若干经济政策意见的报告》。③1996年9月,国务院颁布了《关于进一步完善文化经济政策的若干规定》,通过开征文化事业建设费、鼓励对文化事业的捐赠、继续实行财税优惠政策、建立健全专项资金制度等途径,拓宽了文化事业资金投入的渠道。④10月,党的十四届六中全会决议提出文化体制改革的指导思想、目标任务、方针原则,要求"坚持把社会效益放在首位,力求实现社会效益和经济效益的最佳结合"⑤,这为后来制定文化事业相关经济政策奠定了基础。2000年12月18日,国务院发出《关于支持文化事业发展若干经济政策的通知》,对多项经济政策做出调整,强调增加对文化事业的财政投入。⑥

1978—2002年,文化领域在所有制结构、市场主体、市场管理、经济政策等方面做出了探索性改革,为进一步推进文化体制改革积累了经验。

(二)全面展开阶段(2002—2012年)

党的十六大深刻分析了国内外形势的变化和特点,强调文化建设的重要地位和作用,指出要"根据社会主义精神文明建设的特点和规律,适应社会主义市场经济发展的要求,推进文化体制改革"⑦,并对文化体制改革和发展做出新的部署。

加强文化体制改革顶层设计。十六大报告提出,要"抓紧制定文化体

---

① 文化部政策法规司主编:《中华人民共和国文化法规汇编(1997—2001)》,文化艺术出版社2002年版,第33、43、52、65、79、94页。
② 中央网络安全和信息化领导小组办公室、国家互联网信息办公室政策法规局:《中国互联网法规汇编》,中国法制出版社2015年版,第63—70页。
③ 欧阳雪梅主编:《中华人民共和国文化史(1949—2012)》,当代中国出版社2016年版,第268页。
④ 文化部办公厅编:《中华人民共和国文化法规汇编(1993—1996)》,文化艺术出版社1997年版,第57—59页。
⑤ 《十四大以来重要文献选编》(下),中央文献出版社2011年版,第146—147页。
⑥ 孙家正主编:《中国文化年鉴(2001)》,新华出版社2002年版,第306页。
⑦ 《十六大以来重要文献选编》(上),中央文献出版社2005年版,第32页。

制改革的总体方案"①。2005 年 12 月 23 日，中共中央、国务院印发《关于深化文化体制改革的若干意见》，阐明了文化体制改革的指导思想、方针原则、基本思路、总体目标和主要任务，指出要以体制机制创新为重点，逐步形成科学有效的宏观文化管理体制，不断完善文化法律法规体系，逐步构建覆盖城乡的公共文化服务体系，形成富有效率的文化生产和文化服务的微观运行机制和以公有制为主体、多种所有制共同发展的产业格局，形成统一开放竞争有序的现代文化市场体系、高效独特的文化创新体系以及中华文化"走出去"的开放格局，提升中华文化的国际影响力和竞争力。②该意见构建了文化体制改革的基本框架。2006 年 3 月 14 日，第十届全国人民代表大会第四次会议批准了《中华人民共和国国民经济和社会发展第十一个五年规划纲要》，其中单列"深化文化体制改革"一节，要求建立党委领导、政府管理、行业自律、企事业单位依法运营的文化管理体制和富有活力的文化产品生产经营机制；推进经营性文化事业单位转制，努力形成一批坚持社会主义先进文化方向，有较强自主创新能力、市场竞争能力的文化企业和企业集团；完善文化产业政策，促进民族文化产业发展，形成以公有制为主体、多种所有制共同发展的文化产业格局和民族文化为主体、吸收外来有益文化的文化市场格局等。③同年 9 月，中共中央办公厅、国务院办公厅印发《国家"十一五"时期文化发展规划纲要》，把文化建设纳入国家整体规划。"这是我国颁布的第一个国家级文化建设中长期专项规划，是指导我国'十一五'时期乃至今后较长时期文化发展的纲领性文献。"④2011 年 10 月，党的十七届六中全会通过《关于深化文化体制改革推动社会主义文化大发展大繁荣若干重大问题的决定》，明确了坚持中国特色社会主义文化发展道路、努力建设社会主义文化强国的战略目标和任务。⑤

---

① 《十六大以来重要文献选编》（上），中央文献出版社 2005 年版，第 32 页。
② 《十六大以来重要文献选编》（下），中央文献出版社 2008 年版，第 129 页。
③ 《中华人民共和国国民经济和社会发展第十一个五年规划纲要》，《人民日报》2006 年 3 月 17 日。
④ 文化部政策法规司：《文化建设"十一五"规划汇编》，文化艺术出版社 2008 年版，编写说明。
⑤ 《十七大以来重要文献选编》（下），中央文献出版社 2013 年版，第 562 页。

形成文化体制改革的基本思路。2003年后，文化体制改革经过试点逐步推开。2005年，《关于深化文化体制改革的若干意见》指出：文化体制改革的基本方法，是"围绕重塑市场主体、完善市场体系、改善宏观管理、健全政策法规、转变政府职能等关键环节，解决主要矛盾，破解难点问题，推动改革全面展开"①。2010年4月11日，中共中央办公厅、国务院办公厅转发《中央宣传部关于党的十六大以来文化体制改革及文化事业文化产业发展情况和下一步工作意见》，总结了党的十六大到2010年文化体制改革的历程，并确定了2012年以前文化体制改革的主要任务。②

构建覆盖城乡的公共文化服务体系。2005年10月，党的十六届五中全会提出："加大政府对文化事业的投入，逐步形成覆盖全社会的比较完备的公共文化服务体系。"③2007年8月21日，中共中央办公厅、国务院办公厅印发了《关于加强公共文化服务体系建设的若干意见》，对公共文化服务体系建设的重要性、指导思想和目标任务、实施重大公共文化服务工程、增强公共文化产品的生产供给能力、创新公共文化服务运行机制、加强对公共文化服务体系建设的领导等问题做出部署。④该意见搭建了公共文化服务体系建设的基本框架。"十二五"期间，全国初步建成了"包括国家、省、地市、县、乡、村和城市社区在内的六级公共文化服务网络"；陆续免费开放博物馆、图书馆、美术馆、科技馆、文化宫等文化设施，"保证群众的读书权、鉴赏权等基本权益"；通过农村广播电视村村通、户户通工程，让农村群众在家里免费听广播、看电视；通过各级文化馆和乡镇（街道）文化站、村（社区）文化室，活跃群众的文化生活。⑤

构建文化产业体系。党的十六大提出："完善文化产业政策，支持文化产业发展，增强我国文化产业的整体实力和竞争力。"⑥这为发展文化产业指明了方向。2003年9月4日，文化部发出《关于支持和促进文化产

---

① 《十六大以来重要文献选编》（下），中央文献出版社2008年版，第126页。
② 《十七大以来重要文献选编》（中），中央文献出版社2011年版，第643—655页。
③ 《十六大以来重要文献选编》（中），中央文献出版社2006年版，第1080页。
④ 《十六大以来重要文献选编》（下），中央文献出版社2008年版，第1132—1142页。
⑤ 《我国文化改革发展成就辉煌》，《人民日报》2015年10月10日。
⑥ 《十六大以来重要文献选编》（上），中央文献出版社2005年版，第31—32页。

业发展的若干意见》①，促进了文化产业的加快发展。2009年9月，国务院颁布《文化产业振兴规划》，明确提出发展文化产业的指导思想、基本原则和规划目标，并部署了8项重点任务，即发展重点文化产业、实施重大项目带动战略、培育骨干文化企业、加快文化产业园区和基地建设、扩大文化消费、建设现代文化市场体系、发展新兴文化业态、扩大对外文化贸易。②该规划是指导文化产业发展的纲领性文献。2012年2月23日，《文化部"十二五"时期文化产业倍增计划》③印发，为加快发展文化产业增加了动力。以上这些文件为振兴文化产业提供了政策支撑。2002—2012年，文化部先后命名了204家国家文化产业示范基地、6家国家级文化产业示范园和4家国家级文化产业试验园区。④

2003年，国务院印发了中宣部、中组部、财政部、人事部等有关部门和单位制定的《文化体制改革试点中支持文化产业发展的规定（试行）》和《文化体制改革试点中经营性文化事业单位转制为企业的规定（试行）》⑤，并出台了相关配套措施推动经营性文化事业单位向文化企业转变。截至2012年9月，全国有580家出版社、3000家新华书店、850家电影制作发行放映单位、57家电视剧制作机构、38家党报党刊发行单位完成转企改制；全国2103家有改革任务的国有文艺院团中有2093家完成改革任务，占总数的99.5%；全国3388种应转企改制的非时政类报刊有3041种完成改革任务，占总数的89.8%；中央和全国除新疆、西藏、青海

---

① 《文化部关于支持和促进文化产业发展的若干意见》（2003年9月4日），文化和旅游部官网，http://zwgk.mcprc.gov.cn/auto255/200807/t20080724_465696.html。
② 《文化产业振兴规划》，《人民日报》2009年9月27日。
③ 《文化部关于印发〈文化部"十二五"时期文化产业倍增计划〉的通知》（2012年2月23日），文化和旅游部官网，https://zwgk.mct.gov.cn/zfxxgkml/ghjh/202012/t20201204_906363.html。
④ 国家统计局：《科学发展谱新篇——从十六大到十八大》，中国统计出版社2012年版，第194页。
⑤ 《国务院办公厅关于印发文化体制改革试点中支持文化产业发展和经营性文化事业单位转制为企业的两个规定的通知》（2003年12月31日），中央人民政府网，http://www.gov.cn/zhengce/content/2016-09/21/content_5110267.htm。

外的 28 个省市区重点新闻网站 80% 以上完成和基本完成转企改制。①

加快构建文化市场体系。2003 年 2 月 28 日,文化部发布了《2003—2010 年文化市场发展纲要》,对文化市场发展的主要目标、发展思路、文化市场建设和管理的保障措施等做出规划,提出力争到 2010 年初步建成统一、开放、竞争、有序的社会主义文化市场体系。②2005 年 12 月 23 日,《关于深化文化体制改革的若干意见》提出要加强文化产品和要素市场建设、完善现代流通体制、建立健全市场中介机构和行业组织、加强文化市场监管等。③2002—2010 年,我国加快构建文化市场体系,"形成了若干规模大、实力强、覆盖广的出版物发行、广播电视网络传输、电影发行放映和演出票务连锁企业,打破了条块分割、城乡分离的市场格局"。④2004 年 8 月,中共中央办公厅、国务院办公厅转发中宣部、文化部等《关于在文化体制改革综合试点地区建立文化市场综合执法机构的意见》⑤,为建立文化市场综合执法机构提供了政策支撑。截至 2012 年 8 月,全国列入改革范围的 403 个地级市及 2594 个县(区)全部组建了文化市场综合执法机构,文化市场综合执法机构改革全面完成。⑥

推动中华文化走向世界。2002 年 11 月,党的十六大报告提出,着眼于世界文化发展的前沿,不断增强中国特色社会主义文化的吸引力和感召力。⑦2005 年 10 月,党的十六届五中全会提出:"积极开拓国际文化市场,推动中华文化走向世界。"⑧2006 年 11 月,国务院办公厅转发财政

---

① 李长春:《文化强国之路——文化体制改革的探索与实践》(上),人民出版社 2013 年版,第 273 页。

② 《2003—2010 年文化市场发展纲要》(2003 年 2 月 28 日),文化和旅游部官网,http://www.ccm.gov.cn/zgwhscw/bmgz/199909/dce8ab5eb9e649d0a4502af2a13b31b5.shtml。

③ 《十六大以来重要文献选编》(下),中央文献出版社 2008 年版,第 134—135 页。

④ 《十七大以来重要文献选编》(中),中央文献出版社 2011 年版,第 648 页。

⑤ 欧阳雪梅主编:《中华人民共和国文化史(1949—2012)》,当代中国出版社 2016 年版,第 326 页。

⑥ 蔡武:《深入贯彻落实党的十八大精神 开创文化系统改革发展新局面》,《中国文化报》2013 年 3 月 20 日。

⑦ 《十六大以来重要文献选编》(上),中央文献出版社 2005 年版,第 29—30 页。

⑧ 《十六大以来重要文献选编》(中),中央文献出版社 2006 年版,第 1081 页。

部、文化部等部门《关于鼓励和支持文化产品和服务出口的若干政策》，鼓励和支持文化企业参与国际竞争，推动我国文化产品和服务进入国际市场。①2007年4月，商务部、文化部等部门制定了《文化产品和服务出口指导目录》②，并于2012年做出修改。2011年4月，文化部牵头组建了对外文化交流部际联席会议机制，并制定了《关于促进文化产品和服务"走出去"2011—2015年总体规划》。新闻出版总署2011年4月20日制定了《新闻出版业"十二五"时期"走出去"发展规划》，2012年1月9日发布了《关于加快我国新闻出版业"走出去"的若干意见》。③"十一五"期间，我国核心文化产品出口总额为11.8亿美元，相比"十五"期间增长了255.6%。④

2011年10月，党的十七届六中全会通过了《关于深化文化体制改革推动社会主义文化大发展大繁荣若干重大问题的决定》，强调增强中华文化在世界上的影响力和感召力；展现中国文明、民主、开放、进步的形象；实施文化"走出去"工程；支持重点主流媒体在海外设立分支机构，培育外向型文化企业和中介机构；加强海外中国文化中心和孔子学院建设；构建人文交流机制，把政府交流和民间交流结合起来。⑤中国逐步形成多层次、宽领域的对外文化交流格局。

(三)全面深化阶段(2012年以来)

党的十八大以来，中国社会的主要矛盾转变为人民日益增长的美好生活需要和不平衡不充分的发展之间的矛盾。为全面建成小康社会，建设社会主义文化强国，十八大强调，要"深化文化体制改革，解放和发展文化生产力"，更好地保障人民基本文化权益，全面提高人民的思想道德素质

---

① 蔡武：《筑牢文化自信之基——中国文化体制改革40年》，广东经济出版社2017年版，第240页。
② 《文化产品和服务出口指导目录》(2007年4月11日)，文化和旅游部官网，2017年12月20日，https://zwgk.mct.gov.cn/zfxxgkml/zcfg/gfxxwj/202012/t20201204_906110.html。
③ 蔡武：《筑牢文化自信之基——中国文化体制改革40年》，广东经济出版社2017年版，第240—241页。
④ 《以新的思路谋划文化改革发展》，《经济日报》2011年10月16日。
⑤ 《十七大以来重要文献选编》(下)，中央文献出版社2013年版，第578页。

和科学文化素质,不断增强中华文化的国际影响力。①

强化文化体制改革顶层设计。十八大提出,全面建成小康社会,必须"不失时机深化重要领域改革……构建系统完备、科学规范、运行有效的制度体系,使各方面制度更加成熟更加定型",并提出了深化文化体制改革的内容。②2013年11月,十八届三中全会做出《关于全面深化改革若干重大问题的决定》,明确提出了国家治理体系和治理能力现代化的总目标,其中第11个问题即"推进文化体制机制创新",对完善文化管理体制、建立健全现代文化市场体系、构建现代公共文化服务体系、提高文化开放水平等问题进行了部署。③2014年2月,中央全面深化改革领导小组通过了《深化文化体制改革实施方案》,列出25项104条改革举措及工作项目,为此后一个时期的文化体制改革规划了路线图、明确了时间表、布置了任务书。④2017年,中共中央办公厅、国务院办公厅印发了《国家"十三五"时期文化发展改革规划纲要》,对文化发展改革的总体要求、加强思想理论建设、提高舆论引导水平、培育和践行社会主义核心价值观、加快现代公共文化服务体系建设、完善现代文化市场体系和现代文化产业体系、传承弘扬中华优秀传统文化、提高对外开放水平、推进文化体制改革创新等问题做出系统规划。⑤

完善文化管理体制。按照政企分开、政事分开原则,文化行政单位由"办文化"向"管文化"转变。以"转变职能、简政放权"为主要内容,国务院推进文化管理体制改革,简化行政审批权限。从2013年至2017年,文化部取消了3项行政审批事项,新闻出版广电总局取消了15项行政审批事项,国家文物局取消了3项行政审批事项;⑥文化部还废止了《文

---

① 《十八大以来重要文献选编》(上),中央文献出版社2014年版,第24页。
② 《十八大以来重要文献选编》(上),中央文献出版社2014年版,第14、24—26页。
③ 《十八大以来重要文献选编》(上),中央文献出版社2014年版,第533—535页。
④ 《深化文化体制改革任务展望——访中央文化体制改革和发展工作领导小组办公室主任、中宣部副部长孙志军》,《光明日报》2014年3月12日。
⑤ 《国家"十三五"时期文化发展改革规划纲要》,《人民日报》2017年5月8日。
⑥ 国务院改办:《2013年以来国务院已公布的取消和下放国务院部门行政审批事项》,《人民日报》2017年2月10日。

化部创新奖奖励办法》等 3 项文件①。为了进一步促进文化市场持续健康发展，中共中央办公厅、国务院办公厅于 2016 年印发了《关于进一步深化文化市场综合执法改革的意见》，指出要高度重视文化市场管理问题，推动现代文化市场体系建设，更好地维护国家文化安全和意识形态安全，更好地促进文化事业文化产业繁荣发展。②

健全现代文化市场体系。党的十八大以来，国有艺术院团、非时政类报刊、重点新闻网站等国有经营性文化单位继续推进转企改制。2014 年 4 月，国务院批准了中宣部、科技部、财政部等有关部门拟定的《文化体制改革中经营性文化事业单位转制为企业的规定》和《进一步支持文化企业发展的规定》，这两个规定修订完善了一系列推动文化体制改革的经济政策，为新一轮文化体制改革提供了有力的支撑。③在政策指引下，文化企业加快进行投融资体制改革，通过资本市场做大做强文化企业。以阿里巴巴、百度、腾讯为代表的大型互联网企业集团通过并购、控股、参股等形式进入文化产业领域。2017 年，沪深两市上市文化公司 103 家，约占 A 股上市公司总数的 3.21%。全国挂牌的文化企业有 690 家，约占新三板挂牌企业总数的 6.2%。④

构建现代公共文化服务体系。2012 年 7 月，国务院印发了《国家基本公共服务体系"十二五"规划》，要求"围绕建设社会主义核心价值体系和满足城乡居民精神文化需求的要求，坚持公益性、基本性、均等性、便利性，建立健全公共文化服务体系，扩大公共文化产品和服务的供给"⑤，把构建公共文化服务体系纳入国家基本公共服务体系范围。党的

---

① 《文化部关于废止部分规范性文件的通知》(2017 年 12 月 14 日)，文化和旅游部官网，2018 年 1 月 3 日，http://zwgk.mcprc.gov.cn/auto255/201712/t20171222_830136.html。
② 《中共中央办公厅、国务院办公厅印发〈关于进一步深化文化市场综合执法改革的意见〉》，《中国文化报》2016 年 4 月 6 日。
③ 《国务院办公厅关于印发文化体制改革中经营性文化事业单位转制为企业和进一步支持文化企业发展两个规定的通知》，《中国文化报》2014 年 4 月 17 日。
④ 《坚定文化自信 开创社会主义文化繁荣新景象——党的十八大以来文化体制改革成效显著》，《人民日报》2017 年 7 月 24 日。
⑤ 《国务院关于印发国家基本公共服务体系"十二五"规划的通知》(2012 年 7 月 11 日)，中央人民政府网，https://www.gov.cn/zhengce/content/2012-07/19/content_7224.htm。

十八大以来，公共文化服务体系建设从过去注重搭建框架发展到整体推进、科学发展、全面提升的阶段。党的十八届三中全会提出了"构建现代公共文化服务体系"的战略要求和总体部署，要求建立公共文化服务体系建设协调机制，统筹服务设施网络建设，促进基本公共文化服务标准化、均等化；建设综合性文化服务中心；鼓励社会力量、社会资本参与公共文化服务体系建设；等等。①2015年1月，中共中央办公厅、国务院办公厅印发了《关于加快构建现代公共文化服务体系的意见》和《国家基本公共文化服务指导标准（2015—2020年）》，对统筹推进公共文化服务均衡发展、增强公共文化服务发展动力、加强公共文化产品和服务供给、推进公共文化服务与科技融合发展、创新公共文化管理体制和运行机制、加大公共文化服务保障力度等做出全面系统的规划。②2016年12月25日，十二届全国人大常委会第二十五次会议通过了《中华人民共和国公共文化服务保障法》，并于2017年3月1日起正式施行。③这些政策法规为构建现代公共文化服务体系搭建了基本框架。

扩大中华文化的国际影响力。党的十八大提出："扩大文化领域对外开放，积极吸收借鉴国外优秀文化成果"；要求"中华文化走出去迈出更大步伐"。④2014年3月3日，国务院发布《关于加快发展对外文化贸易的意见》⑤；2016年11月1日，中央全面深化改革领导小组通过《关于进一步加强和改进中华文化走出去工作的指导意见》⑥；同年12月，《文化部"一带一路"文化发展行动计划（2016—2020年）》⑦发布。这些政策为中华文化"走出去"指明了道路。十八大以来，以习近平同志为核心的党中央高度重视构建对外话语体系建设，宣讲中国故事；文化部等部门积极拓展对

---

① 《十八大以来重要文献选编》（上），中央文献出版社2014年版，第534—535页。
② 《中共中央办公厅、国务院办公厅印发〈关于加快构建现代公共文化服务体系的意见〉》，《中国文化报》2015年1月15日。
③ 《中华人民共和国公共文化服务保障法》，《中国文化报》2016年12月26日。
④ 《十八大以来重要文献选编》（上），中央文献出版社2014年版，第26、14页。
⑤ 《国务院关于加快发展对外文化贸易的意见》，《中国文化报》2014年3月20日。
⑥ 《全面贯彻党的十八届六中全会精神 抓好改革重点落实改革任务》，《人民日报》2016年11月2日。
⑦ 《文化部"一带一路"文化发展行动计划（2016—2020年）》，《中国文化报》2017年1月6日。

外文化交流，借助中医、中国武术、中华美食等不断扩大中华文化的国际影响力。

改革开放近40年来，文化管理体制机制、所有制格局、文化生产和消费格局、对外文化交流格局都发生了显著变化，这为进一步解放和发展文化生产力创造了条件。

二、文化体制改革发展的主要成就

经过近40年文化体制改革，中国的文化建设取得了历史性成就，现代文化市场体系、现代公共文化服务体系、中华优秀文化传承体系、对外文化交流体系等都取得了显著成绩，国家文化软实力和中华文化的国际影响力显著增强。

（一）构建现代文化市场体系

2000年，全国共有文化产业机构约28.35万个，从业人员约为149.16万人；资本金合计约418.06亿元，其中国家资本金约26.42亿元；主营业务收入142.16亿元，利润33.97亿元。[①] 从党的十六大到2016年，文化产业逐渐成为国民经济的支柱性产业之一。据统计，截至2016年底，全国文化及相关产业企业数量达297.65万家，注册资本14.29万亿元。全国规模以上文化及相关产业法人单位数从2012年的3.6万家发展到2016年的5万家，营业收入80314亿元。[②] 以2004年、2012年、2016年为例，文化产业增加值、增长速度及其占国内生产总值比重分别为3440亿元、37.1%、2.15%，18071亿元、16.5%、3.48%，30785亿元、13.0%、4.14%。[③]

国有文化企业是文化建设的中坚力量。据财政部发布的《国有文化企业发展报告（2016）》统计，截至2015年末，全国国有文化企业共计13994户（按独立法人统计），从业人员137.1万人，资产总额31746.7亿

[①] 孙家正主编：《中国文化年鉴（2001）》，新华出版社2002年版，第5页。
[②] 周科：《千帆竞发浪潮涌 百舸争流正逢时——十八大以来我国文化产业发展成就综述》，《中国文化报》2017年5月14日。
[③] 国家统计局社会科技和文化产业统计司、中宣部文化体制改革和发展办公室编：《中国文化及相关产业统计年鉴（2017）》，中国统计出版社2017年版，第32页。

元，实现营业总收入 14085.2 亿元，利润总额 1311.4 亿元。[①] 2017 年第九届"文化企业 30 强"名单中，国有或国有控股企业有 25 家。[②]

（二）构建现代公共文化服务体系

改革开放以来，全国文化事业费稳定增长，逐步建立起了覆盖城乡的基本公共文化服务体系。以 1978 年、2002 年、2012 年、2015 年为例，文化事业费分别为 4.44 亿元、83.66 亿元、480.10 亿元、682.97 亿元。[③] 党的十八大以来，各级政府切实履行在文化领域的公共服务职能，不断加强现代公共文化服务体系建设，努力保障人民群众基本的文化权益，"三馆一站"（即美术馆、公共图书馆、文化馆以及乡镇综合文化站）公共文化服务设施全部免费开放，基本实现了"县有公共图书馆、文化馆，乡有综合文化站"的建设目标；深入实施广播电视村村通、文化信息资源共享、农家书屋等重大文化惠民工程，公共文化服务能力和普惠水平不断提高。广播电视覆盖面持续扩大，截至 2016 年底，全国广播综合人口覆盖率为 98.4%，全国电视综合人口覆盖率为 98.9%。[④]

（三）构建中华优秀传统文化传承体系

2017 年 1 月，中共中央办公厅、国务院办公厅印发《关于实施中华优秀传统文化传承发展工程的意见》，明确提出传承和发展中华优秀传统文化的重要意义、指导思想、基本原则、重点任务以及保障措施等。[⑤] 同年 5 月 7 日，中共中央办公厅、国务院办公厅发布《国家"十三五"时期文化发展改革规划纲要》，提出加强中华优秀传统文化研究挖掘和创新发展、开展中华优秀传统文化普及、加强文化遗产保护、传承振兴民族民间文化、保护和发展传统工艺等内容。[⑥] 这些文件为构建中华优秀文化传承体系

---

① 《国有文化企业增长态势良好》，《中国文化报》2016 年 12 月 27 日。
② 《第九届文化企业 30 强名单揭晓》，《人民日报》2017 年 5 月 12 日。
③ 文化部：《中国文化文物统计年鉴（2016）》，国家图书馆出版社 2016 年版，第 15—16 页。
④ 《文化强国建设稳步推进 文化改革发展成绩显著——党的十八大以来经济社会发展成就系列之十八》，国家统计局官网，https://www.stats.gov.cn/zt_18555/ztfx/18fzcj/202302/P020230209581265040772.pdf。
⑤ 《关于实施中华优秀传统文化传承发展工程的意见》，《人民日报》2017 年 1 月 26 日。
⑥ 《国家"十三五"时期文化发展改革规划纲要》，《人民日报》2017 年 5 月 8 日。

提供了政策保障。

实施非物质文化遗产保护工程是中华优秀传统文化传承体系的重要内容。2005年3月26日，国务院办公厅印发了《关于加强我国非物质文化遗产保护工作的意见》[1]。2012年2月2日，文化部印发了《关于加强非物质文化遗产生产性保护的指导意见》[2]。1987—2017年，共有泰山、敦煌莫高窟、秦始皇陵及兵马俑、鼓浪屿等52家单位入选世界文化和自然遗产名录。2001—2016年，昆曲、古琴艺术、中国书法、剪纸、中医针灸、京剧、二十四节气等39项入选世界非物质文化遗产。[3]2005—2009年，我国开展了全国性的非物质文化遗产普查，非物质文化遗产资源总量近87万项。在此基础上，我国建立了国家、省、市、县四级非物质文化遗产名录体系。截至2017年10月，国务院批准公布了4批共1372项国家级代表性项目，各省区市批准公布了13087项省级代表性项目。文化部命名了4批共1986名国家级代表性传承人，各省区市命名了14928名省级代表性传承人。[4]

加强中华优秀传统文化教育是构建中华优秀传统文化传承体系的重要途径。2014年3月，教育部印发了《完善中华优秀传统文化教育指导纲要》，强调指出加强中华优秀传统文化教育的重要性和紧迫性，制定了指导思想和基本原则，要求把中华优秀传统文化教育系统融入课程和教材体系。[5]从2012年起，教育部组织新编义务教育道德与法治、语文和历史教材，并于2017年9月1日在全国投入使用。道德与法治教材介绍传统节日、民歌民谣、传统美德、民族精神、古代辉煌科技成就等内容；语文教

---

[1] 《国务院办公厅关于加强我国非物质文化遗产保护工作的意见》（2005年3月26日），文化和旅游部官网，https://zwgk.mct.gov.cn/zfxxgkml/zcfg/gfxwj/202012/t20201204_906065.html。
[2] 《文化部关于加强非物质文化遗产生产性保护的指导意见》（2012年2月2日），文化和旅游部官网，http://zwgk.mcprc.gov.cn/auto255/201202/t20120214_472825.html。
[3] 国家统计局社会科技和文化产业统计司、中宣部文化体制改革和发展办公室编：《中国文化及相关产业统计年鉴（2017）》，中国统计出版社2017年版，第261—263页。
[4] 《开创非遗当代传承发展的生动局面——党的十八大以来我国非遗保护工作综述》，《中国文化报》2017年10月16日。
[5] 《教育部关于印发〈完善中华优秀传统文化教育指导纲要〉的通知》，教育部官网，http://www.moe.gov.cn/srcsite/A13/s7061/201403/t20140328_166543.html。

材所选古诗文数量有所增加,并增加了楹联、成语、谚语、歇后语、蒙学读物等传统文化内容;历史教材内容涵盖中国古代的思想、文学、艺术、科技等诸多方面,增强学生对中华优秀传统文化的认同和传承。①

(四)对外文化交流体系建设取得进展

改革开放以来,中国外交工作的指导方针做出了重大调整,对外文化交流也随之逐步扩展。1981 年,中国与 33 个国家签订了文化协定②,到 2017 年 10 月,中国已与 157 个国家签订了政府文化协定和 700 多个年度文化交流计划,③初步形成了覆盖世界主要国家和地区的政府间文化交流与合作网络,海外文化阵地建设加速推进,对外传播能力逐渐增强,在国际话语体系中的影响力逐渐扩大。

对外文化贸易迈上新台阶,文化产品和服务在国际市场的份额和竞争力明显增强。2016 年,中国文化产品出口额 786.7 亿美元,文化体育和娱乐业对外直接投资 39.2 亿美元;图书版权输出 1 万种。④文化产品进出口逆差的局面逐渐改变,文化交流、文化贸易和文化投资并举的新格局逐渐形成。

经过近 40 年的文化体制改革,中国文化事业向构建现代公共文化服务体系转变;人民群众的基本文化权益和多层次、多样化、多领域的文化需要不断得到满足;对外文化交流逐渐从"引进来"为主向"走出去"、"引进来"相结合转变;国家文化软实力和中华文化的国际竞争力影响力上了一个大台阶。中国逐渐从文化资源大国向文化强国迈进。实践表明,文化体制改革是解放和发展文化生产力的根本途径,是拉动经济社会发展的新引擎,是坚持社会主义文化发展道路、建设社会主义文化强国的必由之路。

---

① 《新编道德与法治、语文、历史教材 9 月 1 日全国投入使用》,人民网,2017 年 8 月 28 日,http://edu.people.com.cn/n1/2017/0828/c367001-29498973.html。
② 韦琼妍:《日益活跃的对外文化交流》,《人民日报》1981 年 7 月 7 日。
③ 《党的十八大以来对外和对港澳台文化工作创新发展成就综述》,中央人民政府网,2017 年 10 月 20 日,http://www.gov.cn/zhuanti/2017-10/20/content_5233383.htm。
④ 《坚定文化自信 开创社会主义文化繁荣新景象——党的十八大以来文化体制改革成效显著》,《人民日报》2017 年 7 月 24 日。

三、文化体制改革的基本经验

近 40 年文化体制改革的实践积累了丰富经验，如加强和改善党对文化工作的领导，坚持社会效益和经济效益的统一，坚持人民群众的主体地位，坚持文化体制改革的基本思路、基本方针，坚持改革的力度、发展的速度和管理的程度相结合等。[①] 从辩证统一角度，文化体制改革还可以总结出如下基本经验。

（一）坚持解放和发展文化生产力的辩证统一

在全面建设小康社会、实现中华民族伟大复兴的历史进程中，繁荣和发展社会主义先进文化具有全局性、战略性的地位与作用。改革不适应文化发展的体制机制，是解放和发展文化生产力的必由之路。深化文化体制改革，加快文化事业和文化产业发展，是加快社会主义现代化建设的内在要求，是提升我国综合国力的迫切需要，是实现经济、政治、文化和社会协调发展，构建社会主义和谐社会的重要内容。[②] 文化体制改革涉及政府、单位和社会的关系，涉及微观运行机制、产业格局、市场体系、管理体系、政策法规等各个环节。通过革除体制机制弊端，解放和发展文化生产力，是文化体制改革的基本经验。

党的十四届六中全会指出，要"一手抓繁荣，一手抓管理，促进文化市场健康发展。文化市场是社会主义精神文明建设的重要阵地，决不允许成为腐朽思想文化滋生蔓延的场所"[③]。把文化体制改革和文化市场管理结合起来，以规范有效的管理保证文化改革健康发展，是文化体制改革健康发展的保障。

"改革创新和科技进步是文化发展的根本动力。"[④] 中共中央始终重视文化与科技的融合。1978 年 8 月，文化部成立了科学技术局，此后电影

---

① 蔡武：《筑牢文化自信之基——中国文化体制改革 40 年》，广东经济出版社 2017 年版，第 22—26 页。
② 《十六大以来重要文献选编》（下），中央文献出版社 2008 年版，第 126 页。
③ 《十四大以来重要文献选编》（下），中央文献出版社 2011 年版，第 146 页。
④ 《十七大以来重要文献选编》（上），中央文献出版社 2009 年版，第 748 页。

制作、文物保护、舞台艺术、印刷等领域都成立了相关科研机构。党的十六大以来,文化建设的目标任务被纳入经济社会发展的总体规划。《国家"十一五"时期文化发展规划纲要》要求"推动文化与科技的融合"①。2012年6月27日,科技部、文化部等印发了《国家文化科技创新工程纲要》。②2017年5月,文化部发布《"十三五"时期文化科技创新规划》,提出文化创新、文化科技重点研发、文化大数据、文化科技成果转化等6项重点工程。③在数字技术和网络信息技术时代,科学技术融入文化产品创作、生产、传播、消费等关键环节,成为文化产业发展的重要支撑。

文化体制改革是不断探索、不断实践、不断完善的过程。只有把文化创新同文化体制改革结合起来,推动文化科技进步,孵化新生文化业态,才能促进文化体制机制与文化生产力相互适应并形成良性循环。

(二)坚持文化发展战略与经济社会发展全局的辩证统一

文化体制改革是复杂的社会系统工程,涉及经济基础和上层建筑许多领域,既要统筹国家经济社会发展全局,又要聚焦文化发展实际,把国家整体战略与文化专项战略统一起来,推动文化与经济、政治、社会的相互促进和全面发展。

把文化发展战略纳入国民经济和社会发展规划是推进文化体制改革的重要依托。改革开放以来,中共中央始终把文化纳入现代化建设总体布局。1986年4月,"七五"计划指出,"专业艺术表演团体,要改革体制,完善经营管理制度"④。党的十四大以来,党和国家始终从社会发展全局的高度谋划文化建设事业和文化体制改革。2000年10月,"十五"计划强调:要深化文化体制改革,建立科学合理、灵活高效的管理体制和文化产品生产经营机制;实行支持文化事业发展的有关政策,增加对重要新闻媒体和公益文化事业的投入;完善文化产业政策,加强文化市场建设和管理,推

---

① 《国家"十一五"时期文化发展规划纲要》,《人民日报》2006年9月14日。
② 《科技部 中宣部 财政部 文化部 广电总局 新闻出版总署关于印发〈国家文化科技创新工程纲要〉的通知》(2012年6月27日),科学技术部官网,https://www.most.gov.cn/xxgk/xinxifenlei/fdzdgknr/fgzc/gfxwj/gfxwj2012/201211/t20121101_97530.html。
③ 《文化部"十三五"时期文化科技创新规划》,《中国文化报》2017年5月4日。
④ 《十二大以来重要文献选编》(中),中央文献出版社2011年版,第460页。

动有关文化产业发展。①根据"十五"计划,文化部制定了《文化事业发展第十个五年计划纲要》和《文化产业发展第十个五年计划纲要》。②中国文化体制改革的思想理论政策准备基本完成。

(三)坚持文化强国战略同世界文明发展趋势的辩证统一

发展中国特色社会主义文化是社会主义现代化建设的重要内容和保证。党的十五大提出:"建设有中国特色社会主义的文化,就是以马克思主义为指导,以培育有理想、有道德、有文化、有纪律的公民为目标,发展面向现代化、面向世界、面向未来的,民族的科学的大众的社会主义文化。"③当今世界,文化与经济和政治相互交融,在综合国力竞争中的地位和作用越来越突出。2011年,党的十七届六中全会提出"坚持中国特色社会主义文化发展道路,努力建设社会主义文化强国"④的战略目标。这是总结改革开放30多年经济文化发展成就,为实现全面建设小康社会战略目标而提出的重大决策,对于经济社会的全面协调发展具有重大指导意义。

中华文明与各国文明交流互鉴是世界文明发展的趋势。改革开放以来,对外文化交流成为展示中国成就、宣传中国形象、传播中华文化的重要渠道。党的十七届六中全会指出,要"开展多渠道多形式多层次对外文化交流,广泛参与世界文明对话,促进文化相互借鉴,增强中华文化在世界上的感召力和影响力,共同维护文化多样性"⑤。党的十八大强调,建设社会主义文化强国关键是增强全民族文化创造活力,要深化文化体制改革,解放和发展文化生产力,开创中华文化国际影响力不断增强的新局面。⑥2014年3月27日,习近平主席在联合国教科文组织总部演讲时阐述了世界文明发展的基本规律,他指出,"文明因交流而多彩,文明因互鉴而丰富。文明交流互鉴,是推动人类文明进步和世界和平发展的重要动

---

① 《十五大以来重要文献选编》(中),中央文献出版社2011年版,第509页。
② 孙家正主编:《中国文化年鉴(2002—2003)》,新华出版社2004年版,第67页。
③ 《十五大以来重要文献选编》(上),中央文献出版社2011年版,第16页。
④ 《十七大以来重要文献选编》(下),中央文献出版社2013年版,第562页。
⑤ 《十七大以来重要文献选编》(下),中央文献出版社2013年版,第578页。
⑥ 《十八大以来重要文献选编》(上),中央文献出版社2014年版,第24页。

力"①。

文化强国战略与世界文明发展趋势是辩证统一的,只有尊重世界文明的发展规律,才能海纳百川,增强中华文化的国际影响力和竞争力。正如党的十九大报告指出:"要尊重世界文明多样性,以文明交流超越文明隔阂、文明互鉴超越文明冲突、文明共存超越文明优越。"②据《中国国家形象全球调查报告(2016—2017)》显示,海外对中国整体形象的好感度稳中有升,中国对全球治理的贡献和国内治理的表现赢得海外好评。历史悠久、充满魅力的东方大国和全球发展的贡献者成为中国最突出的国家形象。③

(四)坚持文化理论创新和文化实践创新的辩证统一

以文化理论创新指导文化改革实践,以文化改革实践推进文化理论创新,是文化体制改革的基本经验之一。

在文化体制改革探索阶段,中共中央在全国代表大会报告、文化事业和文化产业专项规划中对文化体制改革的方向、政策等问题做出了明确阐述,如改革文化体制是文化建设事业发展和繁荣的根本出路;强调把社会效益放在首位,坚持社会效益和经济效益的统一;强调"一手抓繁荣,一手抓管理",促进文化市场健康发展;"改革要区别情况、分类指导",逐步形成国家保证重点、鼓励社会兴办文化事业的发展格局;④建立科学合理的管理体制和文化商品生产经营机制;出台支持文化发展相关政策;健全文化产业政策,强化文化市场建设和管理,推动相关文化产业发展。⑤这些创新思想为进一步深化改革文化体制奠定了基础。

党的十六大以来,中共中央针对文化体制改革中的问题,提出"树立既符合社会主义精神文明建设的特点和规律,又适应社会主义市场经济发

---

① 《习近平谈治国理政》第1卷,外文出版社2018年版,第258页。
② 习近平:《决胜全面建成小康社会 夺取新时代中国特色社会主义伟大胜利——在中国共产党第十九次全国代表大会上的报告》,《人民日报》2017年10月28日。
③ 《海外受访者对中国未来发展充满信心》,《光明日报》2018年1月6日。
④ 《十四大以来重要文献选编》(下),中央文献出版社2011年版,第146—147页。
⑤ 《十五大以来重要文献选编》(上),中央文献出版社2011年版,第16页。

展要求的新文化发展观"①。2008年11月,李长春比较系统地阐述了新文化发展理念,初步回答了新世纪新阶段文化发展的一系列重大问题。在文化发展动力上,坚持改革创新和科技进步,破除文化发展的体制性障碍,解放和发展文化生产力;在文化发展思路上,一手抓公益性文化事业,一手抓经营性文化产业;在文化发展格局上,形成以公有制为主体、多种所有制共同发展的文化产业格局,以民族文化为主体、吸收外来有益文化的对外开放格局;在文化发展战略上,提升国家文化软实力,实施文化"走出去"战略,增强中华文化的国际影响力等。②科学发展观指导下的新文化发展理念是党的十六大以来文化体制改革实践的科学指南。

党的十八大以来,以习近平同志为核心的党中央统筹"五位一体"总体布局,强调坚定文化自信,坚持中国特色社会主义文化发展道路,推进文化体制改革、推进体制机制和观念创新,形成了习近平文化思想,是指导新时代文化改革发展的行动指南。习近平总书记曾指出:"大胆推进改革、推进文化事业全面繁荣和文化产业快速发展、建设社会主义文化强国的同时,把握好意识形态属性和产业属性、社会效益和经济效益的关系,始终坚持社会主义先进文化前进方向,始终把社会效益放在首位。无论改什么、怎么改,导向不能改,阵地不能丢。"③2014年2月,中央全面深化改革领导小组通过《深化文化体制改革实施方案》,提出深化文化体制改革要做到:"四个坚持"(坚持社会主义先进文化前进方向,坚持中国特色社会主义文化发展道路,坚持以人民为中心的工作导向,坚持把社会效益放在首位、社会效益和经济效益相统一);"一个围绕"(围绕建设社会主义核心价值体系、社会主义文化强国);"两个巩固"(巩固马克思主义在意识形态领域的指导地位,巩固全党全国各族人民团结奋斗的共同思想基础);"一个中心环节"(以激发全民族文化创造活力为中心环节);"三个方面工作"(促进文化事业全面繁荣、文化产业快速发展、优秀传统文化传承弘扬)。这是文化体制改革必须坚持的基本理论原则。

---

① 《十六大以来重要文献选编》(上),中央文献出版社2005年版,第342—343页。
② 《十七大以来重要文献选编》(上),中央文献出版社2009年版,第741—742页。
③ 《习近平关于社会主义文化建设论述摘编》,中央文献出版社2017年版,第185页。

文化体制改革近 40 年来，中国文化建设取得了历史性成就，积累了许多历史经验，这为进一步解决文化领域的矛盾问题、全面深化文化体制改革提供了前提条件和路径参照，为坚持中国特色社会主义文化发展道路、完善文化制度、建设社会主义文化强国提供了精神动力，为实现"两个一百年"奋斗目标准备了必要的物质基础、政策基础和精神条件。

改革开放以来社会治理的历史变革[*]

1978年改革开放以来，中国进入了一个急剧变化的社会转型时期，中国社会进入一个从传统社会向现代社会、从农业社会向工业社会乃至后工业社会、从传统计划经济向社会主义市场经济的转型期，也处在从封闭半封闭性社会向开放性社会、由单一性社会向多样性社会的高速发展过程中。中国经济飞速发展、综合国力明显增强、人民生活大幅度提高，中华民族大踏步赶上时代前进的潮流。习近平主席指出："独特的文化传统，独特的历史命运，独特的国情，注定了中国必然走适合自己特点的发展道路。"[①] 伴随着这一转型过程，中国的社会治理也不断调整、完善，围绕"建立什么样的社会"以及"怎样进行社会治理"，以适应快速发展的经济社会，经历了一个从传统的社会管理到现代的社会治理的发展历程。

一、与改革开放同行：社会管理体制的调整与变革（1978—1992年）

改革开放从1978年党的十一届三中全会起步，十二大以后全面展开。党的十四大报告概括指出：新时期最鲜明的特点是改革开放，这一波澜壮阔的历史进程，从农村改革到城市改革，从经济体制的改革到各方面体制

---

[*] 本文作者吴超，发表于《中国井冈山干部学院学报》2018年第6期。
[①] 习近平：《出席第三届核安全峰会并访问欧洲四国和联合国教科文组织总部、欧盟总部时的演讲》，人民出版社2014年版，第43页。

的改革，从对内搞活到对外开放。① 改革开放中，人民公社体制的解散、城镇单位体制的式微、知青回城和农民进城、社区重建和社区功能的再造、社会公共服务事业实现市场化改革，经济体制改革、对外开放交织着社会管理和社会矛盾的问题，计划体制延续下来的行政化社会管理体制亟须加以改变。

社会管理制度的变革一直和改革开放同行，在这个过程中，政府不断松动指令性计划管制，不断地调整、变革，突破政治、经济、社会一体化的中央高度集权的体制束缚，以适应市场化改革和对外开放的需要。

党的十一届三中全会指出："现在我国经济管理体制的一个严重缺点是权力过于集中，应该有领导地大胆下放，让地方和工农业企业在国家统一计划的指导下有更多的经营管理自主权。"② 针对政治、经济权力高度集中的一体化管理体制，尤其是针对过去几次中央和地方之间分权"每次都没有涉及到党同政府、经济组织、群众团体等等之间如何划分职权范围的问题"③，实施"放权"改革，开展党政分开、政社分开、政企分开的改革探索。从1979年开始，撤销各级革命委员会改设人民政府，各级党委和政府分署办公，并明确党政机构职责分工。在农村，实行政社分开，废止政社合一的人民公社体制，建立乡政权；④ 在城市，搞活企业，政企分开，所有权和经营权"两权分离"，实行企业经营承包责任制，撤销行政性企业，政府部门不再直接经营管理企业。在实行权力分开的同时，又实施行政管理权限放权式改革，把中央管理权向地方下放，主要涉及经济管理权限、人事管理权限和财政管理权限，⑤ 进一步消除权力过分集中的弊病，改革开放的过程是一个放权让利调动各方积极性的过程，向地方放权、向企

---

① 《江泽民文选》第1卷，人民出版社2006年版，第214页。
② 《三中全会以来重要文献选编》（上），人民出版社1982年版，第6页。
③ 《邓小平文选》第2卷，人民出版社1994年版，第329页。
④ 1982年12月，五届全国人大五次会议通过的《宪法》明确规定改革农村人民公社政社合一的体制，设立乡政府。1983年10月，中共中央发出《关于实行政社分开建立乡政府的通知》，要求各地有领导、有步骤地搞好农村政社分开的改革。到1984年底，全国各地建立了9.1万个乡（镇）政府，92.6万个村民委员会。
⑤ 周光辉：《行政管理》，俞可平主编：《中国治理变迁30年》，社会科学文献出版社2008年版，第85页。

业放权的过程使各级地方政府和国有企业赢得了自主权和积极性,高度集权的政治体制逐步为适度行政性分权的政治和行政体制所取代,政治和经济逐步分开,私人经济部门在公共部门旁边成长起来。[1]

改革开放中,传统社会管理体制趋于解体,高度集权的政治经济社会一体化体制逐步打破、放宽、变活,推动着社会管理体制不断变革。政府不再是唯一的社会管理主体,运动式、行政化的管理方式被法治化的管理方式逐步取代,城乡分割的二元制户籍制度日益松动,城市人口流动逐渐增多,作为社会控制细胞和福利供给者的单位逐渐变为比较单纯的工作场所。[2]社会管理体制的调整和变革增强了社会活力,放松管制带来了市场活力和社会生机,进而推动改革开放事业的顺利发展,基本解决了11亿人民的温饱问题,开始向小康迈进,经济建设、人民生活、综合国力都上了一个大台阶。十一届三中全会以来,中华大地发生了历史性的伟大变化,社会生产力获得新的解放,安定团结的政治局面不断巩固。[3]但由于未从根本上触动计划经济体制,社会管理的调整和变革是在许多方面未进行配套改革、政府主要通过行政手段管理社会经济的方式没有改变的情况下进行的,社会管理仍从属于行政体制下的社会管理。

二、市场化转轨:从社会行政管理到社会管理的市场化(1992—2002年)

1992—2002年,确立建设社会主义市场经济体制的目标。面对市场化改革的快速推进,面对着经济高速发展与社会发展的相对滞后的局面,社会体制的改革渗透到政治经济社会领域的各个方面,在以经济建设为中心、优先发展经济的基础上促进社会全面进步,积极探索和变革社会治理。

1992—2002年,改革的重点仍然集中在经济领域,其他建设全部围绕着经济建设逐步推进。计划经济体制向社会主义市场经济体制的转变,对

---

[1] 何增科:《中国社会管理体制改革路线图》,国家行政学院出版社2009年版,第209页。
[2] 何增科:《中国社会管理体制改革路线图》,国家行政学院出版社2009年版,第15页。
[3] 《江泽民文选》第1卷,人民出版社2006年版,第210页。

社会建设产生了深刻的影响，体制改革的重点从突破原有体制框架和消除双轨体制的摩擦转向迅速建立社会主义市场经济新秩序，改革从经济领域扩展到整个社会领域，实行综合的社会配套改革的要求更加迫切。

从"六五"计划开始，经济计划中增加了社会发展的内容，计划的题目也相应改为"国民经济与社会发展计划"，而此前的五个"五年计划"都是仅仅关于国民经济发展的计划。此后，与经济发展相对应的社会发展进入人们的视野。1993年11月，党的十四届三中全会通过的《中共中央关于建立社会主义市场经济体制若干问题的决定》指出，要求"建立多层次的社会保障制度，为城乡居民提供同我国国情相适应的社会保障，促进经济发展和社会稳定"；政府经济管理部门在转变职能的同时，要"加强政府的社会管理职能，保证国民经济正常运行和良好的社会秩序"。[①] 这时，已明确把社会管理作为政府的主要职能之一，并要求建立多层次的社会保障制度和加强政府社会管理职能，以促进达到良好的社会秩序和经济发展的目标。

随着社会主义市场经济体制改革逐步推进，社会治理与市场化改革不协调、不适应的矛盾逐渐凸显，不可能仅仅单纯地用经济的办法解决所有的社会问题，这一时期开始直接把社会本身作为改革的对象，提出坚持物质文明和精神文明共同进步，经济和社会协调发展，由此解决社会问题，推动社会建设。

1995年9月，中共中央在关于制定"九五"计划和2010年远景目标的建议中，提出必须把社会全面发展放在重要战略地位，把"保持社会稳定，推动社会进步，积极促进社会公正、安全、文明、健康发展"作为社会发展的总体要求。[②] 1996年3月17日，八届全国人大四次会议批准《中华人民共和国国民经济和社会发展"九五"计划和2010年远景目标纲要》具体部署"实施可持续发展战略，推进社会事业全面发展"，要求按照社会事业的不同类型"建立与社会主义市场经济体制相适应的运行机制"，

[①] 《十四大以来重要文献选编》（上），人民出版社1996年版，第521、530页。

[②] 《十四大以来重要文献选编》（中），人民出版社1997年版，第1502页。

注意搞好"经济发展政策与社会发展政策的协调"。①

按照发展社会主义市场经济的要求，行政体制改革也同步推进。1998年3月10日，九届全国人大一次会议批准国务院机构改革方案，要求转变政府职能，把政府职能切实转变到宏观调控、社会管理和公共服务方面来，把生产经营的权力真正交给企业；在调整政府组织结构方面，提出适当调整社会服务部门，发展社会中介组织。②此时，已明确社会管理为政府的三大基本职能之一。1998年，江泽民在纪念十一届三中全会20周年大会上指出，"社会主义社会作为人类历史上崭新的社会形态，是以经济建设为重点的全面发展、全面进步的社会"③。在纪念中国共产党成立80周年的重要讲话中，江泽民再次重申并提出，人的全面发展，各项事业和进行的一切工作，"既要着眼于人民现实的物质文化生活需要，同时又要着眼于促进人民素质的提高，也就是要努力促进人的全面发展"。④

社会主义社会是以经济建设为重点的全面发展、全面进步的社会，单纯依靠经济的增长并不能实现这一目标，真正的发展必定是经济社会的协调可持续发展。正如美国发展经济学家迈克尔·P·托达罗（Michael P.Todro）所言："发展不纯粹是一个经济现象。从最终意义上说，发展不仅仅包括人民生活的物质和经济方面，还包括其他更广泛的方面，因此，应该把发展看为包括整个经济和社会体制的重组和重整在内的多维过程。"⑤只有加快经济建设，创造和积累更丰富的物质财富，才能解决好广大群众的切身利益问题，才能从根本上减少社会矛盾，促进社会长期和谐稳定；同样，也只有不断改善民生和加强社会管理，才能让社会秩序不断从稳定走向和谐，从根本上保障经济社会的可持续发展。

---

① 《十四大以来重要文献选编》（中），人民出版社1997年版，第1883页。
② 《十五大以来重要文献选编》（上），人民出版社2000年版，第242页。
③ 《十五大以来重要文献选编》（上），人民出版社2000年版，第688页。
④ 《江泽民文选》第3卷，人民出版社2006年版，第294页。
⑤ ［美］迈克尔·P·托达罗：《经济发展与第三世界》，印金强、赵荣美译，中国经济出版社1992年版，第50页。

三、构建和谐社会：加强和创新社会管理体制（2002—2012年）

2002年以来，社会管理体制创新的地位逐渐凸显，在新的世纪里继续推进改革开放、促进社会和谐的新征程，也开始了对社会管理发展道路和体制创新的新探索。2002年党的十六大召开，把"社会更加和谐"列为全面建设小康社会奋斗目标的重要依据，同时提出"完善政府的经济调节、市场监管、社会管理和公共服务的职能"，并将社会管理与经济调节、市场监管和公共服务作为政府的四大职能之一，从维护社会稳定的角度提出要"改进社会管理，保持良好的社会秩序"①。2003年7月，胡锦涛在全国防治"非典"工作会议上总结经验教训时指出，把促进经济社会协调发展摆到更加突出的位置，要进一步加强社会管理体制的建设和创新，建立健全与发展社会主义市场经济相适应的社会管理体制。②2006年《中共中央关于构建社会主义和谐社会若干重大问题的决定》，将"社会建设"与"经济建设、政治建设、文化建设"并列，由原来的"三位一体"拓展为"四位一体"，就构建社会主义和谐社会的相关制度建设做出了全面部署；并明确强调"必须创新社会管理体制，整合社会管理资源，提高社会管理水平，健全党委领导、政府负责、社会协同、公众参与的社会管理格局"③。第一次鲜明提出关于社会管理体制的观点，对加强社会管理的具体途径进行了部署，从健全社会管理格局、健全社会管理机制、完善社会治安防控体系等三个方面，就社会管理作出了部署。表明党对社会管理的认识实现了从宏观层面到中观和微观层面的转变，也表明党对社会管理的认识进一步深化。社会稳定是人民群众的共同心愿，是改革发展的重要前提。2007年10月，党的十七大报告从实现全面建设小康社会的目标要求，提出"加快和推进以民生为重点的社会建设"，要求完善社会管理，维护社会安定团结，"最大限度激发社会创造活力，最大限度增加和谐因素，最大限

---

① 《十六大以来重要文献选编》（上），中央文献出版社2005年版，第28—29页。
② 《胡锦涛文选》第2卷，人民出版社2016年版，第70页。
③ 《中共中央关于构建社会主义和谐社会若干重大问题的决定》，《人民日报》2006年10月19日。

度减少不和谐因素",全社会共同推动建设和谐社会,调动一切积极因素,努力形成社会和谐人人有责、和谐社会人人共享的生动局面。[①] 由此,社会管理体制改革正式提上党和政府的工作日程。

2011年是"十二五"规划的开局之年,中国跃居世界第二大经济体。2011年,也是中国的"社会管理年"。2011年3月,"加强和创新社会管理"独立成篇,写入了"十二五"规划纲要,在国民经济和社会发展中,社会管理被赋予了更重的分量。7月,中共中央、国务院又专门出台了《关于加强和创新社会管理的意见》,对进一步加强和创新社会管理工作作出了全面部署。

加强和创新社会管理这一主题的确立,首先源于对我国经济社会发展阶段性特征的深刻把握。随着工业化、信息化、城镇化、市场化、国际化进程不断加快,我国既处于发展的重要战略机遇期,又处于社会矛盾凸显期。经济体制深刻变革、利益格局深刻调整、思想观念深刻变化,社会活力显著增强,社会结构和社会组织形式也相应发生深刻变动,社会管理领域存在着一些突出问题,给社会管理带来一系列新课题。比如,人民内部矛盾多样多发、群众上访和群体性事件已成为影响社会和谐稳定的突出问题;流动人口和特殊人群管理和服务问题突出,个别极端事件时有发生;刑事犯罪率居高不下,利用网络技术等高科技手段实施的新型犯罪增多,犯罪敏感性、关联性增强;公共安全事故频发,安全生产事故、食品药品安全问题和自然灾害突出;非公有制经济组织、社会组织管理和服务问题突出;信息网络建设管理面临严峻挑战,外部势力千方百计插手;等等。从总体上看,社会管理领域存在的问题,是我国经济社会发展水平和阶段性特征的集中反映。改革开放以来,我国经济实力和综合国力显著增强,为不断满足人民日益增长的物质文化需要、解决社会管理领域存在的问题奠定了重要物质基础。同时,我国仍处于并将长期处于社会主义初级阶段的基本国情没有变,人民日益增长的物质文化需要同落后的社会生产之间的矛盾这一社会主要矛盾没有变,发展中的不平衡、不协调、不可持

---

① 《十七大以来重要文献选编》(上),人民出版社2009年版,第31—32页。

续问题依然突出。随着社会主义市场经济体制的逐步建立,从高度集中的计划经济体制到充满活力的社会主义市场经济体制,许多行之有效的管理理念、制度、手段和方法已难以完全适应实际情况的变化,解决社会管理领域存在的问题既十分紧迫又需要长期努力,这就要求必须继续抓住和用好我国发展重要战略机遇期,推进党和国家事业发展,构建社会主义和谐社会,进一步加强和创新社会管理。

四、共建共治共享:全面推进社会治理现代化(2012年以来)

党的十八大以来,中国特色社会主义进入了新时代,人民对美好生活的需要日益广泛,呈现多样化多层次多方面的特点。同时,我国社会生产力水平总体上显著提高,有220多种工农业产品产量居世界首位。从"落后的社会生产"到"不平衡不充分的发展",社会生产发展的不平衡不充分,已成为满足人民日益增长的美好生活需要的主要制约因素。以习近平同志为核心的党中央高度重视社会治理问题,提出建设平安中国的目标,在深刻把握经济社会运行规律和社会治理规律的基础上,打造共建共治共享的社会治理格局,不断创新社会治理理念思路、体制机制、方法手段,逐步推进社会治理结构的合理化、治理方式的科学化和治理过程的民主化,使社会既生机勃勃又井然有序。

2012年11月,党的十八大报告将社会管理和改善民生并列为社会建设的重要内容,提出"在改善民生和创新管理中加强社会建设",要加快形成"党委领导、政府负责、社会协同、公众参与、法治保障"的社会管理体制。报告中首次明确了"社会管理体制"这个概念,实现了从社会管理格局向社会管理体制的转变;在社会管理体制中增加了"法治保障"这一新内容,体现了社会管理与依法治国的结合,社会管理不仅是行政性的管理,还将法治作为社会管理基础性的保障。同时对加强社会管理的措施提出了新要求。首先,强调"社会管理法律、体制机制、能力、人才队伍和信息化建设"。其次,强调"改进政府提供公共服务方式"。最后,强调社会管理的重点工作在于"加强基层社会管理和服务体系建设,增强城乡社区服务功能……充分发挥群众参与社会管理的基础作用"。①

2013年11月,党的十八届三中全会召开,会议通过《中共中央关于全面深化改革若干重大问题的决定》,专列一章部署创新社会治理体制,创新社会治理的目的是"必须着眼于维护最广大人民根本利益,最大限度增加和谐因素,增强社会发展活力,提高社会治理水平,全面推进平安中国建设,维护国家安全,确保人民安居乐业、社会安定有序",从改进社会治理方式、激发社会组织活力、创新有效预防和化解社会矛盾体制和健全公共安全体系等方面对如何创新社会治理体制进行了阐述。②在党的正式文件中第一次提出"社会治理"概念,"社会治理"成为国家治理体系和治理能力现代化的重要内容,在理论上丰富了社会治理的现代化内涵,也赋予了中国特色社会治理理论的时代意蕴。传统社会管理更多侧重单一主体的政府管理、自上而下的政府管控,而社会治理更加强调多元参与、共同治理,更加强调民主协调、依法管理,更加强调以人为本、维护权利,是共治与自治的结合、法治与德治的并用。

2014年3月,十二届全国人大二次会议的《政府工作报告》对"推进社会治理创新"作了具体部署,要求"注重运用法治方式,实行多元主体共同治理"。③党的十八届四中全会把"推进法治社会建设"作为全面依法治国的重要内容,第一次明确提出"提高社会治理法治化水平"的概念,在依法治国的基本方略下,把社会治理纳入法治化轨道,努力实现社会治理体系和运行机制的法治化、制度化。

2017年,党的十九大报告指出,社会主要矛盾已经由"人民日益增长的物质文化需要同落后的社会生产之间的矛盾"转化为"人民日益增长的美好生活需要和不平衡不充分的发展之间的矛盾";并指出,人民群众对美好生活的需要日益广泛,不仅对物质文化生活提出了更高要求,而且在民主、法治、公平、正义、安全、环境等方面的要求日益增长。④为了有效

---

① 《十八大以来重要文献选编》(上),中央文献出版社2014年版,第27、30页。
② 《十八大以来重要文献选编》(上),中央文献出版社2014年版,第539—540页。
③ 《十八大以来重要文献选编》(上),中央文献出版社2014年版,第850页。
④ 《中国共产党第十九次全国代表大会文件汇编》,人民出版社2017年版,第9页。

回应这些新需要，解决社会的新矛盾，党的十九大报告提出要不断满足人民日益增长的美好生活需要，不断促进公平正义，形成有效的社会治理、良好的社会秩序，从推进制度建设的角度提出了打造共建共治共享的社会治理格局的思路和要求，一是加强社会治理制度建设，完善党委领导、政府负责、社会协同、公众参与、法治保障的社会治理体制，提高社会治理社会化、法治化、智能化、专业化等四化水平；二是健全和加强公共安全、社会治安防控、社会心理服务和社区治理四个体系的建设。[1]

五、创新引领社会治理：推进社会治理社会化、法治化、智能化和专业化

改革开放以来，根据国内外形势发展变化，围绕"建立什么样的社会"以及"怎样进行社会治理"，经过 40 年的社会治理实践探索和制度建设，取得了巨大成就。党和国家在改善民生和创新管理中加强社会建设，加大社会治理创新的力度，创新社会治理理念，完善社会治理格局，不断提高防范社会风险和维护社会和谐稳定的能力，社会治安形势持续好转，人民群众满意度和安全感稳步上升，并基本形成一套行之有效的具有中国特色和独特优势的社会治理体系。习近平总书记指出："我们的国家治理体系和治理能力总体上是好的，是有独特优势的，是适应我国国情和发展要求的。"[2] 我国社会治理具有显著的中国特色和独特的优势，能够始终保持集中统一和高效领导，有效地化解各种矛盾，实现社会公平正义与和谐稳定；同时，寓管理于服务之中，统筹推进社会治理的系统化科学化，最大限度保障和改善民生，能够团结人民，凝聚各种力量，最大限度地凝识聚力，让中华民族走向伟大复兴。

打造共建共治共享的社会治理格局，是完善和发展中国特色社会主义制度、推进国家治理体系和治理能力现代化的重要内容。当前，正处于全面建成小康社会和开启全面建设社会主义现代化国家新征程的"两个一百

---

[1] 《中国共产党第十九次全国代表大会文件汇编》，人民出版社 2017 年版，第 39—40 页。
[2] 《习近平谈治国理政》第 1 卷，外文出版社 2018 年版，第 105 页。

年"的历史交汇期。党的十九大立足新时代坚持和发展中国特色社会主义，明确了推进社会建设的目标要求：到2035年，现代社会治理格局基本形成，社会充满活力又和谐有序；到本世纪中叶，社会文明将全面提升，人民将享有更加幸福安康的生活。① 为适应新形势新要求，尽快建成现代社会治理格局，一步一步把宏伟目标变为现实，一是加强社会治理制度建设，完善社会治理体制。共建是基础，形成多主体参与，各司其职、各尽其能的治理机制，完善党委领导、政府负责、社会协同、公众参与、法治保障的治理体制。共治是关键，发挥党总揽全局、协调各方的核心作用，发挥政府的行政主导作用、社会各方的协同作用、公众参与的基础作用，打造多主体参与的信息沟通、协同治理的现代化治理体系。共享是目标，构建共享发展平台，推进治理成果的共享，使社会治理的成效更多、更好、更公平地惠及全体人民。二是提高社会治理的社会化、法治化、智能化、专业化水平，这指明了共建共治共享社会治理格局构建的方法与途径。党的十八大提出"提高社会管理科学化水平"，十八届五中全会进一步提出"推进社会治理精细化"，十九大则提出"四化"的新要求。所谓社会化，就是有效整合社会各方面资源，动员社会各方面力量参与社会治理，引导包括专业化服务机构在内的各种社会力量参与到社会治理当中。所谓法治化，就是推进法治社会建设，推动全社会树立法治意识、推进多层次多领域依法治理、建设完备的法律服务体系、健全依法维权和化解纠纷机制。智能化是指着力推动科技创新，推进各种信息化平台建设，把大数据等现代科技手段与社会治理深度融合起来，提高社会管理和服务的精确性和便利性，以信息化推进社会治理体系和治理能力现代化。专业化要求建设高素质专业化干部队伍和社会治理各类人才队伍，专业化工作精神与态度，综合运用专业化工作的方法和能力。

---

① 《中国共产党第十九次全国代表大会文件汇编》，人民出版社2017年版，第23页。

改革开放以来中国生态文明建设的经验启示与展望*

改革开放以来,历届党和政府高度重视粗放式发展方式带来的一系列环境污染和生态问题,从环境保护基本国策的确立到可持续发展战略的提出,从科学发展观、和谐社会观到生态文明观的逐步推进,中国在生态建设与环境保护领域做出了不懈的努力,生态文明建设纳入"五位一体"总体布局,努力建设美丽中国的战略部署逐步实施,环境保护与经济发展之间的矛盾日益改善,生态文明体制制度体系加快形成,低碳、循环、绿色发展取得明显成效,生态修复保护、生态环境治理进展顺利,环境状况有效改善,在国际社会上,中国已成为生态文明建设从概念到行动的一个良好典范。当前,立足新时代,回顾改革开放以来生态文明建设走过的历程和取得的成就,总结经验教训,挖掘我国生态文明建设中的问题并提出对策建议,对于新时代下更有效地推进生态文明建设具有重要的历史和现实意义。

一、改革开放以来中国生态文明建设的历史进程

改革开放以来,党和政府不断探索正确处理环境保护与经济发展关系的生态文明建设路径,不断探索环境保护政策、法律、制度、措施的完善,在保证国民经济快速发展的同时,着力遏制了环境污染和生态破坏,

---

* 本文作者段娟,发表于《中州学刊》2018 年第 9 期。

努力改善和优化了城乡环境。

(一)环境保护基本国策的确立与环保事业的发展(1978—1992年)

1978年12月,党的十一届三中全会后,我国环境保护事业步入一个崭新的快速发展时期。1983年12月,第二次全国环境保护会议召开,会议宣布:"环境保护,是我国现代化建设中的一项战略任务,是一项重大国策。""国务院各部门、各级地方政府,都要把环境保护这件关系到我们的生存条件、关系到四化建设的基本国策,列入重要议事日程,认真负责地抓好。"为深入贯彻落实环境保护这一基本国策,会议还提出了"三同步""三统一"的环境与发展战略方针,即经济建设、城乡建设、环境建设要同步规划、同步实施、同步发展,实现经济效益、社会效益、环境效益相统一。随着环境保护作为基本国策重要地位的确立,其重要性日益显现,并作为重要内容逐步纳入国民经济和社会发展计划(规划)。1985年9月,《中共中央关于制定国民经济和社会发展第七个五年计划的建议》提出要把改善生活环境作为提高城乡人民生活水平和生活质量的一项重要内容。1991年4月,《中华人民共和国国民经济和社会发展十年规划和第八个五年计划纲要》提出,要加强环境保护工作,合理开发、利用和保护自然资源,重点抓好大气、水、固体废物污染控制,防止和控制环境污染和生态环境的恶化。

这一时期,国家还出台了一系列环境保护政策法规,环境保护工作步入法治化轨道。1978年的《中华人民共和国宪法》第11条明确规定:"国家保护环境和自然资源,防治污染和其他公害。"1979年我国颁布了第一部环境保护基本法律《中华人民共和国环境保护法(试行)》。1982年2月,国务院发布了《征收排污费暂行办法》。1989年12月,第七届全国人大常委会第十一次会议通过了《中华人民共和国环境保护法》。以环境保护法为基础,我国还先后颁布了水污染防治法、大气污染防治法、噪声污染防治法、固体废物污染环境防治法、海洋环境保护法、环境影响评价法等多部环境保护实体法律。

同时,我国的环境管理制度化建设也不断推进。1989年第三次全国环境保护会议上提出了环境管理要坚持预防为主、谁污染谁治理、强化环境管理三项政策以及环境保护目标责任制、城市环境综合整治定量考核、排放污染物许可证、污染集中控制和限期治理五项新的制度和措施，形成了我国环境管理的"八项制度"。同时，这一时期，为加强环境管理，推进环境法律制度的有效实施，国务院环境保护委员会于1984年成立。1984—1997年，国务院环委会共召开37次工作会议，研究审议了80多项涉及国家和地方重大环境问题的规划、政策、规定、条例、决定等。在国务院环委会的推动下，国务院一些部门、解放军和全国22个省、自治区、直辖市成立了环境保护委员会，初步形成了从中央到地方的环境管理体系，初步建立和逐步完善了环保政策和管理制度。

20世纪80年代是中国环境保护工作形势最好、发展最快的时期。这一时期，环境保护重要地位确立，环境保护管理机构建立，环境保护立法和环境管理政策持续推进，这提高了污染防治成效，改善了城乡环境质量。中国经济平均每年增长10%左右，但环境污染没有出现急剧恶化的后果。万元工业产值工业废水排放量从1983年的358吨减少到1988年的221吨，万元工业产值固体废物产生量从6.43吨减少到4.63吨；工业废水排放达标率提高9%，工业废气净化率提高3%，工业固体废物综合利用率提高5%；城市环境综合整治初见成效，一些重点城市大气中的降尘明显减少，总悬浮微粒没有增加或略有降低，部分城市水域环境有所改善；主要江河水系干流和主要海域的水质基本保持良好状态；平原、沿海和"三北"防护林建设进展较快；全国已建立480多个自然保护区，约占国土面积的2.5%；农村农药污染显著减轻。[①]实践证明，中国实施的经济与环境协调发展的战略方针是适合中国国情的。在人口大量增长、工业高速发展、能源消耗大幅度上升的背景下，正是由于我国采取了正确的环境保护方针政策，才在一定程度上避免了"经济翻番环境污染也翻番"的严重局面。

---

① 参见曲格平：《中国的环境管理》，中国环境科学出版社2007年版，第171页。

（二）实施可持续发展战略、谋求经济与资源环境协调发展（1992—2002年）

20世纪90年代，中国乃至全球经济高速发展带来的环境问题日益突出。1992年6月3日至14日，联合国环境与发展大会通过了《里约环境与发展宣言》《21世纪议程》和《关于森林问题的原则声明》，确立了以可持续发展思想为主导的一系列政策以及需要优先解决的重点领域。里约会议后，按照联合国环境与发展大会的精神，根据我国国情，1992年8月，党中央、国务院提出了我国环境与发展十大对策，实施可持续发展战略被列为十大对策之首。1994年，我国率先公布了《中国21世纪议程——中国21世纪人口、环境与发展白皮书》，明确提出了可持续发展的战略与对策、主要目标和具体行动方案。

可持续发展战略明确提出后，实现经济建设与资源、环境的协调发展摆上党和国家重要议事日程。1996年3月，八届全国人大四次会议通过了《中华人民共和国国民经济和社会发展"九五"计划和2010年远景目标纲要》，把实现经济与社会的协调和可持续发展作为未来15年我国经济社会发展的重要方针之一。1997年9月，党的十五大报告中指出："资源开发和节约并举，把节约放在首位，提高资源利用效率"，"加强对环境污染的治理"，"改善生态环境"。[①]2000年10月，党的十五届五中全会通过的《中共中央关于制定国民经济和社会发展第十个五年计划的建议》中将"加强人口和资源管理，重视生态建设和环境保护"单列一章，阐述了21世纪实施可持续发展战略的新思路。2001年3月，九届全国人大四次会议批准了《中华人民共和国国民经济和社会发展第十个五年计划纲要》，提出了"十五"期间可持续发展的主要预期目标，并围绕实现可持续发展要解决的主要问题和重点发展领域，作出了相应的工作部署。

可持续发展战略提出以来，在实施中取得较大成效。第一，中国的可持续发展已经从国家层面推进到地方层面。全国25个省（市、区）成立了地方21世纪议程领导小组并设立了办事机构，半数以上的省（市、区）

---

① 《江泽民文选》第2卷，人民出版社2006年版，第26页。

制定了地方21世纪议程和行动计划。在16个省、市开展了实施《中国21世纪议程》地方试点，建立了100多个可持续发展实验区，并制定了《国家可持续发展实验区管理办法》《国家可持续发展实验区验收管理办法》。第二，初步形成可持续发展法律体系。截至2001年底，国家制定和完善了人口与计划生育法律1部、环境保护法律6部、自然资源管理法律13部、防灾减灾法律3部。国务院还制定了人口、资源、环境、灾害方面的行政规章100余部。第三，国民经济实现了持续、快速、健康发展。国内生产总值由1992年的26638亿元增长到2000年的89404亿元；财政收入由1992年的3483亿元增加到2000年的13395亿元；人口自然增长率由1992年的11.60‰下降到2000年的6.95‰。第四，重点领域的可持续发展取得进展。一是城镇化水平提高和人居环境得到改善。1992—2000年，城镇化水平由27.6%提高到36.1%；开展城镇环境综合整治，提高了城乡居民的居住质量。二是积极转变工业污染防治战略，大力推行清洁生产，提高了资源利用效率。到2000年底，有污染的工业企业中90%实现了达标排放，工业废水排放量比1995年减少三分之一；积极利用高新技术提升传统产业，1995—2000年中国环保产业年均增长率达15%。三是重视节约能源和调整能源结构。万元国内生产总值能耗由1990年的5.32吨标准煤下降到2000年的2.77吨标准煤；煤炭消费量在一次能源消费中所占比重由1990年的76.2%下降到2000年的68%。四是重视资源保护和开发利用。全面推行节水灌溉，发展节水型产业，开展了重点流域的水污染防治；通过划定基本农田保护区，使全国83%的耕地得到有效保护；建立了耕地占用补偿制度，1997—2000年，全国通过开发、整理和复垦增加耕地164万公顷，高于同期建设占用耕地数量；制定了森林资源保护法规和林业可持续发展行动计划，实现了森林面积和蓄积量双增长；制定了草原法等法规，加强了草原资源的保护与管理；制定和完善了海洋污染控制、生态保护、资源管理的法规体系。五是加强了固体废物管理。1992—2000年，工业固体废物排放量下降了69.2%，综合利用率提高了15.1%；加快城市生活垃圾收集处理设施的建设，加强了危险废物的管理。六是大气保护取得成效。划定二氧化硫和酸雨控制区，在区域内实行二氧化硫总量控制制度；通过推广洁净煤和清洁燃烧、烟气脱硫、除尘技术，以及大力发展城市燃气和集中供热，使酸雨和二氧化硫污染得到控制；认真履行《关于消耗臭氧层物质的蒙特利尔议定书》，控制和淘汰消耗臭氧层物质。[①]

（三）落实科学发展观，提出建设生态文明（2002—2012年）

在实施可持续发展战略的过程中，我国的生态环境建设取得了较大成就，但经济社会迅速发展和生态环境的矛盾依然突出，"重经济增长、轻环境保护"的传统发展观极大地限制了经济社会持续健康发展。2002年11月，党的十六大依据我国国情和现代化建设的实际提出了全面建设小康社会的奋斗目标，其中之一是"可持续发展能力不断增强，生态环境得到改善，资源利用效率显著提高，促进人与自然的和谐，推动整个社会走上生产发展、生活富裕、生态良好的文明发展道路"[②]。2003年10月，党的十六届三中全会通过的《中共中央关于完善社会主义市场经济体制若干重大问题的决定》，正式提出了以人为本，全面、协调、可持续的科学发展观。党的十六届三中全会第二次全体会议强调指出："各级党委和政府一定要坚持科学发展观，不断探索促进全面发展、协调发展和可持续发展的新思路新途径，进一步提高发展质量，实现更快更好的发展。"[③]2005年10月，党的十六届五中全会通过的《中共中央关于制定国民经济和社会发展第十一个五年规划的建议》提出："要把节约资源作为基本国策，发展循环经济，保护生态环境，加快建设资源节约型、环境友好型社会，促进经济发展与人口、资源、环境相协调。"[④]2006年10月，党的十六届六中全会通过了《中共中央关于构建社会主义和谐社会若干重大问题的决定》，明确提出了促进人与自然和谐相处的要求。

2007年10月，党的十七大提出，要"适应国内外形势的新变化，顺应各族人民过上更好生活的新期待，全面把握我国经济社会发展趋势，更加自觉地走科学发展道路，积极促进社会和谐，继续推动全面建设小康社

[①] 参见《中华人民共和国可持续发展国家报告》，中国环境科学出版社2002年版，第1—4页。
[②] 《十六大以来重要文献选编》（上），中央文献出版社2005年版，第15页。
[③] 《十六大以来重要文献选编》（上），中央文献出版社2005年版，第484页。
[④] 《十六大以来重要文献选编》（中），中央文献出版社2006年版，第1064页。

会进程,确保到二〇二〇年实现全面建成小康社会的奋斗目标"[1]。为了更好地实现全面建设小康社会奋斗目标的新要求,党中央明确指出要"建设生态文明,基本形成节约能源资源和保护生态环境的产业结构、增长方式、消费模式"[2],这是党中央首次明确提出建设生态文明的战略任务。2008年1月,胡锦涛在中央政治局第三次集体学习时明确提出,"贯彻落实实现全面建设小康社会奋斗目标的新要求,必须全面推进经济建设、政治建设、文化建设、社会建设以及生态文明建设,促进现代化建设各个环节、各个方面相协调,促进生产关系与生产力、上层建筑与经济基础相协调"[3]。2010年10月,党的十七届五中全会审议通过的《中共中央关于制定国民经济和社会发展第十二个五年规划的建议》中提出,要"加快建设资源节约型、环境友好型社会,提高生态文明水平"。2011年10月,《国务院关于加强环境保护重点工作的意见》对加强环境保护重点工作、提高生态文明建设水平作出具体部署。

随着科学发展观的落实和生态文明建设的逐步推进,我国在循环经济发展、资源综合利用、节能减排和环境质量改善等方面都取得较大进展。第一,循环经济发展取得较好成效。据统计,"十一五"时期,我国能源产出率、水资源产出率、矿产资源总回收率、工业固体废物综合利用率、工业用水重复利用率、主要再生资源回收利用总量,2010年比2005年分别提高24%、59%、5%、13.2%、10.6%、77.4%。[4] 第二,节能减排和环境质量改善取得较大进展。"十一五"期间,国家将主要污染物排放总量显著减少作为经济社会发展的约束性指标,着力解决突出环境问题取得成效。化学需氧量、二氧化硫排放总量比2005年分别下降12.45%、14.29%,超额完成减排任务。污染治理设施快速发展,设市城市污水处理率由2005年的52%提高到72%,火电脱硫装机比重由12%提高到

---

[1] 《十七大以来重要文献选编》(上),中央文献出版社2009年版,第93页。
[2] 《十七大以来重要文献选编》(上),中央文献出版社2009年版,第16页。
[3] 《精心谋划 周密组织 突出重点 狠抓落实 切实贯彻全面建设小康社会奋斗目标新要求》,《人民日报》2008年1月31日。
[4] 参看国务院法制办公室编:《中华人民共和国法规汇编(2013年1月—12月)》,中国法制出版社2014年版,第915页。

82.6%。让江河湖泊休养生息全面推进，重点流域、区域污染防治不断深化，环境质量有所改善，全国地表水国控断面水质优于Ⅲ类的比重提高到51.9%，全国城市空气二氧化硫平均浓度下降 26.3%。①

（四）统筹推进"五位一体"总体布局，努力建设美丽中国（2012 年至今）

党的十八大以来，以习近平同志为核心的党中央，深刻总结人类文明发展规律，将生态文明建设纳入中国特色社会主义"五位一体"总体布局和"四个全面"战略布局，大力开展了一系列富有长远性和开创性的生态文明建设重大实践，推动中国绿色发展取得显著成效。

2012 年 11 月，党的十八大报告指出，建设生态文明是关系人民福祉、关乎民族未来的长远大计。要把生态文明建设放在突出地位，融入经济建设、政治建设、文化建设、社会建设各方面和全过程，努力建设美丽中国，实现中华民族永续发展。2013 年 11 月，党的十八届三中全会通过的《中共中央关于全面深化改革若干重大问题的决定》指出，要紧紧围绕建设美丽中国深化生态文明体制改革，加快建立生态文明制度，健全国土空间开发、资源节约利用、生态环境保护的体制机制，推动形成人与自然和谐发展现代化建设新格局。②2014 年 10 月，党的十八届四中全会提出，要用严格的法律制度保护生态环境，加快建立有效约束开发行为和促进绿色发展、循环发展、低碳发展的生态文明法律制度。2015 年 9 月，中共中央、国务院出台《生态文明体制改革总体方案》，对生态文明领域改革作出了顶层设计和部署。10 月，党的十八届五中全会提出"创新、协调、绿色、开放、共享"五大发展理念。2017 年 10 月，党的十九大报告首次提出要建设富强民主文明和谐美丽的社会主义现代化强国，将生态文明和美丽中国提升到前所未有的高度，指出生态文明建设是中华民族永续发展的千年大计，坚持人与自然和谐共生是新时代坚持和发展中国特色社会主义的基本方略之一。2018 年 3 月，十三届全国人大一次会议第三次全体

---

① 《国务院关于印发国家环境保护"十二五"规划的通知》，《中华人民共和国国务院公报》2012 年第 1 期。

② 《十八大以来重要文献选编》（上），中央文献出版社 2014 年版，第 513 页。

会议通过了《中华人民共和国宪法修正案》。"生态文明建设"第一次被写入宪法。同时，十三届全国人大一次会议第四次全体会议上提出要组建生态环境部，整合分散的生态环境保护职责，统一行使生态和城乡各类污染排放监管与行政执法职责，加强环境污染治理，保障国家生态安全，建设美丽中国。2018年5月，习近平总书记在全国生态环境保护大会上强调，要自觉把经济社会发展同生态文明建设统筹起来，充分利用改革开放40年来积累的坚实物质基础，加大力度推进生态文明建设。

党的十八大以来，各地区、各部门认真落实党中央、国务院决策部署，生态文明建设取得显著成就。一是环境状况明显改善。国务院发布实施大气、水、土壤污染防治三大行动计划，坚决向污染宣战。2017年，全国338个地级及以上城市可吸入颗粒物（PM10）平均浓度比2013年下降22.7%，京津冀、长三角、珠三角细颗粒物（PM2.5）均浓度分别下降39.6%、34.3%、27.7%。全国地表水优良水质断面比例不断提升，劣Ⅴ类水质断面比例持续下降，大江大河干流水质稳步改善。① 二是生态建设取得明显进展。我国年均新增造林超过9000万亩，良种使用率从51%提高到61%，造林苗木合格率稳定在90%以上，累计建设国家储备林4895万亩。恢复退化湿地30万亩，退耕还湿20万亩。118个城市成为国家森林城市。同时，我国治理沙化土地1.26亿亩，荒漠化沙化呈整体遏制、重点治理区明显改善的态势，沙化土地面积年均缩减1980平方公里，实现了由"沙进人退"到"人进沙退"的历史性转变。② 三是生态文明制度体系加快形成。党的十八大以来的5年，是我国生态文明体制改革密度最高、推进最快、力度最大、成效最多的5年。中央全面深化改革领导小组召开的38次会议中，涉及生态文明体制改革的有20次。党中央、国务院制定了《生态文明体制改革总体方案》，确定的2015至2017年79项改革任务中，

---

① 参见李干杰：《以习近平新时代中国特色社会主义思想为指导 奋力开创新时代生态环境保护新局面——在2018年全国环境保护工作会议上的讲话》，《中国环境报》2018年2月12日。
② 《推进美丽中国建设——党的十八大以来生态文明建设成就综述》，新华网，2017年8月12日，http://www.xinhuanet.com/politics/2017-08/12/c_1121473465.htm。

73 项全部完成。① 当前,生态文明制度体系加快形成,自然资源资产产权制度改革积极推进,国土空间开发保护制度日益加强,空间规划体系改革试点全面启动,资源总量管理和全面节约制度不断强化,资源有偿使用和生态补偿制度持续推进,环境治理体系改革力度加大,环境治理和生态保护市场体系加快构建,生态文明绩效评价考核和责任追究制度基本建立。四是持续深化中央环保督察取得进展。2015 年 7 月,中央深改组第十四次会议审议通过《环境保护督察方案(试行)》,明确建立环保督察机制。2015 年 12 月,中央环保督察试点在河北展开。2017 年底,中央环保督察完成全国 31 个省(市、区)的全覆盖,并公布了所有督察情况反馈。中央环保督察实施以来,大幅提升了各方面加强生态环境保护、推动绿色发展的意识,切实解决了一大批群众身边的突出环境问题,有效促进了生态文明机制的健全和完善。

二、中国生态文明建设的历史经验

生态文明建设是关系人民福祉、关系民族未来的大计。改革开放以来,尤其是党的十八大以来,党中央高度重视社会主义生态文明建设,生态文明建设从认识到实践发生了历史性、转折性、全局性变化。回顾我国生态文明建设的发展历程,始终坚持人与自然和谐共生;始终坚持绿色、低碳、循环发展理念;全方位、全地域、全过程开展生态环境保护;实行最严格的制度、最严密的法治等都是当前继续深入推进生态文明建设值得借鉴的历史经验。

(一)高度重视生态文明建设,坚持人与自然和谐共生

生态文明是人类社会进步的重大成果,是实现人与自然和谐发展的新要求。改革开放以来,从可持续发展观、科学发展观到绿色发展观的逐步推进,都贯穿了人与自然和谐共生的生态文明理念。尤其是党的十八大以来,以习近平同志为核心的党中央,深刻总结人类文明发展规律,将生态

---

① 《党的十九大举行第六场记者招待会 介绍践行绿色发展理念建设美丽中国情况》,新华网,2017 年 10 月 23 日,http://www.xinhuanet.com/politics/19cpcnc/2017—10/23/c_1121845763.htm。

文明建设纳入中国特色社会主义"五位一体"总体布局和"四个全面"战略布局的重要内容,指出:"建设生态文明,关系人民福祉,关乎民族未来"。"历史地看,生态兴则文明兴,生态衰则文明衰。"[①]生态文明建设既是重大经济问题,也是重大社会和政治问题。面对资源约束趋紧、环境污染严重、生态系统退化的严峻形势,习近平总书记指出:"我们在生态环境方面欠账太多了,如果不从现在起就把这项工作紧紧抓起来,将来付出的代价会更大。在这个问题上,我们没有别的选择。"[②]只有清醒地认识保护生态环境、治理环境污染的紧迫性和艰巨性,清醒地认识加强生态文明建设的重要性和必要性,真正下决心把环境污染治理好、把生态环境建设好,才能为人民创造良好生产生活环境。习近平总书记还强调:"要把生态环境保护放在更加突出位置,像保护眼睛一样保护生态环境,像对待生命一样对待生态环境,在生态环境保护上一定要算大账、算长远账、算整体账、算综合账,不能因小失大、顾此失彼、寅吃卯粮、急功近利。"[③]党中央对生态文明建设的高度重视,正确处理了人、自然和社会三者之间的关系,增强了人们尊重自然的意识,保护了我们共同生存的家园。

(二)转变经济发展方式,始终坚持绿色、低碳、循环发展理念

随着资源瓶颈、环境恶化、生态破坏等问题的凸显,生态系统的良性循环和美丽中国、和谐社会的建设,需要转变经济发展方式,追求经济、社会、生态三大系统的协调并进。循环经济是使污染从末端化治理向源头防控转变的有效方式;低碳发展承载着转型发展、惠及民生、扩大内需、深化改革、对外合作的重任,关系到国民经济发展、人民群众切身利益。坚持绿色、低碳、循环发展理念,把握发展的主动权,就会为中国经济赢得更大的发展空间。同时,推进生态文明建设,坚持绿色、低碳、循环发展理念,是一项长期、复杂、艰巨的历史任务,党的十八届五中全会提出要坚持创新、协调、绿色、开放、共享的发展理念,是针对我国发展中的

---

① 《习近平关于社会主义生态文明建设论述摘编》,中央文献出版社 2017 年版,第 6 页。
② 《习近平关于社会主义生态文明建设论述摘编》,中央文献出版社 2017 年版,第 3 页。
③ 《习近平关于社会主义生态文明建设论述摘编》,中央文献出版社 2017 年版,第 8 页。

突出矛盾和问题，是在深刻总结国内外发展经验教训的基础上形成的，集中反映了我们党对经济社会发展规律认识的深化。习近平总书记指出，绿色发展，就其要义来讲，是要解决好人与自然和谐共生问题。绿色循环低碳发展，是当今时代科技革命和产业变革的方向，是最有前途的发展领域，我国在这方面的潜力相当大，可以形成很多新的经济增长点。我们必须坚持节约资源和保护环境的基本国策，坚定走生产发展、生活富裕、生态良好的文明发展道路，加快建设资源节约型、环境友好型社会，推进美丽中国建设，为全球生态安全作出新贡献。习近平总书记强调，推进绿色发展要坚决摒弃损害甚至破坏生态环境的发展模式和做法。要推动自然资本大量增值，让良好生态环境成为人民生活的增长点、成为展现我国良好形象的发力点，让老百姓呼吸上新鲜的空气、喝上干净的水、吃上放心的食物、生活在宜居的环境中、切实感受到经济发展带来的实实在在的环境效益，让中华大地天更蓝、山更绿、水更清、环境更优美，走向生态文明新时代。习近平总书记还提出"既要绿水青山，也要金山银山；绿水青山就是金山银山"①的思想，强调要正确处理经济发展和生态环境保护的关系，决不能以牺牲环境为代价换取一时一地的经济增长，决不能走"先污染后治理"的路子。有效推进生态文明建设，推动形成绿色发展方式和生活方式，是发展观的一场深刻革命。只有充分认识形成绿色发展方式和生活方式的重要性、紧迫性、艰巨性、长期性，坚持节约资源和保护环境的基本国策，坚持节约优先、保护优先、自然恢复为主的方针，形成节约资源和保护环境的空间格局、产业结构、生产方式、生活方式，才能为人民创造良好的生产生活环境。

（三）全方位、全地域、全过程开展生态环境保护，推动生态文明建设在重点突破中实现整体推进

生态环境建设是一个系统工程，要完整地认识自然共同体，全方位、全地域、全过程开展生态环境保护。习近平总书记强调，实施山水林田湖生态保护和修复工程，要全面提升自然生态系统稳定性和生态服务功能；

---

① 《习近平关于社会主义生态文明建设论述摘编》，中央文献出版社2017年版，第23页。

划定生态红线和城市开发边界,着力提高城市发展持续性、宜居性,让城市融入大自然,让居民望得见山、看得见水、记得住乡愁;实施能源和水资源消耗、建设用地等总量和强度双控行动,从源头上减少污染物排放,倒逼经济发展方式转变;把海洋生态文明建设纳入海洋开发总布局之中,科学合理开发利用海洋资源,维护海洋自然再生产能力;推动长江经济带发展走生态优先、绿色发展之路;全面推行河长制,实施从水源到水龙头全过程监管等等;要按照人口资源环境相均衡、经济社会生态效益相统一的原则,整体谋划国土空间开发,统筹人口分布、经济布局、国土利用、生态环境保护,科学布局生产空间、生活空间、生态空间,给自然留下更多修复空间,给农业留下更多良田,给子孙后代留下天蓝、地绿、水净的美好家园。习近平总书记还强调,环境保护和治理要以解决损害群众健康突出环境问题为重点,坚持预防为主、综合治理,强化水、大气、土壤等污染防治,着力推进重点流域和区域水污染防治,着力推进重点行业和重点区域大气污染治理,着力推进颗粒物污染防治,着力推进重金属污染和土壤污染综合治理,集中力量优先解决好细颗粒物(PM2.5)、饮用水、土壤、重金属、化学品等损害群众健康的突出环境问题。改革开放以来,我国在生态环境建设中,坚持以生态红线管控引领绿色发展。通过划定并严守生态保护红线、环境质量安全底线和自然资源利用上线,保障了国家生态环境和能源资源安全,倒逼发展质量和效益提升。同时,我国还完善了主体功能区战略和制度,从战略层面规划和保障生态功能区治理范式的有效运行。

(四)实行最严格的制度、最严密的法治,为生态文明建设提供可靠保障

生态环境的治理保护是一项系统工程,保护生态环境必须依靠制度、依靠法治。只有实行最严格的制度、最严密的法治,建立健全职能科学、权责统一、结构优化、运行顺畅、权威高效的生态环境保护管理体制和组织体系,才能以协调统筹的生态环保体制支撑环境治理体系现代化,为生态文明建设提供可靠保障。改革开放以来,尤其是党的十八大以来,在有效监管方面,通过建立健全区域环境影响评价制度和区域产业准入负面清

单制度，提高了行政审批效率；通过实施省以下环境保护监测监察执法垂直管理与惩罚造假，维护了环境监测数据的真实性；通过环境保护党政同责、中央环境保护督察和环境保护专项督查，有力地打击了环境保护形式主义。在区域发展方面，通过全面建立上游与下游间的生态补偿以及森林、草原、湿地、荒漠、海洋、水流、耕地等重点领域和禁止开发区域、重点生态功能区等重要区域生态保护补偿机制；通过持续推进排污权交易、碳排放权交易、水权交易、用能权交易，促进了城乡环境的综合整治取得新进展，社会文明意识和文明水平进入新阶段。在保障措施方面，绿色金融体系、环境保护投融资体系的推行，为绿色发展保驾护航；新环境保护法的实施，促进了环境保护有法必依氛围的形成；通过建立自然资源资产负债表、领导干部自然资源资产离任审计、区域生态文明建设目标评价与考核、党政领导干部生态环境损害责任追究制度等，让地方党政领导更加尽职履责，推动环保工作取得积极进展。在治理实效方面，通过优化区域空间发展格局，区域环境风险通过规划环境影响评价和建设项目环境影响评价得到控制；通过中央环境保护督察、环境保护专项督查，"小散乱污"型企业被清理整顿；通过严肃问责，侵占自然保护区、破坏湿地、污染环境的现象被大力遏制。党的十八大以来生态文明体制改革的实践成效说明，只有重视环境保护立法工作，健全环保法律体系，持续推进生态文明制度体系的健全，才能保障生态文明建设的持续推进。

三、新时代中国生态文明建设的启示与展望

当前，尽管我国生态文明建设各领域取得重大进展，但新时代生态文明建设依然面临诸多矛盾和问题。我们要紧扣新时代我国社会主要矛盾的变化，高度重视生态文明建设，在生态文明监管体制改革、生态文明治理机制创新、绿色发展的制度创新、环境治理体系建设等方面继续深入推进。

第一，进一步转变观念，高度重视生态文明建设。要从建设社会主义现代化强国目标、从解决中国社会主要矛盾的大局出发，全面理解新时代生态文明建设的重要地位。人民日益增长的美好生活需要和不平衡不充分

的发展之间的中国社会主要矛盾,从生态文明建设的角度来理解,实际上,当前中国最突出的不平衡之一,是经济发展和生态环境保护之间的不平衡,人口、经济和资源环境之间的不平衡。如何认识和解决这些不平衡,对于富强民主文明和谐美丽的社会主义现代化强国目标的实现具有重要意义。基于新时代生态文明建设的新目标和新要求,各级政府既要创造更多物质财富和精神财富以满足人民日益增长的美好生活需要,也要提供更多优质生态产品以满足人民日益增长的优美生态环境需要。要加强观念更新,不断强化有助于保护生态环境的制度供给功能,实施最强有力的制度约束,切实承担起提供和维护优良生态环境这一最公平的公共产品的责任,真正做到从重经济增长轻环境保护,转变为经济发展与环境保护并重;从环境保护滞后于经济发展,转变为环保与经济同步发展;从主要用行政办法保护环境,转变为综合运用法律、经济、技术和必要的行政手段保护环境,在可持续发展的基础上,实现经济发展和环境保护的双赢。同时在全体社会成员中加强生态伦理道德建设,使环境保护成为全民的自觉行为和习惯。

第二,继续加强环保督察和强化督查,加快构建环境管控的长效机制。虽然生态文明建设成效显著,但生态环境保护依然任重道远。据环保部介绍,中央环保督察开展以来,发现的共性问题主要体现在六方面:一是一些地区大气和水环境问题突出;二是环境治理基础设施建设严重滞后;三是一些自然保护区违规审批、违规建设;四是水资源过度开发;五是工业污染问题仍然较为突出;六是农村环境问题比较突出。[1] 面对环境治理的新问题,要围绕污染防治攻坚战重点任务,加强环境保护督察制度建设,完善环境保护督察工作机制;加强环保督察和强化督查的力度,引导推动企业淘汰落后工艺和产能,实现清洁生产、达标排放;构建以政府为主导、企业为主体、社会组织和公众共同参与的环境治理体系,提高污染排放标准,强化排污者责任,健全环保信用评价、信息强制性披露、严惩

---

[1] 《首轮中央环保督察情况全反馈 31省份有这些通病》,中国新闻网,2018年1月4日,http://www.chinanews.com/gn/2018/01-04/8415677.shtml。

重罚等制度；建立环境管控的长效机制，让环境管控发挥绿色发展的导向作用，有效引导企业推进技术创新。

第三，全面深化绿色发展的制度创新。一是构建市场导向的绿色技术创新体系。要强化绿色技术创新、绿色生产的经济激励，推动行业、产业实现绿色清洁生产，完善绿色产业的制度设计；基于大数据的"互联网+"、物联网、云计算等新兴互联网技术与传统产业紧密结合，建立绿色产业大数据库、绿色产业智库。二是加快建立绿色消费的法律制度和政策导向，完善绿色消费的制度设计，让绿色、生态成为生活消费的新导向，使绿水青山真正成为促进经济增长的自然生产力。三是完善绿色金融的制度设计，使金融系统成为经济系统绿色转型的支撑平台，通过绿色信贷、绿色债券、绿色股票指数和相关产品、绿色发展基金、绿色保险、碳金融等金融工具和相关政策，为环保、节能、清洁能源、绿色交通、绿色建筑等领域的项目投融资、项目运营、风险管理等提供金融服务。

第四，把政府、企业、社会组织和公众看成一个整体，构建以"政府为主导、企业为主体、社会组织和公众共同参与"的环境治理体系。环境建设和保护，是一项功在当代、利在千秋的伟大事业。推进生态环境治理，每个人既是"前人栽树"的获益者，也是为惠及后人而努力做出贡献的践行者。环境治理体系是我国国家治理体系的重要组成部分。提升全民环境保护意识、建立健全生态补偿机制、提高环保执法监管水平、调动公民和社会组织参与环境治理的积极性、完善环境舆情的监测引导体系，构建全民共同参与的环境治理体系，对于推进环境治理体系和治理能力现代化、全面提升政府治理现代化水平具有重要意义。

弘扬改革开放精神
纵深推进粤港澳大湾区建设*

"使粤港澳大湾区成为新发展格局的战略支点、高质量发展的示范地、中国式现代化的引领地。"——这是以习近平同志为核心的党中央对粤港澳大湾区发展的新定位,充分体现了对粤港澳大湾区的深谋远虑和殷切期望,为纵深推进粤港澳大湾区建设指明了方向。

改革开放以来,特别是新时代十年来,党中央从国家战略高度部署推进粤港澳大湾区建设,伴随高水平开放和高强度科技创新,大湾区日益显现区域市场的活力和高成长性。2022年粤港澳大湾区经济总量超过1.9万亿美元,超过韩国、澳大利亚2022年的国内生产总值,相当于全球第十大经济体。在强国建设、民族复兴的新征程上,大湾区应在现有的发展基础上不断丰富"一国两制"实践新内涵,为构建新发展格局注入新动能、为高质量发展拓展新空间,彰显经济活力。

当今世界进入新的动荡变革期,我国面临战略机遇和风险挑战并存、不确定因素增多的国际形势,我们决不能为"逆风"和"回头浪"所阻,要坚定站在历史正确的一边,继续弘扬改革开放精神,以更加积极主动的姿态着力从政治、经济、文化等方面深化改革开放,如期完成党中央赋予粤港澳大湾区的使命任务。

---

* 本文作者胡荣荣,发表于《中国发展观察》2024年第1期。

一、敢闯敢试：强化制度供给与政策创新，增创和发挥大湾区协同治理优势

当前，我国改革进入"深水区"，需要通过扩大规则、规制、管理、标准等制度型开放，激励各类市场主体和改革举措"双向奔赴"，培育和释放粤港澳经济合作的内生动力、创新活力。强化制度供给与政策创新，既要抓住前所未有的战略机遇，以效率变革、动力变革促进质量变革，不断开辟发展新领域新赛道、塑造发展新动能新优势，闯出新时代改革开放新境界；也要直面前所未有的风险挑战，敢于突破与高质量发展不相适应的实际问题和障碍，加强各项改革举措的协调配合和系统集成，让人民群众得到更多实惠，以综合改革试点牵引全面深化改革向纵深推进，创造更多可复制可推广的好经验好机制，为全国高质量发展蹚出新路子、贡献新方案。

将健全党的全面领导的工作机制纳入大湾区城市群治理体系。习近平总书记指出，"经济特区处于改革开放最前沿，加强党的全面领导和党的建设有着更高要求"。着眼未来，大湾区内地各城市应在加强党的全面领导方面率先示范，以改革创新精神协同推进大湾区城市群法治建设。一方面，把党的领导落实到城市治理和先行示范区建设各领域。加强各方面各层级治理主体的协作，避免出现改革"合成谬误"，破除妨碍高质量发展的固化思维、利益藩篱，用好特区立法权优势，及时将体制改革和政策创新成果转化为法律法规，发挥好深圳等城市在大湾区法治建设中的测试缓冲作用。另一方面，以党的政治建设为统领，推动全面从严治党向基层延伸。推广深圳特区在党建方面的成功经验，改革街道管理体制，普及城市基层党建"标准+"模式，破解干部队伍中的一些常见问题；加强新兴领域党建工作，实施"企服+党建"双融双促行动，提高两新组织覆盖率，打造城市基层党建品牌，建立健全激励机制，激励党员干部展现新担当新作为。

发挥协商民主体系的独特优势，支持港澳更好融入国家发展大局。推动大湾区不同制度融合发展，既是推动制度型开放的新尝试，也是丰富

"一国两制"事业内涵的新实践。大湾区内地各城市的各级党组织应进一步增强统战意识，把加强党的领导与统一战线思想政治工作结合起来，把统战工作和党建工作结合起来，融党建工作于统战工作中。拓宽和畅通政治参与渠道，促进大湾区内科技、法律人才自由流动，通过互动交流了解民营企业家、新的社会阶层人士、港澳青年、海外华人的需求，增强他们对大湾区发展的参与意识，为大湾区高质量发展献计献策，积极探索"一国两制"新实践、新平台的统战工作新模式，增强港澳民众对祖国的归属感、认同感与凝聚力。

构建敏捷高效的协同治理模式。制度供给是生产力发展的基础，也是经济和社会发展的重要保障。改革开放以来，珠三角地区以其区位优势以及人文相亲的社会环境，肩负起制度供给、政策创新的先行先试使命。粤港澳大湾区包括"一国两制"下的香港、澳门两个特别行政区，深圳、珠海两个经济特区，南沙、前海蛇口和横琴三个自由贸易试验区片区，还有多个制造业发达的珠三角城市。港澳具有全面对接国际高标准市场规则体系的独特优势，而大湾区是国内市场规则体系与国际市场规则体系的枢纽。"一国两制"作为一项开创性的政治制度使广东与香港、澳门两个特别行政区衔接联动，为实现区域治理一体化提供了制度框架。广东和港澳的产业结构、基础设施已发生翻天覆地的变化，仅靠自发的民间合作无法满足粤港澳经济深度融合、高质量发展的要求，亟须在"一国两制"框架下形成多元包容、敏捷高效的协同治理模式。其一，广东、香港、澳门三地政府合力推进政策创新，形成以《粤港澳大湾区发展规划纲要》为引领、以粤港合作联席会议和粤澳合作联席会议为组织框架、以发展合作项目为抓手、以三地政府间协议和财政投入为保障的协同治理体系。近年来，随着粤港澳大湾区建设领导小组的成立，国家层面的粤港澳大湾区统筹协调机制开始运行。为顺应区域产业体系转型升级趋势，亟待进一步降低制度成本，以具备更强执行力的政务合作来突破体制壁垒，粤港澳政府间需要在"一国两制"基础上逐步实现大湾区协同治理机制的常态化、长效化。其二，探索多元主体参与、民生导向、敏捷高效的城市群治理机制。在法治湾区建设上持续推进规则衔接，探索重大合作平台的国际规则接轨、"湾区通"的规则对接、经济社会各领域的"数字化"融合、"优质生活圈"的制度保障。其三,打造全面深化改革创新试验平台,提升粤港澳制度要素融合度。在保留大湾区三地法律制度多元化优势的基础上,减少对大湾区融合发展造成障碍的法律和政策差异。推动大湾区内不同司法管辖区之间的法律规则衔接,就更多业界关注的议题(例如知识产权及电子商务等)制定相互认可的标准和机制。

二、开拓创新:加快建设国际科创中心步伐,增创和发挥区域经济一体化发展优势

成为新发展格局的战略支点,关键是率先形成以创新驱动为引领,以战略性新兴产业、未来产业为骨干,以数实融合和绿色智造为主阵地的新质生产力。改革开放以来,珠三角地区在科研环境与创新生态、科技创新投入与转化率、民营经济、优化营商环境等方面成绩斐然,走在全国前列。在区域经济一体化发展的基础上,建设更具国际竞争力的大湾区产业创新体系,就意味着把握住了新一轮科技革命与产业变革的战略机遇。

紧扣畅通"双循环",加快建设现代产业体系。世界级湾区是世界创新资源和科研活动的集聚中心,从"双循环"角度看,香港北部都会区是外循环与内循环最接近的地域,加之深港科技创新协同正取得积极成效,"国际创科新城"有望成为香港发展的新引擎。目前,粤港澳各地区之间的经济发展模式以及产业发展水平不一,宜发挥各城市的比较优势,促成大湾区内部产业布局的互补契合和错位发展。具体而言,完善大湾区国际科创中心"两廊""两点"架构体系,发挥好横琴、前海、南沙、河套等重大区域合作平台功能,主动对接香港北部都会区规划建设,支持香港成为虚拟现实、生物医药等产业初创企业的上市首选地,加强与香港园区项目的衔接,鼓励企业投资建立研发及设计中心和中试转化基地。进一步巩固壮大支柱产业,发展壮大数字经济、新能源等战略性新兴产业集群,加快推动传统产业集群改造升级,积极布局未来产业,构建全过程创新生态链,加快形成新质生产力。

加快建设国际科创中心步伐，向全球价值链高端迈进。新时代十年来，大湾区业已形成科技领军企业聚集、创新人才资源丰富、科研产业贴合市场需求的领先优势。"深圳—香港—广州科技集群"连续三年居全球创新指数第二位，广东省研发投入、研发人员、高新技术企业量、发明专利有效量、PCT 国际专利申请量等主要科技指标均保持全国首位，不仅涌现了华为、大疆等头部企业，PCT 国际专利申请量入围全球企业 50 强，占全国入选数的近 70%，还有一大批"专精特新"科技型中小型企业，有效支撑了战略性新兴产业的发展壮大，为产业链供应链升级奠定了先发优势。与此同时，国际竞争力、产业协同力以及企业研发力与国际科创中心的要求还不匹配等问题依然存在。这就需要增创开放创新优势，构建高效能区域科创体系。其一，加快构建科技领军企业牵头、高校院所支撑、各创新主体密切协同的创新联合体，增强股权市场培育科创企业功能，强化国际创新资源集聚能力，推动数字经济和实体经济深度融合。其二，完善"基础研究+技术攻关+成果转化+科技金融+人才支撑"全过程创新生态链，共建粤港澳科技创新平台，吸引社会资本参与建设大科学装置、国家实验室等，进一步推动香港基础研究、原始创新优势和深圳应用研究、成果转化优势深度对接、叠加放大。其三，持续促进产业链创新链一体化，联合设立大湾区科创基金，搭建科技设施网络，粤港澳高校及科研机构联手建立新型跨境研发机构，推动大型科学仪器共享合作。

着力推进大湾区科技要素市场一体化。珠三角的制造业领域开放时间较早，开放范围较广、程度较高，已经成为全球重要货物贸易基地。相比较而言，金融、法律、教育、咨询、医疗等领域服务业开放则较为滞后。建议在全国统一大市场的框架下，立足粤港澳大湾区已有的产业基础和科技优势，以香港与深圳深化合作为突破口，重点推进服务业开放，推动形成大湾区科技创新要素大市场。在高标准市场体系建设过程中，可考虑把深圳前海、珠海横琴、广州南沙三个地区组成的广东自由贸易试验区扩展到整个大湾区，将现存的三个关税区逐步合并为单一自由贸易试验区，引领全国的高水平开放。

三、开放包容：强化优质文化产品供给，打造中华民族现代文明的展示窗口

粤港澳大湾区地处岭南地区，深受岭南文化的滋养，粤港澳三地文化同根同源、人民血脉相连，自古以来就保持着密切的关系。鸦片战争后，香港和澳门被外国殖民统治，但是粤港澳民间交往从未隔断。粤港澳有着一脉相承的文化积淀，又受西方文化的影响，形成了内涵丰富的多元文化氛围。20世纪八九十年代的香港电影、脍炙人口的粤语流行歌曲、粤语影视剧将粤语文化传播至世界各地。这些文化印记深深地烙刻在三地人民心中，并随着开放务实的粤商文化不断向海外发展，进一步深化了粤港澳大湾区的文化影响力。

大湾区是粤港澳三地人民的共同精神家园，港澳在中西文化交流融合中发挥了不可替代的作用，改革开放以来一直是中国对外开放的前沿阵地，是中国对外文化经贸往来的重要窗口。通过加强粤港澳三地在文化、教育、科技、艺术等领域的交流与合作，可以促进粤港澳大湾区形成更为密切的文化共同体，为展示中华民族现代文明发挥更大作用。改革开放以来，广东从一个经济相对落后的农业省蝶变为全国第一的经济强省，珠三角地区更是引领时代风气之先，在全国范围内发挥了改革开放先行先试的示范作用。近年来，大湾区文化产业蓬勃发展，在产业主体、产业结构布局、市场要素、产业融合与新业态发展等方面，为实施国家文化数字化战略积蓄了力量。当前，数字文化产业发展正处于从量变向质变跃升的关键时期，应强化优质文化产品供给，打造中华民族现代文明的展示窗口，助力国家文化软实力建设。

其一，顺应"文化＋旅游"融合发展的趋势，把文化资源优势转化为文旅产业优势。通过岭南建筑、岭南画派、粤系美食、粤剧、龙舟、非遗文化合作、云旅直播、歌舞剧、短视频、虚拟文物呈现等方式，唤醒岭南文化传统的记忆，增强大湾区民众的文化自觉，使之升华为大湾区民众的家国情怀和文化认同。着眼大湾区文旅一体化进行科学规划对接，实施文化产业大项目，开展文化领域高新技术企业上市培育行动，定向扶持文创

企业加强研发、挂牌上市，催生文创领军企业，支持文旅行业中小企业数字化转型，打造文化内容和品牌效应良性互动的产业链。突出多元文化、主题公园、美食之都、购物天堂等优势资源，统筹整合各城市文化和旅游资源，错位互补、深化合作，促进岭南文化的传播、传承与创新。

其二，顺应"文化+科技"融合发展的趋势，强化优质原创设计和内容供给。综合运用人工智能、虚拟现实、全息影像等新兴技术，深度挖掘文化遗产资源的核心价值，开发蕴含中华优秀传统文化与人文精神的沉浸式体验型文化产品，研发更多融入高雅艺术审美和高尚情感的原创文化产品。充分发挥深圳、广州两地文化科技创新的引领和示范作用，深化"9+2"城市合作，建立大湾区知识产权保护体系，完善跨部门立体化监管机制，打造大湾区城市文化名片和文化品牌体系，并加以维护运营，完善湾区内公共文化服务体系，满足民众精神文化生活需要。

其三，顺应文化消费场景化、数字化、国际化的发展趋势，推动中华文化"走出去"。培育新的文化消费增长点，在多元化应用场景中融入创意设计、生活美学，为公众提供优秀传统文化审美体验的数字文化产品与服务，提升中国文创企业的核心竞争力、国际知名度、产品美誉度。创新人文交流方式，扩大文创产品展示空间，通过搭建国际化文化展示、交流与贸易平台，用世界性语言和手法讲好中国故事，利用香港、澳门、深圳、广州、珠海等城市的外向型资源优势，用世界语言推动人文湾区与智慧湾区、科技湾区、生态湾区和谐共生。

中国共产党百年国际战略的世界情怀*

党的十九届六中全会通过的《中共中央关于党的百年奋斗重大成就和历史经验的决议》（以下简称《决议》），全面总结了中国共产党的百年奋斗重大成就和历史经验。在总结中国共产党的百年奋斗十个方面的历史经验时，《决议》强调，中国共产党坚持胸怀天下，"始终以世界眼光关注人类前途命运，从人类发展大潮流、世界变化大格局、中国发展大历史正确认识和处理同外部世界的关系，坚持开放、不搞封闭，坚持互利共赢、不搞零和博弈，坚持主持公道、伸张正义，站在历史正确的一边，站在人类进步的一边。只要我们坚持和平发展道路，既通过维护世界和平发展自己，又通过自身发展维护世界和平，同世界上一切进步力量携手前进，不依附别人，不掠夺别人，永远不称霸，就一定能够不断为人类文明进步贡献智慧和力量，同世界各国人民一道，推动历史车轮向着光明的前途前进"。100年来，在中国共产党的领导下，中国与世界的关系发生了深刻变化，中国的国际影响力、感召力、塑造力显著提升。中国共产党独具特色的国际战略思维在这一过程中发挥了重要引领作用。

一、服务中华民族伟大复兴、促进人类进步事业是中国共产党国际战略的出发点和归宿

中国共产党的国际战略是党对国际政治经济格局、较长时期的国际态

---

* 本文作者王巧荣，发表于《当代中国史研究》2022年第1期。

势和发展趋势、中国国际地位及其处境等问题的基本分析，是对中国国家利益和国际目标及实现途径的认识与思考，其主要目的是维护和实现国家利益。作为马克思主义政党，自诞生之日起，中国共产党始终坚持共产主义理想，矢志为人类进步事业而奋斗，始终把服务民族复兴、促进人类进步作为国际战略的出发点和归宿点。

中华民族创造了绵延五千多年的灿烂文明，为人类文明进步做出了不可磨灭的贡献。近代西方列强的侵略，使中国的主权独立遭到严重破坏，中华民族遭受了前所未有的劫难。为了民族的尊严、国家的生存，一代又一代中国革命先驱浴血奋战，前赴后继。在可歌可泣的伟大斗争中，中国共产党应运而生。100年来，党团结带领中国人民为求得民族独立、人民解放和国家富强、人民幸福而不懈奋斗。党的国际战略始终服务于这一目标，为实现中华民族伟大复兴创造有利的国际环境。

100年来，党领导人民浴血奋战、百折不挠，创造了新民主主义革命的伟大成就；自力更生、发愤图强，创造了社会主义革命和建设的伟大成就；解放思想、锐意进取，创造了改革开放和社会主义现代化建设的伟大成就；自信自强、守正创新，创造了新时代中国特色社会主义的伟大成就。这些伟大成就使中国从一穷二白、贫穷落后的东方大国一跃成为世界第二大经济体，实现了从站起来、富起来到强起来的伟大飞跃。如今，"我们比历史上任何时期都更接近、更有信心和能力实现中华民族伟大复兴的目标"[1]。在这一过程中，依据对世界形势发展变化的判断，统筹国内国际两个大局，党适时调整对外战略，先后提出"三个世界划分"、和平发展和中国特色大国外交等战略，在实现中华民族伟大复兴进程中发挥了重要的保驾护航作用。

《决议》指出："党和人民事业是人类进步事业的重要组成部分。一百年来，党既为中国人民谋幸福、为中华民族谋复兴，也为人类谋进步、为世界谋大同，以自强不息的奋斗深刻改变了世界发展的趋势和格局。党领导人民成功走出中国式现代化道路，创造了人类文明新形态，拓展了发展

---

[1] 习近平：《在庆祝中国共产党成立100周年大会上的讲话》，《人民日报》2021年7月2日。

中国家走向现代化的途径，给世界上那些既希望加快发展又希望保持自身独立性的国家和民族提供了全新选择。党推动构建人类命运共同体，为解决人类重大问题，建设持久和平、普遍安全、共同繁荣、开放包容、清洁美丽的世界贡献了中国智慧、中国方案、中国力量，成为推动人类发展进步的重要力量。"因此，服务民族复兴、促进人类进步事业始终是中国共产党国际战略的旨归。

和平与发展问题是当代世界的根本问题，维护世界和平、促进共同发展是人类进步事业的重要内容。100年来，中国共产党始终致力于维护世界和平，促进共同发展。1937年7月，日本帝国主义全面发动对华侵略战争，对亚太乃至世界和平构成严重威胁。中国共产党坚持把中国的抗日战争与世界和平事业联系起来，强调，"我们的战争是神圣的、正义的，是进步的、求和平的。不但求一国的和平，而且求世界的和平，不但求一时的和平，而且求永久的和平"。①1947年12月召开的中共中央扩大会议通过了毛泽东《目前形势和我们的任务》的报告，报告提出，"我们和全世界民主力量一道……推翻一切反动派的统治，争取人类永久和平的胜利"。②新中国成立后特别是改革开放以来，《中国共产党章程》虽然历经多次修订，但反对帝国主义、霸权主义，维护世界和平，促进人类进步一直是《中国共产党章程》中关于中国共产党国际战略思想的重要内容，反映了中国共产党对国际事务的基本立场。如2017年10月，党的十九大通过的《中国共产党章程》指出："在国际事务中，坚持正确义利观，维护我国的独立和主权，反对霸权主义和强权政治，维护世界和平，促进人类进步，推动构建人类命运共同体，推动建设持久和平、共同繁荣的和谐世界。"③这一立场被写进宪法，成为中国国际战略的一项基本方针，中国以实际行动为世界和平做出了积极贡献。

作为联合国安理会常任理事国，中国始终以维护国际和平与安全为己任。恢复联合国合法席位50年来，"中国始终高举和平、发展、合作、共

---

① 《毛泽东选集》第2卷，人民出版社1991年版，第476页。
② 《毛泽东选集》第4卷，人民出版社1991年版，第1260页。
③ 《中国共产党章程》，《人民日报》2017年10月29日。

赢的旗帜，坚持客观公正立场，坚持倡导通过对话协商化解分歧，坚持不干涉内政原则，坚决反对在国际事务中动辄使用或威胁使用武力，积极参与朝鲜半岛核、伊朗核、阿富汗、缅甸、巴以、叙利亚、利比亚、苏丹、南苏丹等重大地区热点问题的政治解决，不断探索和实践具有中国特色的国际和地区热点问题解决之道。中国努力维护安理会权威和团结，积极支持联合国依据授权开展斡旋，支持联合国同区域和次区域组织协调合作，为维护世界和平安全作出贡献"。"自 1990 年以来，中国已向近 30 项联合国维和行动派出维和人员 5 万余人次。中国是联合国维和行动第二大出资国和重要出兵国，在五个常任理事国中派出维和人员数量名列第一，目前有 2200 余人在联合国 8 个任务区执行任务。中国已组建 8000 人规模维和待命部队和 300 人规模常备维和警队，成为联合国维和待命部队中数量最多、分队种类最齐全的国家"。①

经过全党全军全国各族人民接续奋斗，中国实现了第一个百年奋斗目标，在中华大地上全面建成了小康社会，历史性地解决了绝对贫困问题，这是对人类进步事业的一大贡献。中国共产党秉持爱国主义和国际主义精神，始终关注和支持其他发展中国家改善民生、谋求发展的事业。新中国成立以来，对有需要的发展中国家提供了大量的力所能及的无私援助。"2013 年，习近平主席提出共建'一带一路'倡议"。"截至目前，141 个国家和包括 19 个联合国机构在内的 32 个国际组织签署了'一带一路'合作文件。一大批合作项目成功落地，提升了国家和地区间互联互通水平，有效促进有关国家和地区经济社会发展和民生改善"。②

二、顺应人类发展大潮流、把握世界变化大格局是中国共产党国际战略的基本依据

100 年来，中国共产党始终以世界眼光关注人类前途命运，顺应人类发展大趋势，科学把握世界变化大格局，在统筹国内国际两个大局基础

---

① 《中国联合国合作立场文件》，《人民日报》2021 年 10 月 23 日。
② 《中国联合国合作立场文件》，《人民日报》2021 年 10 月 23 日。

上，正确认识和处理同外部世界的关系。

中国共产党始终用马克思主义的立场、观点、方法观察时代、把握时代、引领时代，不断深化对人类社会发展规律的认识。十月革命一声炮响，给我们送来了马克思列宁主义。在马克思列宁主义同中国工人运动相结合的进程中，中国共产党诞生了。历史上，中国就有因没抓住机遇而落后的前车之鉴。比如，由于清政府的闭关锁国，我们与第一次工业革命失之交臂，陷入了落后挨打的悲惨局面。① 第二次世界大战后，一些国家和地区乘第三次科技革命的东风，实现了经济腾飞。党的十一届三中全会后，党带领全国人民，顺势而为，使中国大踏步赶上了时代，"实现了从生产力相对落后的状况到经济总量跃居世界第二的历史性突破，实现了人民生活从温饱不足到总体小康、奔向全面小康的历史性跨越，推进了中华民族从站起来到富起来的伟大飞跃"。

中国共产党的国际战略始终建立在对世界形势的发展变化及其特征的深刻把握上。冷战时期，中共中央深刻把握美苏两个超级大国战略竞争的态势，洞察两极对峙格局下其他国际力量主体的战略动向，先后提出"两个中间地带""三个世界划分"等理论，为中国制定"一边倒"、"一条线"、独立自主的和平外交政策等提供了决策依据。1991年12月苏联解体后，党中央及时做出判断，党的十四大报告指出："两极格局已经终结，各种力量重新分化组合，世界正朝着多极化方向发展。新格局的形成将是长期的、复杂的过程。""和平与发展仍然是当今世界两大主题"。② 这一重大判断是中国共产党推进国际格局走向多极化、国际关系民主化，实施和平发展战略的重要依据。

进入新时代，国际力量对比深刻调整，单边主义、保护主义、霸权主义、强权政治对世界和平与发展威胁上升，逆全球化思潮上升，世界进入动荡变革期。2018年6月，习近平总书记在中央外事工作会议上提出了"世界正处于百年未有之大变局"的新判断。③ "百年未有之大变局"的主要

---

① 《九万里风鹏正举》，《人民日报》2019年8月16日。
② 《十四大以来重要文献选编》（上），中央文献出版社1996年版，第34、35页。
③ 《习近平谈治国理政》第3卷，外文出版社2020年版，第428页。

表现是"新兴市场国家和发展中国家的崛起速度之快前所未有,新一轮科技革命和产业变革带来的新陈代谢和激烈竞争前所未有,全球治理体系与国际形势变化的不适应、不对称前所未有"。① 这是党立足中华民族伟大复兴战略全局,科学认识全球发展大势、深刻洞察世界格局变化而做出的重大判断,是新时代中国特色大国外交战略决策的基本依据。

三、和平发展、公道正义、互利共赢是中国共产党国际战略的主基调

中华民族是爱好和平的民族,中国人民从近代以后遭受战乱和贫穷的惨痛经历中,深感和平之珍贵、发展之迫切,深信只有和平才能实现人民安居乐业,只有发展才能实现人民丰衣足食。中国共产党始终秉持和平发展理念。2015年9月,习近平主席在第七十届联合国大会一般性辩论时指出:"中国将始终做世界和平的建设者,坚定走和平发展道路,无论国际形势如何变化,无论自身如何发展,中国永不称霸、永不扩张、永不谋求势力范围。中国将始终做全球发展的贡献者,坚持走共同发展道路,继续奉行互利共赢的开放战略,将自身发展经验和机遇同世界各国分享。"②

100年来,中国共产党在国际事务中始终坚持主持公道、伸张正义。作为联合国创始成员国和安理会常任理事国,中国坚持和平共处五项原则,"主张世界上所有国家不论大小、富贫、强弱,都一律平等……各国的事应由各国人民自己去管,世界上的事应由各国协商解决"③。中国始终将维护自身核心利益和维护国际社会共同利益结合起来,按照事情本身的是非曲直判断和处理国际事务,公平公正、独立自主地决定自己的外交政策和实践。④《决议》指出:"面对复杂严峻的国际形势和前所未有的外部风

---

① 习近平:《坚持可持续发展 共创繁荣美好世界》,《人民日报》2019年6月8日。
② 《习近平谈治国理政》第2卷,外文出版社2017年版,第525—526页。
③ 《走向二十一世纪的中国——江泽民同志在莫斯科向苏联公众发表的讲话》,《人民日报》1991年5月18日。
④ 苏长和:《中国外交在改革开放中积累的宝贵经验》,《人民日报》2018年6月22日。

险挑战，必须统筹国内国际两个大局，健全党对外事工作领导体制机制，加强对外工作顶层设计，对中国特色大国外交作出战略谋划，推动建设新型国际关系，推动构建人类命运共同体，弘扬和平、发展、公平、正义、民主、自由的全人类共同价值，引领人类进步潮流"。

互利共赢原则是对国际关系中零和博弈思维的超越。随着世界多极化、经济全球化、社会信息化不断发展，各国利益交融、兴衰相伴、安危与共，形成了你中有我、我中有你的命运共同体。唯有互利共赢才能维护世界和平，才能促进共同发展。中国共产党始终坚持互利共赢、不搞零和博弈，"一带一路"倡议奏响了合作共赢、共同发展的时代乐章。《决议》指出：中国"维护以联合国为核心的国际体系、以国际法为基础的国际秩序、以联合国宪章宗旨和原则为基础的国际关系基本准则，维护和践行真正的多边主义，坚决反对单边主义、保护主义、霸权主义、强权政治，积极推动经济全球化朝着更加开放、包容、普惠、平衡、共赢的方向发展"。

四、推动构建人类命运共同体是中国共产党国际战略的总目标

中国共产党坚持大道之行，天下为公，始终站在人类正义一边，为推动建立公正、合理的国际新秩序付出了积极努力。近代以后，西方列强凭借船坚炮利使中国沦为半殖民地半封建社会。中国共产党领导的新民主主义革命的胜利，彻底结束了旧中国半殖民地半封建社会的历史，彻底结束了旧中国一盘散沙的局面，彻底废除了列强强加给中国的不平等条约和帝国主义在中国的一切特权，为实现中华民族伟大复兴创造了根本社会条件。[①]第二次世界大战结束后，建立了以"雅尔塔体系"为核心的国际秩序。"'雅尔塔体系'虽然在一定程度上是世界人民反法西斯战争胜利的产物，这使它与过去的国际秩序不尽相同，但从根本上说，它仍然没有摆脱大国主宰的窠臼，依旧具有强权政治的明显烙印。两大军事集团的尖锐对立军备竞赛的剧烈进行，冷战的紧张局面，尤其是大国霸权的猖獗，形成

---

① 习近平：《在庆祝中国共产党成立 100 周年大会上的讲话》，《人民日报》2021 年 7 月 2 日。

为这一体系的最大特点。'雅尔塔体系'，实质上不过是美苏两个超级大国在世界范围对峙与争夺的代名词"。[①] 新中国成立不久，中国领导人根据亚非拉新兴的民族独立国家要求建立新型国际关系的共同愿望，提出了和平共处五项原则。1971 年 11 月 15 日，毛泽东主席、周恩来总理派出以乔冠华为团长、黄华为副团长的中华人民共和国代表团，第一次出现在联合国会议大厅，正式出席第二十六届联合国大会。从此，中国作为一个发展中国家，与广大发展中国家一道，在联合国舞台上坚决反对任何形式的霸权主义和强权政治，维护世界和平，为建立公正合理的国际政治、经济新秩序做出了自己的贡献。在美、苏两个超级大国紧张对峙的情况下，中国毫不含糊地在国际上多次发表声明，要求美苏两国停止争夺世界，以恢复世界和平与稳定。在联合国大会及安理会上，中国支持第三世界国家争取民族独立、反对新老殖民主义和霸权主义的斗争。20 世纪 90 年代以来，旧的国际格局瓦解，世界向多极化方向演变。中国主张在和平共处五项原则基础上建立国际新秩序。[②] 进入 21 世纪后，在继续坚持以和平共处五项原则为基础推进构建国际新秩序的同时，党中央提出了和谐世界的理念，主张"各国人民携手努力，推动建设持久和平、共同繁荣的和谐世界"。[③]

进入新时代，世界面临百年未有之大变局，习近平总书记深刻把握人类社会发展规律，汲取中华优秀传统文化的思想智慧，从统筹中华民族伟大复兴战略全局和世界百年未有之大变局的战略高度，创造性地提出构建人类命运共同体的倡议，这是回答和解决当今世界时代之问的中国方案，是推动和平与发展事业的人间正道，成为引领时代潮流和人类前进方向的鲜明旗帜。

中国共产党国际战略的一大重要特征是具有胸怀天下的世界情怀。

---

① 胡绳：《为了世界的和平和发展——关于以和平共处五项原则为基础建立国际新秩序》，《人民日报》1991 年 9 月 19 日。

② 王杏芳：《中国在联合国发挥积极作用》，《人民日报》1995 年 10 月 26 日。

③ 《十七大以来重要文献选编》（上），中央文献出版社 2009 年版，第 36 页。

100年来，中国共产党顺应人类历史潮流，把握世界大格局，始终坚持胸怀天下，以宽广的世界眼光关注人类前途命运，以服务民族复兴、促进人类进步为出发点和归宿，致力于既为中国人民谋幸福、为中华民族谋复兴，也为人类谋进步、为世界谋大同，为人类进步事业做出了重大贡献。

试析中国援外改革发展的历史阶段及其特征[*]

对外援助（简称援外）是中国对外交往的重要组成部分。改革开放后，根据国内外形势变化和发展的需要，中国政府开始对援外工作进行改革。40年来，中国援外改革不仅丰富了中国特色对外援助的理论与实践，而且成为改革开放事业的一项重大成就，其进程具有比较明显的阶段性特征，对之进行梳理分析，有助于看清援外改革的发展路径和深入理解援外改革的主要内容，也有助于全面总结援外改革的历史经验。

一、中国援外改革史的不同阶段划分

近些年，中国对外援助已成为学界研究热点，成果日益丰富。但以援外改革为专题进行历史研究的成果不多，也没有论文专门研究中国援外改革的历史发展阶段这一重要问题。不过，不少相关研究都从各自研究视角进行了历史分期，大体可分为两段论、三段论和四段论。

持两段论观点的有两种分法。第一种分法是以1995年为分界点。王蔚、朱慧博将援外改革分为探索改革和调整阶段（1979—1994年）以及深化改革阶段（1995年以后）[①]；张郁慧表述为中国对外援助的调整与初步改革阶段和进一步改革阶段[②]；刘鸿武、黄梅波等则表述为"中国对外援助的

---

[*] 本文作者张勉励，发表于《当代中国史研究》2018年第6期。

[①] 王蔚、朱慧博：《简析改革开放以来中国的对外援助》，《毛泽东邓小平理论研究》2008年第8期。

[②] 张郁慧：《中国对外援助研究（1950—2010）》，九州出版社2012年版，第145—176页。

徘徊调整与新路径"和"中国对外援助的深化改革与规模拓展"①。李小云等持相似观点,认为从20世纪70年代末至90年代中期,中国的对外援助进入了调整时期,90年代中期之后进入了全面推进阶段。②第二种分法则以21世纪初为分界点,认为1979—2002年为调整改革时期,2003年以来为新的发展时期。③

持三段论观点的有四种分法。其一,1998年9月,时任对外贸易经济合作部部长的石广生发文指出,1979—1990年,中国对援外方式进行了一些探索性的改革与调整;从1991年至1994年,围绕着帮助受援国发展当地有需要又有资源的中小型项目,并与发展多双边互利合作的经贸关系相结合,对援外工作进一步调整、改革;1995年以后,进行了全面改革。④这是笔者目前看到的最早对中国援外改革史进行的阶段划分。其二,商务部研究院编的《中国对外经济合作30年》一书将1979—1994年划分为调整与初步改革阶段,1995—2004年划分为改革与稳步发展阶段,2005年以后划分为全方位发展阶段。⑤其三,李小云、唐丽霞等认为,1979—1994年为调整阶段,1995—2005年为改革深化阶段,2006年以后为全面推进阶段。⑥其四,2010年,时任商务部副部长的傅自应撰文回顾中国对外援助的60年历程,大致将改革开放后划分为20世纪80年代、90年代和进入21世纪三个阶段。⑦陈松川也采纳了这种以10年为段的分期方法,具体表述为调整阶段(1980—1989年)、改革阶段(1990—1999年)和稳定发

---

① 刘鸿武、黄梅波等:《中国对外援助与国际责任的战略研究》,中国社会科学出版社2013年版,第104—123页。
② 李小云、王伊欢、唐丽霞编著:《国际发展援助——中国的对外援助》,世界知识出版社2015年版,第96—97页。
③ 湛柏明主编:《国际经济合作》,复旦大学出版社2007年版,第249—250页。
④ 石广生:《对外开放20年》,中共中央宣传部宣传教育局:《改革开放20年》,学习出版社1998年版,第69—71页。
⑤ 商务部研究院编:《中国对外经济合作30年》,中国商务出版社2008年版,第228—240页。
⑥ 李小云、唐丽霞、武晋编著:《国际发展援助概论》,社会科学文献出版社2009年版,第329—334页。
⑦ 傅自应:《继往开来 讲求实效 进一步做好我国对外援助工作——纪念我国对外援助工作60周年》,《中国商务年鉴(2011)》,中国商务出版社2011年版,第307—308页。

展阶段（2000—2010 年）。①

持四段论观点的有一种分法，即 2011 年 4 月，国务院新闻办公室发布《中国的对外援助》白皮书，在回顾改革开放后中国援外历程时指出：1978 年中国实行改革开放后，同其他发展中国家的经济合作由过去单纯提供援助发展为多种形式的互利合作。20 世纪 90 年代，中国在加快从计划经济体制向社会主义市场经济体制转变的过程中，开始对对外援助进行一系列改革，重点是推动援助资金来源和方式的多样化。进入新世纪特别是 2004 年以来，在经济持续快速增长、综合国力不断增强的基础上，中国对外援助资金保持快速增长。2010 年 8 月，中国政府召开全国援外工作会议，全面总结援外工作经验，明确了新形势下进一步加强和改进对外援助工作的重点任务，中国的对外援助进入新的发展阶段。②

从上述历史分期可以看出，中国援外改革具有阶段性发展的明显特征，这是一个基本共识。不过，由于研究视角和判断标准不同，分期多元各异，其中有些观点值得商榷。当然，需要指出的是，"正在进行时"是当代史研究对象的特点之一，不同时期的研究成果有其历史局限性，随着历史的不断演进和积淀，后来的研究结果也会不断更新、深入。总的来说，中国援外改革是一个渐进式、逐级提升的发展过程。综合考量中国对外援助改革的政策、援外方式、改革深度等关键因素，笔者认为，中国援外改革的历史可以分为以下四个阶段：1979—1992 年是以改革援外政策为核心的调整探索阶段；1993—1999 年是以改革援外方式为核心的重大转变阶段；2000—2009 年是以融入国家开放战略为核心的全面发展阶段；2010 年以来，是以加强顶层设计和规划为核心的深入发展阶段。这四个阶段的援外改革都具有不同的背景和比较显著的阶段性特征。

---

① 陈松川：《中国对外援助政策取向研究（1950—2010）》，清华大学出版社 2017 年版，第 138—213 页。

② 《中国的对外援助》，《人民日报》2011 年 4 月 22 日。

二、以改革援外政策为核心的调整探索阶段（1979—1992 年）

新中国的对外援助始于 1950 年，它在中国对外战略中发挥了极其重要的作用，但也经历了曲折和失误，特别是在"文化大革命"（以下简称"文革"）期间走了弯路。1978 年 12 月，中共十一届三中全会召开，重新确立了解放思想、实事求是、一切从实际出发的思想路线，并决定把全党工作重点转移到以经济建设为中心的社会主义现代化建设上来，实行改革开放。自此，中国援外工作迈向改革发展之路，首先是对援外政策进行了大幅调整和改革，对外援助的指导方针、工作重心、任务目标、管理体制等均发生了重大变化。

（一）量力而行、尽力而为

中国是在自身国力贫弱的情况下开展对外援助的，早期曾提出"积极承担和量力而行相结合"的正确方针。[①]20 世纪 70 年代前期，受主客观因素的影响，援外规模急剧增大。1971—1975 年，援外支出占同期国家财政总支出的 5.88%，其中 1973 年高达 6.92%，与当时的国力不相适应。[②]1978 年 7 月，由于同越南和阿尔巴尼亚关系恶化，中国相继停止了对这两个主要受援国的援助。国内对中国援外的质疑之声一时纷起。在总结经验教训的同时，中央及时统一认识，纠正了一些片面、错误看法，并强调加强同发展中国家的团结合作是中国对外政策的基石，向其提供援助是中国作为社会主义大国的国际义务，是一个带有战略性的问题，援外是必要的，这个基本方针不能动摇；同时指出，以往存在的主要问题是"在相当一个时期，对外提供援助没有坚持量力而行的方针，对外援助任务特别是对一些重点国家承担的任务过重，不注意经济规律，浪费比较严重"[③]，"现在要根据国家财力、物力的可能，量力而行"[④]。1979 年，中国援外财政支出降至同期国

---

① 周弘主编：《中国援外 60 年》，社会科学文献出版社 2013 年版，第 11 页。
② 《当代中国的对外经济合作》，当代中国出版社、香港祖国出版社 2009 年版，第 50 页。
③ 《三中全会以来重要文献汇编》（上），人民出版社 1982 年版，第 728 页。
④ 《当代中国的对外经济合作》，当代中国出版社、香港祖国出版社 2009 年版，第 53 页。

家财政总支出的1%以内，之后再未超过这个比例。①

（二）面向世界，有出有进，有给有取，在自力更生的基础上积极发展同世界各国平等互利的经济合作，既帮助受援国的发展，又为国内经济建设服务

根据对外开放的基本国策，1980年3月，全国外经工作会议提出了新形势下外经工作的方针，即"坚持无产阶级国际主义，坚持援外八项原则，认真做好援外工作，广泛开展国际经济技术合作，有出有进，平等互利，为促进友好国家的经济发展，加速我国四个现代化建设做出应有贡献"。②1983年1月，中国宣布了同非洲国家开展经济技术合作的四项原则，即"平等互利、讲求实效、形式多样、共同发展"。新的援外工作指导方针和原则的确定，为中国援外政策带来了两大变革，其影响是重大而深远的。

第一个变革是中国开始重新接受国际援助。"自力更生为主，争取外援为辅"是中国共产党在革命战争年代就确定的一项重要对外政策。新中国在成立初期曾接受了苏联的经济和技术援助，但在"文革"期间，自力更生方针遭到曲解和片面强调，接受国际援助成为禁区。总结历史经验和教训，中国政府认识到关起门来搞建设是不行的，中国的发展离不开世界，必须要利用和吸收外国的资金、技术和经验来帮助自身发展。1979年6月，中国与联合国开发计划署签订协定，开始正式接受联合国发展系统的援助。中国还摆脱意识形态的束缚，相继接受日本、澳大利亚、意大利、联邦德国、加拿大等资本主义国家的政府开发援助。到1992年，除接受国际组织和外国政府提供的无偿援助外，中国共借用国际金融组织贷

---

① 1978—2009年的数据参见张郁慧《中国对外援助研究（1950—2010）》（九州出版社2012年版，第220—221页），2010—2016年的数据根据《中国财政年鉴（2011）》（中国财政杂志社2011年版，第355页）、《中国财政年鉴（2012）》（中国财政杂志社2012年版，第362页）、《中国财政年鉴（2013）》（中国财政杂志社2013年版，第326页）、《中国财政年鉴（2014）》（中国财政杂志社2014年版，第312页）、《中国财政年鉴（2015）》（中国财政杂志社2015年版，第260页）、《中国财政年鉴（2016）》（中国财政杂志社2016年版，第258页）、《中国财政年鉴（2017）》（中国财政杂志社2017年版，第254、338页）相关数据计算得出。

② 《当代中国的对外经济合作》，当代中国出版社、香港祖国出版社2009年版，第53页。

款协议金额173.8亿美元、外国政府贷款协议金额217.5亿美元。① 成功利用外援,不仅促进了国内建设事业的发展,也使中国在受援过程中更多地了解了国际援助的通行做法和发展理念,为援外改革提供了更多的思路。

第二个变革是中国对外经济合作改变了以对外援助为主、方式单一的状况,开始积极拓展对外援助、承包工程、劳务合作、投资等多形式、多渠道的互利合作。改革开放后,在和平与发展的时代潮流下,中国援外在经济和发展方面的追求日益凸显,不再过分强调单方面的给予,而是基于国情、世情重新定位,主张对外援助是南南合作的组成部分,不仅要促进受援国的经济发展,而且要为自身的经济建设和改革开放服务。"平等互利、讲求实效、形式多样、共同发展"四项原则的确定使中国援外政策发生了质的转变。这一转变不仅为援外工作提供了新的时代动力,而且为国际发展合作开辟了新路径。实践证明,多种形式的发展合作和互利共赢比单向援助更具有效性和可持续性。

此外,援外多边合作政策也发生了转变。尽管中国自1973年开始向联合国发展系统捐款,但实际参与实施多边援助项目则是在改革开放后。自1981年起,中国与联合国开发计划署合作,在华实施发展中国家间技术合作(TCDC)项目。中国还尝试将本国援助同国际金融组织或第三国援助相结合,开辟国际三方合作途径。

(三)坚持改革创新,不断探索新的援外合作方式,及时调整改革管理机制,走出一条既符合中国国情和国家利益、又适合受援国情况和发展需要的援外道路

1979年7月,邓小平指出,在援助问题上,方针要坚持,基本上援助的原则还是那个八条,具体办法要修改。② 中央强调"对援外工作的管理,要按经济规律办事"。③ 在对外开放政策的指导下,中国组建了各类国际经济技术合作公司,其数量很快从1979年的5个增加到1983年的48

---

① 国家计委国外资金利用司编:《中华人民共和国借用国外贷款十四年(1979—1992)》,中国劳动出版社1994年版,第82页。
② 《当代中国的对外经济合作》,当代中国出版社、香港祖国出版社2009年版,第52页。
③ 《三中全会以来重要文献汇编》(上),人民出版社1982年版,第729页。

个。[①]1980年12月，根据国家经济体制改革的精神，对外经济联络部尝试用经济手段与行政手段相结合的方式来管理经济援助项目，将承建部负责制改为投资包干制。1983年12月，开始全面推广实行承包责任制，并将承包单位改为国务院有关部门或地方人民政府所属的国际经济技术合作公司或其他具有法人地位的国营企业、事业单位，同时引入竞争机制，部分项目通过招投标择优选定承包单位，项目经费也由实报实销改为包干。在援外方式上，中国摒弃以往怕干涉受援国内政的顾虑，开始对建成援外项目展开参与管理、合作管理、代管经营、租赁经营、合资经营等多种形式的合作。

援外改革探索初期，中国政府顺应时代潮流，根据国内外形势和发展的需要，解放思想、转变观念，在继续坚持承担援外国际责任的同时，制定新的援外政策和方针，明确了改革开放新时期援外工作的前进方向。这一阶段提出的"平等互利、讲求实效、形式多样、共同发展"四项原则至今仍具有重大指导意义。以促发展为援外主旨，为中国对外援助迈向更广阔天地打开了大门。

三、以改革援外方式为核心的重大转变阶段（1993—1999年）

援外政策的调整和改革为援外工作指明了发展方向，但"按经济规律办事"的实践探索仍在很大程度上受到国内经济体制、援外资金规模、企业状况以及受援国国情等诸多因素的影响。直至20世纪90年代初，国内外形势的变化推动了新一轮援外改革工作的展开。在国际上，多数受援国普遍实行经济自由化和企业私有化，不少国家面对严峻的经济发展形势和巨额债务，既需要中国扩大援助，又希望中国能带来更多的直接投资。在国内，1992年10月，中共十四大提出建立社会主义市场经济体制的改革目标。与此相适应，援外工作确定了新的改革方针，进入了以改革援外方式为核心的新阶段，并很快取得实质性突破和重大转变。

援外工作新的改革方针是：根据形势的变化，调整援助结构，改革援

---

① 《中国对外经济贸易年鉴（1984）》，中国对外经济贸易出版社1984年版，第Ⅱ—9页。

助方式，主要帮助受援国发展当地有需要又有资源的中小型生产项目，并与发展双边、多边经贸关系以及互利合作相结合，促进援外方式、内容和资金来源渠道的多样化，推动中国企业与受援国企业的直接合作，通过援外途径在海外举办合资、合作企业，巩固援助成果，让有限的援外资金在受援国发挥更大的效益，促进受援国和中国的共同发展。[1]这表明，援外改革将主要围绕经济活动展开，重点对象是援外项目的实施主体和资金来源，这是市场经济体制影响援外工作的两个主要因素。

一是按照政企职责分开、政府转变职能、企业转换机制的原则，由企业取代政府成为援外项目的实施主体，将政府的宏观管理同企业的自主经营有机结合起来。1993年3月，对外经济贸易部发布《关于我部改革援外管理体制的通知》，规定："一、改变由我部对外援助司和援外项目执行局即中国成套设备出口公司分段管理援外工作的体制，由对外援助司负责归口管理。中国成套设备出口公司由事业单位转为企业，更名为中国成套设备进出口（集团）总公司。二、对外援助司运用行政法规、制度对援外工作进行规范化的宏观调控；运用经济手段保证援外工程的质量和进度；建立实施援外任务的企业总承包责任制；运用竞争机制，通过招标择优选定承担各类援外任务的总承包企业，视项目规模、性质和内容，分别采取相应的方式招标；择优选定技术、咨询、审计单位对援外项目进行设计审查、质量监督、财务审计和工程验收，实现对外援助工作的宏观管理。三、为保证新旧管理体制的平稳过渡，在交替阶段，中国成套设备进出口（集团）总公司受我部委托，继续对目前已确定承包单位的项目和技术（或管理）合作项目行使管理职能；在国家物资管理体制改革前，继续组织援外设备、材料的订货，实行有偿服务。"[2]

二是要实现援外资金来源的多样化，以有限的援外财政支出拉动更多的发展资金支持。为援外"开源"的最初探索是推动援外项目的合资合作，既吸引企业资金加入援外项目，又帮助双方企业直接建立长期合作关

---

[1]《中国对外经济贸易年鉴（1994—1995）》，中国社会出版社1995年版，第62页。
[2]《对外经济贸易部关于我部改革援外管理体制的通知》，找法网，https://china.findlaw.cn/fagui/p_1/37622.html。

系。1993年，中国政府设立援外合资合作项目基金，其主要资金来源除中国收回的援外贷款外，还包括1991年经国务院批准设立的"多种形式援外专项资金"[①]，以及基金本身有偿使用回收的借款本金、基金使用费等收入[②]。至1999年，中国企业在33个国家启动实施了制衣、制药、农业种植、建材加工、食品加工等67个援外合资合作项目。[③]

为援外"开源"带来实质性重大转变的是金融资本的引入。1994年，中国政府根据十余年来作为受援国的成功经验，借鉴国际发展援助中的通行做法，开始与一些受援国探讨政府贴息优惠贷款方式，即由银行提供具有官方发展援助性质的优惠贷款，其优惠利率与中国人民银行公布的基准利率之间的利息差额由国家援外财政补贴，贷款主要用于中国企业与受援国企业合资合作建设、经营的生产性项目和资源开发项目，建设经济基础设施和社会公共设施项目，以及提供中国生产的成套设备和机电产品等。4月，中国进出口银行成立。这家直属国务院领导的国家政策性银行，成为中国政府指定的援外优惠贷款承贷银行，实行自主、保本经营和企业化管理。6月，国务院做出决定，援外方式一定要改革，应采取赠款、政府贷款贴息、中外合资合作等多样化方式进行援外，要提高援外效益。1995年5月16日，国务院《关于改革援外工作有关问题的批复》提出改革的主要内容：一是在援助结构上主要扩大政府贴息优惠贷款的规模，提高无偿援助的比例；二是在项目选择上，重点放在受援国需要的中小型生产项目；三是在援助方式上推动援外项目合资合作；四是在资金渠道方面，将政府援外资金与银行贷款结合起来，并适当将有关企业的资金吸纳到援外项目执行中。[④]10月17—19日，全国援外改革工作会议在北京召开。会议

[①] "八五"期间每年从国家援外财政支出预算中划出1亿至2亿元人民币借给中国企业，用于援外项目建成后转为合营、租赁、独资的项目和受援国部分使用中国政府贷款、部分由中国企业投资的项目。

[②] 国家审计署法制司编：《财经审计法规（1998年增补本）》，中国审计出版社1999年版，第380页。

[③] 《中国对外经济贸易年鉴（2000）》，中国对外经济贸易出版社2000年版，第66页。

[④] 《商务大事记1995年》，商务历史网，http://history.mofcom.gov.cn/?newchina=%E5%95%86%E5%8A%A1%E5%A4%A7%E4%BA%8B%E8%AE%B01995%E5%B9%B4。

决定：坚持援外工作基本方针，既要发扬援外工作的优良传统，又要在新形势下改革创新。创新的重点就是推行两种新的援外方式，即政府贴息优惠贷款和援外项目合资合作。① 到 2000 年底，中国已同 48 个国家签署优惠贷款协议 78 笔，"外经贸部向中国进出口银行推荐 124 个项目，进出口银行评估通过了 75 个项目，中国企业实施项目 54 个"。②

这一阶段援外方式的重大变革，将原来单纯以政府为主体的传统援助合作，转变为政府宏观主导、企业自主实施、金融资本支持的新型开发性经济合作。1993—1999 年间，中国将援外项目的合资合作和援外优惠贷款方式从非洲逐步推广到亚洲、拉美、南太平洋岛国和欧洲的发展中国家，为 21 世纪"走出去"战略的实施铺路架桥，发挥了很好的先导作用。值得一提的是，冷战结束后，西方发达国家一度减少官方发展援助，与之相反，中国援外财政支出在改革推动下自 1993 年进入持续增长期，当年达到 18.5 亿元人民币，至 1999 年达到 39.2 亿元人民币，是 1993 年的 2.1 倍，年均增长 14.2%。③

四、以融入国家开放战略为核心的全面发展阶段（2000—2009 年）

世纪之交，为充分利用好国内外两种资源、两个市场，全面提高对外开放水平，中国加快了参与经济全球化的步伐，在推进加入世界贸易组织的同时，将"走出去"确定为关系发展全局和前途的重大国家战略，并积极参与多边外交，着力拓展区域经济合作。

2000 年前后，国务院相继发出一系列文件：《国务院办公厅转发外经

---

① 《我国将进一步改革援外工作》，《人民日报》1995 年 10 月 18 日。
② 对外贸易经济合作部：《中国对外经济贸易白皮书（2001）》，中国金融出版社 2001 年版，第 102 页。
③ 根据《中国财政年鉴（1994）》（中国财政杂志社 1994 年版，第 349 页）、《中国财政年鉴（1995）》（中国财政杂志社 1995 年版，第 343 页）、《中国财政年鉴（1996）》（中国财政杂志社 1996 年版，第 463 页）、《中国财政年鉴（1997）》（中国财政杂志社 1997 年版，第 393 页）、《中国财政年鉴（1998）》（中国财政杂志社 1998 年版，第 354 页）、《中国财政年鉴（1999）》（中国财政杂志社 1999 年版，第 386 页）、《中国财政年鉴（2000）》（中国财政杂志社 2000 年版，第 338 页）相关数据计算得出。

贸部、国家经贸委、财政部关于鼓励企业开展境外带料加工装配业务意见的通知》（1999年）、《国务院办公厅转发外经贸部等部门关于大力发展对外承包工程意见的通知》（2000年）、《国务院办公厅转发外经贸部等部门关于在新形势下进一步做好我国对外援助工作若干意见的通知》（2000年）、《国务院办公厅转发外经贸部等部门关于加强同发展中国家经贸关系若干意见的通知》（2000年），[①]对实施"走出去"战略做出部署，其中一个重要路径就是将对外援助与实施"走出去"战略有机结合起来。具体来说，就是在"大经贸"发展战略格局下，一方面，国家鼓励有实力的企业，充分利用中国对外援助在发展中国家的广泛影响，既从援外政策、援外优惠贷款、合资合作项目基金中得到有力支持，又依托援外项目在受援国赢得声誉、开拓市场和站稳脚跟；另一方面，要求援外工作在保证外交工作需要的同时，必须配合国内经济发展需要，调整援外合资合作项目基金和援外优惠贷款的使用方向，与国内产业结构调整、国有企业改革相结合，有效促进外贸出口、海外投资、承包工程和劳务合作，带动中国企业、中国制造走入受援国，为双方互利合作、共同发展服务。

21世纪，中国政府积极开展多边外交和推动区域经济合作。2000年10月，中非合作论坛正式成立，为中国同非洲国家开展集体对话和务实合作搭建重要平台。自此，中国政府将对非援助纳入中非合作论坛机制，在每三年一届的论坛上，中方都会提出发展领域的"一揽子"合作措施和目标，并重信守诺、认真履行。中国援助非洲的领域和规模随之迅速扩大，援助方式也不断丰富，主要包括增加援非优惠贷款，减免非洲重债穷国和最不发达国家的政府无息贷款债务和输华商品关税，设立各种专项基金和贷款（中非发展基金、非洲人力资源开发基金、非洲中小企业发展专项贷款等），建设境外经济贸易合作区和农业技术示范中心，援建医院、疟疾防治中心、学校、妇女培训与交流中心，派遣医疗队、农业技术组和青年志愿者，增加非洲国家政府奖学金名额，实施清洁能源项目、中非联

---

① 建设部办公厅编：《中华人民共和国建设部文件汇编（2000）》，中国建筑工业出版社2001年版，第1000页。

合研究与技术示范项目，启动了中非高校20+20合作计划、中非科技伙伴计划、中非联合研究交流计划和非洲人才计划等。

以中非合作论坛为先导，中国还通过中国—东盟领导人会议（1991年启动）、上海合作组织（2001年启动）、中国—葡语国家经贸合作论坛（2003年启动）、中国—加勒比经贸合作论坛（2005年启动，2015年升级为"中国—拉美和加勒比国家共同体论坛"）、中国—太平洋岛国经济发展合作论坛（2006年启动）、中国—中东欧国家合作（即"16+1"合作，2012年启动）等区域合作机制，就中国参与区域发展合作进行深入探讨，多次提出区域援助的"一揽子"整体措施和目标并积极付诸实施。可以说，针对世界不同区域进行整体援助目标规划，将对外援助纳入区域合作机制，是21世纪中国援外工作的主要特色之一。

联合国是中国参与全球发展合作的重要平台。2000年9月，联合国成员国在联合国千年首脑会议上共同签署了《联合国千年宣言》，其中就提出了2015年底前使世界上每天收入低于1美元的人口比例和挨饿人口减少一半的目标。[①] 作为联合国中最大的发展中国家，中国不仅将自身发展目标与千年发展目标相结合，而且将推动实现千年发展目标确定为新世纪中国援外工作的一项重要任务。在联合国成立60周年首脑会议发展筹资高级别会议（2005年）和联合国千年发展目标高级别会议（2008年、2010年）上，中国领导人相继向世界宣布了中国支持发展中国家加快发展的5项举措、中国促进实现千年发展目标的6项援助举措和中国进一步加强和改进援外工作的6项措施，主要包括：向最不发达国家给予零关税待遇和债务减免，增加对发展中国家优惠贷款和优惠出口买方信贷融资支持、帮助加强基础设施建设、推动双方企业开展合资合作，增加公共卫生援助、农业和粮食援助，援建清洁能源和环保项目，加大人力资源开发合作力度等。[②] 到2015年9月联合国发展峰会通过2030年可持续发展议程时，中国

---

① 《联合国千年首脑会议闭幕》，《人民日报》2000年9月10日。
② 《胡锦涛出席联合国成立六十周年首脑会议开幕式》，《人民日报》2005年9月15日；《温家宝出席联合国千年发展目标高级别会议并作主旨发言》，《人民日报》2008年9月26日；《温家宝出席联合国千年发展目标高级别会议并发表讲话》，《人民日报》2010年9月24日。

已向120多个发展中国家提供了支持和帮助，这是中国发挥负责任大国作用和推动和谐世界建设的实际行动。①

总体上，这一阶段的援外改革核心就是将援外工作融入国家开放战略，通过一个路径（与"走出去"战略相结合）、两种发展合作平台（区域合作机制和联合国发展合作平台），从地区和世界发展合作的更高层面，落实整体合作措施和目标，在配合外交工作和对外经济合作的同时，反过来也借助中国对外交往舞台的扩大和经济实力的提升，增强了对外援助的目标性和有效性，丰富了援助内容和形式，提升了援助规模和水平，初步构建起从政府到企业、金融机构、社会组织和个人的立体发展合作框架，在经济基础设施建设、工农业生产、能源和资源开发、社会公共设施、紧急人道主义援助、人力资源开发合作、减免债务和关税等诸多领域形成全面发展的局面。

援外规模的快速增长是这一阶段的另一个突出特征。中国援外财政支出在2000年为45.88亿元人民币，2002年突破50亿元人民币，2007年突破100亿元人民币，至2009年达到132.96亿元人民币，其中2004—2008年，连续五年保持两位数的增长率，年均增长19.5%。值得一提的是，这波增长是以中国扩大对外开放为背景，建立在国家经济实力持续快速增长的基础之上的。尽管2009年的援外财政支出达到2000年的2.9倍，但在国家财政总支出中的比例却从0.29%降至0.17%，这与20世纪70年代前期援外规模的急剧增长形成了鲜明对照。②

---

① 《外交部与联合国驻华系统共同发布〈中国实施千年发展目标报告〉》，外交部官网，2015年7月24日，https://www.fmprc.gov.cn/wjb_673085/zzjg_673183/gjjjs_674249/xgxw_674251/201507/t20150724_7661158.shtml。

② 根据《中国财政年鉴（2001）》（中国财政杂志社2001年版，第282页）、《中国财政年鉴（2003）》（中国财政杂志社2003年版，第283页）、《中国财政年鉴（2005）》（中国财政杂志社2005年版，第279页）、《中国财政年鉴（2006）》（中国财政杂志社2006年版，第313页）、《中国财政年鉴（2007）》（中国财政杂志社2007年版，第315页）、《中国财政年鉴（2008）》（中国财政杂志社2008年版，第337页）、《中国财政年鉴（2009）》（中国财政杂志社2009年版，第411页）、《中国财政年鉴（2010）》（中国财政杂志社2010年版，第371页）、《中国财政年鉴（2017）》（中国财政杂志社2017年版，第338页）相关数据计算得出。

五、以加强顶层设计和规划为核心的深入发展阶段（2010年以来）

2010年8月13—14日，国务院在北京召开第九次全国援外工作会议，这是21世纪第一次全国援外工作会议。会议总结了60年来援外工作的基本经验，对援外工作的重点进行了新的部署。国务院总理温家宝在会上讲话时指出："当今世界正在经历前所未有的大发展、大变革、大调整，必须从全局和战略高度，深刻认识新形势下我国援外工作面临的机遇和挑战，深刻认识加强和改进援外工作的重要性和紧迫性"。他强调，做好新形势下的援外工作，一要着力优化对外援助结构，二要着力提高对外援助质量，三要着力增强受援国自主发展能力，四要着力完善对外援助体制机制。[1] 12月，中共中央办公厅、国务院办公厅下发了《关于进一步加强和改进新形势下对外援助工作的意见》。[2]

2012年中共十八大后，中国领导人先后提出"人类命运共同体"、正确的义利观、"一带一路"倡议、五大发展理念等，对援外工作赋予了新的要求和目标。中国利用联合国成立70周年系列峰会、气候变化巴黎大会、中非合作论坛约翰内斯堡峰会、"一带一路"国际合作高峰论坛等重大国际场合相继宣布一系列援助倡议和举措。随着这些措施的出台和落实，援外改革进一步加速深化，核心是创新思路，加强顶层战略规划、统筹管理和制度建设，完善对外援助体制机制，全面提升管理水平、执行能力和保障能力。

（一）加强政策指导和战略规划

中国政府针对中国与发展中国家合作关系陆续发布了一系列政策文件：《中国与非洲的经贸合作》（2010年、2013年）[3]、《中国—东盟合作：

---

[1] 《全国援外工作会议在京召开》，《人民日报》2010年8月15日。
[2] 《王和民同志与援外司等部门主要负责人进行座谈》，中央纪委国家监委驻商务部纪检监察组网，2011年2月，http://jcj.mofcom.gov.cn/article/dt/sw/201102/20110207405692.shtml。
[3] 《中国与非洲的经贸合作》，《人民日报》2010年12月24日；《中国与非洲的经贸合作（2013）》，《人民日报》2013年8月30日。

1991—2011》(2011年)[1]、《中国的对外援助》(2011年、2014年)[2]、《中国对非洲政策文件》(2015年)[3]、《中国对阿拉伯国家政策文件》(2016年)[4]、《中国对拉美和加勒比政策文件》(2016年)[5]等。同时,全面完成了覆盖全球的援外国别指导意见的编制工作,并加快制定对外援助中长期政策指南。2017年2月6日,中央全面深化改革领导小组第32次会议审议通过了《关于加强党对地方外事工作领导体制改革的实施意见》《关于改革驻外机构领导机制、管理体制和监督机制的实施意见》《关于改革对外工作队伍建设的实施意见》和《关于改革援外工作的实施意见》。会议强调,要优化援外战略布局,改进援外资金和项目管理,改革援外管理体制机制,提升对外援助综合效应。[6]

(二)大力推进对外援助制度化、规范化和法制化建设

在援外项目管理上,中国逐步建立了援外项目储备制度;引入专家咨询、论证制度;改进监理制度;加强后评估工作,启动编制各类项目后评估指标体系;按优质优价原则完善招标竞争制度;建立以合同管理为核心的管理体系,创新引入"项目管理+工程总承包"模式;建立对外援助实施主体诚信评价体系;等等。商务部自2013年3月正式启动援外项目管理体制改革以来,全面梳理并废止原有138项规章制度,并围绕"五横"(企业资格、项目立项、招投标、合同管理、项目评估五大综合管理环节)、"五纵"(成套项目、物资援助、技术援助、人力资源开发、青年志愿者五种具体项目类型)构建起新的援外项目管理制度框架。[7]2014年

---

[1]《中国—东盟合作:1991—2011》,《人民日报》2011年11月16日。
[2]《中国的对外援助》,《人民日报》2011年4月22日;《中国的对外援助(2014)》,《人民日报》2014年7月11日。
[3]《中国对非洲政策文件》,《人民日报》2015年12月5日。
[4]《中国对阿拉伯国家政策文件》,《人民日报》2016年1月14日。
[5]《中国对拉美和加勒比政策文件》,《人民日报》2016年11月25日。
[6]《习近平主持召开中央全面深化改革领导小组第三十二次会议》,中央人民政府官网,2017年2月6日,http://www.gov.cn/xinwen/2017-02/06/content_5165887.htm。
[7]《商务法治建设日臻完善》,商务部官网,2017年10月20日,http://www.mofcom.gov.cn/xwfb/rcxwfb/art/2017/art_5e18add7264248ea9bcf9e6b313e1ec1.html。

11月15日，商务部颁布《对外援助管理办法（试行）》。[1]这是中国政府首次出台援外管理方面的综合性部门规章，虽非国家立法，但它体现了一段时期以来援外改革的成果，为改革举措的后续落实提供了制度依据，在依法援外的改革之路上向前迈出了重要一步。管理办法颁布本身也是一项改革举措，它标志着国家援外管理的重点已经转移到宏观政策研究、法规制度建设、项目立项和评估以及援外国别政策管理与中长期规划这些工作上来。

（三）进一步改革援外管理体制机制，加强顶层设计

2008年，援外工作的归口主管部门商务部会同外交部、财政部等有关部门和机构，正式成立对外援助部际联系机制，以加强统一管理和部门协作。2011年2月，部际联系机制升格为部际协调机制，商务部主持召开了24个成员单位有关负责人参加的首次全体会议，确定了机制工作目标、主要任务和组织机构，通过了机制工作规则。2012年3月，援外部际协调机制第二次全体会议召开，机制成员单位由24个部委增加到33个。[2]商务部还在部内建立了援外司同各司局间的援外工作联系机制，与地方省区商务部门建立部省合作机制，并根据不同领域的援外工作建立相应的制度化平台，如优惠贷款联席会议工作机制、紧急人道主义援助联动工作机制、援外项目巡检机制等。不过，相较援外形势发生的巨变，这些改革措施仍显力度不足，滞后于发展需要。

首先，援外规模大幅增长，特别是资金结构已发生根本转变。近几年，中国援外财政预算都在200亿元人民币左右，其中援外财政决算支出在最高年份2015年达到193.87亿元人民币，分别是1979年、1992

---

[1]《商务部令2014年第5号〈对外援助管理办法（试行）〉》，商务部官网，2017年12月10日，http://www.mofcom.gov.cn/article/i/dxfw/gzzd/201412/20141200827970.shtml。

[2] 商务部援外司：《2012年我国援外工作取得新发展》，商务部对外援助司官网，2017年4月19日，http://images.mofcom.gov.cn/yws/201304/20130419145738603.doc。

年、1999年和2009年的19.7倍、11.7倍、4.9倍、1.5倍。① 援外优惠贷款从1995年到2009年底累计金额达735.5亿元人民币，同期援外财政支出为965.15亿元人民币。2010—2012年，援外优惠贷款497.6亿元人民币，超过同期援外财政支出的462.18亿元人民币，占同期对外援助总额的55.7%，表明金融资本的投入已经超过了财政投入。②

其次，中国同发展中国家的经贸关系已从"援助时代"转入援助、贸易和投融资全面发展合作的新时期，合作领域已从基础设施、工农业生产向金融、旅游、减贫、环境保护、能源建设等更宽领域拓展。以同非洲国家经贸关系为例，中非贸易额1980年才超过10亿美元，2000年迈上百亿美元台阶，2008年突破1000亿美元，2009年中国首次成为非洲第一大贸易伙伴国③（保持至今），2014年达到2219亿美元④。2014年，中国对非非金融类直接投资存量超过了300亿美元，是2000年中非合作论坛启动

---

① 根据张郁慧《中国对外援助研究（1950—2010）》（九州出版社2012年版，第220页）、《中国财政年鉴（2000）》（中国财政杂志社2000年版，第338页）、《中国财政年鉴（2010）》（中国财政杂志社2010年版，第371页）、《中国财政年鉴（2016）》（中国财政杂志社2016年版，第258页）数据计算得出。

② 根据《中国的对外援助》（《人民日报》2011年4月22日）、《中国的对外援助（2014）》（《人民日报》2014年7月11日）、《中国财政年鉴（1996）》（中国财政杂志社1996年版，第463页）、《中国财政年鉴（1997）》（中国财政杂志社1997年版，第393页）、《中国财政年鉴（1998）》（中国财政杂志社1998年版，第354页）、《中国财政年鉴（1999）》（中国财政杂志社1999年版，第386页）、《中国财政年鉴（2000）》（中国财政杂志社2000年版，第338页）、《中国财政年鉴（2001）》（中国财政杂志社2001年版，第282页）、《中国财政年鉴（2002）》（中国财政杂志社2002年版，第295页）、《中国财政年鉴（2003）》（中国财政杂志社2003年版，第283页）、《中国财政年鉴（2004）》（中国财政杂志社2004年版，第275页）、《中国财政年鉴（2005）》（中国财政杂志社2005年版，第279页）、《中国财政年鉴（2006）》（中国财政杂志社2006年版，第313页）、《中国财政年鉴（2007）》（中国财政杂志社2007年版，第315页）、《中国财政年鉴（2008）》（中国财政杂志社2008年版，第337页）、《中国财政年鉴（2009）》（中国财政杂志社2009年版，第411页）、《中国财政年鉴（2010）》（中国财政杂志社2010年版，第371页）、《中国财政年鉴（2011）》（中国财政杂志社2011年版，第355页）、《中国财政年鉴（2012）》（中国财政杂志社2012年版，第362页）、《中国财政年鉴（2013）》（中国财政杂志社2013年版，第326页）相关数据计算得出。

③ 《中国与非洲的经贸合作》，《人民日报》2010年12月24日。

④ 习近平：《携手共进，谱写中非合作新篇章——在中非企业家大会上的讲话》，《人民日报》2015年12月5日。

时的 60 倍，已有 3000 多家中国企业在非洲投资兴业。①2015 年 12 月，中非合作论坛约翰内斯堡峰会一致同意将中非新型战略伙伴关系提升为全面战略合作伙伴关系。习近平主席在峰会上提出未来三年中方将着力实施工业化、农业现代化、基础设施、金融、绿色发展、贸易和投资便利化、减贫惠民、公共卫生、人文、和平与安全等"十大合作计划"。②可以看到，经过 21 世纪以来的快速提升，中非发展合作已经远远超越了传统的经济技术援助。

最后，全球治理体系正处于大变革时代，发展议题占据着核心位置，而中国已成为世界第二大经济体、世界第一大贸易国、世界第二大对外投资国，需要在变革中占据主动、掌握话语权，不仅是参与国际发展议程的落实，更要参与其制定。中共十八大以来，中国加速全面参与全球治理和国际发展合作的进程，提出推动建设人类命运共同体和"一带一路"倡议。从丝路基金（2014 年）、中国气候变化南南合作基金（2015 年）、金砖国家新开发银行（2015 年）、南南合作援助基金（2015 年）、亚洲基础设施投资银行（2015 年）到中国—联合国和平与发展基金（2016 年），中国参与的深度、广度、力度也在持续加大。

中国政府逐渐认识到，传统的援外工作管理体制已不能适应新的发展要求，必须构建战略主导、统一对外、高效运转、各方调动的管理体制，从全局和战略的高度对中国参与国际发展合作的前景进行顶层设计。2017 年 10 月，中共十九大召开，做出中国特色社会主义进入新时代的重大论断。在国家发展新的历史方位上，援外改革迎来重大契机。2018 年，在中央新一轮机构改革部署中，《关于国务院机构改革方案的决定》于 3 月 17 日在第十三届全国人民代表大会第一次会议上获得通过。中共中央印发的《深化党和国家机构改革方案》指出：为充分发挥对外援助作为大国外交的重要手段作用，加强对外援助的战略谋划和统筹协调，推动援外工

---

① 王毅：《春华秋实十五载 中非携手创未来》，《人民日报》2015 年 12 月 3 日；王毅《推动中非友好合作全面发展》，《人民日报》2015 年 11 月 27 日。
② 《习近平同南非总统祖马共同主持中非合作论坛约翰内斯堡峰会全体会》，《人民日报》2015 年 12 月 6 日。

作统一管理，改革优化援外方式，更好服务国家外交总体布局和共建"一带一路"等，将商务部对外援助工作有关职责、外交部对外援助协调等职责整合，组建国家国际发展合作署，作为国务院直属机构。其主要职责是拟订对外援助战略方针、规划、政策，统筹协调援外重大问题并提出建议，推进援外方式改革，编制对外援助方案和计划，确定对外援助项目并监督评估实施情况等。对外援助的具体执行工作仍由相关部门按分工承担。[①]4月，国家国际发展合作署正式成立，将这一阶段的援外改革推向高潮。

40年来，中国从改革援外政策到改革援外方式，从将对外援助融入国家开放发展战略到加强援外顶层设计，探索出一条有中国特色的援外道路。中国的对外援助不仅为国际发展合作贡献了中国力量，更为解决全球发展问题贡献了中国经验、中国智慧和中国方案。如何应对新形势下的机遇和挑战，中国的援外改革依然任重道远。

---

① 《国务院机构改革方案》，《人民日报》2018年3月18日；《中共中央印发〈深化党和国家机构改革方案〉》，《人民日报》2018年3月22日。

弘扬伟大改革开放精神
全面推进强国建设民族复兴伟业[*]

改革开放是党的一次伟大觉醒,是中国人民和中华民族发展史上一次伟大革命,是中华民族复兴伟业历史进程中的一座辉煌里程碑。正是这个伟大觉醒和伟大革命,孕育了中国共产党从理论到实践的伟大创造,铸就了改革开放的伟大精神。

从开启新时期到跨入新世纪、从站上新起点到进入新时代,改革开放45年来,中国共产党带领亿万中国人民,始终上下求索、一往无前,始终与时俱进、锐意进取,始终艰苦奋斗、顽强拼搏,始终敞开胸襟、拥抱世界,用中华民族发展史上的一次伟大革命,引领了中国人民推动中国特色社会主义事业的伟大飞跃,创造了一个又一个彪炳史册的人间奇迹。伟大实践孕育和铸就伟大精神,伟大精神激励和引领伟大实践。在2018年庆祝改革开放40周年大会上,习近平总书记强调:"改革开放铸就的伟大改革开放精神,极大丰富了民族精神内涵,成为当代中国人民最鲜明的精神标识!"伟大的改革开放精神,凝聚了中华民族砥砺奋进的磅礴伟力,为新时代全面深化改革开放注入了强大的精神动力。

一、改革开放的伟大实践创造举世瞩目的人间奇迹

改革开放,是党的十一届三中全会之后,中国开始实行的对内改革、

---

[*] 本文作者周进,发表于《中国新闻发布》2024年第1期。

对外开放的一项基本国策。

1978年,对新中国来说,注定是一个重大而又鲜明的历史节点。5月11日,《光明日报》刊发了一篇题为《实践是检验真理的唯一标准》的评论员文章,在全国范围内引发了一场关于真理标准问题的大讨论。11月24日晚,安徽凤阳小岗村18位农民在一纸分田到户的"秘密契约"上按下了鲜红的手印,这个勇敢的壮举拉开了中国农村改革的序幕。12月13日,邓小平在中央工作会议闭幕会上发表《解放思想,实事求是,团结一致向前看》的讲话,成为开创建设有中国特色社会主义理论的宣言书。12月18日,党的十一届三中全会在北京召开,正式拉开了改革开放和社会主义现代化建设的序幕。一场大讨论、一次鲜活实践、一纸重要的宣言书、一声改革开放的"春雷",自此,中国踏上了改革开放的伟大征程。

在20世纪80年代的理论和实践发展中,中国经济社会面貌发生深刻变化。1982年党的十二大召开,明确提出"走自己的路,建设有中国特色的社会主义"的重大命题和小康目标,确立"一个中心、两个基本点"的基本路线,确定"三步走"发展战略,引导我国经济体制改革从农村向城市,从经济向民主法制、科教等领域稳步推进,中国改革开放由此全面展开。

进入20世纪90年代,中国共产党在国际风云变幻中成功捍卫了中国特色社会主义伟大事业。从确立社会主义市场经济体制的改革目标和基本框架,到初步建立社会主义市场经济体制;从推行国有企业、金融体制等改革,实施可持续发展、科教兴国、西部大开发等跨世纪发展战略,到加快发展开放型经济,加入世界贸易组织;从实现香港、澳门回归祖国,到达成"九二共识"并不断扩大两岸交流……这一时期,中国人民生活总体上实现了由温饱到小康的历史性跨越,开创了全面改革开放新局面,成功把中国特色社会主义事业全面推向21世纪。

2002年党的十六大以后,中国共产党团结带领全国各族人民,抓住重要战略机遇期,坚持以人为本、全面协调可持续发展,推进全面建设小康社会,形成中国特色社会主义事业总体布局;加快转变经济发展方式,统筹区域协调发展,实现经济又好又快增长,应对国际金融危机挑战,废止了在中国存在2600多年的农业税；推进党的执政能力建设和先进性建设，全面落实依法治国基本方略，推进民主法治建设与政治体制改革；提出构建社会主义和谐社会，实行城乡免费义务教育。我国成功在新形势下继续推进改革开放，成功在新的历史起点上坚持和发展了中国特色社会主义。2010年，中国超过日本，成为世界第二大经济体。

从2012年党的十八大开始，中国特色社会主义进入新时代，以习近平同志为核心的党中央坚持和加强党的全面领导，统筹推进"五位一体"总体布局、协调推进"四个全面"战略布局，坚持和完善中国特色社会主义制度、推进国家治理体系和治理能力现代化，坚持依规治党、形成比较完善的党内法规体系，不断开辟"中国之治"新境界；以供给侧结构性改革为主线推进经济高质量发展，推进区域协调发展，实施乡村振兴战略；培育和践行社会主义核心价值观，战胜一系列重大风险挑战，实现第一个百年奋斗目标。这一时期，党和国家事业取得历史性成就、发生历史性变革，为实现中华民族伟大复兴提供了更为完善的制度保证、更为坚实的物质基础、更为主动的精神力量。

经过45年的改革开放和社会主义现代化建设，中华民族迎来了从站起来、富起来到强起来的伟大飞跃，中华民族伟大复兴进入了不可逆转的历史进程。

二、改革开放的伟大实践铸就改革开放精神的丰富内涵

在改革和开放的伟大实践中，中国共产党形成了具有丰富内涵的改革开放精神。

其一是解放思想、实事求是的求真精神。改革开放是中国共产党的一次伟大觉醒，伟大觉醒是思想的解放、禁锢的破除。中国改革开放45年来，解放思想是贯穿始终的一条主线。正是因为解放思想，中国共产党在"文化大革命"结束不久便作出把党和国家工作中心转移到经济建设上来、实行改革开放的历史性决策，开启了我国发展的历史新时期；正是因为解放思想，中国共产党始终走在时代前列，在实践中不断推进理论创新和实践创新，有效化解前进道路上的各种风险挑战，把改革开放不断引向深

入。进入新时代,无论是全面深化改革、适应经济新常态,还是贯彻新发展理念,都需要进一步依靠解放思想,用创新的思维和办法应对、解决前进路上的新情况、新问题。

其二是自我革命、开拓创新的创新精神。物不因不生,不革不成。勇于自我革命是中国共产党区别于其他政党的显著标志。创新是改革开放最显著的特征和优势,是改革开放的生命,始终伴随着改革开放的发展历程。这是改革开放45年实践的重要启示,是中国人民迎来从站起来、富起来到强起来伟大飞跃的巨大动力。45年来,中国共产党团结带领全国人民坚定不移推进理论创新、实践创新、制度创新以及其他各方面创新,让党和国家事业始终充满创造活力、不断打开创新局面。"鲲鹏"展翅、"蛟龙"入海、"天眼"巡空、"悟空"探天、中国空间站全面建成、5G迎来规模化发展关键期,一大批重大科技成果相继问世。2022年,中国研究与试验发展(R&D)强度为2.55%,高于发达国家平均2.3%的水平,成为全球第二大研发经费投入经济体。创新精神是推动改革开放进程不断向前的强大动力,是中国实现飞速发展、取得伟大成就的重要源泉。

其三是脚踏实地、埋头苦干的务实精神。"空谈误国,实干兴邦"。中国改革开放45年来创造的人间奇迹,依靠的始终是脚踏实地、埋头苦干的务实精神。我国推进中国式现代化的战略安排在实践中不断丰富和发展,分阶段提出并实施"三步走"、新"三步走"、"两个一百年"奋斗目标、新"两步走"等战略安排,将中华民族伟大复兴的蓝图一绘到底。中国共产党带领人民从温饱不足到实现总体小康,从全面建设小康社会到打赢人类历史上规模最大、力度最强、成效最好的脱贫攻坚战,全面建成小康社会。2022年,中国国内生产总值达121万亿元,占世界经济的比重超过18%。

其四是开放包容、合作共赢的开放精神。自古以来,中华民族就有"天下大同""协和万邦"的宽广胸怀。开放,更是当代中国的鲜明标识。45年来,中国始终坚持对外开放的基本国策,坚定奉行互利共赢的开放战略,坚定维护国际公平正义,倡导践行真正的多边主义,旗帜鲜明反对一切霸权主义和强权政治。从"开山第一炮"蛇口设立第一个外向型经济开发区，到兴办深圳、珠海、汕头、厦门、海南等经济特区；从东部沿海率先开放到沿江、沿边和中西部内陆地区全面开放；从"引进来"到"走出去"，充分利用国内国际两个市场；从加入世贸组织到共建"一带一路"……45年来，中国对世界经济增长的年平均贡献率超过30%，始终是世界经济稳定增长的动力源泉。中国的新发展为世界提供了新机遇，推动建设开放型世界经济，更好地惠及各国人民。中国坚持在和平共处五项原则基础上同各国发展友好合作，践行共商共建共享的全球治理观，提出了全球发展倡议、全球安全倡议、全球文明倡议，积极参与全球治理体系改革和建设，推动构建人类命运共同体，坚定维护和推动世界和平发展，向世界展示了负责任大国的责任和担当。

其五是百折不挠、攻坚克难的斗争精神。敢于斗争、善于斗争，是中国共产党人鲜明的政治品格。在改革开放进程中，既要涉险滩，又要闯难关。20世纪80年代末90年代初，在国际上发生苏联解体、东欧剧变和国内发生政治风波的关键时刻，中国共产党敢于斗争、善于斗争，成功抵御并化解各种危机，在世界社会主义陷入低潮时高高举起中国特色社会主义伟大旗帜，成为世界科学社会主义的中流砥柱。我国成功抵御1997年亚洲金融危机和2008年国际金融危机，树立负责任大国形象；战胜"九八洪水"、非典疫情、四川汶川特大地震、新冠疫情等重大灾害，夺取了一系列重大胜利。中国在众多关涉国家战略安全的领域抢占制高点，不断实现从"跟跑"到"并跑""领跑"的伟大跃升。

三、伟大改革开放精神为新时代新征程凝聚磅礴伟力

改革开放不仅改变了人们的物质世界，也丰富了人们的精神世界，铸就了伟大改革开放精神，为新时代新征程推进强国建设、民族复兴提供了强大的精神动力。

伟大改革开放精神铸就了中华民族精神的新标识、新丰碑。改革开放45年的伟大实践孕育出了伟大的改革开放精神，是对民族精神内涵的不断丰富和拓展，是中华民族精神的新标识、新丰碑。从时间上，民族精神是贯穿整个历史的，改革开放精神是其当代华章之一。从逻辑上，改革开放精神与民

族精神是局部与整体的关系，改革开放精神属于民族精神的一部分。

伟大改革开放精神丰富和发展了马克思主义中国化时代化的最新成果。改革开放精神是马克思主义与中国共产党带领人民群众探索、开创和发展中国特色社会主义道路的创新性结合，不是某个领域、某个地方的精神，而是涵盖全方位的精神，使马克思主义在新时期、新时代具有更加重要的时代特征。党的十八届三中全会全面开启了深化改革的大幕，改革开放精神作为马克思主义的时代载体，必将引领新一轮的思想解放运动，激发出全面深化改革的动力。改革开放精神不仅仅是中国人民历史的沉淀，更是不断推动马克思主义中国化时代化的创新发展。伟大改革开放精神激发了中国人民前进的磅礴动力。改革开放精神是对国家富强、人民幸福坚定信念的价值凝聚，也是新时代持续推进改革开放的精神支柱。改革开放激发了人民追求美好生活的热情，让广大人民群众相信并坚持中国特色社会主义道路，努力依靠自己的辛勤奋斗创造美好生活，全面建成小康社会，让改革开放的实践不断持续，让改革开放的精神成为中国人民不断前进追求美好生活的新动力。

伟大改革开放精神汇聚了人类文明进步的强大精神力量。改革开放深刻改变了中国，也深刻影响了世界。改革开放的中国不仅重新定义了全球发展观念，为拓展发展中国家的现代化路径提供了中国经验，也成功捍卫了人类文明的多样性，为绘制包容共生的世界文明图景作出了中国贡献。中国不可逆转地走向复兴，实际上代表着一种新的文化精神的崛起、一套新的价值观念的成功、一种新的文明形态的出场，这是中国为捍卫人类文明的多样性作出的重大贡献。中国的改革开放雄辩地证明，开放带来进步，封闭必然落后，只有开放合作，道路才能越走越宽。

在改革开放实践中形成的伟大改革开放精神，是中国共产党战胜各种困难、不断取得胜利的宝贵精神财富。新时代、新征程，我们要大力弘扬伟大改革开放精神，在实践中不断丰富和发展改革开放精神，凝聚亿万人民的磅礴伟力，坚定不移地走改革开放的正确道路，在新的历史条件下以中国式现代化全面推进中华民族伟大复兴，以构建人类命运共同体推动人类文明进步。